黄河流域红色金融与绿色生态创新发展研究

编委会主任　吴衍涛

主　　　编　张建华

执 行 主 编　李月娥

中国财经出版传媒集团

经济科学出版社

Economic Science Press

·北京·

图书在版编目（CIP）数据

黄河流域红色金融与绿色生态创新发展研究 ／
张建华主编． -- 北京 ： 经济科学出版社， 2025.3.
ISBN 978 - 7 - 5218 - 6869 - 2

Ⅰ. F832；X321.2

中国国家版本馆 CIP 数据核字第 20259FM264 号

责任编辑：郑诗南
责任校对：郑淑艳
责任印制：范　艳

黄河流域红色金融与绿色生态创新发展研究

HUANGHE LIUYU HONGSE JINRONG YU LÜSE
SHENGTAI CHUANGXIN FAZHAN YANJIU

编委会主任　吴衍涛
主　　编　张建华
执 行 主 编　李月娥

经济科学出版社出版、发行　新华书店经销
社址：北京市海淀区阜成路甲 28 号　邮编：100142
总编部电话：010 - 88191217　发行部电话：010 - 88191522
网址：www. esp. com. cn
电子邮箱：esp@ esp. com. cn
天猫网店：经济科学出版社旗舰店
网址：http://jjkxcbs. tmall. com
北京季蜂印刷有限公司印装
710×1000　16 开　32 印张　541000 字
2025 年 3 月第 1 版　2025 年 3 月第 1 次印刷
ISBN 978 - 7 - 5218 - 6869 - 2　定价：128.00 元

编　委　会

序　言

　　黄河，作为中华民族的母亲河，不仅孕育了璀璨的中华文明，也见证了中华民族在历史长河中生生不息、奋勇前行的伟大历程。当前，山东省正处在新旧动能转换、高质量发展的关键时期，黄河流域生态保护和高质量发展更是为我们提供了难得的机遇。

　　黄河奔腾不息，流淌着中华民族的奋斗与梦想，孕育了深厚独特的黄河文化，更见证了红色金融科技在这片流域的萌芽与发展，以及绿色生态理念的逐步崛起与升华。为深入践行习近平总书记关于黄河流域生态保护和高质量发展的重要指示精神，2024 年 12 月 18 日，齐鲁工业大学（山东省科学院）主办的"黄河流域红色金融科技与绿色生态发展大会"在泉城济南隆重举行。本次会议旨在深入探讨黄河流域红色金融科技与绿色生态的融合发展，为山东省乃至全国的创新驱动发展贡献智慧和力量。大会期间，我们围绕黄河流域生态保护、金融发展以及黄河文化传承等关键议题，展开了深入而富有成效的学术交流和研讨。

　　这次论坛和学术研讨，既联系了 2019 年习近平总书记在黄河流域生态保护和高质量发展座谈会上的讲话精神，又联系了 2024 年习近平总书记在省部级主要领导干部推动金融高质量发展专题研讨班开班式上提出的要"积极培育中国特色金融文化"，还联系了 2024 年习近平总书记视察山东时强调文化传承是新时代山东要承担的文化使命，要继续"在推动黄河流域生态保护和高质量发展上走在前"。在这样的联系中，我们共收到了来自各界专家的多篇高质量论文，这些论文内容丰富、视角多元，充分展示了学术界与实践界对当前黄河生态发展和金融发展趋势的深刻洞察，为我们带来了深刻的启示和思考。

　　论坛的成功举办，不仅丰富了黄河文化研究的学术体系，更为黄河流域生态保护和高质量发展提供了全新的思路与坚实的理论支撑。本书也是在此背景下编纂而成，汇集了论坛期间众多专家学者的研究成果。书中的文章从多个视角出发，为我们推动黄河流域的高质量提供了坚实的理论依据与实践指引。本书经过了严格的筛选整理，每一篇字里行间都饱含着作者的心血。本书能够顺利出版得力于社会各界的大力支持，得力于各位教师的辛勤付出，以及出版社的大力支持，在此一并表示诚挚的谢意。若有意见建议，欢迎批评指正。

编 者

2025 年 2 月

目　录

金　融　篇

生　态　篇

文　化　篇

金　融　篇

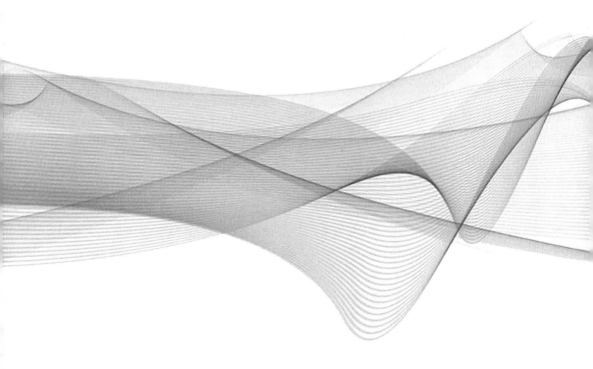

金融助力黄河流域生态保护和高质量发展的策略研究

闫美清　位　华[*]

闫美清　位　华[*]

摘　要：本文深入探究金融如何为黄河流域生态保护和高质量发展提供强大助力。本文回顾了红色金融在黄河流域的历史贡献，如北海银行和鲁西银行在支持水利建设、农业发展等方面的积极作用，并分析了现代金融在助力黄河生态保护中的实践案例，如建行泰安东平支行助力东平湖生态保护和高质量发展示范区基础设施建设等。同时，提出了传承红色金融精神、强化金融服务实体经济、提升金融服务质效、紧扣"五篇大文章"等策略。未来，金融助力黄河流域生态保护和高质量发展仍需要金融机构、政府部门和企业的共同努力。

关键词：红色金融　黄河流域生态保护　高质量发展

一、引言

黄河，作为中华民族的母亲河，承载着深厚的文化底蕴与生态价值。其流域的生态保护与高质量发展，不仅关乎亿万人民的福祉，更是国家生态文明建设的重要组成部分。在这一进程中，金融以其独特的魅力和潜力，为黄河流域生态保护和高质量发展注入了新的活力。随着 2024 年山东省创新驱动发展大会的召开，特别是黄河流域金融科技与绿色生态发展高峰论坛的举

---

* 闫美清，齐鲁工业大学金融学院研究生，研究方向为红色金融、地方金融；位华，齐鲁工业大学金融学院教授，博士，研究生导师，研究方向为红色金融、地方金融。

办，金融在助力黄河流域生态保护和高质量发展方面的重要性得到了广泛认可与深入探讨。本文旨在围绕金融如何有效助力黄河流域生态保护和高质量发展展开策略研究，通过回顾红色金融的历史使命与探索实践，分析现代金融在黄河流域生态保护中的积极举措与显著成效，并提出未来金融助力黄河流域高质量发展的策略与建议。

二、红色金融传承与现代金融赋能：黄河流域生态保护和高质量发展的金融力量

（一）红色金融的历史回顾

红色金融在历史上为革命事业和经济建设勇挑重担，这种使命担当在当代金融赋能黄河流域生态保护和高质量发展中同样不可或缺。以黄河流域的生态保护为例，从红色金融的历史中我们可以看到，在艰难的革命时期，金融机构积极支持水利建设、农业发展等，为保障人民生活和革命胜利作出了巨大贡献。

1. 北海银行助力胶东植树造林，兴修水利

（1）发展需求。

胶东地区是中国重要的农业生产区域之一，但由于历史原因和自然条件限制，该地区的农业生产效率一直相对较低。为了改变这一状况，北海银行积极响应国家号召，加大对胶东地区农村的支持力度，通过发放贷款等方式，帮助农民购买先进的生产工具，提高农业生产效率。

（2）金融支持举措及成效。

1943 年，胶东区党委在北海银行的金融支持下将保护树木、植树造林作为根据地农业生产的一项重要任务；同时兴修水利、完善水利设施，保障农业发展。据统计，1942 年，东海、西海、南海、北海四区共疏通河道939.5 华里，修筑堤防 15382 华里。[①]

1944～1945 年，为确保贷款真正惠及贫民，北海银行引入了信用合作组织，并在全根据地推行小组联保模式。在大生产时期，北海银行遵循山东

---

① 王华东. 论胶东抗日根据地经济建设对中国抗战的贡献［J］. 河北青年管理干部学院学报，2018，30（6）：109－113.

分局的指示，根据农时和农业生产规律灵活放款。例如，胶东分行在春季发放了 1500 万元贷款，具体分配如下：水利贷款占 30%，肥料贷款占 30%，耕畜贷款占 30%，农具贷款占 8%，种子贷款占 2%。[①] 第三季度，贷款重点转向水利建设和新地区开发；第四季度，则侧重于造林和新地区纺织业的发展。

2. 鲁西银行支持鲁西地区水利工程建设与农业发展

（1）背景介绍。

鲁西地区位于黄河下游，地势低洼，易受黄河洪水侵袭。1940 年，鲁西银行在中国共产党领导下诞生于泰山西麓、东平湖畔，是山东辖内诞生的两个红色银行之一。为了保障当地农业生产的安全和稳定，鲁西银行积极响应国家号召，加大对鲁西地区水利工程的支持力度，通过筹集资金、发放贷款等方式，帮助当地修建和加固黄河大堤等水利工程。

（2）主要措施。

1940 年 12 月 25 日《大众日报》第 2 版刊登记者采访鲁西行政公署主任肖华的文章称："在财政经济建设方面……主任公署正计划由鲁西银行拨款五十万元作为低利贷款基金救济贫困，以五十万元开放东平湖湖水，使成肥沃的土地，如计划完成，每年至少可增加收入一百多万元，对民众生活的改善，有更大帮助。"鲁西银行至 1941 年 7 月，实际发行 4837422 元，其中用于农业贷款 202135 元，水利贷款（主要是东平湖改造工程）155000 元，商业贷款（主要是公营贸易）64500 元，印钞开支 654300 元，财政透支 3761487 元。[②]

1942 年 3 月 12 日，晋冀鲁豫边区政府发布了农业贷款新政。其主要内容涵盖多个方面：首先，农业贷款分为春耕贷款与水利贷款，前者月息为 7 厘，后者年息同为 7 厘。春耕贷款帮助农民购农具、种子、耕畜；水利贷款则支持水利建设。其次，贷款优先供给贫苦农民，特别是抗属、灾民及编余工作人员。贷款期限上，春耕贷 8 个月，水利贷可分期，最长 4 年。最后，农民可单户或组队申请，并需与银行签订契约，可由借款人自行寻找担保人，或提供实物作为抵押。

在中国抗日战争的艰苦岁月里，北海银行与鲁西银行作为山东地区的红

---

① 山东省钱币学会. 鲁西银行货币［M］. 北京：中国金融出版社，2020：24－25.

② 赵海东. 鲁西币与日伪币、法币的货币斗争［C］. 齐鲁钱币，2014（4）：29－33.

色金融机构，积极响应国家号召，充分发挥金融杠杆作用，为胶东和鲁西地区的农业生产与水利建设提供了强有力的支持。北海银行通过精准施策、小组联保等创新贷款模式，支持了胶东地区植树造林与水利建设，成功改善了当地的农业环境，提升了农业生产效率。而鲁西银行则针对鲁西地区易受黄河洪水侵袭的实际情况，筹集资金、发放贷款，支持当地修建和加固黄河大堤等水利工程，为农业生产的安全稳定提供了坚实保障。同时，两家银行还积极响应政府政策，推出农业贷款新政，为贫苦农民的生产生活提供了极大的帮助。这些红色金融机构的举措，不仅促进了黄河流域经济的发展，也为中国抗日战争的胜利作出了重要贡献。

（二）现代金融的生动实践

1. 中国银行东营垦利支行：润泽黄河流域的金融"活水"

（1）项目背景。

东营垦利地处黄河三角洲腹地，90%以上用水为黄河水。随着黄河中上游地区引黄河水量的不断增加，黄河下游的来水量逐渐减少，导致垦利区面临水资源供需的矛盾。垦利成为资源性严重缺水地区，水资源节约集约利用成为推动黄河流域生态保护和高质量发展的重中之重。

（2）金融举措。

中国银行东营分行认真贯彻落实省分行党委各项决策部署，主动对接垦利区政府相关规划。从绿色信贷、乡村产业、战略性新兴产业等重点领域出发，立足垦利区域经济特点，制定契合地方经济发展的区域信贷策略，把水利资源作为市场拓展和信贷投放的重点领域，统筹做好垦利区节水领域信贷支持工作，全力推进黄河流域生态、经济、社会高质量发展。

垦利区水源保障项目可有效缓解当地水资源紧张的状况，推动工业及高效农业发展，并兼顾盐碱地改良。中国银行东营垦利支行及时了解项目规划、建设情况、项目运作方式、融资方案，做实、做细贷前调查，仅用12个工作日，成功获批6.9亿元信贷资金支持该项目建设。[①]

该项目的实施产生了积极影响。一方面，有效缓解了垦利区水资源紧张的状况，为当地工业及高效农业发展提供了保障，同时兼顾了盐碱地改良，

---

① 李真真，张佳. 中国银行东营垦利支行："金融活水"润泽黄河流域生态保护［N］. 齐鲁晚报·齐鲁壹点，2024－10－29.

推动了黄河流域生态保护。另一方面，中国银行东营分行以实际行动深入践行"金融工作的政治性、人民性"，在全力保障国家水利安全的基础上，积极服务当地实体经济建设，实现了绿色信贷、战略新兴业务双提升，以金融"活水"守护黄河安澜，将"绿水青山就是金山银山"的理念落到实处。

2. 建设银行泰安东平支行：守护东平湖的"绿色屏障"

（1）区域特色与发展需求。

东平县傍水而居，因水而兴，其拥有与黄河相连的东平湖。东平县是保障黄河安澜、南水北调水质安全的重要阵地，更是山东省绿色低碳高质量发展先行区建设试点县。这里傍水而居的特点决定了其在黄河流域生态保护和高质量发展中的独特地位。东平县需要在生态保护方面加大力度，解决东平湖周边的垃圾污染问题，同时提升沿湖基础设施和景区配套，以打造旅游景区，推动当地经济发展。此外，随着旅游业的发展，当地物流产业也急需提升，以满足日益增长的物流需求。

（2）金融支持与成效。

建行泰安东平支行助力黄河流域基础设施建设项目。在"黄河流域（东平湖）生态保护和高质量发展示范区基础设施建设项目"确立后，建行东平支行在获知项目建设信息后，迅速成立"基础设施及升级改造项目"服务团队，结合服务双碳和绿色金融高质量发展行动方案，拿出一揽子金融服务方案，通过省、市、县三级分支行协调联动，仅用 1 个月时间成功实现绿色信贷固贷项目审批 2.95 亿元。[①] 如今的东平湖拆除了网箱、清理了砂场、破除了违建，沿岸修起了生态隔离带，建起了多处湿地公园，旅游环境质量不断提高，带动了东平旅游业的发展。

同时，建行东平支行对当地物流产业也起到了推动作用。随着游客增多，当地物流需求突飞猛增，东平支行成立"基础设施贷款团队""金融辅导队"，认真梳理东平辖内基础设施及升级改造项目，积极寻找政策支持结合点，逐户进行对接。"东平综合性智慧物流示范中心建设项目"获得建行 2.7 亿元贷款支持，为当地居民和游客提供了及时、准确、可靠的物流服务，全部建成后预计能为 4000 余人提供就业岗位。2023~2024 年，建行东

---

① 赵婉莹. 建行山东省分行：金融活水助力黄河流域生态保护和高质量发展 [N]. 大众报业·齐鲁壹点，2024-08-13.

平支行向上争取授信 12.39 亿元，累计投放 7.53 亿元，其中绿色贷款、基础设施贷款等多种贷款类型共同发力，在"让黄河成为造福人民的幸福河"事业中，展现出了泰安建行人的责任与担当。①

3. 运城金融监管分局：书写黄河流域的"金融篇章"

（1）金融"五篇大文章"战略。

运城金融监管分局积极践行金融监管总局的"四新"工程，在推动黄河流域生态保护和高质量发展中，着力做好金融领域的"五篇大文章"。

①坚持把金融服务实体经济作为根本宗旨。

运城金融监管分局坚持党中央对金融工作的集中统一领导，深入践行金融工作的政治性、人民性，全面加强"五大监管"。通过严格现场检查、采取顶格处罚等措施规范银行保险机构经营活动，以强监管保障金融更好地服务实体经济。督促引导机构做好科技、绿色、普惠、养老、数字金融"五篇大文章"，服务国家战略和经济社会发展。同时，完善工作机制，明确各领域牵头部门，指导机构落实尽职免责制度，加大金融支持力度。推动市县两级协同发力，强化与政府部门工作协同，融入地方经济发展大局，推进黄河流域（运城段）生态保护和高质量发展示范区建设。

②紧扣"五篇大文章"，金融力量助力黄河流域生态保护和高质量发展。

在科技金融方面，运城金融监管分局积极鼓励银行机构为科技型企业提供全生命周期的金融服务，加速了新质生产力的培育和发展。黄河金三角（运城）创新生态集聚区的建设也得到了有力推动，此外，运城金融监管分局还加大了对产业链上下游科技型企业的信贷支持。农业银行运城分行和工商银行运城分行也分别挂牌了科技特色支行和制定了科技金融尽职免责规定，通过创设"科创贷"等特色融资方案，大幅简化了办贷流程，增强了融资支持力度，为科技型企业的创新发展提供了有力保障。

在绿色金融方面，运城金融监管分局致力于完善绿色金融体系。目前，运城市的 82 家银行保险机构均已明确了绿色金融牵头部门，其中 10 余家机构还成立了绿色金融委员会，制定了绿色信贷年度目标。结合"一泓清水入黄河"生态保护工程和运城"五条绿色走廊"建设，运城金融监管分局积极引导信贷资金投向环保、节能、清洁能源等绿色产业，推动了新能源汽

---

① 赵婉莹. 建行山东省分行：金融活水助力黄河流域生态保护和高质量发展［N］. 大众报业·齐鲁壹点，2024 – 08 – 13.

车、锂电池、光伏等产业的快速发展。

（2）实施成效。

在科技金融领域，运城全力推动黄河金三角（运城）创新生态集聚区建设，成效显著。战略性新兴产业贷款余额达 152 亿元，"专精特新"企业贷款更是势头强劲，较年初实现翻倍增长，余额达 50 亿元。同时，运城金融监管分局加大对产业链上下游科技型企业的信贷扶持，10 条重点产业链企业贷款余额已有 134 亿元。

绿色金融方面，运城金融监管分局同样表现亮眼。当前，该市绿色信贷余额 333 亿元，较年初新增 40 亿元，增幅 13.8%。借助"一泓清水入黄河"生态保护工程与运城"五条绿色走廊"建设契机，引导信贷资金精准流向绿色产业，有力推动了新能源汽车、锂电池、光伏等产业蓬勃发展。①

（三）案例总结

在历史的长河中，北海银行与鲁西银行在艰苦的抗战时期，凭借有限的金融资源，依据当地农业与水利的实际需求，创新贷款模式与政策，精准投放资金，为胶东和鲁西地区的农业生产和水利建设提供了坚实的支持，从而保障了根据地人民的生活与抗战的胜利。进入现代，中国银行东营垦利支行、建设银行泰安东平支行以及运城金融监管分局等金融机构，在黄河流域生态保护和经济发展中继续发挥着关键作用。它们各有侧重，但共同体现了对黄河流域生态保护和高质量发展的高度重视。这些金融机构在金融服务过程中，不断创新产品和服务模式，以适应不同区域、不同行业的需求特点。它们依据不同时代背景、地域特色与发展需求，以多样化金融手段为黄河流域发展注入动力。无论是北海银行的精准施策、小组联保等创新贷款模式，还是建行泰安东平支行的一揽子金融服务方案，都展现了金融机构在支持实体经济、创新金融服务模式、促进区域协同等方面的共同追求与价值体现。

（四）实践经验分析

从上述案例中，我们可以总结出以下经验。

1. 精准定位与因地制宜

金融机构应深入研究黄河流域不同区域的地理、经济、生态特点，如东

---

① 李东明. 运城金融监管分局引领金融机构深度融入黄河流域生态保护和高质量发展战略［N］. 中国银行保险报，2024 – 10 – 28.

营垦利的水资源状况、泰安东平的依湖优势等，精准定位发展需求，制定契合当地的金融策略。无论是历史上北海银行针对胶东农业环境，还是现代各机构的金融举措，都表明因地制宜是金融有效助力的基础。

2. 创新金融服务模式

从北海银行的小组联保模式到现代金融机构的多样化服务，创新是提升金融服务质量与效率的重中之重。金融机构应不断探索新的贷款模式、金融产品与服务机制，以适应黄河流域多样化的发展需求，提高金融资源的配置效率，降低风险并提升服务可及性。

3. 强化政策协同与监管引导

运城金融监管分局的案例显示，政府监管部门在金融助力黄河流域发展中扮演重要角色。需加强金融政策与区域发展政策、生态保护政策的协同性，通过有效监管规范金融机构的行为，引导金融资源流向重点领域，如绿色产业、科技型企业等，保障金融服务实体经济的方向与质量，促进黄河流域生态与经济高质量发展。

4. 注重生态与经济平衡

金融支持不应仅着眼于短期经济利益，更应兼顾黄河流域的生态保护与长期经济高质量发展。历史与现代案例均表明，水利工程建设、生态环境改善与农业、工业、旅游业等产业发展相辅相成。金融机构应在项目评估与资金投放中，充分考量生态效益与经济效益的平衡，实现可持续发展目标，让黄河流域在生态优美的同时经济繁荣，真正成为造福人民的幸福河。

三、金融助力黄河流域生态保护和高质量发展的策略制定

（一）传承红色金融精神

黄河流域拥有深厚的红色金融历史底蕴，在战争年代，北海银行、鲁西银行等红色金融机构在硝烟弥漫、物资极度匮乏的战争年代下积极支持水利建设、农业发展等，为革命事业和经济建设作出了巨大贡献。新时代，金融机构应继续弘扬这种使命担当精神，秉持着坚定信念、艰苦奋斗、勇于创新、服务人民的精神品质，将支持黄河流域生态保护和高质量发展作为自身的重要使命。

1. 坚定理想信念

步入新时代，黄河流域的生态保护和高质量发展成为国家战略的重要组成部分。金融机构作为经济发展的关键力量，理应传承并发扬红色金融的使命担当精神。要以坚定的信念为导向，将支持黄河流域生态保护和高质量发展确立为核心使命，深刻认识自身在这一伟大事业中的重要角色与责任。每一位金融从业者都应深刻领悟红色金融精神，在黄河流域生态保护和高质量发展的事业中，树立不畏艰难、勇于担当的责任感与使命感，以思想引领行动，为后续策略的有效实施奠定坚实的思想基础。在实际行动中，金融机构需勇于直面黄河流域生态保护和高质量发展进程中涌现的各类复杂挑战。秉持勇于创新的理念，持续探索并创新金融产品与服务模式，全力满足黄河流域多元化的发展需求。

2. 坚守服务人民

同时，金融机构应始终坚守服务人民的宗旨，将更多的金融资源投向关乎民生福祉的关键项目。在水资源管理方面，为节水设施建设、水资源调配工程等提供资金保障，提高水资源利用效率；在水土保持领域，支持植被恢复、土壤改良等项目，减少水土流失；在污染防治方面，助力污水处理厂建设、工业污染治理等工程，改善黄河流域环境质量；在生物多样性保护方面，为自然保护区建设、濒危物种保护等提供金融助力，维护黄河流域生态平衡。通过这些举措，切实提升黄河流域人民群众的生活品质与幸福感，让金融服务在黄河流域生态保护和高质量发展中发挥出最大效能，续写红色金融在新时代的辉煌篇章。

（二）强化金融服务实体经济

1. 坚持党中央领导

金融工作在黄河流域生态保护和高质量发展中起着至关重要的作用，坚持党中央对金融工作集中统一领导是确保金融助力黄河流域生态保护和高质量发展的根本保证。在新时代，党中央高度重视金融工作，强调金融要回归本源，服务实体经济，为经济社会发展提供有力支撑。

坚持党中央对金融工作的集中统一领导，是确保金融事业沿着正确政治方向稳步前进的关键。金融作为现代经济的核心，其稳定与发展直接关系到国家经济安全与社会稳定的大局。只有坚持党中央的领导，才能在金融工作中践行政治性、人民性，把服务国家战略和人民利益放在首位。在黄河流域生态保护和高质量发展中，金融机构要积极响应党中央的号召，加大对生态保护项目和高质量发展项目的支持力度，为黄河流域的可持续发展贡献力量。

坚持党中央对金融工作的集中统一领导，能够更好地协调各方资源，形成工作合力。黄河流域生态保护和高质量发展是一项系统工程，需要政府、企业、金融机构等各方共同参与。党中央的集中统一领导可以有效地整合各方资源，明确各部门的职责和任务，加强协调配合，共同推动黄河流域生态保护和高质量发展。

2. 完善工作机制

明确"五篇大文章"各领域牵头部门对于金融助力黄河流域生态保护和高质量发展至关重要。通过明确牵头部门，可以更好地统筹协调各方面的工作，确保各项任务落到实处。

落实尽职免责制度是激发金融机构积极性的重要举措。在金融助力黄河流域生态保护和高质量发展的过程中，金融机构面临着一定的风险和压力。落实尽职免责制度，可以让金融机构工作人员在依法合规的前提下，大胆创新，积极作为，为黄河流域生态保护和高质量发展提供更多的金融支持。

加大金融支持力度是实现黄河流域生态保护和高质量发展的关键。金融机构要积极争取总行政策支持，加大对沿黄生态环保项目和高质量发展项目的信贷支持力度。创新金融产品和服务，降低融资成本，提高金融服务的效率和质量。

3. 推动政金企合作

建立融资需求企业名单推送机制，能够有效地促进金融机构与企业之间的对接。政府部门通过收集整理企业的融资需求，将其推送给金融机构，为金融机构提供精准的客户信息。金融机构可以根据企业的需求，制定个性化的金融服务方案，提高融资效率。

支持地方政府召开金融对接会，为政金企合作搭建平台。金融对接会可以让政府、金融机构和企业三方进行面对面的交流，共同探讨解决融资问题的办法。在金融对接会上，金融机构可以介绍自己的金融产品和服务，企业可以提出自己的融资需求，政府可以协调各方资源，促进融资合作的达成。

政金企合作对于黄河流域生态保护和高质量发展具有重要意义。通过政金企合作，可以充分发挥政府的引导作用、金融机构的资金优势和企业的主体作用，形成工作合力，共同推动黄河流域生态保护和高质量发展。

（三）提升金融服务质效

1. 强化监管引领

金融服务支持政策的制定对于引导金融机构扩大高质量金融供给、提升服务能力具有重大意义。通过完善金融监管法规体系，明确金融机构的责任与义务，并加大对金融机构的监管力度，确保其业务活动严格遵循黄河流域生态保护和高质量发展的战略导向。同时，加强风险防控，建立健全金融风险预警和处置机制，确保金融市场的稳健运行，为生态保护和经济社会发展提供安全的金融环境。最后，加强跨区域金融监管合作，建立信息共享和协同监管机制，推动金融机构在黄河流域内的跨区域合作，实现金融资源的优化配置和共享，共同为黄河流域生态保护和高质量发展提供稳定、高效、可持续的金融支持。

2. 优化金融资源配置

围绕市场需求创新金融产品和服务，降低融资成本，集聚金融资源对于黄河流域生态保护和高质量发展至关重要。金融机构需要不断提升自身的服务能力和水平，以更加高效、便捷的方式为黄河流域生态保护和高质量发展提供金融支持。其次，通过引导金融机构加大对黄河流域水资源管理、水土保持、污染防治及生物多样性保护等领域的投资力度，促进流域内经济结构的转型升级。同时，还要强化金融资源的集聚效应，通过发行绿色债券等方式，吸引更多的社会资本投入黄河流域的生态保护与建设中来。此外，金融机构需要深入了解黄河流域的实际需求，开发针对生态农业、清洁能源等领域的专项贷款产品，或者推出绿色债券、绿色基金等金融产品，为黄河流域生态保护和高质量发展提供更加多样化的融资选择。

（四）紧扣"五篇大文章"

1. 做强科技金融

鼓励金融机构为科技型企业提供全生命周期的金融服务，是培育新质生产力的关键。在黄河流域生态保护和高质量发展的进程中，科技金融的作用至关重要。通过为科技型企业提供全方位的金融支持，可以加速科技创新成果的转化和应用，推动黄河流域产业升级和转型。在生态保护领域，科技金融的支持能推动水资源高效利用技术的研发与应用，如智能灌溉系统、污水处理技术等，有效提升水资源管理效率，改善黄河流域的水环境。而在高质量发展方面，科技金融助力传统产业采用新技术进行改造升级，同时孵化培育新能源、新材料、智能制造等新兴产业集群，为黄河流域经济转型升级提供强大动力，激发区域经济发展的新增长点。

2. 做深绿色金融

绿色金融在黄河流域生态保护与修复中扮演着举足轻重的角色。它通过引导信贷资金流向绿色、低碳领域，不仅促进了生态环境的有效保护和资源的高效利用，还推动了经济结构的优化升级。

一方面，绿色金融为新能源汽车、锂电池、光伏等绿色产业的快速发展提供了强有力的资金支持，这些产业作为清洁能源和环保技术的代表，正逐步替代传统能源，减少了对化石燃料的依赖，有效降低了温室气体排放和环境污染。另一方面，绿色金融在助力环保、节能以及清洁能源等项目落地方面发挥着积极作用。它通过提升资源利用效率，促使能源结构不断优化，切实为达成可持续发展目标筑牢了坚实保障。

此外，绿色金融还通过创新金融工具，如绿色债券、绿色基金等，为生态保护项目提供风险管理和资金保障，降低了项目实施过程中的不确定性和风险，确保了生态保护工作的顺利进行。这不仅体现了绿色金融在服务生态文明建设中的独特价值，也为黄河流域乃至全国的绿色发展提供了可以借鉴的范例。

四、结论

从红色金融时期的历史担当，到现代金融机构的积极实践，金融不仅为黄河流域的生态保护提供了强有力的资金支持，还通过创新金融产品和服务，推动了流域内经济的高质量发展。在这个过程中，我们既要继承红色金融的优良传统和理念，又要结合现代金融的发展趋势和特点，不断创新金融产品和服务，更好地服务于黄河流域生态保护和高质量发展的目标。

展望未来，随着金融科技的快速发展和绿色金融理念的深入人心，现代金融将在黄河流域生态保护中发挥更加重要的作用。然而，金融助力黄河流域生态保护和高质量发展是一项长期而艰巨的任务，需要金融机构、政府部门和企业共同努力，不断创新金融产品和服务，提高金融服务的针对性和有效性。同时，政府部门应加强与金融机构的合作，建立健全融资需求企业名单推送机制，支持地方政府召开金融对接会，为政金企合作搭建平台，共同推动黄河流域生态保护和高质量发展。只有这样，才能让黄河这条母亲河在新时代焕发出更加璀璨的光芒，成为造福人民的幸福河。

参 考 文 献

[1] 王华东．论胶东抗日根据地经济建设对中国抗战的贡献 [J]．河北青年管理干部学院学报，2018，30（6）：109－113.

[2] 王福萍．领导北海银行、鲁西银行金融发展中的历史经验——追寻红色金融足迹传承中国共产党精神 [C].2021年山东省钱币学会学术年会论文集，2021：57－59.

[3] 山东省钱币学会．鲁西银行货币 [M]．北京：中国金融出版社，2020：24－25.

[4] 李真真，张佳．中国银行东营垦利支行："金融活水"润泽黄河流域生态保护 [N]．齐鲁晚报·齐鲁壹点，2024－10－29.

[5] 赵婉莹．建行山东省分行：金融活水助力黄河流域生态保护和高质量发展 [N]．大众报业·齐鲁壹点，2024－08－13.

[6] 运城市委政研室（市委改革办）．打造美丽中国"运城样板"——我市深化生态文明体制改革纪实 [N]．运城日报，2024－11－27.

[7] 李东明．运城金融监管分局引领金融机构深度融入黄河流域生态保护和高质量发展战略 [N]．中国银行保险报，2024－10－28.

[8] 赵海东．鲁西币与日伪币、法币的货币斗争 [C]．齐鲁钱币，2014（4）：29－33.

[9] 张建华等．山东红色金融概论 [M]．北京：经济科学出版社，2024.

黄河流域乡村旅游驱动城乡融合
发展的路径研究

杨文琪[*]

摘　要： 在城乡统筹背景下，探讨黄河流域乡村旅游重塑城乡关系、驱动城乡融合发展的逻辑机制与实践路径，对实现农业农村现代化及共同富裕目标具有重要意义。黄河流域乡村旅游作为城乡融合型产业，既是连接城乡的纽带，也是推动城乡融合发展的重要途径和方式。以黄河流域乡村旅游与城乡融合发展概念内涵为逻辑起点，深入剖析黄河流域乡村旅游助力城乡发展的逻辑机制、困境挑战与实践路径，尝试构建黄河流域乡村旅游驱动城乡融合发展的路径体系。围绕依托黄河流域乡村旅游链接优势畅通城乡要素流动、发挥黄河流域乡村旅游整合优势优化城乡资源配置等实践路径有助于为缩小城乡差距、促进黄河流域乡村旅游高质量发展和城乡融合发展提供参考借鉴。

关键词： 黄河流域乡村旅游　城乡融合　协同发展

一、黄河流域乡村旅游驱动城乡融合发展的逻辑机制

城乡融合是城乡关系的高级演化形态，是城市主导下的城乡弱联系、弱互动转变为城乡对等下的城乡强联系、强互动的重要过程。[1]城乡融合发展涵盖多层次、多领域的融合，表现在城乡要素及资源配置、城乡功能形态、产业发展、生态保护等方面。[2]城乡融合发展，是实现全面建成小康社会和

---

[*]　杨文琪，东北石油大学马克思主义学院硕士研究生，研究方向为生态环境保护。

现代化建设的关键战略。它旨在打破城乡二元结构，促进城乡之间的要素流动、资源共享和协同发展。黄河流域乡村旅游与城乡融合发展的紧密结合，具有深远的理论和实践意义。从理论上讲，"城乡融合发展理论是指在城乡一体化发展的背景下，通过优化配置城乡资源，促进城乡之间的协调发展，最终实现城乡共同繁荣的一种理论。"[3]从实践角度看，黄河流域乡村旅游凭借其独特的自然景观和深厚的文化底蕴，能够成为连接城乡的桥梁和纽带，为城乡融合发展注入新的活力与动力，从而实现经济效益、社会效益和生态效益的多赢局面，开启黄河流域高质量发展的新篇章。

（一）黄河流域乡村旅游为城乡融合发展提供着力点

1. 促进城乡人员的双向流动

"乡村生态旅游是将传统的乡村旅游与生态旅游进行结合而产生的一种新型旅游模式。"[4]黄河流域乡村旅游的蓬勃发展打破了城乡人员流动的壁垒，构建起双向流通的活跃渠道。城市居民因黄河流域乡村旅游而大量涌入乡村，他们不再局限于城市的喧嚣与繁忙，纷纷踏上黄河沿岸乡村之旅，去感受乡村的宁静质朴、领略独特的黄河风情以及体验丰富的民俗文化。这些游客在乡村消费，带动了乡村旅游经济的增长，同时也将城市的文化观念、生活方式和消费理念传播开来。而乡村居民也有了更多机会走向城市，黄河流域乡村旅游产业链的延伸需要乡村提供特色农产品、手工艺品等资源，乡村人员借此契机进入城市开拓市场、寻求合作，他们学习城市先进的商业运营模式和管理经验，提升自身素质与能力。此外，为了满足黄河流域乡村旅游发展需求，城市旅游专业人才（如规划师、营销专家等）纷纷奔赴乡村进行指导与帮扶，乡村也为城市人群提供了生态休闲、文化体验的好去处，双方在旅游的带动下实现了人员的充分互动与交流，促进城乡之间相互了解与协同发展。

2. 推动城乡公共资源合理配置

黄河流域乡村旅游成为城乡公共资源合理配置的重要催化剂。"乡村旅游的发展需要完善的基础设施和公共服务，这在客观上推动了城乡公共资源的共享与均衡发展，缩小了城乡差距。"[5]在交通资源方面，为了便于游客往来于城市与黄河流域乡村旅游地之间，交通部门加大了对城乡间交通线路的规划与建设投入，不仅使城市公共交通网络向乡村延伸，还改善了乡村内部道路状况，提升了道路的连通性与通行质量，实现了城乡交通资源的共享与优化。在教育资源方面，城市优质的旅游教育资源借助黄河流域乡村旅游发展的东风向乡村倾斜，通过开展旅游知识培训、职业技能教育等活动，提升乡村居民的旅游服务水平与文化素养，同时乡村的自然与人文教育资源也为城市学生提供了户外实践与文化传承的平台，促进城乡教育资源的互补。在医疗资源方面，随着黄河流域乡村旅游带来的人口流动增加，乡村医疗保障需求凸显，城市医疗资源通过远程医疗服务、医疗人员定期下乡坐诊等形式向乡村覆盖，提高乡村医疗服务能力，保障游客与当地居民的健康安全，推动城乡医疗资源的均衡配置与协同发展。

3. 农村现代化建设

黄河流域乡村旅游为农村现代化建设注入了强大动力。旅游基础设施建设是农村现代化的重要体现，黄河沿岸乡村为吸引游客，大力修建现代化的游客接待中心、旅游厕所、停车场等设施，改善了乡村的基础面貌。在产业发展方面，黄河流域乡村旅游带动了农村一二三产业融合，传统农业与旅游相结合，发展观光农业、采摘体验等项目，农产品经过深加工成为特色旅游商品，乡村服务业也随之兴起，如农家乐、民宿等，增加了农民的收入来源，推动了农村的产业结构升级。同时，黄河流域乡村旅游促进了农村生态环境的保护与改善，乡村为营造良好旅游环境，加强对污水、垃圾处理等环境治理工作，植树造林、绿化美化乡村，提升了农村的生态品质。此外，农村文化在黄河流域乡村旅游的展示与传播过程中得到传承与创新，古老的民俗活动、传统技艺等重新焕发生机，成为农村现代化建设中独特的文化标识，增强农村的文化软实力与吸引力，全方位推动农村向现代化迈进。

（二）城乡融合发展为黄河流域乡村旅游带来新的机遇

1. 城乡融合优化黄河流域乡村旅游资源开发

城乡融合发展促使城市与乡村在黄河流域乡村旅游资源开发方面形成互补互促的良好格局。城市凭借其资金、技术与人才优势，能够深入挖掘黄河流域乡村旅游资源的潜力。例如，城市的专业旅游规划团队可以运用先进的地理信息系统（GIS）技术和大数据分析，对黄河沿岸乡村的自然景观、民俗文化资源进行精准测绘与评估，制定出科学合理且独具特色的旅游资源开发方案。通过整合乡村分散的旅游景点，打造出主题鲜明、线路连贯的黄河流域乡村旅游产品。

2. 城乡融合创新黄河流域乡村旅游营销推广

城乡融合为黄河流域乡村旅游营销推广带来了创新活力与广阔平台。城市作为信息传播与文化交流的中心，拥有丰富的媒体资源、社交网络平台以及专业的营销策划机构。这些资源在黄河流域乡村旅游营销中发挥着关键作用。城市的电视台、广播电台制作精美的黄河流域乡村旅游专题节目与广告，通过卫星频道与网络直播平台向全国乃至全球传播黄河流域乡村旅游的魅力。社交媒体方面，城市的网红、旅游博主纷纷前往黄河流域乡村旅游地打卡体验，借助微博、抖音等平台发布生动有趣的旅游短视频、图文游记，引发网络热议与话题传播，形成强大的线上营销效应。专业营销策划机构则为黄河流域乡村旅游制定精准的市场定位与营销策略，针对不同地区、不同年龄层次的游客群体，设计个性化的旅游宣传方案。同时，乡村在旅游营销推广中也具有独特优势，乡村的民俗文化活动、传统节日庆典等成为吸引游客的重要营销亮点。城乡融合将城市的现代营销手段与乡村的特色文化活动相结合，创新了黄河流域乡村的旅游营销推广模式，拓展了旅游市场，吸引更多游客前来领略黄河之美。

二、黄河流域乡村旅游驱动城乡融合发展的现实挑战

黄河流域乡村旅游在驱动城乡融合发展方面虽具有巨大潜力，但在实际推进过程中，不可避免地面临着诸多严峻挑战。这些挑战亦是前行道路上的重重障碍，制约着黄河流域乡村旅游与城乡融合发展的深度与广度，对其良性互动与协同共进构成了显著威胁。

（一）地方旅游文化挖掘不深入

黄河，作为中华民族的文化摇篮，其流域蕴含着数千年历史沉淀的文化瑰宝。然而，在黄河流域乡村旅游驱动城乡融合发展的进程中，地方旅游文化挖掘的浅薄性成为一大桎梏。黄河文化的深邃内涵犹如一座无尽的宝藏，其历史脉络错综复杂，民俗风情多元且独特，精神价值厚重而深远。但当下，对黄河文化的开发多浮于表面，未能深入探究其核心要义。往往只是触及文化的皮毛，将一些文化元素进行简单的拼凑与呈现，而缺乏对其背后所承载的历史演进逻辑、民俗形成根源以及精神传承密码的深度剖析。这种浅尝辄止的挖掘方式，致使黄河文化在旅游产品中的展现仅仅停留在观光层

面，游客难以领略其博大精深的魅力，无法产生深层次的文化共鸣与情感连接。

同时，地方旅游文化挖掘缺乏系统性与专业性的统筹规划。没有形成一套完整、科学的挖掘体系，多是零散、孤立地对待各个文化元素，难以将其编织成一个有机的文化网络。在缺乏文化专家、历史学者等专业智囊团的精准指导下，文化挖掘工作易陷入盲目与无序，无法构建起具有强大吸引力和历史穿透力的文化叙事框架。这不仅难以塑造具有独特性与辨识度的黄河文化旅游品牌，也无法充分发挥黄河文化在城乡间的桥梁纽带作用，阻碍了文化产业与旅游产业在城乡融合发展进程中的协同创新与价值共生，使得黄河文化在驱动城乡融合发展中的潜力未能得到有效释放，导致旅游与文化的融合发展缺乏深度与持久力，难以在城乡之间形成基于文化认同的紧密互动与资源共享格局。

（二）黄河流域乡村旅游基础设施建设不全面

黄河流域乡村旅游的蓬勃兴起，迫切需要完备且高效的基础设施作为支撑。然而，当前黄河流域乡村旅游基础设施建设的不全面性，成为制约其推动城乡融合发展的关键瓶颈。

在交通基础设施领域，尽管黄河流域的部分核心城市和知名景区已构建起相对便捷的交通网络，但众多黄河沿岸的偏远乡村及小众旅游景点却深陷交通困境。道路状况堪忧，狭窄的路面、崎岖的地形以及年久失修的设施，使得交通的顺畅性与安全性大打折扣。公共交通线路的覆盖范围极为有限，班次稀少且运营时间不灵活，游客的出行便利性严重受限。这不仅阻碍了城市游客向乡村旅游地的自由流动，也使得乡村丰富的旅游资源难以被外界充分认知与开发利用，导致城乡旅游资源无法实现高效整合与协同联动，形成了鲜明的旅游发展"二元结构"。

旅游配套设施建设同样存在诸多短板。沿黄地区的乡村旅游接待设施普遍简陋，住宿条件难以满足游客的基本舒适需求，从房屋的建筑结构到内部的装饰装修，从床铺的品质到卫生设施的配备，均与现代旅游接待标准存在较大差距。餐饮服务方面，卫生状况参差不齐，缺乏标准化的餐饮操作流程与质量监管体系，食品安全难以得到有效保障。旅游厕所数量不足且分布不合理，内部设施陈旧、环境卫生差等问题屡见不鲜。这些旅游配套设施的缺陷，极大地降低了游客的旅游体验满意度，损害了黄河流域乡村旅游的整体形象与声誉，严重阻碍了旅游产业在城乡间的均衡布局与融合发展，抑制了城乡旅游要素的自由流动与优化配置，成为黄河流域乡村旅游驱动城乡融合发展的重要阻碍因素。

（三）黄河流域乡村旅游资源空间分布不均匀

黄河流域乡村旅游资源在广袤的流域空间内呈现出极为不均衡的分布态势，这一现象为黄河流域乡村旅游驱动城乡融合发展带来了诸多棘手难题。从宏观地理区域视角审视，黄河上游区域以其壮丽的高原自然风光和独特的少数民族文化而独树一帜，但其旅游资源高度聚集于青海、甘肃等少数省份的特定地域，广袤的周边地区旅游资源相对匮乏；中游地区坐拥黄土高原的奇特地貌、诸多历史古都的深厚文化底蕴以及丰富多彩的民俗文化宝藏，然而这些优质资源主要簇拥在西安、洛阳等少数大型城市及其紧邻的周边地带，广大乡村地区旅游资源的丰富度与开发程度相差悬殊；下游地区的黄河三角洲湿地生态奇观以及齐鲁文化的精髓，则集中分布于山东的部分沿海发达城市和内陆核心经济区域，其他地区的旅游资源分布相对零散且规模较小。

这种资源分布的不均衡性直接导致城乡旅游发展水平的巨大落差。大城市与资源富集区域凭借得天独厚的旅游资源优势，吸引了海量的旅游投资、顶尖的专业人才以及庞大的游客群体，旅游产业呈现出蓬勃发展的繁荣景象，基础设施建设日臻完善，旅游服务质量不断提升。相反，那些资源相对匮乏的乡村地区则深陷旅游发展的困境，资金短缺、人才流失、游客稀少成为常态，基础设施建设滞后，旅游产品单一且缺乏吸引力。这种城乡旅游发展的失衡局面，严重阻碍了城乡之间旅游资源的互补共享与协同发展，制约了旅游产业在城乡间的要素流动与产业联动，使得黄河流域乡村旅游难以成为推动城乡融合发展的强劲动力，加剧了城乡之间在旅游经济、社会文化等多方面的发展差距与二元分化。

（四）产业协同融合不充分

在黄河流域乡村旅游驱动城乡融合发展的宏大蓝图中，产业协同融合的不充分性成为亟待突破的关键挑战。城乡旅游产业之间存在着较为严重的脱节现象。城市旅游产业往往侧重于高端商务旅游、现代化都市观光以及大型文化娱乐项目的开发与运营，其发展模式和消费群体定位与乡村旅游存在显著差异。而乡村旅游多以传统农业观光、民俗文化体验和简单的农家乐形式为主，产业业态较为单一，产品品质与服务水平相对较低。这种城乡旅游产业发展的割裂状态，导致两者之间缺乏有效的沟通协作机制与资源共享平台，难以形成优势互补、协同共进的产业发展合力。

旅游产业链上下游环节之间的协同整合也严重不足。在旅游产品开发环节，城市旅游企业与乡村旅游经营者之间缺乏深度合作，城市企业未能充分挖掘乡村旅游资源的特色与潜力，乡村经营者也难以借助城市企业的资金、技术与市场渠道优势提升产品品质与市场竞争力。旅游服务环节同样存在协同障碍，城市的交通、住宿、餐饮等服务行业与乡村旅游服务体系未能实现无缝对接，游客在城乡之间的旅游转换过程中常常遭遇服务断层与体验不佳的困境。此外，旅游市场推广方面，城乡旅游缺乏统一的品牌形象塑造与营销战略规划，各自为战的推广模式难以形成强大的市场影响力与品牌号召力，导致黄河流域乡村旅游整体市场份额难以有效扩大，产业协同融合的效益未能充分释放，制约了黄河流域乡村旅游在城乡融合发展进程中的带动作用与综合效益提升。

三、黄河流域乡村旅游驱动城乡融合发展的实践路径

只有清晰地认识到问题所在，才能有的放矢地制定策略，突破困境，进而实现黄河流域乡村旅游与城乡融合发展的可持续发展目标。本节将对黄河流域乡村旅游驱动城乡融合发展过程中面临的地方旅游文化挖掘、基础设施建设、资源空间分布以及产业协同融合等方面的挑战展开详细分析，以期为后续的改进与优化奠定基础。

（一）文化精研工程：深度挖掘黄河流域乡村旅游文化内涵

黄河流域乡村旅游文化内涵的深入挖掘，无疑是推动城乡融合发展的核心动力源泉之一。黄河流域作为中华民族的发祥地之一，拥有着悠久的历史、灿烂的文化和丰富的民俗传统，这些都是乡村旅游发展的宝贵财富。然而，目前黄河流域乡村旅游文化内涵的挖掘还不够深入，城乡融合发展也面临着诸多挑战。因此，当务之急是构建一套由多学科专家组成的黄河流域乡村旅游文化研究智库。

此智库旨在对黄河流域的文化遗产、民俗传统、历史故事等进行系统

性、全面性的梳理与研究。在文化遗产方面，包括古老的村落、寺庙、桥梁等物质文化遗产，以及传统手工艺、戏曲、音乐等非物质文化遗产。通过对这些文化遗产的普查、登记和保护，不仅可以传承和弘扬黄河流域的优秀传统文化，还可以将其转化为乡村旅游的特色景点和文化产品。

进而，依据这些研究成果制定黄河流域乡村旅游文化发展总体规划。规划应突出黄河文化在不同城乡区域的特色定位，避免同质化与表面化的开发。例如，在陕西的黄河流域地区，可以突出黄帝陵、兵马俑等历史文化遗产的特色，打造以"华夏文明寻根之旅"为主题的乡村旅游线路；在山西的黄河流域地区，可以依托五台山、平遥古城等文化资源，开发以"晋商文化体验之旅"为主题的乡村旅游产品；在河南的黄河流域地区，可以利用少林寺、龙门石窟等文化景点，推出以"佛教文化感悟之旅"为主题的乡村旅游活动。通过突出特色定位，可以让每个城乡区域都有自己独特的旅游品牌和文化魅力，吸引更多的游客前来旅游观光。

（二）基建提升战略：全方位完善黄河流域乡村旅游基础设施

基础设施是经济发展的先导性要素，是支撑经济发展和社会进步的重要物质基础；农村基础设施是解放和发展农村生产力的关键措施，是提高农民生活水平、改善农民生活质量的物质保证。[6]黄河流域乡村旅游基础设施的全面完善是实现城乡旅游融合发展的物质基石。需制定黄河流域旅游基础设施一体化建设规划，以系统性思维统筹城乡交通、住宿、餐饮、卫生等基础设施建设。在交通方面，加大对黄河沿岸乡村道路网络的投资力度，拓宽和硬化连接城乡旅游景点的道路，提高道路的承载能力与通达性；优化公共交通线路布局，增开旅游专线巴士与观光游船，构建水陆空立体旅游交通体系，实现城乡旅游交通的无缝对接。

在住宿与餐饮设施建设上，依据城乡不同特色与定位制定差异化建设标准。城市旅游区域侧重于建设高端星级酒店、商务酒店以及特色主题酒店，满足商务游客与高端旅游团队的需求；乡村旅游区域则注重发展特色民宿、农家客栈与乡村营地，强调地域文化特色与生态环保理念的融入。同时，加强餐饮设施的标准化管理与品质提升，城市旅游餐饮突出品牌化、国际化与多元化，乡村旅游餐饮则以原生态、地方特色与农家风味为核心竞争力。此外，大力推进旅游厕所革命，在城乡旅游景点、交通沿线等区域建设数量充足、布局合理、设施先进、环境整洁的旅游厕所，并引入智能化管理系统与环保技术，提升旅游卫生环境质量，为游客营造舒适便捷的旅游体验环境，推动城乡旅游基础设施的均衡发展与共享共用。

（三）资源均衡布局：优化黄河流域乡村旅游资源空间分布格局

优化黄河流域乡村旅游资源空间分布格局是促进城乡旅游均衡发展的关键举措。建立黄河流域旅游资源空间规划与协调机制，运用地理信息系统（GIS）、大数据分析等先进技术手段，对黄河流域旅游资源进行全面普查与精准评估。依据资源特色、开发潜力与市场需求，划分不同类型的旅游功能区，如自然生态保护区、历史文化名城（镇、村）区、乡村田园休闲区、现代都市旅游区等，并明确各功能区的发展定位、主导产业与功能配套。

通过区域合作与资源整合，促进旅游资源在城乡之间的合理流动与共享。推动城市旅游企业与乡村旅游合作社开展结对帮扶与合作开发，城市企业将资金、技术、人才与管理经验输入乡村，助力乡村旅游资源开发与产品升级；乡村则为城市游客提供特色旅游资源与体验项目，实现城乡旅游资源的优势互补。同时，加强旅游交通线路与服务设施的衔接，打造跨区域、跨城乡的精品旅游线路与旅游圈，如"黄河文化溯源之旅""黄河生态休闲之旅"等，引导游客在城乡之间有序流动，提高旅游资源的整体利用效率与综合效益，缩小城乡旅游发展差距，促进城乡旅游融合发展的空间均衡性与协同性。

（四）产业联动机制：强化黄河流域乡村旅游产业协同融合发展

构建黄河流域乡村旅游产业协同融合发展机制是实现城乡旅游一体化发展的重要保障。成立黄河流域乡村旅游产业联盟，由政府旅游管理部门、城市旅游企业、乡村旅游经营者、旅游行业协会等各方主体共同参与，建立常态化的沟通协商机制与合作平台。通过联盟制定黄河流域乡村旅游产业协同发展规划与行业规范，引导各方在旅游产品开发、市场推广、服务质量提升等方面开展深度合作。

在旅游产品开发方面，推动城市现代旅游服务业与乡村传统旅游产业的融合创新。城市旅游企业利用其先进的创意设计、技术研发与市场营销能力，与乡村旅游资源相结合，开发出具有黄河文化特色与现代旅游需求的复合型旅游产品，如乡村康养旅游、农业研学旅游、民俗文化体验旅游等。在市场推广方面，整合城乡旅游宣传资源，打造统一的黄河流域乡村旅游品牌形象与宣传口号，运用新媒体、大数据、人工智能等技术手段开展精准营销与联合推广活动，提高黄河流域乡村旅游品牌的知名度与美誉度。同时，加强旅游服务质量监管与人才培养，建立城乡统一的旅游服务质量标准与监督机制，开展旅游从业人员培训与技能提升工程，提高旅游服务的专业化、规范化与人性化水平，促进黄河流域乡村旅游产业在城乡之间的协同融合发展与整体竞争力提升。

参 考 文 献

［1］崔树强，周国华，戴柳燕，等．基于地理学视角的城乡融合发展研究进展与展望［J］．经济地理，2022，42（2）．

［2］蓝红星，畅倩．农业强国视域下的城乡融合发展：内涵特征、现实挑战与实现路径［J］．农村经济，2024（2）：12.

［3］张龄之，塞尔江·哈力克．乡村振兴背景下博格达尔村旅游发展策略探究［J］．城市建筑，2022，19（11）：72－75，116.

［4］胡伟，翟琴．乡村生态旅游与精准扶贫耦合机理及联动路径研究［J］．生态经济，2018（10）：138.

［5］钟德仁，石晓宇．城乡融合背景下禾泉农庄乡村旅游高质量发展路径研究［J］．长春大学学报，2023，33（3）：1－6.

［6］郭秀珍．农村基础设施建设：新农村建设的着力点［J］．经济问题，2007（2）．

金融科技政策对黄河生态保护的影响

蔡亚璇[*]

摘　要： 本文深入探讨了金融科技政策对黄河生态保护的影响。首先阐述黄河生态保护的现状与面临的挑战，其次分析金融科技政策在黄河生态保护中的作用机制，包括资金引导、创新驱动、风险管控等方面。通过对相关数据和案例的研究，评估现有金融科技政策在黄河生态保护实践中的成效与不足。最后提出优化金融科技政策以更好促进黄河生态保护的建议，旨在为相关政策制定者、研究者以及关注黄河生态保护与金融科技融合发展的各界人士提供全面且深入的参考依据，助力实现黄河流域生态保护和高质量发展的战略目标。

关键词： 金融科技政策　黄河生态保护　可持续发展　政策影响评估

一、引言

黄河，作为中华民族的母亲河，其奔腾不息的河水孕育了灿烂辉煌的华夏文明，是中华民族的精神象征与文化根基。它所流经的广袤地域，构成了一个庞大而复杂的生态系统，对于我国的生态安全而言，犹如一道坚实的屏障。其水资源的涵养与调配，影响着周边乃至更大范围地区的气候调节、水土保持以及生物多样性的稳定。从经济可持续发展的角度来看，黄河流域是

---

　　[*] 蔡亚璇，齐鲁工业大学（山东省科学院）经济与管理学部会计硕士研究生，研究方向为政府会计与绩效评价。

我国重要的农业产区，为粮食生产提供了得天独厚的灌溉条件，众多人口依赖于此安居乐业；同时，丰富的水能资源为电力供应贡献力量，沿岸的工业因河运便利而蓬勃发展，带动了区域经济的繁荣。在文化传承方面，黄河更是一部活着的史书，古老的传说、独特的民俗风情以及众多历史遗迹都与黄河息息相关，它承载着先辈们的智慧与记忆，是中华民族凝聚力与认同感的重要源泉。

近年来，随着金融科技如同一颗璀璨新星在全球经济舞台上迅速崛起，其凭借大数据、人工智能、区块链等前沿技术手段，打破了传统金融的诸多局限，极大地提高了金融服务的效率、拓展了金融服务的边界。金融科技政策也日益彰显出其作为推动各领域发展变革关键力量的特质。在这样的时代背景下，将金融科技政策与黄河生态保护有机结合，无疑开启了一扇探索黄河流域生态与经济协同发展的崭新大门，成为当下极具挑战性与前瞻性的新路径与新课题。

二、黄河生态保护现状与挑战

（一）黄河生态保护现状

黄河流域广袤无垠，其范围广泛地涵盖了我国多个具有关键意义的生态功能区，其中水源涵养区对于维持整个流域乃至更大区域的水资源稳定供应起着根本性的保障作用，它就像是一个巨大的天然"水塔"，默默地蓄积和过滤着水源；而水土保持区则肩负着阻挡土壤侵蚀、防止水土流失的重任，犹如一道坚固的绿色防线，守护着黄河流域的土地根基[1]。

然而，令人惋惜的是，在漫长的岁月里，一方面，由于自然因素的无情肆虐，如气候变化导致的降水不均、极端天气频发，以及黄河自身所流经区域复杂的地质地貌条件等；另一方面，人类活动的持续影响也不容小觑。长期过度的放牧使得黄河上游部分地区原本郁郁葱葱的草地逐渐失去生机，出现了严重的退化现象，大量的土壤失去植被的固定与保护，被雨水冲刷进黄河，致使河流泥沙含量居高不下。在中游地区，因经济发展需求而进行的大规模能源资源开发活动，在带来经济效益的同时，也引发了一系列严重的后遗症，各类工业生产过程中产生的废气、废水、废渣肆意排放，造成了严重的环境污染，许多原本和谐的生态系统遭到了毁灭性的破坏。而在下游地区，由于泥沙的长期淤积，河道逐渐变浅变窄，水流不畅，湿地也因得不到充足的水源补给而不断萎缩，众多珍稀动植物失去了栖息繁衍的家园，这对生物多样性保护无疑形成了极为严峻的挑战[2]。

（二）面临的挑战

1. 资金短缺

黄河生态保护作为一项长期且艰巨的系统工程，其涵盖的生态修复、污染治理、水资源保护等关键项目均需巨额资金作为坚实后盾。但从当前的实际情况来看，财政资金的供给相对有限，难以完全满足项目所需。同时，社会资本参与黄河生态保护项目的渠道也不够顺畅，存在着诸多阻碍与限制因素，致使资金缺口问题较为突出。这一现状犹如沉重的枷锁，极大地束缚了黄河生态保护工作的大规模有序开展以及向更深层次的稳步推进，进而对整个黄河流域生态环境的持续改善和良性发展形成了严峻挑战。黄河生态保护工作亟待拓宽资金筹措渠道，优化资源配置，以保障黄河生态保护事业稳步前行。

2. 技术创新不足

在黄河生态保护的技术领域，如生态监测、污染治理技术研发以及生态修复工程技术等方面，当下尚存在技术创新能力匮乏的困境。传统的技术手段在面对黄河生态保护这一复杂且关键的任务时，显得力不从心，无法契合精准化、高效化的生态保护诉求。具体而言，当前缺乏先进的科技手段以达成对黄河生态系统全方位、实时性、动态化的监测与评估，这一短板使得在黄河生态保护的进程中，难以敏锐、及时地察觉各类生态问题的滋生与演变，进而无法高效地制定出具有针对性的精准保护策略，极大地阻碍了黄河生态保护工作的高效开展与深入推进，亟待在技术创新层面实现突破与跨越，以科技之力赋能黄河生态的可持续发展。

3. 产业结构不合理

黄河流域的部分区域，其产业结构呈现出偏重的态势，在经济发展进程中高度依赖煤炭、化工等高耗能、高污染的传统产业类型。这些产业在运营过程中，对资源进行着大规模的粗放式开采与消耗，同时向环境排放大量污染物，给黄河流域的生态资源承载能力带来了沉重压力，与当下生态保护的严格要求背道而驰。而且，当推动产业向绿色、可持续方向转型时，又面临着技术瓶颈难以突破、资金投入捉襟见肘、专业人才匮乏短缺等多重困境[3]，这些阻碍因素相互交织，严重束缚了黄河流域迈向绿色发展道路的步伐，延缓了整个流域生态与经济协同共进、良性循环发展格局的构建进程。

4. 跨区域协同治理困难

黄河横跨多个省份，其生态保护工作复杂而艰巨，由于不同区域所处的地理位置、经济发展水平以及资源禀赋各异，致使各地区间的利益诉求存在显著差异，难以达成高度统一。同时，政策在省际间的协调配合障碍重重，各地政策的侧重点与实施细则不尽相同，缺乏连贯性和互补性，难以形成强大的政策合力。再者，信息共享平台的缺失或不完善，使得区域间的信息流通受阻，数据传递不及时、不全面，无法为科学决策提供精准且完整的依据。

尤其在水资源分配这一关键议题上，各地区基于自身发展需求，往往对水资源的分配持有不同观点，互不相让，难以达成公平合理且各方满意的分配方案。而在污染治理责任的界定与划分方面，同样存在推诿扯皮的现象，各地都试图规避责任，致使责任界限模糊不清。这些矛盾与分歧直接导致跨区域协同治理机制在构建与实施过程中荆棘丛生，难以高效运转，无法发挥其应有的作用，极大地削弱了黄河生态保护工作的整体成效，使得黄河生态系统的修复与改善之路充满坎坷，亟须构建更为完善的沟通协调机制与利益均衡体系，凝聚各方力量，共同守护黄河生态环境。

三、金融科技政策在黄河生态保护中的作用机制

（一）资金引导与配置机制

1. 多元化融资渠道拓展

金融科技政策通过鼓励金融机构创新金融产品和服务，为黄河生态保护项目开辟多元化融资渠道[4][5]。

具体而言，政策大力推动绿色金融债券的发行，以此作为重要的融资杠杆，巧妙地引导社会资本有序流向黄河生态保护领域。社会资本可以通过购买绿色金融债券这一稳健的投资方式，深度参与到黄河生态保护项目的融资链条之中，为项目的顺利实施提供坚实的资金保障，实现生态效益与经济效益的有机结合[6]。

与此同时，借助先进的金融科技平台，尤其是互联网众筹平台的强大力

量，为那些小型生态保护公益项目或者处于初创阶段的生态科技企业开辟了新的融资天地[9]。这些平台凭借其广泛的传播性和便捷的参与性，能够吸引社会公众的小额资金汇聚成河，不仅有效解决了小型项目和初创企业的资金燃眉之急，还极大地提高了社会公众对黄河生态保护事业的参与热情和实际资金支持力度，让黄河生态保护成为全社会共同关注和积极参与的伟大事业，为黄河生态的持续改善和繁荣发展奠定了坚实的群众基础和资金基础[7]。

2. 精准资金投向

在黄河生态保护项目的推进过程中，充分借助大数据与人工智能等前沿金融科技手段，宛如为项目装上了精准的"导航仪"和"分析仪"，能够对项目进行极为精确且全面的风险评估以及效益剖析。从项目的生态效益、经济效益以及社会效益等多个维度出发，构建起一套科学、完善的指标体系[8]，以此为依据，将宝贵的资金精准地引导至那些最为迫切需要资金支持且具有显著发展潜力的生态保护关键领域以及重点项目之中，确保每一分钱都能发挥最大效能。

比如，运用大数据技术深入挖掘和分析黄河流域各个区域翔实的生态环境数据以及产业发展数据，通过智能算法精准定位出亟待优先支持的生态修复重点区域，以及具有广阔前景的绿色产业发展项目等，从而使得资金的流向更加合理、精准，极大地提升了资金的使用效率，让有限的资金在黄河生态保护的宏大工程中产生最大的价值，为黄河流域的生态复苏与可持续发展提供坚实有力的资金保障和技术支撑。

（二）创新驱动机制

1. 促进生态科技企业发展

金融科技政策为生态科技企业提供了良好的金融环境和创新支持。通过设立科技金融专项基金、提供风险投资等方式，扶持从事黄河生态监测技术研发、污染治理技术创新、生态修复新材料开发等领域的企业成长。这些企业的创新成果将直接应用于黄河生态保护实践，如新型水质监测传感器能够更精准地监测黄河水质变化，为污染治理提供及时准确的数据支持；高效的污水处理技术可以降低黄河流域污水排放对环境的影响[8]。

2. 推动金融服务模式创新

金融科技催生了像区块链供应链金融、智能投顾这种新的金融服务模式。在黄河生态保护方面，这些新的模式能够用在生态产业供应链管理上。比如，用区块链技术来搭建一个黄河流域绿色农产品供应链金融平台，这样就能让供应链上的中小微企业融资更方便，资金周转得更快，对绿色农业产业的发展有益，也就间接使黄河流域的生态保护和农业经济共同发展。还有，智能投资顾问可以按照投资者喜欢环保的情况和能承受风险的程度，给他们推荐和黄河生态保护有关的投资项目，能进一步把社会上的资金引入黄河生态保护中来。

（三）风险管控机制

1. 信用风险评估与管理

金融科技政策推动金融机构利用大数据分析、机器学习等技术构建完善的信用风险评估体系。在黄河生态保护项目融资过程中，对项目实施主体、参与企业的信用状况进行全面、精准的评估。通过分析企业的环保信用记录、财务数据、经营行为数据等多源数据，提前识别潜在的信用风险，降低因项目主体信用问题导致的融资违约风险，保障金融资金安全投入黄河生态保护项目。

2. 环境风险监测与预警

借助物联网、卫星遥感等金融科技手段，对黄河流域的生态环境风险进行实时监测与预警。在黄河生态保护项目复杂而关键的融资进程中，这一评估体系宛如一位明察秋毫的"信用卫士"，对项目实施主体以及众多参与企业的信用状况展开全面且深入细致的审视与评判，力求精准无误地勾勒出其信用画像。它深度融合并巧妙解析企业的环保信用记录、财务数据、经营行为数据等来自多种渠道的丰富数据源，运用智能算法从中精准洞察潜在的信用风险迹象，犹如在迷雾中精准定位暗礁，能够提前预判并有效规避可能出现的风险状况。

通过这种前瞻性的风险识别与防控机制，极大程度地削减了因项目主体信用瑕疵而引发的融资违约风险，为金融资金能够毫无后顾之忧地、安全稳妥地注入黄河生态保护项目铺设了坚实可靠的道路，使得每一笔宝贵的金融资金都能如同精准导航的船只，顺利抵达黄河生态保护项目的"港湾"，为这一伟大事业的蓬勃发展提供稳定而强劲的资金保障，有力地推动黄河流域生态环境在金融科技的有力支撑下稳步迈向绿色、可持续发展的新征程。

四、金融科技政策在黄河生态保护实践中的成效与不足

（一）取得的成效

1. 部分地区生态环境改善

在黄河流域的一些特定区域，如山东黄河三角洲地区，金融科技政策展现出了强大的引领作用和推动效能。当地凭借金融科技的力量，成功构建起了高效的资金引流渠道，精准地将各类资金导入湿地生态修复项目以及盐碱地改良项目等重点生态工程之中。

通过金融科技平台广泛地筹集社会资本，吸引了大量外部投资的涌入，同时积极引入国内外先进的生态修复技术和具有专业实力的企业。在充足资金与先进技术的双重加持下，湿地生态修复工作取得了显著成效，湿地面积呈现出稳步增长的态势，原本退化的湿地生态系统逐渐恢复往日的生机与活力。与之相伴的是，生物多样性也得到了一定程度的修复与提升，众多珍稀濒危物种的栖息地得到有效保护和扩展，越来越多的野生动植物在此繁衍生息，生态链得以进一步完善和稳固。

这些积极的改变，使得黄河入海口地区的生态环境质量实现了质的飞跃，生态稳定性显著增强，为整个黄河流域的生态平衡与可持续发展贡献出了不可或缺的力量，也为其他地区在金融科技与生态保护协同发展方面提供了极具价值的实践范例和参考经验，有力地证明了金融科技在生态保护领域的巨大潜力和广阔前景。

2. 绿色产业发展初现成效

在金融科技政策推动下，黄河流域部分地区的绿色产业呈现出良好的发展态势。例如，河南郑州等地积极发展新能源汽车产业，金融科技为新能源汽车企业提供了多元化的融资渠道和创新金融服务。通过科技金融支持，企业加大了技术研发投入，提高了新能源汽车的生产效率和产品质量，推动了当地绿色交通产业发展，减少了传统燃油汽车尾气排放对黄河流域空气质量的影响。

3. 金融科技应用案例增多

越来越多的金融科技企业和金融机构开始关注黄河生态保护领域，并开展了一系列创新应用实践。以部分金融科技公司为例，它们巧妙地融合卫星

遥感技术与大数据分析手段，在黄河流域的农业保险领域开创了精准定价的新模式。借助高分辨率的卫星影像，能够实时、精准地监测农田中作物的生长态势，从幼苗的破土而出到谷物的饱满成熟，每一个阶段的细微变化都被清晰记录。同时，海量的气象数据被深度整合，无论是风雨的侵袭、阳光的照耀，还是气温的起伏，都成为影响保险定价的关键因素。此外，土壤墒情信息也被纳入考量范畴，其含水量、肥力状况等数据为评估农业生产风险提供了重要依据。

（二）存在的不足

1. 政策协同性不足

金融科技政策与黄河生态保护相关的其他政策之间缺乏有效的协同配合。例如，在税收政策、产业政策与金融科技政策之间，存在着政策目标不一致、政策实施环节脱节等问题。一些绿色产业项目虽然得到了金融科技的资金支持，但在税收优惠、土地使用等方面未能享受到相应的政策扶持，影响了项目的整体效益和可持续发展能力。同时，不同地区的金融科技政策也存在差异，缺乏跨区域的政策协调机制，不利于黄河流域整体生态保护工作的统筹推进。

2. 金融科技应用深度不够

尽管金融科技在黄河生态保护中已有一定应用，但总体应用深度仍有待提高。在生态监测方面，虽然有部分物联网设备和卫星遥感技术的应用，但数据的整合分析能力不足，难以形成全面、系统的黄河生态监测体系[9]。在金融服务方面，金融科技对黄河生态保护项目的全生命周期管理支持不够，如在项目前期规划、中期建设监督、后期运营评估等环节，金融科技手段的介入程度较低，无法充分发挥金融科技在优化项目管理、提高项目成功率方面的作用。

3. 人才与技术支撑薄弱

黄河流域金融科技人才短缺现象较为严重，既懂金融又懂科技和生态保护的复合型人才匮乏。这限制了金融科技在黄河生态保护中的创新应用和深入发展。同时，黄河流域在金融科技核心技术研发方面相对滞后，如区块链、人工智能等关键技术的自主创新能力不足，依赖外部技术较多，在数据安全、技术稳定性等方面存在一定风险，不利于金融科技政策在黄河生态保护中的长期有效实施。

4. 社会公众参与度有限

目前，金融科技政策在引导社会公众参与黄河生态保护方面的作用尚未充分发挥。公众对黄河生态保护相关的金融科技产品和服务了解较少，参与渠道有限。例如，一些黄河生态保护公益众筹项目由于宣传推广不足、参与流程烦琐等原因，未能吸引到广大社会公众的积极参与。同时，金融科技在推动公众绿色消费、绿色投资等方面的激励机制不完善，难以形成全社会共同参与黄河生态保护的良好氛围。

五、优化金融科技政策以促进黄河生态保护的建议

（一）加强政策协同整合

1. 建立跨部门政策协调机制

成立由金融监管部门、生态环境部门、发展改革部门等多部门组成的黄河生态保护金融科技政策协调小组，负责统筹制定、协调和实施金融科技政策与其他相关政策。定期召开政策协调会议，加强政策制定过程中的沟通与协商，确保金融科技政策与税收政策、产业政策等在目标、措施等方面相互衔接、协同配合，形成政策合力。

2. 制定区域统一金融科技政策框架

针对黄河流域不同地区金融科技政策差异较大的问题，由流域内各省份共同协商制定区域统一的金融科技政策框架。在框架内，明确各地区在黄河生态保护中的金融科技政策重点和特色，同时规定统一的政策基本原则、标准和规范，如绿色金融项目认定标准、金融科技企业扶持政策等，促进黄河流域金融科技政策的一体化发展，提高政策的协同效应和整体实施效果[10]。

（二）深化金融科技应用

1. 构建黄河生态保护金融科技大数据平台

整合黄河流域生态环境数据、产业数据、金融数据等多源数据，构建黄河生态保护金融科技大数据平台。利用大数据分析、数据挖掘等技术，对平台数据进行深度分析，实现对黄河生态系统的全面监测、评估和预测。例如，通过分析生态环境数据与产业发展数据的关联关系，为黄河流域绿色产业布局和生态保护项目规划提供科学依据；通过对金融数据的分析，优化金

融资源配置，提高金融服务黄河生态保护的精准性和有效性。

2. 拓展金融科技在生态保护项目全生命周期中的应用

在黄河生态保护项目前期规划阶段，利用金融科技手段进行项目可行性分析、环境效益评估和融资方案设计。在项目建设阶段，通过物联网技术对项目建设进度、质量、资金使用情况等进行实时监控，确保项目按计划推进并合理使用资金。在项目运营阶段，利用智能合约等金融科技工具对项目运营方的环境绩效、财务绩效等进行评估和监督，根据评估结果调整金融支持策略，实现金融科技对黄河生态保护项目全生命周期的精细化管理。

（三）强化人才与技术支撑

1. 加大金融科技人才培养与引进力度

黄河流域各地政府应制定优惠政策，鼓励高校、科研机构与企业合作，开设金融科技与生态保护相关专业和课程，培养复合型人才。同时，积极引进国内外金融科技高端人才，通过提供优厚的薪酬待遇、良好的科研环境和发展机会等，吸引人才流入黄河流域。例如，设立黄河流域金融科技人才专项奖励基金，对在金融科技与黄河生态保护融合发展方面作出突出贡献的人才给予奖励。

2. 提升金融科技自主创新能力

加大对黄河流域金融科技研发的资金投入，支持企业、高校和科研机构开展金融科技核心技术研发。重点突破区块链在生态信用体系建设中的应用技术、人工智能在生态风险预测与评估中的算法优化等关键技术难题。加强黄河流域金融科技产业园区建设，打造金融科技创新孵化基地，促进金融科技企业之间的技术交流与合作，提高黄河流域金融科技自主创新能力和产业竞争力。

（四）提高社会公众参与度

1. 加强金融科技与黄河生态保护宣传教育

利用电视、网络、社交媒体等多种媒体渠道，广泛地宣传金融科技在黄河生态保护中的作用和重要性。联合多种社交媒体制作关于金融科技和黄河生态保护的科普节目、短视频，向民众科普相关的知识和信息。举办金融科技与黄河生态保护主题的宣传活动，例如办展览、开讲座、搞竞赛，让民众更关注黄河生态保护，也更了解金融科技产品，更愿意去参与黄河生态保护。

2. 完善社会公众参与机制

简化黄河生态保护金融科技项目公众参与流程，让大家更方便、更简便地参与到项目中，优化公益众筹项目的报名、捐款、监督步骤。建立公众参与激励机制，给项目参与人一定的实物奖励或优惠，如购买黄河生态保护绿色金融产品的，给予减税或者积分，积分能换环保产品或服务等。通过完善机制，让更多民众积极参与项目，形成全社会一同参与共同进步的好趋势。

六、结论

金融科技政策在黄河生态保护中具有极为重要的作用和广阔的应用前景。它如一把精准而有力的钥匙，能够开启黄河生态保护与经济发展协同共进的大门。通过资金引导与配置机制，金融科技政策能够如同敏锐的导航仪，精准地将各类资金资源导向黄河生态保护的关键领域与核心项目。无论是用于上游地区水土流失治理的大规模生态修复工程，还是中游地区能源产业绿色转型所需的技术研发与设备更新资金，抑或是下游地区湿地保护与河道整治的专项资金，都能在其引导下实现合理高效的配置，避免资金的错配与浪费。

在创新驱动方面，金融科技政策恰似强劲的引擎，激发着黄河流域绿色产业创新发展的无限活力。它鼓励金融机构与科技企业携手合作，催生了一系列创新的金融产品与服务模式。例如，基于区块链技术的绿色供应链金融，为黄河流域的特色农产品产业链上的众多中小微企业提供了便捷且低成本的融资渠道，促进了绿色农业的蓬勃发展；智能投顾平台依据大数据分析与人工智能算法，为投资者精准推荐与黄河生态保护相关的绿色投资项目，吸引了更多社会资本涌入这一领域，推动了新能源、环保科技等绿色产业的茁壮成长。

同时，风险管控机制让金融科技政策成为黄河生态保护金融活动的坚固护盾。借助先进的大数据分析与风险模型构建，能够对黄河生态保护项目可能面临的各类风险，如环境风险、信用风险、市场风险等进行全面且精准的评估与预警。在项目前期，严格筛选出具有良好发展潜力与较低风险系数的项目给予资金支持；在项目实施过程中，实时监控风险指标变化，及时调整金融策略，确保资金安全与项目顺利推进。在一定程度上，这些积极的作用促进了黄河部分地区生态环境改善、绿色产业发展，并且也的确涌现出了一些金融科技应用案例，如某些地区利用金融科技实现了对黄河水质监测数据的实时分析与预警，为污染治理提供了有力支撑；还有一些地方通过创新金融服务模式助力当地绿色旅游产业的兴起，带动了周边生态环境的综合保护与提升。

然而，不可忽视的是，目前仍存在诸多问题亟待解决。政策协同性不足使得金融科技政策在与黄河生态保护相关的其他政策衔接过程中出现断层与摩擦，例如税收优惠政策与金融扶持政策未能形成有效合力，导致部分绿色产业项目在享受金融支持的同时无法获得相应的税收减免，增加了企业负担，削弱了项目的可持续性。应用深度不够表现为金融科技在黄河生态保护中有很多应用还停留在表面或局部环节，未能深入贯穿到整个生态保护体系与产业发展链条之中。在人才与技术支撑薄弱方面，既精通金融业务又熟悉科技前沿知识且了解黄河生态保护需求的复合型人才极度匮乏，限制了金融科技在黄河生态保护中的创新突破与高效应用；同时，关键核心技术如高端人工智能算法在生态风险精准预测、区块链技术在跨区域生态信用体系构建等方面的应用还不够成熟，制约了金融科技作用的充分发挥。社会公众参与度有限则导致金融科技助力黄河生态保护的力量未能得到广泛凝聚，公众对相关金融科技产品与服务的认知不足、参与渠道不畅以及缺乏有效的激励机制，使得社会大众难以积极投身到黄河生态保护的金融实践中。

为了更好地发挥金融科技政策对黄河生态保护的促进作用，需要加强政策协同整合、深化金融科技应用、强化人才与技术支撑、提高社会公众参与度等多方面的努力。只有这样，才能实现金融科技与黄河生态保护的深度融合与协同发展，为黄河流域生态保护和高质量发展战略目标的实现提供坚实的金融科技支撑，让黄河成为造福人民的幸福河。

参 考 文 献

[1] 植凤寅，唐志刚. "金融活水"润泽黄河流域生态保护 [J]. 中国金融，2024（8）：42-44.

[2] 王小远，寇怀忠. 新一代信息技术在黄河治理中的应用研究 [J]. 水利信息化，2021（6）：68-72.

[3] 李金泉，黄文，赵曜华. 机遇·挑战·对策：济南落实黄河流域生

态保护和高质量发展战略研究 [J]. 中共济南市委党校学报, 2022 (3): 90 - 96.

[4] 何向育. 绿色金融支持黄河流域生态保护和高质量发展: 理论、问题及策略 [J]. 重庆社会科学, 2024 (10): 115 - 128.

[5] 解洪文, 师洋霞. 金融支持黄河流域生态保护 [J]. 中国金融, 2024 (2): 103.

[6] 司林波, 闫芳敏, 裴索亚. 要素融合与模式选择: 科技赋能流域生态保护何以可为? ——基于长江、珠江和黄河流域的经验比较分析 [J]. 青海社会科学, 2023 (5): 46 - 59.

[7] 张伟. 发挥绿色金融在生态产品价值实现中的作用 [J]. 中国水运, 2018 (7): 10 - 11.

[8] 张卓群. 绿色金融推进黄河流域产业绿色转型 [J]. 中国发展观察, 2020 (Z8): 22 - 23, 30.

[9] 徐哲. 以绿色金融助力黄河流域生态保护与高质量发展 [J]. 河南司法警官职业学院学报, 2022, 20 (2): 108 - 112.

[10] 程德智. 夯实黄河流域生态保护及发展的金融根基 [J]. 人民论坛, 2021 (27): 76 - 78.

[11] 唐金培. 黄河文化保护传承弘扬体系构建路径探析 [J]. 黄河科技学院学报, 2023, 25 (4): 8 - 13.

[12] 赵良仕, 刘思佳. 黄河流域地级市水—能源—粮食系统耦合及空间关联研究 [J]. 水资源与水工程学报, 2022, 33 (4): 14 - 23.

[13] 严瑞, 马继洲, 马培华, 等. 财政金融视角下黄河上游6市州生态保护与高质量发展研究 [J]. 甘肃金融, 2022 (6): 14 - 20.

[14] 高志刚, 李明蕊. 制度质量、政府创新支持对黄河流域资源型城市经济高质量发展的影响研究——基于供给侧视角 [J]. 软科学, 2021, 35 (8): 121 - 127.

[15] 何慧爽, 单蓓. 基于机会成本的黄河流域上游地区生态补偿标准研究 [J]. 华北水利水电大学学报 (社会科学版), 2021, 37 (4): 15 - 21.

[16] 中国人民银行副行长刘桂平: 关于金融支持碳达峰、碳中和的几点认识 [J]. 中国金融家, 2021 (6): 22 - 23.

[17] 李进芳. 绿色金融驱动黄河流域高质量发展研究 [J]. 合作经济

与科技, 2021 (4): 58 - 60.

[18] 李梦奇. 治黄信息化建设定量评价及发展建议 [J]. 人民黄河, 2020, 42 (12): 151 - 155, 168.

[19] 沈大军, 阿丽古娜, 陈琛. 黄河流域水权制度的问题、挑战和对策 [J]. 资源科学, 2020, 42 (1): 46 - 56.

[20] 马义玲. 我国绿色金融发展的机制障碍及路径选择 [J]. 征信, 2017, 35 (3): 90 - 92.

[21] 张建华等. 山东红色金融概论 [M]. 北京: 经济科学出版社, 2024.

金融强国建设与票据服务"五篇大文章"

肖小和　谈铭斐　熊星宇　谢玉林[*]

摘　要： 2023 年中央金融工作会议首次提出建设"金融强国"概念，强调金融是国民血脉、是国家核心竞争力的重要组成部分，要加快建设金融强国。票据作为货币市场的一个子产品，应当承担起相应的责任，本文尝试从加强顶层设计、政策制度、监管考核、标准制定、基础设施完善、实现路径和风险管理等方面进行探讨，就如何发挥票据服务科技、绿色、普惠、养老、数字金融"五篇大文章"进行可行性研究，为建设金融强国做出应有的贡献。

关键词： 票据　金融强国　风险管理

一、金融强国建设与票据服务"五篇大文章"

2023 年 10 月 30 日至 31 日，中央金融工作会议在北京举行，重磅分析了金融高质量发展面临的形势，部署当前和今后一个时期的金融工作。会议上首次提出"金融强国"概念，强调金融是国民经济的血脉，是国家核心竞争力的重要组成部分，要加快建设金融强国。

金融强国的概念应当包括内外两个维度，即对内拥有资源配置功能完善、高度发展的金融市场和金融体系，能够为实体经济提供强有力的支撑，

---

[*] 肖小和，江财九银票据研究院；谈铭斐、熊星宇，赣州银行资金营运中心；谢玉林，金华银行。

同时有效防范金融风险和危机，维护金融稳定和安全；对外在国际金融领域具有较高的地位和影响力，能够参与国际金融规则和标准的制定，具有较强的国际竞争力和影响力，能够在全球范围内拓展金融业务和市场份额。

金融强国的提出，不仅是从一国决策视角重新审视金融发展与国家政治之间的紧密关系，更是从理论角度为当代金融学的研究创新、价值理念提升提供新的指引。有利于推动金融业切实履行其服务实体经济的功能，支持科技创新，支持"一带一路"，支持产业政策，实现金融资源真正集聚到高质量发展的战略方向、重点领域和薄弱环节上来，不断满足经济社会发展和人民群众金融服务需求；有利于构建中国特色的现代金融体系，即科学稳健的金融调控体系，合理的金融市场体系，分工协作的金融机构体系，完备有效的金融监管体系，多样化专业性的金融产品和服务体系，自主可控安全高效的金融基础设施体系六大部分。

（一）建设金融强国做好"五篇大文章"的必要性

一是我国加快构建以实体经济为支撑的现代化产业体系的现实需求。从国内看，产业发展中仍然存在不平衡不充分问题，需要加快构建符合高质量发展要求和满足人民日益增长的美好生活需要的现代化产业体系。为改善产业体系结构性失衡、产业创新驱动力不强、产能利用率总体偏低、资源与生态约束严峻等问题，需要贯彻创新、协调、绿色、开放、共享的新发展理念，发挥我国资源禀赋、市场空间、产业体系配套能力等方面的比较优势，持续推进产业结构的优化升级，积蓄新的发展动能。同时，房地产、基础设施建设等传统增长动能也需要转变发展模式，探索高质量、可持续发展道路。从国际看，在全球产业结构和布局深度调整的大背景下，抓住新一轮科技革命和产业变革机遇、建设现代化产业体系成为我国提升国际竞争力、实现战略突围的关键。国际产业分工进一步沿着区域化、本土化、分散化的趋势演进，既往形成的产业链、供应链面临阻断风险。我国亟须畅通产业链、供应链各个循环节点，加强科技创新和技术攻关，提升自主创新能力，促进产业链、供应链的整体优化升级。

二是现代化产业体系发展的必然要求。我国产业体系逐步向科技化、绿色化、数字化和融合化发展道路。在制造业企业内部不断使用科技手段，促进产业结构迭代升级和重大技术难题攻关；在农业产业的科技化则是逐步实现规模化、机械化和信息化生产；在服务业的科技化则体现在生活性服务业的服务精细化和品质化，以及生产性服务业的专业化和价值链高端延伸。

（二）票据要助力服务"五篇大文章"

票据是金融的重要信用工具之一，是属于科技、绿色、普惠、养老、数字金融的特色产品之一。它助力服务是应有之义，同时效果明显。票据是指出票人依照票据法签发的，由自己或者委托他人在见票时或在指定日期无条件支付确定金额给收款人或者持票人的有价证券，包括支票、本票和汇票。票据是集支付、结算、融资、投资、交易和调控于一体的信用工具，票据拥有支付结算的特点，自企业签发票据进行承兑之后，可以通过背书实现票据权利的转让，票据到期时进行兑付。在企业急需资金时，将手中持有的票据向商业银行申请贴现，此时则体现了票据融资的作用。贴现后的票据进入银行转贴现交易市场，而受各大银行直贴现利率和资金成本的差异影响，导致转贴现市场上票据的利率变化起伏，存在一定的套利空间，商业银行在转贴现市场上买卖票据，体现的是票据投资、融资和交易的特点。同时，票据再贴现是央行传统的货币政策调节工具之一，是央行向商业银行等金融机构投放资金的方式之一，可以引导市场利率和调节社会融资成本，促进经济结构调整和产业转型升级，此时票据发挥了调控的特点。

票据在服务"五篇大文章"中的作用。

第一，票据是服务科技金融的理想工具之一，其本身所具有的功能作用，能够很好地帮助科技企业的发展。具体而言，票据具有支付与融资等信用功能。在科技企业初创及成长阶段，可以通过引入担保机制，加强票据的使用，充分利用票据的短期融资功能，帮助企业走出融资难的困境。票据能够支持科技创新、创造、创业的发展。在科技企业使用票据解决初期融资问题时，它们就能够投入更多的精力到科技创新实践上，而不会因为资金不足，导致有发展前景的科技项目被搁置、无法实现成果转化。票据能够支持科技更新改造、支持科技走上产业化、专业化、应用化的发展道路。

第二，发展绿色票据是发展绿色金融的组成部分。绿色金融包括绿色债券、绿色贷款、绿色资产证券化产品（即绿色 ABS）、绿色票据、绿色保险、绿色基金、绿色信托和绿色股权等。绿色票据作为绿色金融的组成部分，其发展势必会带动绿色金融的发展。要贯彻中央经济工作会议精神，做好绿色金融新篇章，离不开绿色票据。

第三，票据能够很好地服务普惠小微企业，促进普惠金融的发展。上海票据交易所针对票据尤其是中小微企业票据流转与贴现效率的问题相继推出"票付通"和"贴现通"产品，根据供应链金融发展需要推出"供应链票据"产品。依托普惠金融供应链金融服务模式，供应链票据业务大有可为，供应链票据依托企业供应链，以核心企业为信用主体，推动应收账款票据化，缓解债务链条问题，有效缓解供应链条上小微企业的财务压力，同时，票据所具有的得天独厚的融资便利性，以及较低的融资成本，能够有效缓解中小企业融资难融资贵问题。2023年7月，票交所全面推广新一代票据业务系统，该系统实现了票据的等分化，进一步提升了票据支付结算的便利性，中小企业利用票据进行支付更加灵活。

第四，基于票据自身的特点，票据服务养老金融具有天然优势，能够推动养老金融的发展。由于养老产业融资周期长、回报低，市场风险较为突出，造成银行对养老产业信贷一般持较谨慎的态度，票据以其自带的支付属性、融资属性和便利性等特征，具备服务养老金融以及养老产业的天然优势。

第五，数字票据天然嵌入数字金融，可以促进数字金融发展。数字票据是数字金融的重要应用场景。从单个企业角度看，数字票据可以满足支付、融资、投资等多重业务需求，服务多重业务场景；从供应链、产业链角度看，数字票据可以打通链内资金流、信息流与物流，可以为链内核心企业及成员单位提供不同的金融服务，实现各自的金融需求，促进供应链、产业链更好运行。数字票据可以促进数字金融发展。经过多年发展，票据市场业务规模较为庞大，是金融市场的重要分支。截至2023年12月末，票据承兑余额18.6万亿元，票据贴现余额13.3万亿元[①]。大力推动数字票据发展可以有力支持数字金融发展，提升金融服务实体经济能力。数字票据可以为其他数字金融产品提供发展经验。票据市场是金融信息化应用承兑较高的领域，早在2017年上海票据交易所曾实验性开展过数字票据业务，虽然业务数量与金额不大，但已成为最早尝试数字化的金融产品。未来，如重启并大力发展数字票据，可以为其他金融产品探索数字化经验，进一步推动数字金融全面发展。

---

① 资料来源：《2023年金融市场运行情况》。

二、发挥票据功能，服务好"五篇大文章"

中央金融工作会议对"五篇大文章"高度重视，因此，如何做好这"五篇大文章"，将成为今后一段时期我国金融改革和发展的主要内容。作为金融的一个子系统，票据应当承担起相应的责任，理论与实践相结合，为加快推动服务"五篇大文章"的发展，作出其应有的贡献。

（一）票据发展顺应时代，推动打造科技金融文章

虽然金融业做了许多工作，据统计到 2022 年我国科技金融规模达数万亿元，2023 年第三季度末，科技型中小企业获贷率达 47%[①]。但是，科技金融支持力度还是要继续加大。除了证券等资本市场外，银行、保险、信托、资管等行业对科技的创新实践发展，在理念、模式、体制、机制、产品、服务、风险和管控等方面都要与时俱进，有新的变革，特别是"金融—科技—产业"的融合发展，有赖于金融深度与广度对新科技、新市场、新赛道、新业态的多维度、全方位、多元支持，三者之间才能良性互动。

一是要完善基础设施，建立票据服务科技金融中心。鼓励商业银行等金融机构建立科技金融中心，并与票据部门协同，持续完善组织架构、强化票据服务科技金融重点领域，针对本行白名单之内的科技企业适当提高授信额度，加大风险容忍度，对工作人员为科技企业办理票据业务给予绩效考评的政策倾斜。充分运用大数据等技术，在数据安全和客户授权的前提下，推动跨部门间的科技企业数据信息共享，为票据支持科技金融发展营造适度宽松环境。

二是要强化票据在先进科技行业中的作用，特别是在人工智能、区块链和大数据等领域，保证科技型企业的专业化程度，增强科技企业的核心竞争力。一方面，商业银行等金融机构要加强对于科技企业的信贷投放，细分科技行业市场，强化对于科技企业的研究与分析，为科技企业提供全链条、全生命周期金融服务，助推科技强国建设。另一方面，中小型科技企业要大胆使用票据，在合规合法的情况下，主动向银行披露科研项目的进展情况，加强外部监督，提高企业信用水平，为下一步多渠道融资奠定坚实基础。

---

① 资料来源：《2024 年第三季度中国货币政策执行报告》。

三是要发挥票据服务科技咨询培训行业作用。科技发明和科技成果有其专业性和高门槛性，需要一定的专业知识和专业素养。票据在服务科技金融的过程中，必然会涉及相关的专业领域，但不是所有票据从业人员都对科技企业有所涉猎。因此，需要拓展票据在科技咨询培训行业中的应用，加强与科技咨询培训行业的合作与交流，实现科技领域的资源和信息共建共享，发挥票据服务科技咨询培训行业作用，进而促进科技金融的发展。

四是要发挥票据支持服务"专精特新"企业的作用。目前，由于符合"专精特新"企业用于技术改造、产业结构升级的中长期贷款产品品种少，而社会融资的中介费、过桥费等费用高，再加上国有资本普遍只关注企业中后期项目，对于初期"专精特新"企业的扶植催长意愿和驱动力不足，导致"专精特新"企业的融资成本一直居高不下。票据贴现相对于企业原有的融资渠道而言，既能为"专精特新"企业提供融资渠道，又能降低企业融资成本，支持"专精特新"企业的发展。

五是要创新票据产品，发挥服务科技与产业融合作用。当前限制我国科技企业发展壮大的一个重要因素，就是科技成果转化率低下的问题。一些科技成果能够改善生态环境，但是却不能为企业带来盈利或者利润空间较小，极大地遏制了科技创新。要创新票据产品，将科技成果和产业相融合，提高科技成果的转化效率和市场化程度，激发企业创新创造的内生动力，促进科技金融发展。

六是要发挥供应链票据在服务科技更新改造与产业转型中的作用。供应链票据属于电子商业汇票，其出票、承兑、背书、质押、保证、提示付款和追索等业务，均适用票据法律关系，受票据法的保护。供应链票据具有"可拆分"的特点，能够实现票据的多级流转，解决科技上下游企业资金流转问题。同时，科技企业在进行科技更新改造与产业结构升级时，出现资金紧张，此时它们也可将手中持有的供应链票据向商业银行申请贴现，以获得较低成本的融资，缓解资金流动性紧张的问题，而无须以更高的代价从其他渠道获得融资。

七是要防控票据在科技产业行业中的风险。由于科技型企业天然具有的高风险性、周期性长、失败率高等特点，就对票据在科技企业中的风险防范提出了更高的要求。第一，对监管机构而言，必须要有承担风险的准备，对票据支持科技金融发展可能产生的风险有充分的认识，将风险控制在合理范围内，做好风险防控工作。第二，对商业银行而言，要根据银行机构实际情况制定科技企业的授信政策，适当提高中小微科技企业的风险容忍度；加强票据从业人员对科技企业的跟踪和研究，防范道德风险；充分利用人工智能、大数据等技术对科技企业的信用风险进行评估。第三，对科技企业而言，要诚信经营，加强内部控制，防范操作风险，在银行工作人员审查时，主动披露相关信息，减小因信息不对称可能带来的风险。

（二）绿色票据促进低碳经济，实现绿色金融畅想

2020 年 9 月我国首次提出了"3060"双碳目标，绿色发展离不开绿色金融的支持和后盾，中国人民银行发布的《2023 年金融机构贷款投向统计报告》显示，到 2023 年 12 月末，我国绿色贷款本外币余额 30.08 万亿元、境内绿色债券余额 1.98 万亿元，居全球第一、第二位。但是仍有大量工作要做，包括进一步丰富和完善绿色标准及评价体系、建设信息披露等制度、完善激励约束和评估机制、创新产品和服务、坚持整体思维、立足国情和技术实现等方面。

一是要转变发展理念。绿色票据是支持绿色经济发展的重要工具之一，与现有的绿色贷款、绿色债券并不冲突。企业要勇于使用绿色票据，通过签发绿色票据，能够有效地解决企业间的支付需求，并且在企业出现临时性的流动性资金需求时，可以将手中持有的绿票到银行申请贴现，以获得较低成本的融资。商业银行要深入贯彻国家绿色发展理念，主动帮助绿色企业贴标，积极办理绿票贴现，更好地促进绿色票据的发展。

二是要明确绿票标准。目前制约绿色票据发展的因素之一，就是其标准界定的问题，这个问题不解决好，绿色票据就无法实现全面放心的发展。绿票标准明确之后，一方面，企业签发绿票就有了遵循，明白需要达到何种条件才能签发绿票；另一方面，商业银行对绿票办理贴现业务时，减少了其对绿色票据的认定流程，再加上央行对绿色票据提供优惠利率，使得商业银行为企业办理绿票贴现业务的积极性更高。

三是要完善基础设施，建立绿色票据平台。绿色票据的发展离不开其基础设施的建立和完善。要在当前票交所的基础上，由金融监管机构牵头，多部门联合构建绿色票据平台体系，加快建立银行间绿色票据综合服务平台，实现绿色票据信息、数据共享和不同银行对绿色票据的互认，提升绿色票据服务的精准性和便利性，破解绿票领域信息不对称问题，使绿色票据发展更健康、更规范。

四是绿色票据发展要选择重点行业试点推进。基于绿色票据的发展现状考虑，绿色票据的发展不能一蹴而就，需要有一个渐进的过程。在实现绿色票据的全面发展之前，要选择在重点的行业先行试点，比如新能源、环保等行业，结合当前该行业绿色票据的发展现状，建立第三方评估和认定体系，统一该行业的绿色票据标准。在该重点行业发展绿色票据的同时，注意经验总结，为今后在全市场推动绿色票据发展破除障碍。

五是要发挥金融科技作用。金融科技有助于金融机构增强风险管理能力，进而提升企业价值；同时有助于金融监管当局更加有效地实施风险监管、降低监管成本。绿色票据的发展需要发挥金融科技的作用，充分运用大数据、区块链、人工智能等科技手段，解决绿色票据的信息不对称问题，减少绿色票据的风险，激发绿色票据的发展活力。

六是要有政策、机制支持。首先，逐步完善绿色票据法律体系。根据经济发展实际和绿色票据发展现状，加快票据法修订进程，增加绿色票据的相关条款，确保绿色票据发展有法可依。其次，建立绿色票据政策扶持体系。通过政府引导基金、政府担保等方式，为绿色票据发展提供有力保障，对商业银行给予绿色票据业务风险资产计量、风险拨备、不良核销等方面的优惠政策。再次，加强顶层设计。监管部门制定绿色票据发展目标及其规划，统一绿色票据的认定标准。最后，完善绿色企业环境信息披露制度。绿色企业应主动披露环境信息，便于商业银行为企业办理绿色票据业务。

七是要防范绿票风险。绿色票据作为票据业务的一种创新产品，由于其发展时间较短，各项制度不健全，标准未统一，存在着"洗绿""漂绿"等风险。所以在发展绿色票据的同时，要注意其风险防范。一方面，监管部门要实现对绿色票据业务的穿透式监管，建立绿色票据监管平台，提高监管的有效性。另一方面，引入绿色票据担保机构。如果绿色企业在票据到期时无力偿还债务，担保机构将会支付一定的资金给持票企业，以减轻持票企业的损失，进而降低绿色票据风险。

（三）票据服务中小微企业，切实推动普惠金融发展

银行业通过数字赋能服务下沉、发挥点多面广优势延伸服务能力，不断拓展其普惠金融业务。到 2023 年 9 月末，全国普惠型小微企业贷款余额达 28.4 万亿元，近 5 年年均增速约为 25%。但是，无论从广度上还是深度上还有大量提升空间，我国近六千万户企业，普惠型小微企业占比很高，28

万亿元贷款与 157 万亿元的企事业贷款占比，不到 20%，① 与普惠型小微企业对经济、社会的贡献度来看远远不匹配，所以，在普惠金融基础设施和制度环境的完善、金融风险防控和治理能力提升、金融产品与服务创新发展、金融供给与需求匹配度提高、支持农村、县域地区及民生领域等方面的横向到边纵向到底的普惠金融服务，需要进一步研究政策制度的推进。具体而言：

一是认真研究票据服务普惠金融的政策制度与考核机制。为进一步提升票据服务普惠金融能力，积极引入第三方融资担保、保险机构，通过担保的方式为符合普惠金融服务条件的小微企业开展票据承兑、贴现的增信，提高票据的认可度和流动性；或充分发挥政府融资担保的作用，通过财政部门、财政资金引入票据市场，并设立准入白名单，通过国家或地方担保基金，为符合国家和本市政策导向的小微企业和涉农企业提供票据融资担保服务或支持担保机构为缺乏抵押物和信用记录的小微企业提供担保。同时，不断完善票据服务普惠金融考核机制，如将贴现增加对银行业机构承兑占比，再贴现增加量和调整价格，考核列入小微企业之内，贴现的资本占用可以因承兑或持票企业进行微调等。

二是大力发展供应链票据，更好、更精准地服务中小微企业。供应链票据平台依托于电子商业汇票系统，与供应链金融平台对接，为企业提供电子商业汇票的签发、承兑、背书、到期处理、信息服务等功能，供应链上下游企业之间产生应收应付关系时，可以通过供应链票据平台直接签发供应链票据，供应链票据可以在企业间转让，通过贴现或标准化票据融资。供应链票据的核心在于通过将小微企业与核心企业资信捆绑，能够将单个企业风险转化为供应链整体风险，起到分散金融风险的作用，依托核心企业的资信降低小微企业的融资成本。

三是积极推动应收账款票据化，发挥票据服务中小微企业的作用。由于应收账款不具有确权效果，其流转过程中对于原始债务人约束往往较弱，而中小企业在供应链中议价谈判时往往处于弱势地位，特别是工业企业涉及生产、销售、回款等多个环节，研发、生产周期普遍偏长，账期不匹配造成的资金短缺是工业企业存在的普遍问题，容易发生故意赖账、拖欠等情况。票据与应收账款的应用场景相似，核心企业通过签发票据能够享受到延期付款的便利性，小微企业收到票据后可以通过背书转让或贴现融资，缓解现金流

---

① 资料来源：中国银行协会《银行业普惠金融十年发展成效回顾与展望》。

不足的压力。因此，各金融机构可以加大对票据的推广使用，重视票据业务的发展和推广，以票据作为切入产品进入供应链发展票据业务，从而推动普惠金融工作开展更好地为中小企业服务。

四是要不断创新票据产品，为中小微企业提供更加多样的普惠服务。自2016年上海票据交易所成立以来，票交所先后推出"票付通""贴现通""票交所信息披露平台"等票据创新产品降低市场信息不对称，有效推动了票据市场的发展；此外，票交所顺应供应链时代发展需求推出"供应链票据""标准化票据"大大提升了票据使用的便利性，降低了小微企业通过票据进行融资的成本。各大银行也针对票据业务进行业务创新，如京票的"秒贴"、各大银行的"保贴"、平安银行的"免开户贴现"等，有效提升了票据服务质量，使得小微企业能够享受到更高效更便捷的票据服务。

五是要发挥金融科技作用。金融科技快速发展，为解决普惠金融发展难题注入新动能。大数据、云计算、人工智能、区块链等技术的日臻成熟并在金融领域的广泛应用，有利于更好地实现普惠金融工作目标。金融科技助力普惠金融有以下几点优势：（1）拓宽服务边界；（2）降低交易成本；（3）提升治理质效；（4）加速推进数字化转型。近年来我国注重数字普惠金融转型，数字普惠金融已成为我国普惠金融服务实体经济的重要形式。票据数字化是解决发挥金融科技作用使得票据更好地服务小微企业的必由之路。建设票据数字化需要坚持前瞻思维及系统观念，持续推动票据数字化顶层设计，并不断加强市场基础设施、法规制度、系统平台、数据确权与治理等方面建设，以消除数字鸿沟，优化资金供给，促进宏观调控与精准滴灌相结合，让票据更好地为小微企业服务。

六是银行机构要积极开展市场科技平台合作，在增加获客渠道的同时，推动中小微企业票据发展。银行业机构在主动创新，注重金融科技投入研究的同时，应加强与市场科技平台的合作，充分发挥平台优势。如今接入票交所供应链金融平台的供应链平台已达24家，其中不乏银行自主搭建的供应链平台如"平安好链"，在发展自建平台的同时，各大银行业积极与其他供应链平台合作，切入供应链票据等业务，通过有效市场的市场竞争与合作扩大业务规模，同时为小微企业提供更优质的票据服务。

七是要防控票据风险。中小微企业往往不具有完善的法人治理结构，并未形成有效的内控机制，因此，在推动票据服务普惠金融的过程中，监管部门、金融机构、企业需共同发力，防范票据风险。金融监管部门需强化对票据业务的监督管理，根据市场发展需求及时出台、修订相关法律法规，与执法部门保持高度联动，提升执法力度与效率，营造良好的市场发展环境；银行等金融机构应针对票据业务制定专门的风险管理制度，严格控制信用风险、操作风险，避免票据违规事件的发生；企业应完善内部管理机制，法律是企业向好发展的保护屏障，只有遵守法律法规，企业才能在享受票据市场服务的同时使自己的利益得到保障。

（四）票据经济保障民生，支持养老金融发展

根据《2022 年度国家老龄事业发展公报》显示，我国 2022 年 65 岁以上人口占总人口的 14.9%，老龄化程度不断加深，完善养老保障是保障民生的重要方向之一，2022 年 11 月个人养老金制度正式落地，成为第三支柱（个人储蓄养老和商业保险养老，第一支柱为社保基金，第二支柱为企业年金和职工年金）建设的重要组成部分。但是我国养老资金缺口大、养老体系不够健全、制度不完善、养老金融体系缺乏资金保障等，需要拓宽思路，提高居民收入比重（继续提高百姓收入是增加第三支柱及解决养老资金缺口的途径之一）、健全制度与风控措施、创新业务与产品、明确市场客户分层与分级服务定位、发挥保险、货币、资本等市场共同作用，为老有所养在上述各方面作研究思考提供方案。具体而言：

一是顶层设计指引方向，强化票据支持养老力度。强化票据支持养老金融力度，可以着手于以下两个方面，一方面是降低票据融资的成本。根据由我国银监会颁布于 2024 年 1 月正式实施的资本新规管理办法，原始期限 3 个月以上的票据承兑及贴现风险资产分别计提 100% 及 40%，可根据承兑企业及贴现企业适当减少计提比例，节约商业银行风险占用，由资金端自发地向养老企业拓展票据业务空间；另一方面是增强票据融资的能力。对于增强票据融资的能力，要求商业银行在稳健经营的基础上，对养老产业的票据进行更多的承兑及贴现，深度挖掘养老产业票据应用空间，发挥银行信用，增加商业银行对于养老产业承兑及贴现的比例和总量。同时，央行可考虑新增设置促进银发经济相关的考核标准，对满足考核标准的银行，给予增加再贴现及再贷款额度、放松再贴现票据要求及再贷款要求。

二是聚焦多样化需求，培育票据潜力产业。养老行业中包含众多的小微企业，这些企业资金需求量不高，频次多，供应链票据实现了等分化签发，票据签发可以 0.01 元为单位拆分，大大提高了企业用票的灵活性，解决了

企业持票金额与付款金额不匹配的痛点；供应链票据还可进一步提升企业用票的便利性，企业办理电子商业汇票相关业务仅能通过商业银行、财务公司渠道办理，供应链票据提供了企业通过供应链平台接入的新型接入方式，进一步扩充了业务办理渠道；除此之外，供应链票据进一步缓解中小企业"融资难、融资贵"问题。由于供应链场景下企业间的真实交易关系更具可见性，且供应链票据可以有效实现信用传递，让产业链上的中小微企业分享核心企业的优质信用，因此，供应链票据更容易获得金融机构的融资及优惠价格。在供应链票据融资实践中，通常贴现利率较同期贷款利率低 100～150 个基点，有效节约了企业成本。

三是建立养老产业扶持体系，强化财政金融支持。优化中央预算内投资相关专项使用范围，用好普惠养老专项再贷款、普惠养老专项再贴现，对符合条件的公益型普惠型养老机构运营、居家社区养老体系建设、纳入相关目录的老年产品制造企业等，并建立相关养老产业扶持指标激励机制，坚持市场化原则鼓励各商业银行通过票据贴现等低风险业务提供信贷支持。鼓励各类金融机构在坚守职能定位、依法依规的前提下，加大对养老服务设施、银发经济产业项目建设的支持力度。

四是票据助推银发经济发展，增进老年人福祉。银发经济是向老年人提供产品或服务，以及为老龄阶段做准备等一系列经济活动的总和，涉及面广、产业链长、业态多元、潜力巨大。发展银发经济，就要发展民生事业，解决急难愁盼；发展银发经济，就要扩大产品供给，提升质量水平；发展银发经济，就要聚焦多样化需求，培育潜力产业；发展银发经济，就要强化要素保障，优化发展环境。培育、繁荣银发经济需要企业、政府和金融机构等多主体共同发力，参与主体是多元的，主体间的差异是显著的，从而，融资需求也必然是多样的，资金使用场景也必然是多元的，结合票据自身特点优势，尤其是商业汇票，在助推银发经济发展上，大有可为之处。

五是防控票据发展风险，优化发展环境。要对养老产业中的企业，开展培训票据相关知识，避免因操作失误带来的票据风险。防范高资产高负债养老产业企业签发商业承兑汇票。实际业务中存在个别金融机构受手续费或吸收存款诱惑仍然签发超过企业自身能力的银行承兑汇票，致使到期无款垫付、借故拖延或无理拒付，造成到期承付率下降，银行承兑汇票无条件到期付款无疑加大了经营风险，对银行的经营造成了不利影响，进而危害整个金融系统的健康。要落实中央金融工作会议精神，在鼓励金融机构和票据服务养老金融时，守住金融监管的底线。

（五）数字票据服务实体，助推数字金融发展

数字金融是数字经济的重要组成部分，数字金融与数字经济融合已成必然趋势。数字货币、支付、信贷、证券、保险、资管等数字金融发展速度快，但是仍具有广阔的发展空间，要加强包括完善数字基础设施、推进数字化转型、建立数字金融发展的市场准入与公平竞争、完善监管制度、防范风险等方面研究措施，特别是对于数字金融服务数字经济方面要从生产、流通、交易、服务等方面研究提出实施更便利、更舒适、更贴近实际的服务。一是要服务数字经济，数字票据可以利用大数据、人工智能等技术手段，为企业提供个性化、便捷化的票据解决方案，随时满足企业的支付与融资需求；可以打破地域限制，结合跨境人民币等金融手段创新服务模式，提升服务效率，降低企业交易成本；也可以为数字经济中的创新活动、创新项目提供票据支持，促进数字经济高质量发展。二是要服务数字信用，数字票据可以借助技术手段精准评估分析企业的信用状况及信用水平，优化金融资源在企业间的分配，更好地支持实体经济发展，更合理地为中小企业提供金融资源，促进社会经济和谐、有序、健康发展。三是要服务金融创新，数字票据自身就是金融产品创新，金融创新还包括基础设施、授信管理以及业务模式的创新，以进一步提升数字票据服务实体经济的能力，满足中小企业多样化的金融需求，进而推动经济转型与可持续发展。四是要防范风险，数字票据具备数字金融的风险特点，金融机构应建立完善的数字风险管理体系，包括风险识别、评估及监测等方面，提升数字风险管理的广度与精度；监管部门应同步建设数字监管平台，进一步强化数字监管实践，防范数字金融风险；基础设施应搭建数字风险监测预警平台，及时发现预警潜在风险；票据市场参与者之间应建立风险数据共享交换机制，及时获取风险数据与信息，提升市场参与者风险防控水平。

金融科技驱动黄河流域新质生产力发展路径研究

席小荣[*]

摘　要： 黄河流域纵贯我国北方东中西部三大地理阶梯，是生态屏障集中区及"一带一路"陆上关键区域。然而，该流域经济社会发展相对滞后，生态环境脆弱，水资源匮乏，产业升级受资源环境限制较大。金融科技作为经济社会发展的核心驱动力，对黄河流域生态保护和高质量发展至关重要。本文聚焦于金融科技如何促进黄河流域新型生产力的发展，并提出相关政策建议。

关键词： 金融科技　黄河流域　新质生产力　生态保护　高质量发展

一、黄河流域发展现状及其面临的挑战

黄河流域，作为中华民族的母亲河，承载着深厚的文化底蕴和丰富的自然资源，是我国重要的生态屏障和经济地带。然而，其生态环境的脆弱性和经济发展的不均衡性，使其成为我国生态安全保障和经济社会发展的重点和难点地区。近年来，随着国家对黄河流域生态保护和高质量发展的高度重视，一系列政策措施相继出台，旨在推动该区域的可持续发展。在此背景下，金融科技作为推动经济社会发展的重要力量，其应用和实践对于黄河流域的可持续发展具有重要意义。

---

* 席小荣，青岛科技大学马克思主义学院 23 级在读硕士研究生，研究方向为马克思主义基本原理。

（一）黄河流域概况

党的十八大以来，习近平总书记多次实地考察黄河流域生态保护和经济社会发展情况，2021 年 10 月 8 日中共中央国务院印发了《黄河流域生态保护和高质量发展规划纲要》，明确黄河流域规划范围为黄河干支流流经的青海、四川、甘肃、宁夏、内蒙古、山西、陕西、河南、山东 9 省区相关县级行政区，国土面积约 130 万平方千米，2019 年年末总人口约 1.6 亿。2024 年 9 月 26 日《中国黄河旅游年鉴》编纂委员会发布了《2024 中国黄河城市旅游发展报告》①，数据显示，2023 年黄河流域九省（区）GDP 总量为 31.64 万亿元，黄河干流 45 个城市 GDP 合计为 12.17 万亿元，约占流域 9 省区 GDP 总量的 38.46%，其占比说明黄河城市在流域国民经济发展中地位显赫。黄河流域不仅承载着厚重的历史文化底蕴，更在新时代的浪潮中焕发出了新的生机与活力，其人口与经济的双重繁荣，无疑为国家的发展注入了强大的动力与希望。

（二）黄河流域经济特征

黄河流域横跨多个省份，拥有丰富的自然资源和人力资源，是我国经济发展的重要区域。该区域拥有丰富的煤炭、石油、天然气等矿产资源，以及广阔的农业用地和丰富的水资源，为经济发展提供了坚实的物质基础。同时，黄河流域的人口众多，劳动力资源丰富，为经济发展提供了充足的人力资源。然而，黄河流域的经济发展不均衡问题也十分突出。一些地区由于地处偏远、基础设施欠发达、且产业结构较为单一等原因，经济发展相对滞后，人民生活水平较低。为了推动黄河流域的经济发展，需要进一步加强区域协同发展，优化产业结构，提高资源利用效率，促进经济转型升级。

（三）黄河流域生态特征

黄河流域拥有丰富的生物多样性，是维护我国生态安全的重要屏障。该区域生态系统类型多样，包括森林、草原、湿地、河流等多种生态系统为多

---

① 《中国黄河旅游年鉴》编纂委员会.2024 中国黄河城市旅游发展报告［M］.北京：旅游教育出版社，2024.

种生物提供了生存与繁衍的家园。然而，近年来，黄河流域的生态环境面临着严重的挑战。水土流失问题尤为突出，由于长期的过度开发和不合理的土地利用方式，导致大量泥沙流失，对下游地区造成了严重的威胁。同时，水污染问题也日益严峻，工业废水、农业面源污染和生活污水等不断排入河流，导致水质恶化，影响了水生生物的生存和人类的饮用水安全。此外，生态系统退化也是黄河流域面临的重要问题之一，过度放牧、乱砍滥伐等行为破坏了生态平衡，导致物种减少，生态系统功能下降。

（四）黄河流域发展挑战

黄河流域在生态和经济方面都具有重要的地位和作用。然而，面临黄河流域正遭遇生态环境敏感易损、水资源保障压力巨大的挑战，以及产业结构不合理和区域发展不平衡等多重挑战，需要采取切实有效的措施，加强生态保护，推动经济转型升级，实现黄河流域的可持续发展。

第一，生态环境脆弱。上游生态退化：黄河流域的上游地区，由于人类的不合理行为，如过度放牧和乱砍滥伐等，导致植被破坏，土壤侵蚀严重，水源涵养能力下降。这种生态退化不仅影响了当地居民的生计，还对下游地区的水资源安全和生态安全构成了威胁；中游水土流失：黄河流域的中游地区，由于地形复杂，降雨集中，加之不合理的土地利用方式（如坡耕地、过度开垦等），导致水土流失问题十分严重。这不仅减少了土地的生产力，还加剧了河流的泥沙含量，对下游的河道治理和防洪安全带来了巨大压力；下游水旱灾害：由于黄河流域的上游和中游生态环境问题，下游地区面临着频繁的水旱灾害。特别是在干旱季节，由于水资源短缺，下游地区容易出现断流和干涸现象；而在雨季，由于上游和中游的水土流失，下游地区又容易遭受洪涝灾害的侵袭。

第二，水资源保障形势严峻。黄河流域的水资源短缺问题一直存在，加之分布不均，使得水资源保障形势更加严峻。一方面，随着人口的增长和经济的发展，对水资源的需求不断增加；另一方面，由于水资源的时空分布不均，一些地区在特定时期（如干旱季节）容易出现水资源短缺问题。此外，由于水污染问题日益严重，可供利用的水资源进一步减少，加剧了水资源保护的难度。

第三，产业结构不合理。黄河流域的产业结构以传统资源密集型产业为主，这些产业具有高耗能、高耗水、排污量大的特点。这不仅导致了资源的浪费和环境的污染，还限制了经济的可持续发展。特别是规模以下企业，由于技术水平低、管理不善等原因，用水效率低、耗能排污问题更为突出。这种不合理的产业结构不仅影响了黄河流域的生态环境质量，还制约了经济的转型升级和高质量发展。

第四，区域发展不平衡。黄河流域沿线的九省区大多为西部省区，这些地区由于地理位置偏远、基础设施落后、资金和技术投入不足等原因，经济发展相对滞后。同时，各省份之间的发展也存在不平衡问题，流域内部的发展差距较大。这种区域发展不平衡不仅影响了黄河流域的整体经济发展水平，还加剧了社会矛盾和不稳定因素。

二、金融科技在黄河流域的创新型应用案例分析

金融科技是指利用现代科技手段创新传统金融服务，提升金融服务效率和质量，推动金融创新和产业升级的一种新型金融业态。金融科技具有创新性强、技术驱动、跨界融合等特点。

(一) 郓城农商银行支持传统产业转型升级

郓城农商银行在黄河流域的传统产业转型升级中发挥了举足轻重的作用，特别是在棉纺织产业领域，其贡献尤为显著。该行不仅通过金融科技的深度应用，为传统产业提供了急需的资金支持，更在技术创新与管理升级方面发挥了引领作用，助力企业实现质的飞跃。

第一，资金精准投放助力产业升级。郓城农商银行充分利用大数据分析的优势，对黄河流域特别是郓城县内的棉纺织产业进行了深入的调研与需求分析。通过精准评估企业的资金需求，该行制定了一系列针对性的金融支持方案，为大规模设备更新、生产线改造以及消费品以旧换新行动提供了强有力的资金支持。这不仅确保了资金的有效利用，更促进了产业的优化升级，为棉纺织产业的可持续发展奠定了坚实基础。

第二，智能化生产线引领技术革新。在郓城农商银行的资金支持下，山东郓城县晟祥纺织有限公司等众多当地企业成功引入了智能化生产线。这些生产线集自动化、智能化于一体，不仅显著提高了生产效率，降低了人力成本，更在产品质量上实现了质的飞跃。智能化生产线的引入，标志着郓城县棉纺织产业正式迈入了智能制造的新时代，为企业的转型升级注入了强劲动力。

第三，数字化管理系统提升管理水平。除了提供资金支持外，郓城农商银行还积极推动数字化管理系统的建设与应用。通过引入先进的数据集成与分析技术，该行帮助企业实现了生产流程的实时监控与优化，进一步提升了企业的管理效率与竞争力。数字化管理系统的应用，不仅使得企业的决策更加科学、精准，更在成本控制、市场拓展等方面发挥了重要作用，为企业的长远发展提供了有力保障。

郓城农商银行在支持黄河流域传统产业转型升级方面取得了显著成效。通过资金精准投放、智能化生产线引入以及数字化管理系统建设等多方面的努力，该行不仅推动了棉纺织产业的优化升级，更为黄河流域其他传统产业的转型升级提供了宝贵经验与借鉴。

（二）山东省金融支持黄河流域生态保护

山东省政府在金融支持黄河流域生态保护和高质量发展方面的积极措施，不仅为生态保护注入了强劲动力，更为黄河流域的可持续发展奠定了坚实基础。

在政策引领方面，山东省政府出台的《山东省金融支持黄河流域生态保护和高质量发展的指导意见》为金融机构提供了明确的行动指南。该政策不仅鼓励金融机构加大对黄河流域生态保护项目的信贷投放力度，还积极推动绿色金融产品和服务创新，以满足生态保护多样化的资金需求。此外，山东省政府还建立了跨部门协调机制，加强政策协同，确保各项金融支持政策能够得到有效落实。

在工程推动方面，国开行山东省分行实施的"百县千亿"工程成为金融支持黄河流域生态保护的典范。该工程通过精准对接县域环保项目需求，提供资金和技术支持，推动了垃圾污水治理、农村环境整治等一系列环保项目的顺利实施。这些项目的成功落地，不仅显著改善了当地环境质量，还提升了居民的生活品质，为黄河流域的绿色发展注入了新活力。

在项目贷款投放方面，工行山东省分行联合农行、建行等金融机构，共同向小清河复航项目投放了巨额贷款。该项目旨在恢复小清河的航运功能，促进流域内的经济交流和生态保护。通过金融科技的运用，这些银行确保了贷款资金的及时到位和有效使用，为项目的顺利实施提供了有力保障。同时，这些银行还积极创新金融服务模式，为项目提供了全方位、全周期的金融服务支持。

此外，山东省政府还积极推动银行业保险业与黄河流域生态保护项目的深度融合。通过搭建银政企合作平台，加强信息共享和沟通协作，推动金融机构与生态保护项目精准对接。同时，山东省政府还鼓励金融机构创新绿色金融产品和服务，如绿色债券、绿色基金等，以满足生态保护多样化的资金需求。

山东省政府在金融支持黄河流域生态保护和高质量发展方面采取了积极有效的措施，为黄河流域的生态保护注入了强劲动力。这些措施不仅推动了生态保护项目的顺利实施，还为黄河流域的可持续发展奠定了坚实基础。未来，山东省政府将继续深化金融支持政策，推动黄河流域生态保护和高质量发展取得更大成就。

（三）中国农业银行陕西省分行创新金融产品

中国农业银行陕西省分行在黄河流域生态保护和高质量发展战略中，通过创新金融产品和服务，为流域内的生态保护和经济发展提供了有力支持。

包括植物新品种权质押贷款，该行推出了陕西省首笔植物新品种权质押贷款，为农业科技企业和农民提供了新的融资渠道。这一创新产品不仅促进了农业科技创新和成果转化，还推动了农业产业的升级和可持续发展。以及"节水贷"融资服务，针对黄河流域水资源短缺的问题，农行陕西省分行推出了"节水贷"融资服务。该服务通过提供资金支持和技术指导，帮助企业实施节水改造和节水技术应用，有效提高了水资源的利用效率。在特色金融产品方面，农行陕西省分行还推出了"金穗陕果贷""陕茶贷"等系列金融产品。这些产品针对流域内的特色农业产业，如水果种植和茶叶生产等，提供了量身定制的融资方案。通过金融科技的运用，这些产品不仅满足了农业企业的资金需求，还推动了特色农业产业的发展和壮大。

金融科技在黄河流域的应用不仅促进了传统产业的转型升级和生态保护项目的实施，还推动了特色农业产业的发展和壮大。通过创新金融产品和服务，金融机构为黄河流域生态保护和高质量发展注入了强劲动力。

三、金融科技在黄河流域可持续发展中的作用

（一）助力生态保护：智能化、精准化的金融科技服务

金融科技在黄河流域的生态保护中扮演着至关重要的角色。通过智能

化、精准化的服务，金融科技能够显著提升生态保护的效果和效率。

第一，环境监测与数据分析。金融科技可以利用先进的传感器、物联网和大数据分析技术，实时监测黄河流域的水质、空气质量、土壤状况等生态指标。这些数据不仅为生态保护提供了科学依据，还能及时发现和解决环境问题。通过数据分析，可以预测环境变化趋势，为生态修复和治理提供前瞻性的决策支持。

第二，智能预警与应急响应。金融科技还能构建智能预警系统，对环境异常情况进行实时监测和预警。一旦出现环境污染或生态破坏等紧急情况，系统能够迅速启动应急响应机制，及时采取措施进行干预和修复。这种智能化的预警和响应机制，能够显著提高生态保护的效率和准确性。

第三，绿色金融产品的创新。金融科技还可以推动绿色金融产品的创新，为生态保护提供资金支持。例如，通过发行绿色债券、绿色基金等金融产品，吸引社会资本投入黄河流域的生态保护项目。同时，金融科技还可以利用区块链等技术手段，确保资金流向的透明性和可追溯性，保障生态项目的顺利实施。

（二）推动产业升级：金融科技赋能传统产业转型

金融科技在推动黄河流域产业升级和转型中发挥着重要作用。通过提供金融科技服务，可以加速传统产业的绿色化、低碳化和智能化进程。

第一，智能化生产线与供应链优化。金融科技可以推动传统产业引入智能化生产线和数字化管理系统，提高生产效率和产品质量。同时，通过优化供应链管理，降低生产成本和资源消耗，实现绿色生产。

第二，绿色金融信贷支持。金融机构可以利用金融科技手段，为传统产业提供绿色信贷支持。通过评估企业的环保绩效和可持续发展能力，为符合绿色标准的企业提供优惠贷款政策，鼓励其进行技术改造和产业升级。

第三，产业创新与协同发展。金融科技还可以促进产业间的协同创新和发展。通过搭建金融服务平台，实现信息共享和资源整合，推动传统产业与新兴产业之间的融合发展。这种协同发展的模式，有助于形成新的经济增长点和竞争优势。

第四，风险管理与可持续发展评估。金融科技在风险管理领域的应用，为黄河流域产业升级和转型提供了坚实的保障。通过大数据分析和人工智能等技术，金融机构能够更准确地评估企业的信用状况和潜在风险，为绿色项目和可持续发展项目提供更加精准的资金支持。同时，金融科技还可以帮助企业建立环境、社会和治理（ESG）评估体系，引导企业向更加绿色、可持续的方向发展。

第五，金融科技教育与人才培养。为了支撑黄河流域产业升级和转型的长期需求，金融科技教育和人才培养显得尤为重要。金融机构和相关机构可以合作开展金融科技培训和教育工作，提升产业界对金融科技的认识和应用能力。通过培养具有金融科技知识和技能的专业人才，为黄河流域的产业升级和转型提供持续的人才保障。

第六，政策引导与激励机制建设。金融科技在推动黄河流域产业升级和转型中的成功应用，离不开政策引导和激励机制的支持。政府可以出台相关政策，鼓励金融机构和企业应用金融科技进行产业升级和转型。同时，建立激励机制，如税收优惠、资金补贴等，以吸引更多的企业和金融机构参与到金融科技的应用中来，共同推动黄河流域的可持续发展。

金融科技在推动黄河流域产业升级和转型中发挥着举足轻重的作用。通过智能化生产线与供应链优化、绿色金融信贷支持、产业创新与协同发展、风险管理与可持续发展评估、金融科技教育与人才培养以及政策引导与激励机制建设等多方面的努力，金融科技为黄河流域的产业升级和转型注入了新的活力，推动了区域经济的可持续发展。

（三）促进区域协同发展：加强省际合作与交流

金融科技作为新时代的创新驱动力量，正逐步成为联结黄河流域各省份合作与交流的桥梁与纽带，为区域协同发展注入了强大的活力。通过金融科技的应用，我们不仅能加强区域间的协同互动，更能实现资源的优化配置与共享，为黄河流域的可持续发展铺设坚实的基石。

首先，金融科技在信息共享与资源整合方面发挥着关键作用。借助先进的信息技术手段，我们可以搭建起高效的信息共享平台，促进黄河流域各省份间的信息交流和数据共享。这一平台不仅能助力各省份深入了解彼此的发展需求与资源优势，更能在精准把握市场动态的基础上，制定出更加科学、合理的区域发展规划，为黄河流域的协同发展提供有力的信息支撑。

其次，金融科技在跨区域金融服务与合作领域展现出巨大潜力。金融机构可以充分利用金融科技手段，打破地域限制，为黄河流域各省份提供便捷、高效的跨区域金融服务。无论是通过设立分支机构，还是开展远程金融服务，都能为各地企业带来更加灵活多样的融资和支付选择。同时，金融机构间的合作与交流也将得到进一步加强，共同推动区域金融市场的繁荣与发展，为黄河流域的经济发展注入新的活力。

最后，金融科技在协同创新与产业升级方面同样发挥着不可替代的作用。通过搭建协同创新平台，我们可以推动产学研用的深度融合，加速科技成果的转化与应用，为黄河流域的产业升级提供强大的智力支持。这种协同创新的模式，不仅能促进区域创新集群的形成，增强区域竞争优势，更能推动黄河流域经济的持续健康发展，为区域协同发展注入新的动力。

综上所述，金融科技在黄河流域的可持续发展中扮演着至关重要的角色。它不仅助力生态保护，推动产业升级，更在深化区域协同战略方面发挥着不可替代的作用。通过金融科技的广泛应用与深入发展，我们必将为黄河流域的可持续发展注入更加蓬勃的活力与强劲的动力，共同开创黄河流域协同发展的新篇章。

四、金融科技驱动黄河流域新质生产力发展路径

（一）创新金融产品和服务，搭建融资服务平台

金融机构应根据黄河流域的特点和需求，创新金融产品和服务，满足产业转型升级和生态保护的资金需求。例如，可以开发针对水资源节约和能源高效利用的定制化金融产品，如"节水贷""环保贷"等。同时金融机构应搭建面向企业的融资服务平台，加强与政府相关部门和行业协会的对接，举办融资沙龙活动，为企业提供意向授信支持。例如，郓城农商银行通过与政府相关部门和行业协会的紧密对接，成功举办了针对棉纺织企业的"纺纱加工""专精特新"两期融资沙龙活动。

（二）优化金融生态，深化合作与交流新篇章

金融机构需持续优化金融生态环境，致力于提升金融服务的效率与质量，为黄河流域生态保护和高质量发展贡献力量。具体而言，可构建绿色审批通道，精简审批流程，大幅缩短贷款审批周期，以高效响应市场需求。同时，应积极探索信贷产品的创新路径，针对小微企业抵押物不足的现状，开发专属信贷解决方案，助力其破解融资难题。此外，推广线上金融服务，利

用数字技术提升服务便捷性，拓宽服务覆盖面，使更多企业和个人享受到优质的金融服务。

在此基础上，金融机构间应加强合作与交流，携手共促黄河流域的绿色发展。可建立黄河流域中小银行联盟，深化在银团贷款、资金拆借、抵质押品互认及重大产业项目建设等领域的合作，形成合力，共同推动区域经济发展。同时，开展跨地区项目库项目落地合作，打破地域壁垒，支持跨区域重大项目的建设，为黄河流域生态保护和高质量发展注入强劲动力。

（三）强化顶层规划，设立专项基金引领发展

政府应出台一系列政策，鼓励金融力量深度介入黄河流域生态保护和高质量发展。具体而言，需构建完善的金融支持政策体系，在利率定价、风险监管、不良资产处置、银政风险分担及补偿机制等方面给予黄河流域金融机构更多政策倾斜，以激发其服务黄河流域发展的积极性。

同时，设立黄河流域生态保护和高质量发展基金，确保大治理、大保护工作的资金需求得到充分保障。该基金可由金融机构、黄河流域内外实力强劲且具备丰富河湖治理经验的企业共同发起，聚焦黄河流域上游水源涵养、中游水土保持及下游湿地和河口滩区治理等关键领域，精准投放资金，推动黄河流域生态环境持续改善。

（四）构建金融合作新机制，强化监管确保稳健前行

政府应积极推动沿黄九省（区）间金融合作机制的构建，鼓励全国大型金融机构与地方金融机构以及其他相关领域的深化合作，形成优势互补、资源共享的良好局面。同时，需强化金融监管，有效防范金融风险，确保金融市场的健康稳定发展。具体而言，应加大对金融机构的监管力度，完善风险预警和处置机制，提升风险防控能力。加强对金融产品的监管，遏制过度创新和违规操作行为，保护投资者合法权益。此外，还应加强对金融市场的监管，维护市场秩序，促进公平竞争，为黄河流域生态保护和高质量发展营造良好的金融环境。

参 考 文 献

[1] 山东省金融支持黄河流域生态保护和高质量发展的指导意见［Z］.山东省政府，2022.

［2］艾建华．山东省金融支持黄河流域生态保护和高质量发展的实践与探索［J］．金融时报，2022（4）．

［3］张毅．金融科技助力黄河流域生态保护与高质量发展［N］．经济日报，2023－10－15．

［4］李伟．金融支持黄河流域高质量发展的路径与策略［J］．金融研究，2023（3）．

［5］《中国黄河旅游年鉴》编纂委员会．2024中国黄河城市旅游发展报告［M］．北京：旅游教育出版社，2024．

［6］张建华等．山东红色金融概论［M］．北京：经济科学出版社，2024．

中国科技金融发展的短板

——创业资本发育不足问题

胥茂森[*]

摘 要：做好科技金融、绿色金融、普惠金融、养老金融、数字金融"五篇大文章"，是进一步全面深化改革提出的深化金融改革的重要任务。本文紧紧围绕我国科技金融发展的短板——创业资本不足主题，从创业资本的特征入手，借鉴国际创业资本的经验，分析梳理了创业资本有效运行的机制特点，从创业资本特殊的运行规律出发，客观分析了制约我国创业资本发展的主要因素，提出了创业资本发展的政策建议。

关键词：科技金融 创业资本 有限合伙人公司 信誉 资本退出

在我国金融业务结构中，科技金融是短板，创业资本又是科技金融中的短板。据《2021 年社会融资规模存量统计数据报告》显示，2021 年全国创业投资市场融资金额占全国社会融资金额的比例为 4%。据中国科技部发展战略研究院的分析"到 2022 年，纳入国家科技部统计的创业投资机构管理资本 1.45 万亿元人民币。我国创业投资管理的规模占 GDP 比例为 1.2%，美国创投协会统计的全美创投机构规模为 1.15 万亿美元，占 GDP 比例为 4%"。

---

* 胥茂森，高级经济师，现任中国工商银行山东省分行企业文化部高级经理，主要研究方向为货币政策与商业银行管理。

一、科技金融与创业资本

（一）我国科技金融的短板：科创企业的资本缺失

科技金融是围绕科技创新企业提供的金融服务。科创企业的特点，决定了其金融服务有其不同于一般企业的特殊需求。科创企业一般要经过技术研发或创意设想、企业初创、早期产品试验、加速成长、持续增长、成熟期等发展阶段，如图 1 所示。

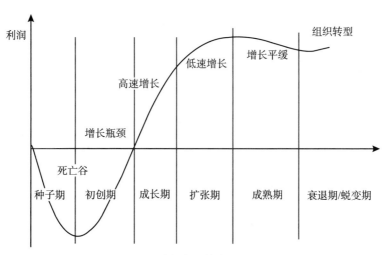

图1 科创企业的发展阶段

科创企业在不同的阶段对金融服务的需求不同，潜在的风险也不同。技术研发阶段，资金投入基本是靠政府拨款或社会捐赠，金融服务需求较低。种子期、企业初创、早期产品试验阶段，是科创企业的创业关键阶段，风险最大，需要高风险的金融需求，加速成长期和持续增长期，金融需求大幅度增加，金融风险相对降低。

相对而言，目前我国科技金融供给不足，主要是指创业和产品研发阶段（图 1 中标为死亡谷的阶段）的金融供给不足，社会资金转换为科创企业资本的能力不足，创业资本的规模偏低和运作机制不畅，严重影响我国科研成果的转化和科创企业的发展。创业资本供给的不足，成为制约我国高技术产业化的重要原因，也进而影响到我国高质量发展。

科技创新企业最主要的风险是创新的不确定性，主要表现为：技术的不确定性、市场的不确定性、技术创新收益分配的不确定性、制度环境的不确定性。

科创企业的不确定性带来的高风险，是一般投资者和传统金融机构不愿意承担和无力承担的，因此，科创企业在创业阶段的金融需求特别是资金需求无法从传统金融渠道获得支持，证券市场、债权融资、商业银行、一般社会直接投资等，都无法满足科创企业高风险的资金需求。创业资本，作为一种针对科创企业的风险投资的制度安排，便应运而生。

（二）创业资本的特征

根据美国创业资本协会的定义：创业资本是由职业金融家投入新兴的、迅速发展的、有巨大竞争潜力的企业的一种权益资本。美国的创业资本，被称为"经济增长的发动机"。

创业资本具有以下显著特点：

（1）高风险性：所投资的创业企业通常存在诸多不确定性，失败的概率相对较高，发达国家科创企业成功率为20%～30%。它是一种没有担保的投资。

（2）高收益性：尽管风险大，但一旦投资成功就能获得极高的回报，以弥补前期承担的风险。美国创业资本年收益率高达50%以上。高收益，是创业资本家愿意承担创新风险的主要动力。

（3）长期性：从投入资金到实现退出并获取收益，往往需要经历较长的时间周期，一般在7～10年。

（4）专业性：创业资本是一种专门从事特定行业投资活动的资本，需要专业的投资团队进行项目筛选、评估、管理和监督，需要具备深厚的行业知识、财务分析能力和丰富的投资经验，并具有较强的科创企业管理能力。

（5）阶段性和周期性：根据企业发展的不同阶段，分阶段投入资金，如种子期、初创期、成长期等。但创业资本不寻求企业长期的资本收益，在适当时机果断一次性退出，寻找新的投资机会。

（6）参与性：对投资企业不仅提供资金，还积极参与企业的战略规划、管理决策、资源整合等经营管理。

（7）高度的信息不对称性：对创业企业的真实情况了解有限，存在信息偏差和误判的可能。

（8）投资性：创业资本是一种积极的投资活动，是一种耐心资本，不追求短期收益。它不是一种赌博性的投机，这是创业资本与股票、期货投机的最大区别。

（9）信誉性：创业资本靠创业资本家的信誉生存，信誉是创业资本发展的基石。

（10）组合性：为分散风险，创业资本通常会同时投资多个项目，构建投资组合，一般以10个项目为限。

创业资本，形式上是一种直接融资方式，但却用间接金融的方式运作，即由职业资本家靠信誉组织创业资本公司，筹集社会长期资金，将社会资本转化为科创企业的资本。

（三）创业资本是一种特殊的资本

从上述创业资本的特征看，创业资本是一种由职业投资人运作的高风险高收益的特殊资本，它以投资科创企业高风险阶段为主，以对高技术的专业理解和资本运作的专业技能为条件，以职业投资人长期投资形成的投资信誉为基础，吸引社会耐心资本形成创业资本，用于支持科创企业的技术转化和高新技术产业的成长。

创新风险的不确定性和创新企业承担风险能力的脆弱，形成科创企业阶段性金融需求的特殊性和供给障碍，传统金融供给无法满足其资金需求。创业资本，正是因科创企业而生的一种特殊资本，或者说是一种新的金融制度安排。创业资本产生的外部因素是技术创新企业对融资的需求，内部因素是创业资本家内在的创新动力。

二、创业资本的基本运行特征

（一）创业资本的主导形式——有限合伙人公司

创业资本是连接社会资金与科创企业的融资形式。从发达国家的实践看，创业资本的主要组织形式是有限合伙人公司，这是由创业资本的本质特征和制度安排的内在要求决定的。

创业资本，是一种委托代理制管理的资本。委托代理制，普遍存在着信息不对称、管理道德风险和激励不足的难题。合伙人公司制，比较有效地克服了这些问题。

首先，创业资本合伙人公司，是由一批专业创业资本家发起设立的，通过他们的专业投资能力，能有效克服创业资本对投资企业技术信息和创业企业经营信息的不对称问题，也有助于控制创业资本的投资风险。

其次，由于创业资本投资的巨大不确定性，社会投资者与创业资本家之间也存在严重的信息不对称问题。创业资本家的信誉机制和合伙人制，有利于缓解信息不对称矛盾，并充分发挥创业资本家的专业才能，共同出资，会从制度上约束创业资本管理者的经营行为，防止经营道德风险和投资逆向选择问题。

最后，创业资本的高风险投资决策和高收益分配，需要特殊的监督制度和特殊的激励机制，这是创业资本的特殊的企业制度要求。创业资本的巨大风险与不确定性，不适宜用严格的经营约束机制来限制创业资本经营者的行为。创业资本采用合伙人制，创业资本家的信誉机制和专业能力有利于科创企业的风险控制和创业资本的风险约束，合伙制通过利益共享、风险共担，将创业资本的高风险和高收益与创业资本家的个人利益紧紧捆绑在一起，对创业资本家既是约束，也是激励。高风险和高回报，会激发创业资本家的创新和冒险精神，也是创业资本发展的基本动力。

从美国创业资本市场结构看：80% 为有限合伙人公司，13% 为大企业所设立的投资公司，7% 为小企业投资公司。[①]

（二）有限合伙人公司的基本构成

有限合伙人公司是一种合伙企业，通常由两类合伙人组成：普通合伙人和有限合伙人。普通合伙人，即创业资本家，是创业资本的实际运作者，一般是合伙公司的高级经理人，同时也提供部分合伙资金。有限合伙人，主要是机构投资者，是创业资本的主要提供者。创业资本的高风险和中长期投资属性，决定了有限合伙不适合于一般的社会公众投资者，也不适合需要定期保持一定收益率的公共社会资金。

有限合伙人公司的合伙资金通常普通合伙人占 1%，有限合伙人占 99%。有限合伙公司有固定的存续期，通常为 10 年。[②]

---

①② 张树中 . 美国创业资本市场的制度分析 ［M］. 北京：中国社会科学出版社，2002：94.

（三）创业资本的特殊筹资机理——职业投资人的信誉

大家都知道创业资本是高风险资本，那么它如何吸引社会资本的进入呢。

创业资本形成有其特殊的筹资机理：依靠创业资本家的信誉。创业资本组成合伙有限公司的过程，取决于普通合伙人（即职业投资人）的信誉和能力。

普通合伙人的信誉，是通过长期创业资本实践形成的业绩表现出来的综合能力。信誉，是创业资本普通合伙人靠长期积累形成的一种能力，它是创业资本形成的基本条件，也是普通合伙人能够筹集到创业资本的决定性因素。普通合伙人的过去履历和专业投资业绩，是其信誉高低的重要标志。创业资本融资成功的决定性因素，就是普通合伙人的信誉。

信誉机制在创业资本市场中起着决定性作用，是创业资本不同于一般金融市场的根本区别。在信誉机制起决定性作用的创业资本市场上，新进入者要想建立起有效的信誉，只有加入旧的创业资本有限合伙公司，通过长时间的能力积累和业绩积累，逐步形成自己的创业资本运作能力。创业资本家的信誉是随着其投资成功率的大小而变化的。

创业资本建立信誉的过程需要一个长的周期，建立信誉的过程需要花费大量的资金和时间，一旦建立起良好的信誉，创业资本家会极力维护其信誉，因为信誉的丧失是瞬间的事。所以，创业资本的普通合伙人是一种社会稀缺资源，创业资本普通合伙人的稀缺，导致有效创业资本的稀缺。这也是我国创业资本发展不足的根本原因。

（四）创业资本的募集以私募为主

从发达国家创业资本发展经验看，由于创业资本的主要运作模式采用有限合伙人公司，其资本的募集以私募为主。有限合伙人公司募集资金，不需要公开注册，也不需要在公众前披露更多的信息，募集资金免去了许多烦琐的程序化的工作，具有较高的效率。

美国创业资本的来源，以机构资本为主，主要包括：养老金等长期资本（财务投资者，以获取高收益为目的）、社会捐赠基金（如大学、协会等管理的基金）、银行投资公司、保险公司等。这些机构投资者，愿意投资创业资本的主要原因是：知识的限制和分工的要求，寻求长期高收益，分散风险的需求，避税的需要。

目前来看，创业资本合伙公司资金来源，养老金占 50% 以上。

（五）有限合伙公司的约束和激励机制

有限合伙人公司的约束机制，主要通过合伙合同形成对普通合伙人的约束：

（1）规模约束，创业资本总量规模控制，封闭运作，单项目投资一般占总规模的 10%，一般投资 10 个创业企业。

（2）投资约束，包括投资方向的限制、投资项目金额的限制，禁止投资行为，限制负债等。

（3）决策行为约束，通过建立投资人委员会，审核重大投资行为，或决定调整合伙企业管理者，约束管理层。

（4）业务约束，如规定公司投资组合相互分离，管理支出和投资基金分离，确定合理的报酬结构等。

有限合伙公司的激励机制：

（5）管理费用激励，一般按管理资本规模的 1%～3% 提取管理费用，大多数创业资本公司都收取 2%～3% 的费率。管理费用有前高后低的变动趋势，即刚开始运作时高，随后逐步降低。费用以创业资本的实际投资额为基数，而不是以签约资金额为基数。费率标准还要参考公司投资的资产市场价值，以激励公司管理者提高投资管理水平。

（6）收益分配激励，普通合伙人直接参与合伙公司的利润分配（这与普通合伙人出资比例无关），一般固定为公司净收入的 20%。有多达 80% 的创业资本公司采用 80∶20 的利润分配规则。①

（六）创业资本投资决策的管理

创业资本投资是一种分阶段、分地区、分行业的投资，投资的目的在于获得资本增值收益，不会长期持有一家公司的权益。创业资本的投资是一个"投资——管理——退出"的过程。创业资本的投资决策一般考虑以下因素：

（1）投资规模。投资规模的选择是一个规模效益与风险分散的平衡问题。一般创业资本对一家科创企业的投资不高于投资企业总股本的 20%，不高于创业资本总规模的 10%。

---

① 张树中．美国创业资本市场的制度分析［M］．北京：中国社会科学出版社，2002：105．

（2）科创企业的技术和市场定位。一定意义上讲，创业资本投资的不是一个企业，而是一种技术或市场的未来。创业资本家必须对科创企业所涉及的专业技术和市场前景有深入的了解和独特的判断。创业资本公司经理一般都选择他们所专长的专业领域进行投资。创业资本家习惯倾向于投资新兴技术而非成熟技术。

（3）科创企业发展阶段。创业资本依据科创企业的不同发展阶段，采用不同的投资形式，一般分为种子期资金、导入期资金、扩展期资金、成熟期资金。一般种子期投资占创业资本的10%，而导入期和扩张期占60%。创业资本投入的四个阶段：种子期小投入、导入期大投入、扩展期大投入、成熟期适当投入或退出。扩展期，也是科创企业的快速成长期，是创业资本投资的主要阶段。

（4）科创企业的地域位置。创业资本家要参与投资企业的经营管理，被投资企业的地理位置和地域的营商环境，也是创业资本投资考虑的重要因素，关键要方便对投资企业的管理。

（七）对投资企业的管理

创业资本的投资并不是单纯的投资，它在投资制度安排上就要明确创业资本家有更大的权力去管理科创企业。创业资本参与投资企业的管理，是降低风险的必要条件。创业资本参与企业管理的目的不是自己经营科创企业，而是从发展战略、财务管理、营销管理、治理架构等方面促使创业企业尽快成长起来，为能够在预期的时间内顺利地以较高收益退出科创企业，获得最大投资回报创造条件。创业资本参与科创企业管理最终是为了成功、高效地退出科创企业。

（八）创业资本的退出

创业资本从投资开始就要设计好退出的制度安排。有效的退出机制的存在，是创业资本发展不可或缺的重要条件。创业资本退出是创业资本投资合约中的一项重要内容。退出制度安排的有效性和可执行性，直接影响创业资本的业绩，也是创业资本发展的制度保障。只有存在有效的退出制度，才能吸引更多的投资者向创业资本投资。

创业资本的退出主要有三种方式：股份上市、股份转让、公司清理。

科创企业通过公开发行股票，创业资本通过股份上市退出企业，是创业资本最佳的退出方式，在美国市场 30% 的创业资本采用这种方式退出。运用首次公开发行股票方式退出的创业资本回报一般在 10 倍以上。

股份转让，也是创业资本退出的常见方式。由于科创企业公开发行股票的上市周期比较长，受公开上市门槛的限制和资本市场环境的约束，不确定性比较大，所以，大部分创业资本只有通过股份转让的方式退出。统计表明，在创业资本退出方式中，60% 以上的创业资本通过股份转让方式退出，但收益率一般仅为首次公开发行股票的 1/5。股份转让常见有两种形式：将股份转让给科创企业或企业管理者；将股份出售给其他投资公司或投资人。

清理公司，一般适应于创业资本投资不太成功的项目。据统计，美国由创业资本所支持的企业，20% ~ 30% 完全失败，60% 受到挫折，只有 5% ~ 10% 的创业企业获得成功。因此，大部分创业资本需要通过清理公司来退出。对于创业资本来说，一旦确认创业企业失去了发展的可能或成长过慢，不能带来预期的高回报，就要果断退出止损，收回资金用于新的投资。据研究，清算方式退出约占创业资本退出的 30%，这种方式一般仅能收回原投资的 60%。

从创业资本的运行特征看，这种高风险高收益的特殊资本形态，不是一种适宜国有公司运作的资本，不是一种适合大公司设立独资投资公司运作的资本，也不是一种适合商业银行习惯性风险偏好运作的资本，更不是一种普通社会投资者投资的资本。

三、影响我国创业资本发展的制约因素

近 10 年来，随着我国科技进步和科学技术的飞速发展，我国创业资本也得到高速发展，互联网产业的繁荣、数字经济和 AI 产业的崛起、生物医药产业的创新，背后活跃着创业资本推动的身影。特别是境外创业资本的引入，对促进我国民营科技创新企业的快速发展发挥了十分重要的作用，也给我国创业资本的发展提供了成功的经验。但是，从我国科技创新的市场需求看，从新质生产力发展的要求看，从高质量发展的强国需要看，创业资本的发展还远远不够。特别是受国际地缘政治的影响，部分境外创业资本加速从我国退出，这种趋势目前还在发展，2019 ~ 2022 年，我国创业投资实际金额呈下降趋势。我国自身的创业资本发育不足的问题，逐步

暴露出来。

近几年政府投资公司、大企业投资公司、国有投资基金的快速发展，满足了一部分科创企业的投资需求，弥补了国际创业资本退出的影响。目前国有资本占创业资本的比例已达到54.52%，成为国内创业投资的"中流砥柱"。据国务院国资委网站2024年12月2日消息，近日，国务院国资委和国家发展改革委出台政策，推动中央企业创业投资基金高质量发展。共有8个政策要点：（1）中央企业创投基金要以具备硬科技实力的种子期、初创期、成长期的科技创新企业为主要投资标的；（2）中央企业创投基金存续期最长可到15年，较一般股权投资基金延长近一倍；（3）支持中央企业围绕主责主业，聚焦重大战略、重点领域、重要技术，发起设立概念验证基金、种子基金、天使基金等适应科技成果转化及科技创新企业成长所需的创业投资基金；（4）中央企业要为创业投资企业提供战略引导、产业应用、资源对接、资本运作等支持，符合条件的优质项目可以通过市场化方式由中央企业并购，也可上市、股权转让；（5）建立以功能作用为重点的创业投资基金全生命周期考核机制，既要"算总账"，还要"算大账"，考核评价以功能作用发挥为核心，兼顾效益回报等要素；（6）重点投向种子期、初创期项目的基金，可设置较高容错率；（7）在各类监督检查中，更加关注基金投资组合整体而非单个项目、关注功能作用和战略价值而非短期财务盈亏、关注未来长期发展趋势而非当前阶段性问题；（8）中央企业创投基金建立市场化投融资机制，为提高投资决策效率，对于早期项目，可以适当简化资产评估、尽职调查程序，授权投资团队在一定投资额度内自主决策。这对我国创业资本发展是重大利好政策。

但客观地看，尽管国有资本、政府引导基金、大企业设立的投资公司等出资规模大、相对稳定，但由于这些公司成立时间较短，容错管理机制尚不完善，风险容忍度不高，投资管理专业人才不足，投资周期长、高风险、技术不成熟的科技项目的意愿并不强。并且创业资本特殊的运作规律，使得上述公司运作的创业资本受到限制，能够发挥的作用和实际效率也需要实践的检验，还存在许多不确定性。创业资本，受多种因素的影响，在我国还是一种稀缺资源。

制约我国创业资本发展的主要因素包括：

1. 创业资本专业人才不足

创业资本，是一种依靠专业人才运作的资本，发达国家的经验证明，创业资本家群体的数量和质量，决定着创业资本的规模和运作效率。我国创业资本发育比较晚，时间还比较短，早期以海外的人才为主，境外创业资本公司主导我国早期创业资本市场。近几年，在境外创业资本的带动下，我国锻炼形成了一批职业投资人。但创业资本人才成长的规律决定了在不太长的时间里，我国熟悉创业资本运作的人才数量和质量，都无法适应我国创业资本发展的需要。大批高水平的创业资本经理的产生，还需要一个较长的积累过程。目前，我国创业资本高水平管理人才的不足，已经成为制约我国创业资本快速发展的重要因素，更严重地制约着我国创业资本的运作成效和高质量发展。

2. 创业资本公司的信誉不足

受创业资本人才质量的影响，导致我国创业资本公司的信誉不足。创业资本，是一种靠职业投资人的信誉生存的资本，没有一批有信誉的创业资本公司，发展好创业资本也是枉然。而创业资本家和创业资本公司的信誉，均需要较长时间的市场实战积累才能形成。创业资本公司信誉的不足，使社会资金转化为创业资本的效率不高，造成我国科技金融的供给不足。因此，在创业资本发展的过程中，逐步积累形成一批投资业绩突出的高信誉的创业资本公司，是保持我国创业资本高质量发展的基础条件。

3. 创业资本运转的法律缺失

创业资本作为一种委托代理资本，其特殊的运作模式，复杂的契约关系，都需要健全的法治条件。从投资公司的创立、组建、募资，到投资、参与企业经营，再到股份上市、转让、退出，各个环节都需要健全的法律法规的支持。特别是对有限合伙公司的管理、私募资金的筹集、社会长期资本的投资、股份的转让等，均需要完备的市场环境和法治体系做保障。目前来看，我国在创业资本运作的市场环境建设所需要的法律法规还不健全，有些需要在创业资本发展的实践中逐步探索才能形成。

4. 创业资本退出难

顺畅的退出，是创业资本循环发展的必要条件。尽管我国已经发展形成了一定规模的证券市场，包括近几年形成的多个创业板市场和股权交易市场，但受证券市场发育的约束，这些市场对创业资本的支持力度还明显不够到位。相对于我国规模越来越大的科创企业来讲，我国创业资本退出的渠道还比较单一，也不顺畅。一方面表现为现有二级市场容量还无法满足科创企业的上市需求，另一方面表现为股份转让在缺乏有效法律支持的条件下，方式较少，很不规范，创业资本通过股份转让的操作难度比较大，成本高、效率低，创业资本的收益率受到比较大的影响。

5. 知识产权保护制度不健全

有效的知识产权保护制度，是科技创新的制度条件。知识产权保护的成效，又严重影响着科技创新型企业的发展。知识产权保护是不是到位，直接影响着创业资本投资的绩效。因此，以投资技术为标的的创业资本，必须以良好的知识产权保护环境为投资前提。我国知识产权的法律法规和执法环境都有进一步健全完善的地方。

四、对我国创业资本发展的几点政策建议

面对我国创业资本市场资金来源以政府投资公司、大企业投资公司、国有投资基金为主的现实，提出我国创业资本运作的发展模式：政府投资公司、大企业投资公司、国有投资基金、养老金投资公司作为创业资本的主要投资者，成为有限合伙人，以职业投资人为普通合伙人，联合组成有限合伙公司，即国有资本＋社会长期民营资本＋职业投资人＝有限合伙公司，形成创业资本市场化运作模式。

这种发展模式，既可以发挥国有资本的规模优势和稳定性，克服国有资本公司直接管理投资的弱点，又便于吸引社会民营资本长期化，并且将社会耐心资本通过有限合伙公司交给专业人才管理，可以克服国有创业资本管理的难题。

针对上述制约我国创业资本发展的因素，提出如下政策建议：

（1）在实战中培养一批职业投资人。合格的创业资本投资管理者，无法通过院校或短期培训培养，而是需要在创业资本的投资实践中逐步成长，无论是职业投资者的业务能力，还是其自身的必要的资本实力，都需要一个较长的积累过程。短期可以考虑通过一定的政策优惠引进必要的海外人才，解决当前创业资本人才不足和能力不够的问题，长期来看，需要推动国内创业资本大胆闯、大胆试，在创业资本发展的实践中逐步积累经验，积累人才，这是我们发展创业资本无法绕开的过程。

（2）在发展中培育创业资本信誉。信誉是创业资本生存的根本，建立信誉也需要一个较长时间的积累过程。应通过建立和发展我国自主的创业资本评估体系，形成一套符合我国国情的科学的创业资本信誉评价机制，促进创

业资本投资者和创业资本公司形成良好的信誉自我维护机制。通过对创业资本市场的长期跟踪检验，逐步形成一批投资业绩突出的高信誉的职业投资者和创业资本公司，从而提升我国创业资本的整体营运水平。

（3）鼓励发展一批创业资本有限合伙公司。近几年，我国诞生了大量政府主导的国有资本投资公司、股份投资公司和大型民营企业设立的投资公司，这些投资公司是否适应创业资本的运作，还需要市场实践的验证。国家应从政策上有意识地引导和鼓励发展一批有限合伙公司，专门从事创业资本的运作，这既可以引导更多的社会民营资本投入创业资本，又可以使我国创业资本发展更好地借鉴国际上成功的经验，加强与国际创业资本的合作，使我国创业资本管理的模式更丰富，也会使我国创业资本发展得更快一些，更稳健一些。要积极探索我国创业资本管理的企业模式，形成符合我国国情的、科学合理的、有效的创业资本管理企业结构。

（4）创造相对宽容的创业资本社会环境。创业资本是一种高风险资本，因此，需要更加宽松的社会环境，特别是对创业资本失败的容忍度要更高。建立鼓励创新和容忍失败的文化氛围和社会环境，也是创业资本发展的社会条件。特别在我国目前存在大量国有投资公司的情况下，适当从体制和管理机制上提高投资失误的容错率和降低对投资短期收益的限制，有利于这些投资公司创业资本的运作效率。创业资本的资金来源，主要依靠长期资本和耐心资本，而社会耐心资本的形成，需要对短期投资得失的宽容，这也是耐心资本成长的必要条件。

（5）健全完善创业资本市场运作的法律法规。特别要逐步建立健全有限合伙公司管理、私募融资行为、企业股份场外转让交易、资产转让及所得税、知识产权保护、创新企业税收优惠、长期资本和耐心资本税收优惠等法律法规，并加大执法力度，营造创业资本有效运作和健康发展的法治环境。

（6）健全创业资本市场退出机制。保持证券市场的健康发展，特别是科创板市场和股权市场的稳定发展，为科创企业的上市创造必要的市场环境，使更多创业资本能通过股份上市的方式实现退出，提高创业资本通过股份上市方式实现资本退出的比例，从而提高创业资本的收益率。要完善场外企业股份转让交易法规和市场建设，发展更多企业股份转让的方式和渠道，尽量减少创业企业股份转让的制度约束，鼓励支持科创企业积极回购本企业股权，大力促进科创企业购并和重组。

参 考 文 献

［1］习近平关于金融工作论述摘编［M］. 北京：中国文献出版社，2024：60－61.

［2］张树中. 美国创业资本市场的制度分析［M］. 北京：中国社会科学出版社，2002：70－89.

［3］郭戎. 我国创业投资发展：趋势与建议［N］. 钛媒体 App，2023－10－11.

国家数字经济创新发展试验区设立能否促进产业链现代化?

苗 旺 郭 浩[*]

摘 要: 产业链现代化水平的提升与国家对于数字经济的重视程度息息相关,国家数字经济创新发展试验区(以下简称"试验区")能否提升产业链现代化水平缺乏充分讨论。本文基于 2013~2022 年中国省级面板数据,将试验区设为准自然实验,探讨数字经济政策对产业链现代化水平的影响。结果显示,试验区有效提升了产业链现代化水平,通过改善数字发展环境、吸引数字化人才、促进知识溢出提升产业链现代化水平。与金融发展较好、工业化水平高的省份相比,试验区对其产业链现代化水平的提升作用更为明显。本文不仅丰富了数字经济与产业链现代化政策的研究,也为未来数字经济政策实施提供了参考,展示了数字经济如何助力产业链现代化。

关键词: 国家数字经济创新发展试验区 产业链现代化 数字经济

一、引言

近年来,经济全球化遭遇了各种挑战,贸易保护主义、国际经济格局的调整以及全球大环境的变动,使得国际经济合作和产业链供应链的稳定受到了冲击,全球的产业链供应链出现的局部断裂对我国国内经济循环产生了影响。而当前我国制造业在国际价值链中仍处在相对中低端,具体而言我国产业

---

* 苗旺,山东诸城人,齐鲁工业大学(山东省科学院)经济与管理学部副教授,博士,主要研究方向为企业管理、企业数字化转型;郭浩,山东济南人,硕士研究生。

链规模虽然庞大但是整体实力尚未达到强大，产业基础能力发展不足，关键核心技术和自主研发能力亟待加强，这使得我国产业链供应链仍面临着"断链"的风险。因此推动产业链现代化，事关高质量发展，是建设现代化产业体系的必然要求、构建新发展格局的迫切需要、塑造全球竞争优势的战略选择、确保全国产业链供应链稳定的重要基础、促进经济长远发展的有力支撑，要将产业链现代化水平上升为衡量一国经济现代化的重要标志。在此大环境下，提高产业链现代化水平成为我国提升综合国力、实现高质量发展的必经之路。

现有文献对于试验区的设立的研究主要体现在对企业价值、数字化转型、创新等角度，如研究发现试验区带来数字化转型政策支持，促进了数字经济与实体经济的融合，实现企业高质量发展[1]；在研究中描述到试验区能够通过减少企业之间的交易成本、加强对产权的保护力度、吸引创新型人才集聚从而提升企业的创新水平[2]；将试验区作为区位导向政策，发现"财政补助"和"研发创新"两条内在渠道促进企业数字化转型[3]。总结来看，对于试验区的研究主要体现在企业能力层面的提升上，但对于试验区产业链的直接研究缺乏，企业作为产业链的主体，试验区在推动企业的创新、数字化转型等的同时是否也间接推动了产业链的发展呢？现有研究难以准确把握试验区对于提升产业链现代化水平的具体机制。

本文的贡献主要体现在以下几个方面：（1）通过国家数字经济创新发展试验区的政策效应，验证了数字经济政策对于促进产业链现代化水平提升的重要作用，不仅为相关政策研究提供了实证支持，还丰富了数字经济政策的研究成果。（2）本文深入探讨了国家数字经济创新发展试验区在推动产业链现代化升级中的作用机制及其核心动力，同时填补了数字经济政策经济效应研究领域的空白。（3）在异质性分析中认识到在区域的金融发展水平和工业基础不同时政策影响不同，因地制宜地制定政策，能够确保政策与当地的经济等条件相契合，从而最大化政策的实施效果，推动试验区在数字经济领域的创新与发展。

二、制度背景与文献综述

（一）制度背景

自党的十八大以来，数字经济呈现出迅猛的发展态势，数字技术已成为引领新一轮技术革命的核心动力，数字化转型为经济增长注入了强大活力。党的十九大进一步强调了要持续优化数字经济环境，积极发展新型数字产业，在此期间提出国家大数据战略规划以及"互联网＋"计划。党的二十大提出加快推进数字经济与实体经济的深度融合，打造具有国际竞争力的数字产业集群。随着全球经济的发展，逐步进入了数字化生产的重要阶段，因此党中央、国务院高度重视数字经济的发展和实体经济的融合。习近平总书记在大会上多次强调，在创新、协调、绿色、开放、共享的新发展理念下，构建以数据为关键要素的数字经济，推动数字产业化、产业数字化。在2019年10月20日，发改委、中央网信办宣布成立国家数字经济创新发展试验区，在联合刊发的方案中将河北省雄安新区、浙江省、福建省、广东省、重庆市、四川省作为6个试点省市。在试验区中加强数字经济建设，将试点成功做法推广至全国，发挥引领作用，实现对现代化经济体系建设和经济高质量发展的支撑，提升整个国家治理体系和治理能力现代化水平。

（二）文献综述

1. 产业链现代化相关研究

现在相关研究集中在产业链现代化的内涵、产业链现代化的测度以及影响产业链现代化进程的关键因素。产业链现代化表现为产业链水平持续提升，包括基础能力增强、控制能力增强、治理能力增强等[4]，这就要求加强上下游企业间的技术之间的关联性，增强区域之间的协同，实现产业链、创新链、资金链与人才链四链融合，不断提升实现各个要素之间高度协调[5]。在产业链现代化测度方面，毛冰聚焦产业结构现代化、产业协同现代化、产业融合现代化和产业创新现代化四个维度，采用熵权法、泰尔指数等构建了产业链现代化水平指标体系[6]。张虎和张毅等对产业链现代化分为基础、数字化、创新、韧性、协同和可持续六个维度对产业链现代化水平进行分析，且得出我国产业链现代化水平呈现上升趋势的研究结论[7]。王欢芳和黄颖从物流产业链的创新性、高端性、协同性、可持续性、自主可控性对物流产业链现代化进行测算得出我国物流产业链现代化水平逐年提升但存在明显的区域差异[8]。在产业链现代化水平的影响因素研究中发现制造业的对外投资可通过规模经济、要素配置和创新激励效应三个机制促进产业升级，进而提升了产业链现代化水平[9]。数字经济时代下，通过科技创新实现技术突破和优化人力资本结构提升产业链现代化水平[10]，在人力资本优化的研究中发现创新型人力资本通过自主研发、知识吸取和知识溢出提升创新能力且能够显著提升制造业产业链现代化水平[11]，在科技创新研究中，数字技术可以提高制造业的自主可控水平，降低产业对外依存度，提升产业链创新水平进而提升现代化水平[12]。同时，数字经济也可通过推动全国统一大市场建设促进产业链现代化[13]。除数字经济影响外，国家金融综合改革试验区政策也显著促进了产业链现代化[14]。

2. 国家数字经济创新发展试验区的相关研究

现在关于国家数字经济创新发展试验区的相关研究主要体现在对企业的创新、企业的数字化转型和企业自身价值提升，以及对试验区自身政策效应的评估。试验区的设立降低了企业交易成本、吸引人才和保护产权等，进而为企业的创新保驾护航[2]。研究发现，试验区政策的设立不仅显著推动了数字经济与实体经济的深度融合，提升企业价值，实现企业高质量发展更为企业打开了全新的数字化转型视角[1]。国家数字经济创新发展实验区作为区位导向政策，通过提供财政补贴以减轻企业资金压力，并结合创新激励政策，积极引导和推动企业进行数字化转型，助力企业实现高质量发展[3]。在对试验区的政策效应评估研究中以试验区中的浙江、福建、广东和四川四个省份作为研究对象，采用灰色关联度分析法从研发投入、研发费用、研发人员、技术合同四个方面与数字经济进行关联分析，并在新发展理念下发挥着试验区的引领作用，进一步发展数字经济[15]。也有研究通过数字经济规模、信息化发展水平、互联网发展水平、数字交易水平和发展路径等方面来分析国家数字经济创新发展试验区的建设现状，总结国家数字经济创新发展试验区在建设过程中存在的问题，并提出加强统筹规划、提高治理水平、提升技术创新、优化法治环境和促进经济发展等发展建议[16]。

三、理论分析与假设

内生增长理论认为技术进步和全要素生产率是推动经济持续增长的重要原因。试验区内借助数字技术推动培育新动能，推动试点省市大数据、互联网、云计算、区块链、人工智能技术蓬勃发展，提高了生产过程的自动化、信息化和智能化水平进而增加产业链的基础能力。同时显著提升了企业的生产效率、资源利用率，推动了企业的绿色转型，为产业链的可持续发展提供了强有力的支撑[17]。数字技术打破了时间、空间和分工边界的限制，通过联合各环节、各产业的创新优势，优化了产业链关联关系[18]。有助于构建跨地域、跨行业的平台产业集聚生态，形成更具创新力和市场竞争力的产业链体系，从而显著增强产业链的韧性与适应性。试点省市中企业通过借助政策财政支持和数字技术与实体经济的融合降低了转型门槛，促使企业数字化转型，进而提升产业链的数字化程度[3]。同时试验区内也不断探索数据生产要素的高效配置，通过完善产学协同创新机制，实现关键技术创新，提升产业链的创新能力，打破"卡脖子"的困境。因此试验区通过培育新动能和激活新要素实现产业链在基础能力、数字化能力、创新能力、韧性、可持续五方面的提升，进而实现产业链的优化升级，提高产业链现代化水平，为构建现代化经济体系奠定坚实基础。由此，提出假设 H1。

H1：试验区的设立对产业链现代化水平有促进作用。

相较于传统基础设施，数字基础设施有利于共享资源、产业集群化发展、提高产业应对外部冲击的能力等以此赋能现代化产业体系建设[19]。在试验区中，政策提出为改善数据资源共享程度低、传统企业数字基础薄弱、部分地区的网络化程度低等问题，加强数据中心、互联网、光纤等基础设施搭建，致力于建设新型数字基础设施，增强对数字经济发展的支撑。同时，也将持续优化当地的数字发展环境，提升整体数字化水平。首先，数字发展环境的不断优化使得产业链各环节能够更高效地获取和共享信息，降低了沟通成本，提高了协作效率。通过协同工作，产业链上的各个环节能够更紧密地联系在一起，形成更为高效、灵活的生产网络，打破了地理上对信息、知识与技术流动的限制，为产业链企业之间的协同创新和迭代升级提供了便利[20]。其次，数字发展环境的改善促进了数据要素资源配置的能力[21]。数据作为产业链中上下游企业间的桥梁，依托优质数字环境中的信息技术，能有效减少生产过程中的信息不对称，促进传统生产要素的高效流通，推动产业数字化转型，从而提升整个产业链的运作效率。最后，试验区的设立优化了数字发展的环境，为产业链现代化水平的提升奠定了基础条件。由此，提出假设 H2。

H2：试验区的设立改善了当地数字发展环境，进而提升了产业链现代化水平。

数字人才在当前的数字化浪潮中发挥着举足轻重的作用，已成为驱动我国数字经济迅速增长和产业数字化转型升级的核心动力[22]。试验区作为国家数字经济政策，试验区内的人才政策、基础设施、企业待遇，将会吸引相关数字人才进入，从而形成数字人才的集聚，为试点省市带来了先进数字技术和数字知识流动从而产生知识溢出效应。内生增长理论中提到，人力资本可以通过知识溢出效应和生产要素互补共同促进产业升级优化[23]。首先，试验区吸引数字人才集聚能够以人力资本增量形式去填补产业链在数字人才方面的缺失，通过数字人才集聚产生的知识溢出将产业链中生产要素和数字技术互补促进产业链的高质量发展[24]。其次，数字人才集聚给企业带来数字技术共享，提高了企业学习效率，降低企业创新的试错成本和促进企业的数智化转型，从而加强产业链上下游企业信息交流，解决在数字化程度较低的产业链中存在的"牛鞭效应"所导致的产业之间不协调，提升了产业链的韧性[25]。最后，数字人才集聚所产生知识溢出效应推动了产业链现代化水平的提升。因此，提出假设 H3。

H3：试验区的设立通过吸引数字人才集聚产生知识溢出效应，从而提升产业链现代化水平。

四、模型设计及数据来源

（一）计量模型设定

国家数字经济创新发展试验区政策是产业链现代化的外部政策冲击，本文将试验区设立作为一项准自然实验。因此本文采取双重差分法（DID）考察试验区设立对产业链现代化水平提升的影响，有效解决了新政策作为解释变量的内生性。具体模型设定如式（1）所示：

$$ICM_{it} = \alpha_0 + \alpha_1 treat_{it} \times post_{it} + \alpha_2 X_{it} + \mu_i + \delta_t + \varepsilon_{it} \qquad (1)$$

式（1）中，ICM_{it} 为产业链现代化水平；$treat_{it} \times post_{it}$ 表示试验区和政策实行年份的交互项为政策的虚拟变量，treat 表示试验区试点省市，post 表示政策实施时间，若省市 i 在 t 年设为试验区，则政策虚拟变量取值为 1，反之为 0。X 表示控制变量，ε 为随机扰动项。μ_i 为省份固定效应，用来控制省级层面不随时间变化的特征，δ_t 为年份固定效应，控制宏观经济波动等因素。本文采用省份固定效应和时间固定效应，不再单独加入 treat 和 post 变量。

（二）变量选择

1. 被解释变量

产业链现代化（ICM）：本文借鉴张虎等[7]对产业链现代化研究，本文从产业链基础实力、产业链数字化转型程度、产业链创新水平、产业链韧性以及产业链的可持续发展性五个维度构建产业链现代化指标体系。参考邓慧慧和杨露鑫[26]、陈明华等[27]研究，由于熵权法凭借易算和原理简单被广泛采用在经济评价领域，因此本文采取熵权法测算指标权重，通过加权求和得到 2013～2022 年省级层面产业链现代化水平。

2. 解释变量

国家数字经济创新发展试验区政策（treat × post）：本文采取 DID 方法构建解释变量，方案中将河北省（雄安新区）、浙江省、福建省、四川省、广东省、重庆市等地设立为国家数字经济创新发展试验区，以 6 个试验区作为实验组，其余地区为对照组，用 treat 作为省份分组的虚拟变量，实验组中 treat 取 1，其他地区取 0。将实行时间 2019 年作为政策冲击时间 post，2019 年之前 post 取 0，2019 年之后 post 取 1。由于政策是在 2019 年 10 月开始实行，各个试验区受到政策冲击月份占比赋值 0.1667。treat 和 post 交互项作为解释变量。

3. 控制变量

参考张虎和张毅等[10]、柳毅和段忠贤等[28-29]研究。选择以下几方面对产业链现代化水平会产生影响的因素进行控制：经济发展水平（PGDP）：用人均 GDP 衡量。外商直接投资（FDI）：用外商直接投资额和地区生产总值的比值衡量。政府干预程度（GOV）：用当地政府财政支出和国家生产总值的比值衡量。环境规制（ER）：用工业污染治理的投资与工业增加值的比值衡量。人力资本水平（LABOR）：用大专及本科以上学历人数与六岁以上人口总数比值衡量。产业结构升级（ISA）：用第三产业产业增加值与第二产业产业增加值比值衡量。

（三） 数据来源

本文数据来源于：国家统计局、《中国统计年鉴》《中国功能工业统计年鉴》《中国电子信息产业统计年鉴》以及各个省份相关年份的统计年鉴。样本以 2013～2022 年我国 30 个省份（不含港澳台），剔除了西藏（数据缺失严重）。对于数据缺失采用线性插值对缺失值的处理。表 1 报告了主要变量的描述性统计。ICM 最大值 0.750，最小值 0.025，均值为 0.172 表明了各省份在产业链现代化水平方面呈现出显著的差异性，这意味着部分省份的产业链现代化进展远超过整体平均水平，而另一些省份则在这一领域的发展水平上显著落后于平均水平。其余变量与现有研究大致相符，如表1所示。

表1　　　　　　　　　　　变量说明及描述性统计

类型	符号	样本数	均值	标准差	最大值	最小值
被解释变量	ICM	300	0.172	0.126	0.750	0.025
解释变量	treat × post	300	0.633	0.238	1.000	0.000
控制变量	PGDP	300	1.272	0.834	4.900	0.563
	GOV	300	0.250	0.101	0.643	0.106
	LABOR	300	0.160	0.078	0.504	0.068
	ISA	300	1.600	1.930	23.783	0.572
	FDI	300	0.020	0.027	0.247	0.000
	ER	300	0.003	0.031	0.031	0.000

五、实证分析

（一）基准回归结果

如表2所示为采用双重差分模型的基准回归结果。在表2第（1）列中可见不加入控制变量但控制省份和时间，其回归结果在1%水平上显著为正且回归系数为0.0603，表明了试验区的设立对产业链现代化水平有着正向促进作用。表2第（2）列加入了控制变量以及控制了省份和时间，在回归结果中看出仍在1%水平上显著为正且回归系数为0.0495，整个回归模型的 R^2 由0.674提升到0.759表明加入控制变量后整个模型的稳定性和稳健性提升，更好验证了试验区的设立有助于提升了产业链现代化水平。因此研究假设H1得以成立。

表2　　　　　　　　　　　基准回归结果

变量	（1） ICM	（2） ICM
treat × post	0.0603 *** (5.25)	0.0495 *** (4.85)

变量	(1) ICM	(2) ICM
ER		3.4364 *** (4.19)
GOV		0.1443 (1.56)
PGDP		0.1151 *** (6.33)
FDI		0.1903 ** (1.87)
ISA		0.0008 (0.70)
LABOR		0.4071 *** (3.03)
Constant	0.1063 *** (16.28)	−0.1472 *** (−3.67)
省份固定	Yes	Yes
年份固定	Yes	Yes
N	300	300
R^2	0.674	0.759

注：***、**分别表示在1%、5%的显著性水平上显著，括号内为标准误。

（二）平行趋势检验

采用双重差分法模型前要检验一下是否满足平行趋势检验，在没有实施政策之前，试验组和控制组的产业链现代化水平要保持相同水平发展，在政策实施之后实验组和控制组要开始出现明显差异，代表满足了平行趋势检验借鉴 Beck 等[30]研究，本文采取式（2）进行平行趋势检验：

$$ICM_{it} = \alpha_0 + \sum_{n=-5}^{3} \alpha_n \left[(t = n) \times treated_i \right] + \alpha_2 X_{it} + \mu_i + \delta_i + \varepsilon_{it} \quad (2)$$

本文选取了政策前六年和政策后三年的数据进行检验，去除基期是为了避免产生共线性，其中 t = 0 是政策发生的当期，−5 到 −1 代表着政策发生前的第五年和第一年，1 到 3 代表着政策发生的三年。置信区间设置为

95%，平行趋势检验结果如图1中可以看出，政策前的五期没有表现出实验组和控制组的明显差异，并在政策实施当年开始显现作用，而在试验区政策实施之后，回归系数显著为正，这标志着政策的有效性开始显现。这一结果不仅证明了试验区设立对产业链现代化水平的提升具有积极影响，而且进一步表明这种影响具有动态可持续性，呈现出较为稳定的发展趋势（见图1）。

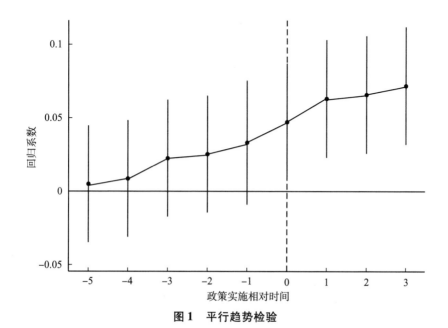

图1 平行趋势检验

（三）稳健性检验

1. 安慰剂

为了更好地解释试验区的设立和产业链现代化水平的因果关系，也为了排除其余遗漏变量的影响。首先生成随机试验区名单，并且生成一个伪政策虚拟变量，继续采用回归方法得到伪政策虚拟变量的回归系数，并且重复抽取500次，用来判断产业链现代化水平是否受到了其他因素的影响。从图2安慰剂检验中可以看出回归系数并不显著大致呈正态分布，虚拟的实验组的政策效应集中在0附近，并且p值的系数在10%统计水平上不显著，真实的政策远离500次随机的伪政策虚拟变量的政策效应，说明设计的虚拟变量对产业链现代化水平回归结果不显著，即试验区的政策效应不受到其他因素影响，实验结果较可靠稳健（见图2）。

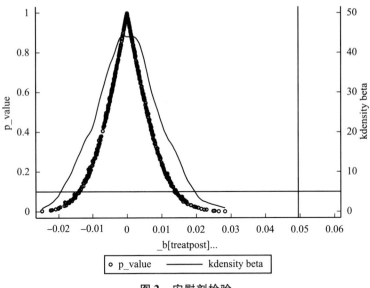

图 2　安慰剂检验

2. 更换核心解释变量

　　为了避免回归结果对变量测算方式的敏感性所以更换被解释变量的衡量方式，前文采用了熵权法去衡量，接下来将用主成分分析法去衡量产业链现代化水平。首先，使用主成分分析法进行 Bartlett 检验，结果显著且 KMO 值等于 0.765 远大于 0.5，表明所选指标适合于主成分分析法；其次，根据综合特征根大于 1 且贡献率大于 80% 提取主成分；最后，以方差贡献率占总方差贡献率的比例作为权重对前面提取的主成分得分进行线性加权，所得结果即为主成分分析法的产业链现代化水平。如表 3 第（1）列所示。

3. 剔除直辖市

　　为了更准确地评估试验区设立对产业链现代化水平提升的影响，由于直辖市作为省级行政区拥有独特的地位和特点，其产业链发展水平可能与一般省份存在显著的差异。因此剔除了北京、天津、上海和重庆四个直辖市再次进行回归。结果如表 3 第（2）列，可以看出仍然在 1% 统计水平上显著，表示该模型显著。

4. 缩尾处理

　　在描述统计中可以看出解释变量、被解释变量和控制变量，在最大值和最小值之间存在着明显差异，为了消除极值对回归产生影响因此进行 1% 缩尾处理。结果如表 3 第（3）列，可见试验区的设立仍然在 1% 的统计水平上显著，通过检验，表明了本文的结论试验区的设立对推动产业链现代化水平提升是稳健的。

5. 滞后一期

进行政策时间滞后一期检验，以保证国家数字经济创新发展试验区政策的外生性。根据表3第（4）列的回归结果，可以知道政策虚拟变量 treat ×post 在1%统计水平上显著，具有良好的正向显著作用。

表3   稳健性检验结果

变量	（1）	（2）	（3）	（4）
treat × post	0.5292 *** （5.35）	0.0669 *** （5.84）	0.0495 *** （4.85）	0.0434 *** （3.69）
变量控制	Yes	Yes	Yes	Yes
省份控制	Yes	Yes	Yes	Yes
年份控制	Yes	Yes	Yes	Yes
N	300	260	300	270
R^2	0.702	0.728	0.759	0.733

注：***表示在1%的显著性水平上显著，括号内为标准误。

6. 预期效应

本文参考张树山和谷城[31]的做法，在模型（1）中分别添加 $Year_{2016}$ × treat 交互项、$Year_{2017}$ × treat 交互项和 $Year_{2018}$ × treat 交互项，$Year_{2018}$ 表示政策实施前一年即2018年的虚拟变量，2018年的虚拟变量与试验区省份进行交互，同理采用2016年和2017年的虚拟变量与试验区省份进行交互来验证产业链现代化水平是否存在预期调整水平，在表4第（1）列、第（2）列和第（3）列中可以看出 $Year_{2016}$ × treat、$Year_{2017}$ × treat 和 $Year_{2018}$ × treat 交互项系数并不显著，且 Treat × post 的回归系数和显著性没有发生明显的变化。由此可以看出试验区的设立对产业链现代化影响不存在预期效应，研究结论具有稳健性。

表4   预期效应

变量	（1） ICM	（2） ICM	（3） ICM
treat × post	0.0504 *** （4.80）	0.0509 *** （4.84）	0.0518 *** （4.95）

续表

变量	（1） ICM	（2） ICM	（3） ICM
$Year_{2016} \times treat$	0.0055 （0.35）		
$Year_{2017} \times treat$		0.0085 （0.55）	
$Year_{2018} \times treat$			0.0172 （1.01）
变量控制	Yes	Yes	Yes
省份控制	Yes	Yes	Yes
年份控制	Yes	Yes	Yes
N	300	300	300
R^2	0.759	0.759	0.760

注：***表示在1%的显著性水平上显著，括号内为标准误。

六、进一步分析

1. 影响机制检验

根据上文的分析可得，试验区的设立可以通过改善当地数字发展环境、吸引数字人才集聚的方式去提升产业链现代化水平。为了验证假设 H2 和假设 H3，本文构造了中介模型进行验证，如式（3）和式（4）所示：

$$M_{it} = \beta_0 + \beta_1 treat_{it} \times post_{it} + \beta_2 X_{it} + \mu_i + \delta_t + \varepsilon_{it} \qquad (3)$$

$$ICM_{it} = \gamma_0 + \gamma_1 treat_{it} \times post_{it} + \gamma_2 M_{it} + \gamma_3 X_{it} + \mu_i + \delta_t + \varepsilon_{it} \qquad (4)$$

其中，M 代表中介变量，具体为数字发展环境（DIG）和数字人才集聚（LAB），其他变量含义和上文一样。如果系数显著为正，则证明试验区的设立能够优化数字发展环境和吸引数字人才的集聚产生知识溢出从而提升产业链现代化水平。

政府的政策不仅是对某一问题或领域的看法和态度的直接体现，更是其投入资源和精力的重要指标。当政府高度重视某一领域时，通常会制定一系列详细的政策，包括发展目标、实施步骤、保障措施等，以确保该领域能够得到充分的支持和发展。因此本文根据各省份政府工作报告，参考金灿阳[32]的研究，借助 Python 软件对政府工作报告进行分词处理，分别统计了省级政府工作报告中与数字经济相关的词频①，词频总数表示数字发展环境（DIG）。本文的第二个变量是数字人才集聚（LAB）。数字人才成为跨领域专业人才的关键在于拥有数据化思维，能够有效管理和利用各类海量数据，将其转化为有价值的信息和知识。因此本文参考孙增伟[33]的做法，利用省份的信息传输计算机服务和软件业的从业人数（取对数）度量省份数字化人才集聚水平（LAB）。数据来源于《中国统计年鉴》。

表5中第（2）列以数字发展环境作为被解释变量，且试验区的回归系数显著为正，说明试验区的设立可以优化数字发展环境。第（3）列中以产业链的现代化作为被解释变量，回归结果显示，试验区的设立和数字发展环境回归系数分别为 0.0458 和 0.0006，且分别通过了 1% 和 5% 的显著性检验。加入了数字发展环境后试验区设立的回归系数有所降低，说明了在试验区设立中发挥着优化数字环境的作用进而提升了产业链现代化水平。因此，假设 H2 得以证明。

表5中第（4）列将数字人才集聚作为被解释变量，从回归结果可知，在 1% 统计水平上显著，表明试验区的设立有效地促进了数字人才的集聚。表5中第（5）列将产业链现代化重新作为解释变量，试验区政策和数字人才集聚作为自变量进行回归，两者回归系数分别为 0.0344 和 0.0933，且都在 1% 统计水平上显著。从第（1）列中看出试验区设立对现代化水平的回归系数为 0.0495，加入数字人才集聚后发现系数有所降低，表明试验区设立能通过吸引数字人才集聚去推动产业链现代化水平的提升，在提升产业链现代化水平的过程中，数字人才的集聚发挥了部分中介作用。因此假设 H3 得以证明。

表5   影响机制检验结果

变量	(1) ICM	(2) DIG	(3) ICM	(4) LAB	(5) ICM
treat × post	0.0495 *** (4.85)	6.5177 *** (2.69)	0.0458 *** (4.46)	0.1613 *** (3.71)	0.0344 *** (3.58)

① 具体包括：数字经济、智能经济、信息经济、知识经济、智慧经济、数字化信息、现代信息网络、信息和通信技术、ICT、通信基础设施、互联网、云计算、区块链、物联网、数字化、数字乡村、数字产业、电子商务、5G、数字基础设施、人工智能、电商、大数据、数据化、产业数字化、数字产业化、数据资产化、智慧城市、云服务、云技术、云端、电子政务、移动支付、线上、信息产业、软件、信息基础设施、信息技术、数字生活。

续表

变量	(1) ICM	(2) DIG	(3) ICM	(4) LAB	(5) ICM
DIG			0.0006 ** (2.17)		
LAB					0.0933 *** (6.88)
控制变量	Yes	Yes	Yes	Yes	Yes
省份控制	Yes	Yes	Yes	Yes	Yes
年份控制	Yes	Yes	Yes	Yes	Yes
N	300	300	300	300	300
R^2	0.759	0.559	0.763	0.493	0.797

注：***、**分别表示在1%、5%的显著性水平上显著，括号内为标准误。

2. 异质性分析

由于各省的经济发展水平、产业结构等方面都存在差异，政策的实施效果也就可能存在差异，一个值得关注的问题就是，现阶段我国区域发展不平衡，试验区的设立对产业链现代化水平的提升差异体现在哪里？本文的异质性分析主要从区域的金融发展水平、工业基础两个方面去分析国家数字经济创新发展试验区对产业链现代化影响的差异。

金融是现在经济发展的核心，每个省份的发展水平不同自然金融的发展水平存在差异。为了区分各省份的金融发展水平，参考崔惠玉[34]，本文利用各省份的城市金融机构存贷款余额占省市生产总值的比重来构建金融发展水平。指标通过中位数划分为金融发展水平的高低，若是中位数则认为是金融发展水平较好的省份，记为0，若是低于中位数则认为是金融发展水平较差的省份，记为1。从表6中的第（1）列回归结果可以看出，在金融发展水平较差的省份试验区设立的政策并不显著，而在金融发展水平较好的省份回归系数为0.0938且在1%统计水平上显著通过检验，表明在金融发展好的省份试验区的设立对产业链现代化水平提升有正向作用。究其原因是金融发展水平高的省份能够有效地降低产业链中企业面临的生产经营风险，进而推高整个链条的韧性，由点到线，辐射到整个产业链。当然金融发展水平高的省份可以拥有更好的融资环境，好的融资环境可以影响产业链的主体企业的长远规划和科研创新动力，实现产业链的技术创新。所以金融发展水平较好的区域在试验区设立之后企业可以更好地通过规避市场风险、创新能力增强来不断实现产业链现代化水平的提升。

工业特别是制造业是国家经济命脉所系，是立国之本、强国之基，工业化是一个国家经济发展的必由之路。工业化水平直接影响着国家现代化的进程和深度。各个省份的工业化水平影响着产业链现代化的推进，本文参考张曾莲[35]研究采取地区工业生产总值与国内生产总值的比值衡量各个省份的工业化水平，按照中位数标准把不同省份划分为高工业化水平省份和低工业化水平省份，两个不同的样本组进行异质性分析，从表6中的第（3）列和第（4）列可以看出，在低工业化水平的省份中试验区的设立对其影响不显著，而对于高工业化的省份试验区设立回归结果为0.0462在5%的统计水平上显著通过检验。原因是高工业化水平的省份基础能力强，在面临"中国制造2025"等新一轮的产业革命浪潮有着良好的条件从而带动工业发展至高技术制造业，试验区的设立使得数字经济推动高工业化水平的省份制造业的增加值、推动产业链国产水平和科技自研程度，在各种数字技术的加持下工业化不断转型为高技术制造业产业链，实现产业链现代化水平的提升。

表6 异质性分析结果

变量	（1） 金融发展水平较差	（2） 金融发展水平较好	（3） 低工业化水平	（4） 高工业化水平
treat × post	−0.0067 （−0.41）	0.0938 *** （6.36）	0.0128 （1.01）	0.0462 ** （2.84）
控制变量	Yes	Yes	Yes	Yes
省份控制	Yes	Yes	Yes	Yes
年份控制	Yes	Yes	Yes	Yes
N	Yes	Yes	Yes	Yes
R^2	0.824	0.800	0.820	0.816

注：***、**分别表示在1%、5%的显著性水平上显著，括号内为标准误。

七、结论与研究启示

本文利用2013～2022年我国30个省份面板数据，以国家数字经济创新发展试验区的设立作为准自然实验，利用双重差分（DID）模型，从政策的视角下验证数字经济对产业链现代化的作用。研究发现，试验区的设立能够有效提升产业链的现代化水平，且经过各种稳健性检验验证了该结论的可靠性。该政策主要是通过优化数字发展环境和吸引数字人才集聚产生知识溢出从而影响产业链的现代化。此外，在异质性中发现试验区对于金融发展水平较好和高工业化水平的省份试验区显现出对产业链现代化水平的提升更加显著的作用。综上结论，本文得出以下政策启示：

第一，为了实现数字经济的高质量发展，提升产业链的现代化水平，必须加大国家数字经济创新发展试验区政策的实施力度。一方面，总结试验成功的经验，巩固现已取得的成就，继续在数字经济时代下抓住技术变革和产业升级的重要机遇。例如，密切关注全球数字技术的发展趋势，积极引进和推广新技术，如区块链、物联网、云计算等，推动产业技术升级和创新应用。另一方面，通过对成功经验的总结和分析，不断探索创新，扩大试验区的范围，推动第二批试点试验区的设立更加高效和有序进行。在总结首批试验区成功经验的基础上，选取具有代表性的区域，设立第二批试点试验区，确保试验区的多样性和全面性，最终实现试验区的经济效益最大化。通过科学的规划和严密的管理，确保第二批试点试验区的设立和运行更加高效和有序，建立绩效评估机制，定期评估试验区的运行效果，及时调整政策和措施，确保试验区的高效运作。

第二，政府继续增强对数字经济发展的重视程度并且加强培养数字人才。首先，政府继续在政府工作报告中不断对数字经济提出新的要求，发挥政府统筹整合资源的作用，健全技术研发、产业化等协同推进体制机制，优化产业基础高级化的数字生态环境。其次，在产业链现代化水平提升过程中，重视数字人才培养是关键。我国产业链仍面临基础性创新不足、关键技术受制于人、科技创新供给与产业发展需求脱节、创新要素布局不平衡等困境，仅依靠传统人才资源不足以支撑提升产业链的现代化。最后，加强培养符合数字经济时代下的数字人才，同时引进优秀数字人才；在企业、高校、研究所中推动产学研模式，对人才进行联合培养，使人才成为具备数字技术的复合型数字人才，增强数字技术的成果转化与应用。

第三，通过本文的异质性分析来看，试验区对金融发展水平高和高工业化水平的省份对产业链的现代化水平促进作用更明显。这表明在推动产业链现代化进程中需要考虑不同省份的自然资源禀赋不同、基础不同、经济发展不同，要求政府在制定政策的过程中需要因地制宜考虑不同区域的发展水平，要充分挖掘当地特色优势产业。在提升产业链现代化的过程中，强化产业链核心企业"链主"地位，积极发挥带动作用，且针对弱势地区的企业提供数字补贴、数字技术和市场支持，补齐短板和弱项，可以确保产业链的完整性和自主性，降低外部风险，提高整体产业链现代化水平。

参 考 文 献

［1］李振亮，杨瑛莹.建立国家数字经济创新发展试验区对企业价值影响研究——基于 PSM - DID 模型的统计分析［J］.中小企业管理与科技，2022（18）：36 - 38.

［2］李君锐，买生，刘磊.国家数字经济创新发展试验区设立的创新效应：基于供给侧与需求侧双重视角［J］.科技进步与对策，2021（14）：1 - 12.

［3］曾皓.区位导向性政策促进企业数字化转型吗？——基于国家数字经济创新发展试验区的准自然实验［J］.财经论丛，2023（4）：3 - 13.

［4］盛朝迅.推进我国产业链现代化的思路与方略［J］.改革，2019（10）：45 - 56.

［5］刘志彪.产业链现代化的产业经济学分析［J］.经济学家，2019（12）：5 - 13.

［6］毛冰.中国产业链现代化水平指标体系构建与综合测度［J］.经济体制改革，2022（2）：114 - 120.

［7］张虎，张毅，韩爱华.我国产业链现代化的测度研究［J］.统计研究，2022，39（11）：3 - 18.

［8］王欢芳，黄颖.物流产业链现代化水平的时空演进及收敛性研究［J］.嘉兴大学学报，2025（1）.

［9］孟祺，张子薇.对外直接投资何以驱动产业链现代化：来自中国制造业的实践［J］.新疆社会科学，2023（5）：66 - 76，174 - 175.

［10］张虎，张毅.数字经济如何影响中国产业链现代化：理论依据与经验事实［J］.经济管理，2023，45（7）：5 - 21.

［11］邢会，李明星，杨子嘉，等.创新型人力资本对制造业产业链现代化的作用机制——基于省级面板数据的实证检验［J］.华东经济管理，

2023，37（12）：34-45.

　　［12］赵巍. 数字技术驱动制造业产业链现代化的效应与机制［J］. 中国流通经济，2024，38（4）：3-12.

　　［13］周芸帆. 数字经济、全国统一大市场与产业链现代化［J］. 统计与决策，2024，40（5）：16-21.

　　［14］李晓龙，张子怡，郑强. 金融改革政策能否促进产业链现代化？——基于国家金融综合改革试验区政策的研究［J］. 金融论坛，2024，29（3）：70-80.

　　［15］韩骞，王子晨. 国家数字经济创新发展试验区科技创新与数字经济发展关联评价研究［J］. 科学管理研究，2022，40（1）：74-78.

　　［16］李志起，张灵. 关于国家数字经济创新发展试验区建设的思考与建议［J］. 科技智囊，2021（8）：6-9.

　　［17］潘红玉，任宇新，潘为华. 数字经济对产业链高质量发展的影响及空间溢出效应［J］. 科学决策，2024（2）：22-38.

　　［18］陈晓红，李杨扬，宋丽洁，等. 数字经济理论体系与研究展望［J］. 管理世界，2022，38（2）：13-16，208-224.

　　［19］董丽，赵放. 数字经济驱动制造业产业链韧性提升的作用机理与实现路径［J］. 福建师范大学学报（哲学社会科学版），2023（5）：33-42.

　　［20］李峰，张丽丽. 数字生态、金融发展与区域创新水平［J］. 创新科技，2024，24（4）：31-42.

　　［21］方文龙，聂婉妮，赖丹. 企业数字化转型、资源配置与绿色创新能力［J］. 财会月刊，2023，44（13）：139-145.

　　［22］李川川，刘刚. 发达经济体数字经济发展战略及对中国的启示［J］. 当代经济管理，2022，44（4）：9-15.

　　［23］陶锋，王欣然，徐扬，等. 数字化转型、产业链供应链韧性与企业生产率［J］. 中国工业经济，2023（5）：118-136.

　　［24］赵晨，林晨，高中华. 人才链支撑创新链产业链的融合发展路径：逻辑理路、中美比较以及政策启示［J］. 中国软科学，2023（11）：23-37.

　　［25］李青原，李昱，章尹赛楠，等. 企业数字化转型的信息溢出效应——基于供应链视角的经验证据［J］. 中国工业经济，2023（7）：142-159.

　　［26］邓慧慧，杨露鑫. 雾霾治理、地方竞争与工业绿色转型［J］. 中

国工业经济，2019（10）：118 – 136.

［27］陈明华，刘玉鑫，刘文斐，等 . 中国城市民生发展的区域差异测度、来源分解与形成机理［J］. 统计研究，2020，37（5）：54 – 67.

［28］柳毅，赵轩，杨伟 . 数字经济对传统制造业产业链创新链融合的影响——基于中国省域经验的实证研究［J］. 浙江社会科学，2023（3）：4 – 14，156.

［29］段忠贤，滕仁玉 . 数字化改革如何赋能经济高质量发展——基于国家级大数据综合试验区的准自然实验［J］. 贵州财经大学学报，2024（2）：50 – 60.

［30］Beck, T., R. Levine, and A. Levkov. Bigbadbanks? The Winners and Losers from Bank Deregulation in the United States［J］. The Journal of Finance, 2010, 65（5）：1637 – 1667.

［31］张树山，谷城 . 供应链数字化与供应链韧性［J］. 财经研究，2024（7）：1 – 15.

［32］金灿阳，徐蔼婷，邱可阳 . 中国省域数字经济发展水平测度及其空间关联研究［J］. 统计与信息论坛，2022，37（6）：11 – 21.

［33］孙伟增，毛宁，兰峰，等 . 政策赋能、数字生态与企业数字化转型——基于国家大数据综合试验区的准自然实验［J］. 中国工业经济，2023（9）：117 – 135.

［34］崔惠玉，王宝珠，徐颖 . 绿色金融创新、金融资源配置与企业污染减排［J］. 中国工业经济，2023（10）：118 – 136.

［35］张曾莲，邓文悦扬 . 乡村振兴与共同富裕耦合协调度的统计检验［J］. 统计与决策，2024，40（10）：63 – 68.

人工智能如何影响企业盈余质量？

——基于信息披露质量和运营效率的视角

油永华　陈　泽*

摘　要：本文基于 2013～2022 年沪深 A 股上市企业数据，从信息披露质量和运营效率两个视角研究了人工智能对企业盈余质量的影响。研究结果表明，人工智能对企业盈余质量具有积极的正向影响，该结论在一系列稳健性检验后仍然成立。异质性分析发现，人工智能对企业盈余质量的正向作用在非国有企业、高创新水平企业和小规模企业中更明显；同时，在东中部地区、中环境规制地区和制造行业的企业中也更明显。机制检验结果表明，人工智能通过提高信息披露质量和运营效率的方式促进企业盈余质量的提升。并且，融资约束在人工智能对企业盈余质量的积极影响中发挥负向调节作用。本文探索了人工智能对企业盈余质量的影响及其作用机制，研究结论对促进人工智能实践，提升企业盈余质量有借鉴意义。

关键词：人工智能　盈余质量　信息披露质量　运营效率

一、引言

在数字化与信息化背景下，人工智能作为新兴数字技术的代表，已成为推动社会经济进步和企业发展的重要力量。人工智能技术在诸多行业的应用

---

* 油永华，齐鲁工业大学（山东省科学院）经济与管理学部，副教授，经济学博士，硕士生导师，研究方向为会计信息实证分析；陈泽，齐鲁工业大学（山东省科学院）经济与管理学部硕士研究生，研究方向为数字经济。

极大地促进了企业的生产力发展与创新变革。2024 年我国《政府工作报告》指出要"深化大数据、人工智能等研发应用，开展'人工智能＋'行动，打造具有国际竞争力的数字产业集群"。这是自 2017 年以来，人工智能第八次被列为政府工作报告的关键词，同时，人工智能扮演的角色随着当前数字经济的发展越发关键。在未来，人工智能技术将成为我国全面推进数字化转型的关键抓手，也将成为企业高质量转型的重要手段。

基于上述背景，有关人工智能的研究文献不断涌现。既有文献讨论了人工智能对宏观经济发展、劳动力结构调整、人口老龄化、人力资本流动和企业生产效率等多方面的影响（陈楠，2022；姚加权，2024；陈彦斌，2019；谭泓，2021）。例如，陈楠等基于 AI 专利构建人工智能指标，通过实证研究探索了人工智能对中国经济增长的影响；谭泓等研究了人工智能对企业劳动力的替代作用，研究发现人工智能能够提升人力资本的学历和综合水平；也有学者通过机器学习方法和实证研究发现，人工智能可以通过调整劳动力结构促进企业生产效率的提升，最终提高企业绩效（姚加权，2024）。然而，尚未存在文献研究人工智能技术对企业盈余质量的影响及其影响机制。

随着人工智能技术的不断发展与深入应用，企业的信息披露和运营效率等方面也发生了深刻变化，这些变化均会对企业盈余质量产生影响（李增幅，2021）。一方面，人工智能技术的应用能够提高企业信息披露的准确性与完整性，如机器学习可以处理和分析大量数据，从中提取有价值的信息并给出相应预测和评估。人工智能可以通过改善企业自动化流程提高信息披露的效率和透明度，人工智能技术对相关劳动力的替代使得信息的评估与披露更加客观公正，进而提高盈余质量的可信水平。另一方面，生产过程的自动化可以减少低技术劳动力需求，提高生产效率。随着人工智能技术在企业应用范围的扩大，企业可以实现管理、决策等全方位的智能化。例如在供应链方面，人工智能可以预测企业供应链需求与风险，降低风险成本，加快供应链响应速度，进而提高销售额度和盈余质量；在决策方面，人工智能可以基于历史数据和风险预测帮助管理者提升决策质量和管理水平。

因此，本文选取 2013 ~ 2022 年我国沪深上市公司作为研究对象，就"人工智能对企业盈余质量的影响路径"展开实证研究与讨论。本文可能的贡献在于：第一，有关人工智能影响的研究大多聚焦于宏观层面，而微观层面的文献相对匮乏，本文是较早讨论人工智能与企业盈余质量之间关系的文献。第二，本文基于信息披露质量和运营效率的视角，对人工智能如何影响企业盈余质量进行了分析，并探索了融资约束在人工智能对企业盈余质量作用中的调节效应，为人工智能技术的实践提供了实践依据，拓展了有关人工智能作用的研究框架。

二、理论分析与研究假设

（一）人工智能与企业盈余质量

作为新兴数字技术之一，人工智能技术以其强大的自适应性和普适性被广泛应用于各个领域。对于制造业而言，人工智能技术支持的智能机器人可替代企业员工完成某些特定工作（徐鹏，2020），从而减少企业劳动力需求，降低人工成本。人工智能对于低技能常规工作人员起到的替代效果尤为显著，在减少人为失误的同时实现生产流程的标准化（姚加权，2024），进而实现生产效率的提高和生产流程的改善，提高产品质量；对于服务业而言，人工智能技术的发展为服务行业带来了新的商业模式，例如，共享经济、在线教育、智能医疗等新兴业态为创业者提供了广阔的市场空间。同时，人工智能通过数据分析、预测分析等技术手段，可以提前预知客户需求，优化服务策略，从而提高服务质量和客户满意度。

盈余质量作为企业财务报告的核心指标之一，反映了企业的盈利能力和风险状况。盈余质量受到包括会计政策、财务状况、内部控制质量等多个方面的影响。人工智能的发展为企业盈利能力的提升提供了广阔的空间。就理论层面而言，人工智能技术的引入和应用有望通过提高生产效率、降低运营成本等方式，增强企业的盈利能力，进而提升盈余质量。同时，人工智能可以为企业管理层提供智能化的决策支持，帮助企业更准确地把握市场机会，降低经营风险，从而进一步提升盈余的稳定性和可持续性。与此同时，将人工智能引入内部控制系统可以帮助企业建立更严格透明的内部控制流程，确保整个流程中的管理行为符合政策与规定。智能审计系统可以基于数据记录识别管理者的潜在违规行为，从而发挥高效的监管作用，进而抑制管理层的盈余操纵行为，提升企业盈余质量。

基于以上分析，提出假设 H1。

H1：人工智能技术能够提高企业盈余质量。

（二）信息披露质量、运营效率的中介作用

信息不对称理论认为，在市场经济活动中，交易双方对商品或服务的真

实情况、交易条件等方面的了解程度不同，会出现信息不对称的情况，进而影响交易决策的公平性。信息不对称可能会导致企业面临交易效率低下、逆向选择风险和道德欺诈等风险。因此，提高信息披露的透明度和有效性是减少企业内外信息不对称程度的重要手段。

数字经济浪潮为人工智能技术提供了广阔的发展空间，人工智能是基于互联网和大数据的信息计算和分析工具，该工具为企业解决信息不对称问题，提高信息披露质量提供了数据基础和技术保障（周智博，2023）。一方面，人工智能能够处理和分析大量数据，并通过自动化系统生成财务报告，减少人工疏漏的同时提高信息披露的准确性和透明度。另一方面，人工智能可以监督企业员工遵循相关法规和准则，避免人为操纵，确保信息披露过程的规范化。因此，人工智能会通过提高信息披露的全面性、准确性、及时性和透明度等方面，提高企业盈余质量。

根据资源配置理论，合理的资源配置是企业实现高效率运营的关键，而企业运营效率体现在资产周转速度、生产效率和管理决策效率等方面。旧的生产要素投入组合不合理是我国企业生产效率低下的主要原因（刘艳霞，2022）。然而，数据要素被列为第五类生产要素，为企业实现合理的资源配置，提高运营效率提供了新途径。以大数据为支撑的人工智能技术在提升运营效率、提高企业盈余质量方面发挥着重要作用。一方面，在生产销售环节，数据驱动下的智能管理系统能够基于历史数据识别低效生产环节的同时预测未来市场需求，提升企业在各个环节的资源配置效率，进而优化生产计划，提高生产效率和周转效率。另一方面，人工智能技术能够对决策数据进行分析整合，帮助决策者识别更有价值的信息，实现决策最优化。因此，人工智能技术通过赋能企业生产效率、周转效率和决策效率提升整体运营能力，进而提升企业盈余质量。

基于以上分析，提出假设 H2 和假设 H3。

H2：人工智能技术能够通过提高信息披露质量改善企业盈余质量。

H3：人工智能技术能够通过提高运营效率改善企业盈余质量。

（三）融资约束的调节作用

融资约束对企业的研发创新和技术引进活动会产生抑制作用，进而影响企业的发展质量（任曙明、吕镯，2014）。因此，尽管人工智能的应用会对企业盈余质量产生积极的正向作用，但融资约束可能会限制企业在该方面的投入。一方面，在面临融资约束的情况下，企业如果没有足够的资金维护或升级人工智能系统，这种正向影响也会受到约束。另一方面，在面临融资约束时，为避免盲目投资，企业会加大对风险管理的重视程度，对于新技术引进的评估也会更加谨慎保守，引入人工智能技术的可能性也相应降低。以上分析表明，融资约束会抑制人工智能技术对企业盈余质量的正向作用。

基于以上分析，提出假设 H4。

H4：融资约束抑制了人工智能技术对企业盈余质量的正向作用。

三、研究设计

（一）样本选取与数据说明

本文选取 2013～2022 年我国沪深 A 股上市公司为研究样本，并对原始数据做如下处理：（1）剔除金融行业；（2）剔除 ST 类上市公司；（3）剔除主要变量缺失严重的公司；（4）对所有连续变量进行前后 1% 的缩尾处理。经过上述处理共得到 20646 个有效样本观测值。人工智能词频通过爬取企业年报获得，上市公司年报来自巨潮资讯网，其他数据来自国泰安数据库（CSMAR）。

（二）变量说明

1. 被解释变量

企业盈余质量，DD 模型，参考 Dechow and Dichev 模型进行计算，运用营运资本应计对滞后一期、本期和未来一期的经营活动现金流进行线性回归如公式（1）所示。

$$\frac{WCA_{i,t}}{A_{i,t-1}} = \beta_0 + \beta_1 \frac{CFO_{i,t-1}}{A_{i,t-1}} + \beta_2 \frac{CFO_{i,t}}{A_{i,t-1}} + \beta_3 \frac{CFO_{i,t+1}}{A_{i,t-1}} + \varepsilon_{i,t} \qquad (1)$$

公式（1）中，WCA 表示 Δ 营运资本变化，第 $t-1$ 年与第 t 年间的 Δ 应收账款 + Δ 存货 - Δ 应付账款 - Δ 应付税款 + Δ 其他流动资产；CFO 表示经营活动现金流净额；A_{t-1} 表示消除规模效应，用 $t-1$ 期表示期末总资产；it 表示回归残差，残差的绝对值越大，盈余管理空间越大，说明会计信息质量越低。

2. 解释变量

人工智能。借鉴吴非等（2021）的研究，本文基于文本分析法选用企业年报中人工智能技术相关关键词数量加 1 的自然对数作为企业人工智能的衡量指标。

3. 控制变量

借鉴已有研究，本文选取的控制变量包括董事会规模（Board）、资产收益率（ROA）、资产负债率（ROL）、账面市值比（BOM）和股权集中度（OC）。此外，本文控制了企业固定效应、年份固定效应和行业固定效应，具体变量定义如表 1 所示。

表 1 变量定义

变量类型	变量名称	变量符号	变量定义
被解释变量	企业盈余质量	CEQ	采用 DD 模型测算
解释变量	人工智能关键词频	lnAI	年报人工智能关键词数量加 1 取自然对数
控制变量	董事会规模	BOARD	董事会人数取自然对数
	资产收益率	ROA	净利润/资产总额
	资产负债率	ROL	负债合计/资产总计
	账面市值比	BOM	资产总额/市值
	股权集中度	OC	第一大股东持股比例

（三）模型设定

基于假设 H1，为检验人工智能对企业盈余质量的作用，本文构建基准模型如公式（2）所示：

$$CEQ_{i,t} = \alpha_0 + \alpha_1 lnAI_{i,t} + \alpha_2 Controls_{i,t} + firm_i + year_t + ind_t + \varepsilon_{i,t} \quad (2)$$

公式（2）中，CEQ 表示企业盈余质量，i 表示企业，t 表示年份，lnAI 表示人工智能，$Controls_{i,t}$ 表示控制变量，$firm_i$、$year_t$ 和 ind_t 分别表示企业固定效应、年份固定效应和行业固定效应，$\varepsilon_{i,t}$ 则表示误差项。

四、实证结果分析

（一）描述性统计分析

描述性统计结果如表 2 所示。上市公司盈余质量最大值为 0.4389，而最小值为 0.0010，显然，企业间盈余质量存在一定差异。人工智能技术的标准差达到了 0.7891，表明不同企业间的人工智能发展水平存在较大差异，人工智能技术均值仅为 0.4248，表明我国上市公司的人工智能发展形势并不乐观，仅有小部分企业的人工智能水平达到成熟状态。同时，与其他研究相比，其他控制变量的描述性统计分析均在合理范围之内。

表2　　　　　　　　　　　　变量描述性统计结果

变量	样本量	均值	标准差	最小值	最大值
CEQ	20648	0.0722	0.0798	0.0010	0.4389
lnAI	20648	0.4248	0.7891	0.0000	3.4965
ROA	20648	0.0398	0.0661	− 0.2546	0.2167
ROL	20648	0.41308	0.1959	0.0611	0.8784
Board	20646	2.10788	0.1938	1.6094	2.6391
BOM	20648	0.33468	0.1632	0.0000	0.7949
OC	20648	33.1456	14.3693	8.6457	72.5699

（二）基准回归结果分析

基准回归结果如表3所示。可以看出，不加入控制变量与固定效应前，人工智能（lnAI）的系数为 − 0.00443，加入控制变量和各类固定效应后人工智能系数为 − 0.00454，且均在 1% 的水平上显著。因此，无论是否添加控制变量与固定效应，人工智能（lnAI）的系数均在 1% 的水平上显著为负，由于企业盈余质量（CEQ）的衡量指标为负向指标，该回归结果表明，在控制其他条件的情况下，人工智能技术对企业盈余质量具有显著的正向影响，验证了本文假设 H1。

表3　　　　　　　　　　　　基准回归结果

变量	CEQ		
	（1）	（2）	（3）
lnAI	− 0.00443 *** （− 5.87）	− 0.00460 *** （− 3.71）	− 0.00454 *** （− 3.65）

变量	CEQ		
	（1）	（2）	（3）
_cons	0.0737 *** （102.77）	0.113 ** （2.19）	0.0993 * （1.86）
Controls	No	No	Yes
Firm/Year/Ind	No	Yes	Yes
N	20648	20646	20646
R²	0.0121	0.0724	0.0742

注：*** 、 ** 和 * 分别表示在1%、5%和10%的水平上显著。

（三）稳健性检验

1. 工具变量法

为了缓解潜在的内生性问题，确保研究结果的稳健性，本文采用了工具变量法。工具变量必须与内生解释变量存在显著的相关性，同时，它必须与误差项保持不相关性。在参考黄群慧等（2019）的研究基础上，我们初步选择了1984年各城市的邮电历史数据中的每百万人邮局数量作为人工智能技术的潜在工具变量。尽管这一历史数据与当前的人工智能技术直接相关性可能较弱，但它可以作为地区早期信息化水平或通信基础设施状况的一个间接指标。然而，由于这一变量在时间上保持不变，直接作为面板数据的工具变量并不合适。因此，我们进一步考虑了互联网用户数这一变量，它可能与当前的人工智能技术发展存在较强的相关性。互联网用户数的增长往往反映了信息技术基础设施的完善，而完善的基础设施则有利于人工智能技术的推广和应用。因此，本文参考赵涛等（2020）的处理方式，以上一年全国互联网用户数分别与1984年各城市每百万人邮局数量构造交互项，作为当期人工智能技术的工具变量。两阶段最小二乘估计方法（2SLS）的回归结果如表4所示，第一段回归结果显示，工具变量（IV）的回归系数在1%的水平上显著为负。同时，Anderson LM 和 Cragg – Donald Wald F 检验表明不存在工具变量识别不足问题和弱工具变量问题，即工具变量能够很好地解释内生变量。第二段回归结果显示，人工智能的回归系数显著为负，表明基准回归结果具有稳健性。

表 4 工具变量法

变量	（1）第一阶段	（2）第二阶段
	lnAI	CEQ
IV	− 0.0388 *** (4.56)	
lnAI		− 0.106 *** (− 2.58)
_cons	− 0.743 *** (− 4.46)	0.195 * (1.81)
Controls	Yes	Yes
Firm/Year/Ind	Yes	Yes
Anderson LM statistic	20.856 (0.00)	
Cragg – Donald Wald F statistic	20.771 (16.38)	

注：*** 和 * 分别表示在 1% 和 10% 的水平上显著。

2. 替换核心变量测度

变量测度偏误会对回归结果产生影响，因此，本文选择替换核心变量后重新进行回归。

（1）替换解释变量。企业年报中"管理层讨论与分析"部分描述了企业的大部分情况，故选择年报中 MD&A 部分中人工智能关键词的数量加 1 取自然对数作为解释变量的替换指标。此外，本文基于上市公司年报中是否涉及人工智能相关信息构建了一个虚拟变量（lnAI. dum），替换原解释变量重新回归。表 5 结果显示，替换指标后的系数均至少在 5% 的水平上显著为负。表明人工智能技术仍然显著提升了企业盈余质量。

（2）替换被解释变量。采用修正琼斯模型计算出盈余质量指标 DA，该指标同样为负向指标。参考修正的 Jones 模型（Dechow, 1995），如公式（3）所示。

$$\frac{WCA_{i,t}}{A_{i,t-1}} = \beta_0 + \beta_1 \frac{CFO_{i,t-1}}{A_{i,t-1}} + \beta_2 \frac{CFO_{i,t}}{A_{i,t-1}} + \beta_3 \frac{CFO_{i,t+1}}{A_{i,t-1}} + \varepsilon_{i,t} \qquad (3)$$

TA 表示总应计利润 = 营业利润 − 经营活动现金流净额；NDA 表示非操控性应计利润；DA 表示操控应计利润，绝对值越大，盈余管理空间越大，会计信息质量越低；ΔREVt 表示第 t 年营业收入变动额；ΔRECt 表示第 t 年应收账款变动额；PPEt 表示第 t 年固定资产净额；残差项；At‑1 表示消除规模效应，用第 t‑1 年期末总资产；公式（1）进行分行业分年度回归，得到回归系数代入公式（2）得到不可操控应计利润 NDA，然后在代入公式（3），得到修正的可操控应计利润 DA。回归结果表明，人工智能的系数仍显著为负。

3. 倾向得分匹配法

倾向得分匹配法（PSM）能够有效缓解样本自选择偏差问题。因此，我们根据年报中有无人工智能关键词将样本划分为实验组和对照组，以控制变量作为匹配的标准，使用 1∶1 无放回的近邻匹配方法进行匹配。平衡性检验结果表明，所有 t 检验的结果均不拒绝处理组和对照组无系统性差异的原假设，实验组企业和对照组企业在一系列可观测的特征指标上均未展现出显著的统计差异，可见匹配结果较为合理。对匹配后样本的检验结果如表 5 列（4）所示，人工智能的系数在 1% 的水平上显著为负，该结果说明，在缓解自选择偏差问题后，本文的研究结论依然稳健。

表5 　　　　　　　　　　　　稳健性检验

| 变量 | CEQ | | | | | |
| | 更换变量 | | | PSM 法 | 排除异常年份 | 滞后一期 |
	（1）更换解释变量（lnMDAI）	（2）更换解释变量（lnAI. dum）	（3）更换被解释变量	（4）PSM 后回归	（5）剔除 2020 年样本	（6）解释变量滞后一期（L. lnAI）
lnAI	−0.00304 ** （−2.21）	−0.00549 *** （−3.07）	−0.00133 * （−1.69）	−0.00500 *** （−3.24）	−0.00495 *** （−3.56）	−0.00379 *** （−2.79）
AI						
lnMDAI						
_cons	0.0994 * （1.86）	0.0986 * （1.85）	0.0674 ** （2.03）	0.123 ** （2.02）	0.0981 * （1.71）	0.0853 （1.56）
Controls	Yes	Yes	Yes	Yes	Yes	Yes
Firm/Year/Ind	Yes	Yes	Yes	Yes	Yes	Yes
N	20646	0.0739	20049	12224	17591	16621
R^2	0.0737	20646	0.0818	0.0830	0.0772	0.0721

注：*** 、** 和 * 分别表示在 1% 、5% 和 10% 的水平上显著。

4. 排除异常年份样本

异常事件通常会对社会经济和企业运营产生一定影响，导致相关数据的异常波动。为确保研究的准确性和可靠性，本文在数据处理中采取了排除异常年份样本的策略。2020 年新冠疫情的全球性冲击对社会经济结构产生了深远影响，本文选择排除 2020 年的样本数据，并在此基础上重新进行回归分析，以消除这一特殊年份对研究结果可能产生的干扰。回归结果如表 5 列（5）所示，该结果表明，在排除异常年份样本的影响后，人工智能的系数仍然显著为正。

5. 控制反向因果关系

解释变量与被解释变量互为因果也是本文可能存在内生性的来源。因此，本文选取企业人工智能滞后一期项（L. lnAI）替换解释变量并重新回归。回归结果显示，解释变量滞后一期项的系数显著为负，表明人工智能仍然能够提高企业盈余质量。

（四）异质性分析

1. 企业异质性

企业产权异质性：国有与非国有企业在人工智能技术发展水平上可能不同，导致其对企业盈余质量的影响程度各异。国有企业因政策支持与经营保护，多依赖政府资源；非国有企业则更多依赖独立创新和自主性，在先进技术突破上更具优势，对人工智能技术的依赖性和应用空间更大。因此，本文依据企业产权性质将样本划分为国有企业和非国有企业。两类样本的回归结果如表 6 列（1）和列（2）所示，非国有企业人工智能的系数为 -0.00442，且在 1% 的水平上显著，而国有企业人工智能的系数并不显著。这表明，相较于国有企业，人工智能在非国有企业中对盈余质量的正向作用更为显著。

企业创新水平：人工智能作为新兴技术，其应用程度与企业创新水平息息相关，对于创新水平低的企业而言，该技术的引入与应用具有一定的挑战和风险。而创新能力强的企业，对新技术引进的适应性更强，能够迅速适应新技术带来的变化，并具有能力灵活地将其应用至各个环节。本文依据企业技术人员占比是否为零，将样本划分为高创新水平企业和低创新水平企业进行分组回归。回归结果如表 6 列（3）和列（4）所示，低创新水平企业人工智能的系数为 0.00676，而高创新水平企业人工智能的系数为 -0.00451，且在 1% 的水平上显著。这表明创新水平高的企业人工智能的应用能力更强，其对盈余质量的正向作用也更为明显。

企业规模：企业规模差异导致行为和特征多样性，政策与环境对不同规模企业的影响亦异。相较大规模企业，小规模企业展现更高灵活性与适应性，技术革新时具备低成本优势与快速响应能力。同时，人才与资源短缺是小规模企业的挑战，人工智能技术的应用可弥补其不足，促进跨越式发展。政府积极支持中小规模企业转型升级，鼓励其向专业化、精细化、特色化、新颖化方向发展。因此，本文依据资产总额中位数将样本划分为小规模企业和大规模企业，研究人工智能技术在不同规模企业中的异质性表现。回归结果如表 6 列（5）和列（6）所示，小规模企业人工智能系数为 -0.00582，且在 1% 的水平上显著，而大规模企业人工智能的系数并不显著。显然，由于小规模企业自身独有的特性，这种推动作用对小规模企业的影响更为明显。

表6 企业异质性检验

变量	非国有企业	国有企业	创新企业	非创新企业	小规模企业	大规模企业
	(1)	(2)	(3)	(4)	(5)	(6)
lnAI	-0.00442*** (-2.94)	-0.00242 (-1.02)	-0.00451*** (-3.02)	0.00676 (0.62)	-0.00582*** (-3.24)	-0.00185 (-1.00)
_cons	0.105* (1.87)	0.101*** (2.75)	0.0528 (0.90)	0.0954 (0.98)	0.126** (2.09)	0.0816** (2.18)
Controls	Yes	Yes	Yes	Yes	Yes	Yes
Firm/Year/Ind	Yes	Yes	Yes	Yes	Yes	Yes
N	14297	6439	14779	5737	12123	8523
R^2	0.0844	0.0653	0.0789	0.0813	0.0725	0.0887

注：***、** 和 * 分别表示在 1%、5% 和 10% 的水平上显著。

2. 地区和行业异质性

地区间经济发展水平、产业策略及资源环境存在异质性。东中部地区因发展较早，新型基础设施完善，技术敏感性和创新转化能力强，为企业提供有利环境；而西部地区发展滞后，技术与人才储备不足，面临新兴技术时可能遭遇挑战。因此,本文对东中部和西部地区的企业进行异质性检验。回归结果如表7列(1)和列(2)所示,该结果表明,东中部地区企业人工智能技术的系数在1%的水平上显著为负,而西部地区企业的盈余质量未受到人工智能技术的明显影响。

学术领域中,环境规制对企业发展的影响并未形成统一定论。一方面,部分学者指出,环境规制对企业技术创新和生产效率等不存在明显作用或存在负面作用。例如基于150家工厂数据,有学者研究了污染治理支出对生产率的影响,研究结果表明,减排支出对生产的贡献很小甚至没有贡献(Shadbegian & Gray,2004)。还有学者基于企业层面的研究发现环境规制显著降低了企业生产率(Rassier & Earnhart,2010)。另一方面,也有研究发现环境规制可能通过倒逼企业创新等方式推动企业发展(李虹、邹庆,2018;余泳泽等,2020)。张倩、姚平(2018)进一步指出,通过合理调控环境规制政策的严厉程度,不仅能够在一定程度上抑制企业的污染行为,还能为企业创造出一个更为公平、竞争激烈的市场环境,从而促使企业加大研发投入,寻求技术突破,实现创新能力的提升。因此,本文基于地区环境规制水平的三分位数将样本划分为三个区间,探索不同环境规制水平下人工智能对企业盈余质量的影响。回归结果如表7列(3)~列(5)所示,可以看出在环境规制适中的地区,人工智能技术对企业盈余质量的正向作用发挥了最好的效果。此结论表明,适度的环境规制有利于人工智能的发展与应用,而环境规制过高或过低都会限制人工智能积极作用的发挥。

制造业是人工智能技术应用的重点领域。通过自动化、智能化的设备和系统,人工智能技术能够显著提高制造业企业的生产效率和物流效率,减少生产成本。与制造业相比,非制造业中的很多业务活动并不直接涉及大规模、重复性的生产过程。因此,人工智能技术的应用范围相对较窄,难以像制造业那样显著地提高生产效率和优化供应链管理。因此,为探索人工智能对企业盈余质量正向作用在制造业与非制造业中的差异,本文选择对制造业和非制造业企业进行分组回归。具体结果如表7列(6)和列(7)所示,制造业企业人工智能的系数在1%的水平上显著为负,非制造业企业人工智能的系数并不显著。这表明,人工智能在制造业企业中更能发挥对盈余质量的正向作用。

表7   地区和行业异质性检验

变量	东中部地区	西部地区	高环境规制地区	中环境规制地区	低环境规制	制造业	非制造业
	（1）	（2）	（3）	（4）	（5）	（6）	（7）
lnAI	−0.00494 *** （−3.79）	−0.000930 （−0.22）	−0.00503 ** （−2.05）	−0.00757 *** （−3.13）	0.00164 （0.59）	−0.00559 *** （−3.60）	−0.00253 （−1.22）
_cons	0.0776 （1.39）	0.0956 （1.54）	0.00847 （0.11）	0.0889 * （1.76）	0.0529 （1.03）	0.0280 （0.60）	0.173 ** （2.48）
Controls	Yes	Yes	Yes	Yes	Yes	Yes	Yes
Firm/Year/Ind	Yes	Yes	Yes	Yes	Yes	Yes	Yes
N	18079	2567	7062	7647	5937	14214	6432
R^2	0.0771	0.0750	0.0828	0.1017	0.0691	0.0834	0.0965

注：***、** 和 * 分别表示在1%、5%和10%的水平上显著。

五、进一步分析

（一）作用机制分析

根据上文分析可知，信息披露质量和运营效率是人工智能提高企业盈余质量的重要机制，因此，为检验人工智能对企业盈余质量的影响以及信息披露质量和运营效率的中介效应，借鉴温忠麟等（2014）的研究，构建中介效应模型如模型（1）~模型（4）所示：

$$\text{Dis\_Score}_{i,t} = \beta_0 + \beta_1 \text{lnAI}_{i,t} + \beta_2 \text{Controls}_{i,t} + \text{firm}_i + \text{year}_t + \text{ind}_t + \varepsilon_{i,t} \quad (1)$$

$$\text{CEQ}_{i,t} = \gamma_0 + \gamma_1 \text{lnAI}_{i,t} + \gamma_2 \text{Dis\_Score}_{i,t} + \gamma_3 \text{Controls}_{i,t} + \text{firm}_i + \text{year}_t + \text{ind}_t + \varepsilon_{i,t}$$
$$(2)$$

$$\text{CAT}_{i,t} = \beta_0 + \beta_1 \text{lnAI}_{i,t} + \beta_2 \text{Controls}_{i,t} + \text{firm}_i + \text{year}_t + \text{ind}_t + \varepsilon_{i,t} \quad (3)$$

$$\text{CEQ}_{i,t} = \gamma_0 + \gamma_1 \text{lnAI}_{i,t} + \gamma_2 \text{CAT}_{i,t} + \gamma_3 \text{Controls}_{i,t} + \text{firm}_i + \text{year}_t + \text{ind}_t + \varepsilon_{i,t} \quad (4)$$

其中，Dis_Score 表示信息披露质量，CAT 表示运营效率。

1. 信息披露质量的中介作用

借鉴肖土盛等的研究，运用 CSMAR 数据库中的企业信息披露考评结果作为衡量企业信息披露质量的指标。该指标采用四级评分制，即 1 代表优秀，2代表良好，3代表合格，4代表不合格。在此评分体系中，较低的指标值意味着较高的企业信息披露质量，进而反映了企业信息不对称程度的降低。该指标为负向指标。基于此，本文通过模型（1）和模型（2）进一步检验信息披露质量在人工智能对企业盈余质量影响中的中介作用。回归结果如表8列（1）和列（2）所示，列（1）中人工智能的系数为−0.0140，列（2）中信息披露质量（Dis_Score）的系数为0.00230，且均在10%的水平上显著，这表明信息披露质量在人工智能与企业盈余质量的关系中发挥了中介作用，即人工智能技术通过提高企业信息披露质量进而促进了盈余质量的提升。本文假设H2得到验证。

2. 运营效率的中介作用

本文选用流动资产周转率作为衡量企业运营效率的指标，基于模型（3）和模型（4）进一步检验运营效率在人工智能对企业盈余质量影响中的中介作用。回归结果如表8列（3）和列（4）所示，列（3）中人工智能的系数为0.0115，列（4）中运营效率（CAT）的系数为−0.00827，且分别在5%和1%的水平上显著，这表明企业运营效率在人工智能与企业盈余质量的关系中发挥了中介作用，即人工智能技术通过提高企业运营效率进而促进了盈余质量的提升。本文假设H3得到验证。

表8   进一步检验结果

变量	Dis_Score	CEQ	CAT	CEQ	CEQ
	（1）	（2）	（3）	（4）	（5）
lnAI	− 0.0140 * （− 1.85）	− 0.00451 *** （− 3.63）	0.0115 ** （1.96）	− 0.00444 *** （− 3.58）	− 0.00439 *** （− 3.51）
Dis_Score		0.00230 * （1.82）			
CAT				− 0.00827 *** （− 5.09）	
KZ					− 0.00297 *** （− 5.26）
lnAI × KZ					0.00106 ** （2.19）

续表

变量	Dis_Score	CEQ	CAT	CEQ	CEQ
	（1）	（2）	（3）	（4）	（5）
_cons	2.510 ***	0.0935 *	1.998 ***	0.116 **	0.280 ***
	（7.74）	（1.75）	（7.93）	（2.17）	（4.13）
Controls	Yes	Yes	Yes	Yes	Yes
Firm/Year/Ind	Yes	Yes	Yes	Yes	Yes
N	20646	20646	20646	20646	20308
R^2	0.0676	0.0743	0.1012	0.0756	0.0780

注：*** 、** 和 * 分别表示在1%、5%和10%的水平上显著。

（二）融资约束的调节作用分析

为检验融资约束在人工智能与企业盈余质量之间的调节效应，在模型（1）的基础上加入调节变量和人工智能与融资约束的交乘项构建模型（5）：

$$HQD_{i,t} = \delta_0 + \delta_1 \ln AI_{i,t} + \delta_2 KZ_{i,t} + \delta_3 \ln AI_{i,t} \times KZ_{i,t} + \delta_4 Controls_{i,t}$$
$$+ firm_i + year_t + ind_t + \varepsilon_{i,t} \tag{5}$$

其中，KZ 表示融资约束。

融资约束意味着企业在获取外部资金时面临一定的困难或限制，而人工智能技术的研发和应用往往需要大量的资金投入，对于融资约束较高的企业来说，这可能会限制其对该技术的投入，进而影响人工智能作用的发挥。本文采用 KZ 指数衡量企业面临的融资约束程度，基于模型（5）研究融资约束程度在人工智能与企业盈余质量之间的调节作用。回归结果如表8列（5）所示，人工智能与融资约束交乘项（lnAI × KZ）的系数为0.00106，且在5%的水平上显著，融资约束在人工智能与企业盈余质量的关系中起到负向调节作用。这表明，随着企业面临融资约束程度的加重，人工智能对企业盈余质量的正向作用会逐渐减弱，本文假设 H4 得到验证。

六、结论与建议

在数字经济背景下，人工智能已经成为推动企业发展的重要引擎。企业盈余质量是衡量企业财务状况和经营成果的重要指标，对于信息透明度、价值评估、风险管理、市场信任以及监管合规等方面都具有至关重要的影响。本文以 2013~2022 年沪深 A 股上市公司为样本，对人工智能如何影响企业盈余质量进行实证研究与分析。研究结果表明，人工智能技术能够对企业盈余质量产生积极影响，而信息披露质量和运营效率是人工智能影响企业盈余质量的两条中介路径。上述结论表明，一方面，人工智能技术能够帮助企业决策者识别高价值信息，并提供智能决策辅助，提高决策准确性和有效性；另一方面，人工智能技术与企业生产、销售等环节相融合能够极大提升企业的运营效率，进而通过这两个方面促进企业盈余质量的提升。同时，调节效应检验结果表明，融资约束在人工智能对企业盈余质量的影响中起到负向调节作用。异质性分析发现，在非国有企业、高创新水平企业和小规模企业中，人工智能对企业盈余质量的提升效果更强，人工智能对东中部地区、适度环境规制地区和制造行业的企业盈余质量的提升效果更为显著。基于上述结论，本文提出以下建议：

（1）对政府而言，应继续加大对人工智能技术的研发投入，推动人工智能技术的创新和应用，特别是在制造业、服务业等关键领域，以提升企业整体的运营效率。同时，进一步优化融资环境，降低企业融资成本，扩大融资渠道，为企业提供更多稳定的资金来源，以便企业能够更好地利用人工智能技术提升盈余质量。

（2）对企业而言，应积极引入和应用人工智能技术，将其与生产、销售等环节相融合，并加强对员工的技术培训，培养一支具备人工智能技术应用能力的人才队伍，提升企业的运营效率，进而提升盈余质量。也应注重信息披露的质量，确保财务信息的准确、完整和及时，提高信息透明度，增强投资者和其他利益相关者的信心。同时，积极优化融资结构，降低融资成本，扩大融资渠道，以便更好地利用人工智能技术提升盈余质量。

参 考 文 献

［1］陈楠，蔡跃洲．人工智能、承接能力与中国经济增长——新"索洛悖论"和基于 AI 专利的实证分析［J］．经济学动态，2022（11）．

［2］谭泓，张丽华．人工智能促进人力资本流动与提升［J］．科学学研究，2021（5）．

［3］姚加权，张锟澎，郭李鹏，等．人工智能如何提升企业生产效

率？——基于劳动力技能结构调整的视角 [J]. 管理世界，2024（2）.

[4] 李增福，骆展聪，杜玲，等. "信息机制" 还是 "成本机制" ？——大数据税收征管何以提高了企业盈余质量 [J]. 会计研究，2021（7）：56-68.

[5] 陈彦斌，林晨，陈小亮. 人工智能、老龄化与经济增长 [J]. 经济研究，2019（7）.

[6] 徐鹏，徐向艺. 人工智能时代企业管理变革的逻辑与分析框架 [J]. 管理世界，2020（1）.

[7] 周智博. ChatGPT 模型引入我国数字政府建设：功能、风险及其规制 [J]. 山东大学学报（哲学社会科学版），2023（3）：144-154.

[8] 刘艳霞. 数字经济赋能企业高质量发展——基于企业全要素生产率的经验证据 [J]. 改革，2022（9）：35-53.

[9] 任曙明，吕镯. 融资约束、政府补贴与全要素生产率——来自中国装备制造企业的实证研究 [J]. 管理世界，2014（11）.

[10] 吴非，胡慧芝，林慧妍，等. 企业数字化转型与资本市场表现——来自股票流动性的经验证据 [J]. 管理世界，2021（7）.

[11] 温忠麟，叶宝娟. 中介效应分析：方法和模型发展 [J]. 心理科学进展，2014，22（5）：731-745.

[12] 黄群慧，余泳泽，张松林. 互联网发展与制造业生产效率提升：内在机制与中国经验 [J]. 中国工业经济，2019（8）.

[13] 赵涛，张智，梁上坤. 数字经济、创业活跃度与高质量发展——来自中国城市的经验证据 [J]. 管理世界，2020（10）.

[14] Shadbegian, R. J., Gray. W. B. Pollution abatement expenditures and plant-level productivity: A production function approach [J]. Ecological Economics, 2004, Vol. 54, No. 2.

[15] Rassier, D. G., Earnhart, D. Does the Porter Hypothesis Explain Expected Future Financial Performance? The Effect of Clean Water Regulation on Chemical Manufacturing Firms [J]. Environmental and Resource Economics, 2010, Vol. 45, No. 3.

[16] 李虹，邹庆. 环境规制、资源禀赋与城市产业转型研究——基于资源型城市与非资源型城市的对比分析 [J]. 经济研究，2018（11）.

[17] 余泳泽，孙鹏博，宣烨. 地方政府环境目标约束是否影响了产业

转型升级？[J]. 经济研究，2020（8）.

　　[18] 张倩，姚平. 波特假说框架下环境规制对企业技术创新路径及动态演化的影响 [J]. 工业技术经济，2018（8）.

　　[19] 肖土盛，吴雨珊，亓文韬. 数字化的翅膀能否助力企业高质量发展——来自企业创新的经验证据 [J]. 经济管理，2022，44（5）：41-62.

生成式 AI 平台大学生用户
评价指标体系构建研究

于　力　汤雯琛　高为恒[*]

摘　要： 作为人工智能发展的前沿成果，生成式 AI 平台凭借高效率且个性化的文本生成、出色的认知和交互能力，被大学生广泛应用于信息检索、内容生成和学术研究中。构建评价指标体系有助于生成式 AI 平台明确大学生用户的期望和需求，优化产品和服务，提高用户满意度和持续使用意愿。本文基于 WebQual 4.0 模型和 D&M 模型构建了涵盖可用性、交互质量、信息质量以及系统质量 4 个一级指标、16 个二级指标的生成式 AI 平台大学生用户评价指标体系，并借助问卷调查法验证可行性，最后以"文心一言"平台为例，采用 AHP - 熵权法开展实证研究。生成式 AI 平台的信息质量对大学生用户评价具有重要影响。生成式 AI 平台的可用性与大学生用户评价密切关联。生成式 AI 平台的系统质量和交互质量能进一步提升大学生用户评价。"文心一言"平台在多模态生成、准确性、及时性和安全性等方面评分较低，需进一步改善。

关键词： 生成式 AI 平台　评价指标体系　AHP - 熵权法

一、引言

生成式 AI 平台利用神经网络、生成扩散及大型预训练模型等人工智能

---

　* 于力，负责总体设计、论文修改与定稿；汤雯琛，负责数据收集与分析、初稿撰写；高为恒，负责数据收集与分析。

技术，通过自然语言会话界面的提示，分析数据规律，并自动生成相关内容[1]。近日，《中国青年报·中青校媒》对全国高校学生进行调查，共收集7055 份生成式 AI 平台使用的有效问卷。调查结果显示，84.88% 的受访者曾使用过生成式 AI 平台，其中 16.30% 经常使用，57.49% 则偶尔使用[2]。生成式 AI 平台作为人工智能发展的前沿成果，具有高效率且个性化的文本生成、出色的认知和交互能力，不仅被大学生用于信息检索、内容生成和学术研究[3]，也引起了学术界的广泛关注。

从现有研究成果来看，学者对生成式 AI 平台大学生用户方面主要进行了以下研究：

（1）关于大学生用户使用生成式 AI 平台面临的隐私和法律问题的相关研究。由于目前生成式 AI 平台在存储和处理用户互动信息时仍存在数据"黑箱"现象，这引起了大学生用户对个人隐私、数据安全和伦理问题的担忧[4]。此外，李志锴等指出，在使用生成式 AI 平台帮助文献阅读、扩展写作思路及润色语言时，大学生用户面临着知识产权、信息安全和学术作假等法律风险[5]。

（2）关于生成式 AI 赋能大学生能力的相关研究。大学生面向可持续发展的学习，不仅需要具备扎实的专业知识、经验和技能，还需具备高阶认知和创新思维。在生成式 AI 平台的影响下，大学生的复杂认知正从简单线性和低阶状态发展至复杂网络和高阶状态[6]。通过生成式 AI 平台，大学生能获取多样的知识概念并提高发散性与系统性思维，从而培养自身的科研能力[7]。此外，大学生还可以借助生成式 AI 平台强大的文本、图像等内容分析和生成技术解决重复性问题，专注于创造性活动，从而提升创新创造和问题解决能力[8]。

（3）关于大学生用户对生成式 AI 平台的行为研究。周涛等基于推—拉—锚理论研究用户从搜索引擎转向生成式 AI 平台，发现这一转移意向主要受信息质量、感知交互性及感知价值等因素影响[9]。毛太田等基于扎根理论，结合解释结构模型表明用户对生成式 AI 平台的采纳意愿受信息质量、技术本土化、个性化服务等多种因素的影响[10]。此外，多位学者基于 UTAUT2模型和 TTF 理论[11]，借助扎根理论[12]、结构方程模型和 fsQCA 方法[13]探讨用户对生成式 AI 平台的使用意愿。

综上所述，现有研究主要围绕大学生用户对生成式 AI 平台的法律问题、能力提升、信息需求和使用意愿等方面开展。随着 ChatGPT 的推出，国内外的生成式 AI 平台迅速增多，在生成式 AI 平台的市场和生态逐渐繁荣的同时，不可避免地导致生成式 AI 平台竞争越发激烈，且国内生成式 AI 平台的用户使用意愿与国外相比仍存在较大差距（见表1）。而大学生作为生成式 AI 平台的主要用户群[14]，构建其评价指标体系不仅能丰富生成式 AI 研究领域的理论视角和框架；而且有助于生成式 AI 平台明确大学生用户的期望和需求，进一步优化产品和服务，提高用户满意度和持续使用意愿。

表1　　　　　　　　　　**国内外生成式 AI 平台5月访问量**

国内生成式 AI 平台	月访问量 （M：百万次）	国外生成式 AI 平台	月访问量 （M：百万次）
百度文库 AI 功能	65.36M	ChatGPT	2580M
360AI 搜索	50.98M	New Bing	1440M
Kimi（月之暗面）	23.03M	Canva Text to Image	666.03M
百度文心一言	17.93M	Gemini	432.18M
天工 AI（昆仑万维）	17.21M	Character AI	318.01M
秘塔 AI 搜索	14.58M	Deepl	289.57M
阿里通义千问	8.14M	Notion AI	170.45M
抖音豆包	5.35M	Q – Chat	123.67M
Aippt.cn	4.87M	Shop	109.56M
清华智谱清言	4.13M	Jambot	95.38M

二、评价指标构建

WebQual 4.0 模型相较于原 WebQual 模型更注重用户的体验，主要包括可用性，交互质量和信息质量3个主要维度[15]。WebQual 4.0 模型在适用性提高的同时，常被用于评估网站信息服务质量，费尔多斯等（Firdaus et al.）基于 WebQual 4.0 模型研究大学网站的信息服务质量时发现可用性、信息质量和服务交互质量显著影响用户评价，其中可用性相较于其他变量更为重要[16]；王琳等从公众感知的角度，借助 WebQual 4.0 等模型从感知数据质量、数据易用性和互动反馈等方面构建了政府数据开放平台的信息服务质量评价体系[17]。D&M 模型基于因果关系阐释信息系统的成功实施过程，主要从系统质量、信息质量、服务质量3个角度对信息系统进行评价[18]。D&M 模型提供了评估信息服务系统的有效方法。徐军华等应用该模型构建了儿童数学阅读App 的评价指标体系，覆盖系统性能、内容资源和交互机制等方面[19]。

　　生成式 AI 平台通常依托于大型语言模型生成文本、图片和视频等多模态信息服务。本文结合这些平台的特点，并引入 WebQual 4.0 和 D&M 模型，以构建适合大学生用户的评价指标体系。采用多层次多维度建模思路，将生成式 AI 平台大学生用户评价体系分为 3 层，分别是目标层（生成式 AI 平台大学生用户评价）、准则层（生成式 AI 平台大学生用户评价体系的二级指标：可用性、交互质量、信息质量和系统质量）和维度层（生成式 AI 平台大学生用户评价体系的三级指标：易用性、技术本土化、多模态生成等 16 项评价指标）如图 1 所示。

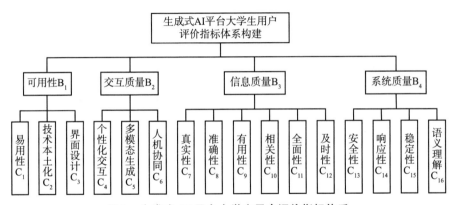

图 1　生成式 AI 平台大学生用户评价指标体系

评价指标的解释如下所示。

1. 可用性

可用性是指平台能够按预期有效地被使用，以便用户可以顺利完成特定的任务或获取所需的信息。程慧平等在研究在线教育网站用户满意度时，选择易浏览性、易用性和界面设计等作为可用性的二级指标[20]。基于此，结合生成式 AI 平台的特点，本文的可用性具体表现如下：（1）易用性，即大学生用户能有效率地使用生成式 AI 平台完成任务。赵静等的研究表明，生成式 AI 平台的感知易用性显著影响研究生写作或研究的质量和效率[11]。（2）技术本土化，即生成式 AI 平台与本土文化的融合的程度。技术本土化是影响用户采纳和持续使用的关键因素，其生成的信息适应当地语言、文化和法律环境，将影响大学生用户体验[12]。（3）界面设计，即生成式 AI 平台提供的前端窗口设计。简洁有序、符合日常使用习惯的界面设计将提高大学生用户的体验感，增强大学生用户与生成式 AI 平台的交互[21]。

2. 交互质量

交互质量是指大学生用户与生成式 AI 平台在交互过程中的效果和满意度。生成式 AI 平台和传统搜索引擎相比较，大学生用户可以在平台提供答案的基础上进一步命令优化结果，这种连续性的人机交互提高了信息质量，并降低了信息检索难度[9]。基于此，结合生成式 AI 平台的特点，本文的交互质量具体表现如下：（1）个性化交互，即生成式 AI 平台针对不同大学生用户的学科背景、语言习惯、信息需求等方面进行个性化定制。生成式 AI 平台通过收集并分析用户信息、历史浏览数据和反馈信息，设计基于个性化交互的生成功能，将提升大学生用户的体验和评价[10]。（2）多模态生成，即生成式 AI 平台可以同时接收、创建和整合多种类型的数据（如文本、图像、声音等）。生成式 AI 平台在多模态生成上展现出了突出能力，目前 GPT-4 能够实现图像和文字交互生成，文心一言可以输入文字，输出相关图像、音频和视频[22]。生成式 AI 平台的多模态生成这一相对优势不仅提高了处理、获得信息的效率和质量，而且影响了大学生用户对交互质量的评价。（3）人机协同，即大学生用户与生成式 AI 平台在决策、任务执行或问题解决中的有效合作和互动程度。生成式 AI 平台主要通过提升能力、激发创意和协同共创等方式赋能用户解决相关问题[23]。目前大学生用户开始逐步借助生成式 AI 平台进行信息检索、内容创作，提高决策和问题解决效率，扩大自身发展空间。

3. 信息质量

信息质量是指大学生用户对生成式 AI 平台提供信息内容的内在价值、有用程度等方面的主观感知。王芳等在构建政务智能问答系统评价指标体系时将信息准确性、信息完整性、信息时效性、信息有用性等作为二级指标[24]。在构建人工智能生成数字教育资源适应性的评价指标体系时，罗江华等将真实性、准确性、完整性、时效性等作为内容质量可信度的二级指标[25]。基于此，结合生成式 AI 平台的特点，本文的信息质量具体表现如下：（1）真实性，即生成式 AI 平台提供信息的真实程度。（2）准确性，即生成式 AI 平台提供信息的准确程度。（3）有用性，生成式 AI 平台提供的信息对大学生用户的帮助程度。（4）相关性，即生成式 AI 平台提供的信息与大学生用户所提问题的相关程度。（5）全面性，即生成式 AI 平台提供的信息是否涵盖了相关领域的所有方面。（6）及时性，即生成式 AI 平台提供信息的时效程度。通常信息本身和信息来源共同作用影响大学生用户对生成式 AI 平台信息质量的感知。在大学生用户使用生成式 AI 平台时，如果提供的信息具有清晰的引用来源、信息高匹配解答用户提示、可用性高且覆盖领域范围广、信息易于理解且新颖，用户将更倾向于使用和采纳生成式 AI 平台所提供的信息[10]。

4. 系统质量

系统质量是指生成式 AI 平台的系统性能建设情况。系统质量是影响生成式 AI 平台大学生用户评价的重要因素，也是 WebQual 4.0 和 D&M 两个模型中的重要指标[5]。现有研究多将系统质量作为一级指标，安全性、稳定性、响应性[19]、兼容性[20]等特征作为系统质量的二级指标构建信息系统的评价指标体系。基于此，结合生成式 AI 平台的特点，本文的系统质量具体表现如下：（1）安全性，即生成式 AI 平台对大学生用户信息隐私、输出信息伦理道德等方面的保证程度。生成式 AI 平台在带来各种革命性技术进步的同时，其自身的安全和隐私问题也引起了用户和学术界的关注[26]。研究发现，生成式 AI 平台通过增强模型的可信度和透明度、保护用户数据和隐私、遵守法律法规，将在很大程度上影响大学生用户的感知体验和评价[27]。（2）响应性，即生成式 AI 平台接收、处理信息的响应速度。生成式 AI 平台相较于传统的信息检索平台，可以在语义理解的基础上对大学生用户的请求进行快速响应，具有及时、流畅、回复内容高相关且不受限制等优点[21]。（3）稳定性，即大学生用户在使用生成式 AI 平台时，可以稳定运行，不会出现无法登录、闪退、无法输入和输出信息等现象。目前生成式 AI 平台广泛融入日常生活中，大学生用户的感知评价在一定程度上受生成式 AI 平台是否保持针对各种输入鲁棒性的影响[27]。（4）语义理解，即生成式 AI 平台根据语境准确理解大学生用户的自然语言请求，并输出文本、图片、音频和视频等信息。生成式 AI 平台主要以用户的输入为前提，通过自然语言理解与用户对话，并考虑上下文信息、语义理解生成用户所需内容[28]。生成式 AI 平台对大学生用户输入信息的语义理解程度是其生成高质量信息内容的前提所在。

三、实证研究

（一）数据的收集与处理

本文的调查问卷主要包括三个部分：（1）评价指标合理性调查。（2）评价指标重要性调查。（3）"文心一言"大学生用户评价调查。此外，在调查问卷第一部分前设置了："请问您是否使用过生成式 AI 平台？"；在第三部分前设置了："请问您是否使用过文心一言平台？"两个筛选问题。

本文以使用过生成式 AI 平台的大学生用户作为研究对象，通过线下线上发放问卷，共收到 240 份问卷。剔除了填写时间跨度过大、前后答案矛盾的问卷后，最终得到了 221 份有效问卷，有效回收率为 92.1%，

（二）描述性统计结果

样本描述统计显示（见表 2），在性别方面，男女占比相近，样本分布合理。大学生包括专科生、本科生、研究生（硕士和博士），各个在读人群均有涉及，且与年龄分布较为匹配，样本具有较好的代表性。

表 2　　　　　　　　　　　　描述性统计结果

统计项目		数量
性别	男	115
	女	106
年龄	18 岁以下	1
	18～25 岁	185
	26～30 岁	24
	31～40 岁	7
	41～50 岁	4
目前在读	大学专科	18
	大学本科	148
	研究生	47
	博士	8

（三）信、效度检验

本文采用 SPSS 24.0 对问卷数据的信效度进行检验。由表 3 显示，评价指标合理性调查、评价指标重要性调查和"文心一言"大学生用户评价调查的 Cronbach's α 分别为 0.897、0.943 和 0.898，均大于 0.8，表明本次研究具有很高的可靠性。此外，本次调研的 KMO 值为 0.925，显著性水平小于

0.05（见表4），通过了有效性测试。

表3   信度检验

问卷部分	Cronbach's α
评价指标合理性调查	0.897
评价指标重要性调查	0.943
"文心一言"大学生用户评价调查	0.898

表4   效度检验

KMO 值		0.925
巴特利特球形检验	χ^2	6050.272
	df	1128
	Sig.	0.000

（四）评价指标体系合理性检验

本文参考陈等的研究成果[29]，根据16个二级指标设计李克特五级量表，让大学生用户就这些指标对评价生成式AI平台的合理程度进行选择，从而检验评价指标是否具有合理性。每一项二级指标的平均得分越高，说明大学生用户认为其越合理。由表5可知，各个指标的平均得分均大于3分，说明这些指标对大学生用户评价生成式AI平台具有正向影响[30]。

表5   评价指标体系合理性检验

二级指标	重要性得分	二级指标	重要性得分
易用性	3.96	有用性	4.18
技术本土化	4.01	相关性	4.05
界面设计	4.06	全面性	4.02
个性化交互	3.98	及时性	3.90
多模态生成	4.05	安全性	3.81
人机交互	3.97	响应性	3.99
真实性	3.90	稳定性	3.91
准确性	3.91	语义理解	4.08

（五）评价指标权重确定

因使用单一方法存在研究误差，本文选择采用 AHP – 熵权法（主观与客观相结合）的赋权方法确定各评价指标的权重。

1. AHP 确定权重

（1）确定因素集并建立层次结构。本文根据上文构建的生成式 AI 平台大学生用户评价指标体系（见图 1），建立一级指标因素集 $X = \{B_1, B_2, B_3, B_4\}$，二级指标因素集分别为 $B_1 = \{C_1, C_2, C_3, C_4\} \cdots B_4 = \{C_{13}, C_{14}, C_{15}, C_{16}\}$。

（2）专家评分，构建判断矩阵。本文邀请了 12 位相关领域的高校教师、长期使用生成式 AI 平台的研究生和博士用户按照 Satty1 ~ 9 标度法（见表 6）基于（1）中的各级指标因素集进行评分，构建判断矩阵 $A = [x_{ij}]$（以专家一为例，见表 7），其中 $i = 1, 2, \cdots, n$；$j = 1, 2, \cdots, n$。

表 6　　　　　　　　　　　**Satty1 ~ 9 标度法**

数字标度（B_1：B_2）	含义
1	同样重要
3	稍微重要
5	明显重要
7	强烈重要
9	极端重要
1/3	稍微不重要
1/5	明显不重要
1/7	强烈不重要
1/9	极端不重要
2、4、6、8、1/2、1/4、1/6、1/8	上述判断之间的中间状态对应标度

（3）计算权重并进行一致性检验。①本文采用方根法计算权重，根据公式 $S_i = \sqrt[m]{x_{i1} x_{i2} \cdots x_{im}}$ 和 $w_i = \dfrac{S_i}{\sum\limits_{i=1}^{m} S_i}$ 计算归一化向量 S_i 和对应的权重 w_i。②根据公式 $\lambda_{max} = \dfrac{1}{n} \cdot \sum\limits_{i=1}^{m} \dfrac{(AS)_i}{w_i}$ 计算最大特征根。③根据公式 $CI = \dfrac{\lambda_{max} - n}{n - 1}$ 和 $CR = \dfrac{CI}{RI}$ 计算一致性指标 CR，其中 RI 是平均随机一致性指数。本文以专家一的数据

为例，计算 B_1、B_2、B_3、B_4 的权重和 CR 值。由表 7 可得，其 CR 值为 0.071（<0.01），通过一致性检验。同理，本文对所有专家的评分数据计算权重和一致性检验。根据图 2 可得，所构建的判断矩阵皆通过了一致性检验，说明数据样本无逻辑错误，权重可以使用。④通过对所有权重值取算数平均数，得出各级指标的综合权重值 w_i'（见表 8）。

表 7　　　　　　　　　　　　"专家一"判断矩阵分析

一级指标	B_1	B_2	B_3	B_4	权重 w_i	一致性检验
B_1	1	4	2	7	0.5200	
B_2	1/4	1	1/2	4	0.1702	$\lambda = 4.188$
B_3	1/2	2	1	2	0.2332	$CI = 0.063$
B_4	1/7	1/4	1/2	1	0.0766	$CR = 0.071$

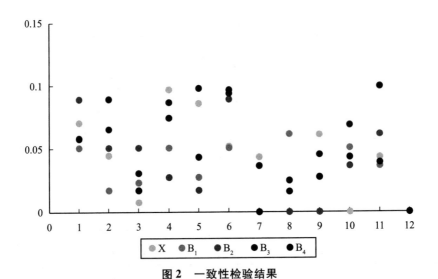

图 2　一致性检验结果

表 8　　　　　　　　　　　　AHP 法——各级指标的综合权重值

一级指标	权重 w_i	二级指标	权重 w_i	二级指标综合权重 w_i'
		C_1	0.5537	0.1854
B_1	0.3348	C_2	0.2818	0.0944
		C_3	0.1645	0.0551

续表

一级指标	权重 w_i	二级指标	权重 w_i	二级指标综合权重 w_i'
B_2	0.2146	C_4	0.1683	0.0361
		C_5	0.3933	0.0844
		C_6	0.4383	0.0941
B_3	0.2912	C_7	0.1710	0.0498
		C_8	0.2354	0.0685
		C_9	0.2630	0.0766
		C_{10}	0.1376	0.0401
		C_{11}	0.0754	0.0220
		C_{12}	0.1175	0.0342
B_4	0.1595	C_{13}	0.1868	0.0298
		C_{14}	0.2341	0.0373
		C_{15}	0.2930	0.0467
		C_{16}	0.2860	0.0456

2. 熵权法确定权重

熵权法的数据来自受访人员对各级指标的客观评价，可以修正上文通过 AHP 获得的权重，提高其可靠性。通过熵权法确定权重的步骤具体如下：

（1）采用李克特九级量表，对评价指标的重要性进行调查。根据收集的评价样本数据（m = 221 个）和 16 项二级评价指标，本文构建了 mzn 的原始评价矩阵 $Z = [z_{ij}]$，（i = 1，2，…，m；j = 1，2，…，16）。②根据公式 $Z_{ij}' = \dfrac{z_{ij} - minz_j}{maxz_j - minz_j}$（$maxz_j$、$minz_j$ 分别是指标列的最大值和最小值）对矩阵 Z 进行数据无量纲化处理，从而得到 $Z' = [z_{ij}']$ 标准化矩阵。③分别根据 $P_{ij} = \dfrac{z_{ij}'}{\sum\limits_{i=1}^{n} z_{ij}'}$、$E_j = -\dfrac{1}{\ln n} \sum\limits_{i=1}^{n} P_{ij} \cdot \ln P_{ij}$、$D_j = 1 - E_j$ 和 $W_j = \dfrac{D_j}{\sum\limits_{j=1}^{m} D_j}$ 分别计算概率矩阵 P_{ij}（$0 \leqslant P_{ij} \leqslant 1$）、熵值 E_j（$0 \leqslant E_j \leqslant 1$，第 j 项指标的熵值）、差异系数 D_j（第 j 项指标的差异系数）和指标权重 W_j（第 j 项指标的权重）。最终得到各级指标权重 W（见表9）。

表9 熵权法——各级指标的综合权重值

一级指标	权重 W_j	二级指标	熵值 E_j	差异系数 D_j	二级指标权重 W_j
B_1	0.1558	C_1	0.9941	0.0059	0.0407
		C_2	0.9911	0.0089	0.0611
		C_3	0.9922	0.0078	0.0540
B_2	0.1560	C_4	0.9914	0.0086	0.0593
		C_5	0.9931	0.0069	0.0478
		C_6	0.9929	0.0071	0.0489
B_3	0.4199	C_7	0.9922	0.0078	0.0538
		C_8	0.9852	0.0148	0.1019
		C_9	0.9932	0.0068	0.0470
		C_{10}	0.9925	0.0075	0.0516
		C_{11}	0.9908	0.0092	0.0629
		C_{12}	0.9851	0.0149	0.1027
B_4	0.2683	C_{13}	0.9892	0.0108	0.0744
		C_{14}	0.9927	0.0073	0.0505
		C_{15}	0.9904	0.0096	0.0658
		C_{16}	0.9887	0.0113	0.0776

3. 基于 AHP - 熵权法的复合权重

本文采用线性组合的方式计算复合权重，根据公式 $U = \alpha \cdot w' + (1-\alpha) \cdot W$，其中 U 是基于 AHP - 熵权法得出的复合权重，w' 是基于 AHP 方法得出的综合权重，W 是基于熵权法得到的权重。结合李娟等[31]的研究，并综合考虑各指标的实际重要程度，本文将 α 取值为 0.6，最终计算得出各指标的 U（复合权重），见表10。

表10 基于 AHP - 熵权法的复合权重

项目	指标	AHP 权重 w'	熵权法权重 W	复合权重 U	排名
一级指标	可用性 B_1	0.3348	0.1558	0.2632	2
	交互质量 B_2	0.2146	0.1560	0.1912	4

续表

项目	指标	AHP 权重 w'	熵权法权重 W	复合权重 U	排名
一级指标	信息质量 B_3	0.2912	0.4199	0.3427	1
	系统质量 B_4	0.1595	0.2683	0.2030	3
二级指标	易用性 C_1	0.1854	0.0407	0.1275	1
	技术本土化 C_2	0.0944	0.0611	0.0811	3
	界面设计 C_3	0.0551	0.0540	0.0547	9
	个性化交互 C_4	0.0361	0.0593	0.0454	13
	多模态生成 C_5	0.0844	0.0478	0.0698	5
	人机协同 C_6	0.0941	0.0489	0.0760	4
	真实姓 C_7	0.0498	0.0538	0.0514	11
	准确性 C_8	0.0685	0.1019	0.0819	2
	有用性 C_9	0.0766	0.0470	0.0648	6
	相关性 C_{10}	0.0401	0.0516	0.0447	14
	全面性 C_{11}	0.0220	0.0629	0.0384	16
	及时性 C_{12}	0.0342	0.1027	0.0616	7
	安全性 C_{13}	0.0298	0.0744	0.0476	12
	响应性 C_{14}	0.0373	0.0505	0.0426	15
	稳定性 C_{15}	0.0467	0.0658	0.0543	10
	语义理解 C_{16}	0.0456	0.0776	0.0584	8

4. 以"文心一言"为例进行分析

本文在构建的评价指标体系的基础上，通过设计李克特五级量表，调查大学生用户对"文心一言"平台的满意度评价现状。最后根据问卷数据，结合复合权重 U 计算得出"文心一言"平台及各级指标的大学生用户评价得分。由表 11 可知，大学生用户对"文心一言"平台的评价得分为 78.66，表明存在较多的负面反馈。从二级指标得分可以看出，大学生用户对"文心一言"平台的多模态生成（75.6）、准确性（77.0）、及时性（76.4）和安全性（77.6）等功能并不满意。

表 11　　　　　　　　"文心一言"大学生用户评价得分

"文心一言"平台大学生用户评价得分	一级指标	得分（百分制）	复合权重 U	二级指标	得分（百分制）	复合权重 U
	B_1	79.39	0.2632	C_1	79.6	0.1275
				C_2	79.2	0.0811
				C_3	79.2	0.0547
	B_2	78.68	0.1912	C_4	80.2	0.0454
				C_5	75.6	0.0698
				C_6	80.6	0.0760
78.66	B_3	78.00	0.3427	C_7	79.4	0.0514
				C_8	77.0	0.0819
				C_9	78.6	0.0648
				C_{10}	79.2	0.0447
				C_{11}	78.4	0.0384
				C_{12}	76.4	0.0616
	B_4	78.78	0.2030	C_{13}	77.6	0.0476
				C_{14}	80.6	0.0426
				C_{15}	78.8	0.0543
				C_{16}	78.4	0.0584

四、结论讨论

1. 生成式 AI 平台的信息质量对大学生用户评价具有重要影响

由表 10 可知，在生成式 AI 平台中，大学生用户评价的一级指标"信息质量（B_3）"权重最高，为 0.3427。可见，生成式 AI 平台的信息质量对大学生用户评价具有重要影响。这表明大学生用户依赖生成式 AI 平台满足信息搜寻和严格的学术需求，更注重生成式 AI 平台的信息质量。高质量信息对大学生用户深入学习、能力提升和批判思维发展至关重要，确保获取信息的准确性和可靠性是大学生用户对生成式 AI 平台的核心需求。另外，在"信息质量（B_3）"一级指标下，相较于其他二级指标，"准确性（C_8）""有用性（C_9）"和"及时性（C_{12}）"的权重分别为 0.0819、0.0648 和 0.0616，在复合权重排名分别为第 2 位、第 6 位和第 7 位。其原因可能在于，相较于生成式 AI 平台提供信息的其他特征，信息的准确性、有用性和及时性直接影响大学生用户的学习效率和学术表现。不准确的信息会导致研究结果的不可靠，影响项目作业和学术论文的质量。信息的有用性和及时性分别保证了其实际应用价值并让大学生及时获得最新信息。信息的准确性、有用性和及时性构建了强有力的支持网络，增强了大学生用户问题解决和决策能力。对此，一方面，生成式 AI 平台需改进 AI 算法，提供针对大学生用户的个性化信息服务，让其根据自身的具体需求和学术领域定制信息获取渠道，增强理解和处理复杂提示的能力，从而提高信息的精准度和有用性。另一方面，生成式 AI 平台应整合权威学术数据库和最新研究成果等高质量数据源，为快速变化的研究领域提供实时更新。此外，生成式 AI 平台应提供提示工程的教育和指导，以提高大学生用户的信息搜索和评估效率。

2. 生成式 AI 平台的可用性与大学生用户评价密切关联

由表 10 可知，生成式 AI 平台中大学生用户评价的一级指标"可用性（B_1）"的权重位列第 2，为 0.2632。而从二级指标看，"易用性（C_1）"的复合权重 0.1275，排名第 1；"技术本土化（C_2）"排名第 3，为 0.0811。可见，虽然良好的界面设计能够提升大学生用户体验，但易用性将直接影响大学生用户与生成式 AI 平台的交互效率和体验感。易于导航和操作的平台可以显著提高大学生用户学习和研究效率，助力大学生用户完成紧急信息搜寻和特定任务。技术本土化确保生成式 AI 平台在本地语言和文化环境中高效运行，并提供相关的地区性内容。生成式 AI 平台的本土化有利于大学生用户更容易地获取、理解和应用信息，特别是在需要本地数据支持的研究项目中。此外，生成式 AI 平台的本土化应考虑当地的网络环境和技术标准，确保平台的可访问性和性能。对此，一方面，生成式 AI 平台，通过设计直观且简洁的用户界面，确保大学生用户轻松访问及操作平台的所有功能，从而提升大学生用户体验。此外，生成式 AI 平台应根据大学生用户的操作习惯和偏好，开发智能推荐系统，提供定制化的内容和资源；允许大学生用户自定义设置，并开展体验测试，不断优化设计以提高易用性。另一方面，生成式 AI 平台需深入理解目标市场的文化和语言特点，提供多语言支持、适应本地教育体系、并集成本地学术资源和数据库，从而满足大学生用户的具体需求；生成式 AI 平台还需考虑到不同地区的网络环境，优化平台的技术架构，确保平台的快速响应和稳定运行。

3. 生成式 AI 平台的系统质量和交互质量能进一步提升大学生用户评价

由表 10 可知,生成式 AI 平台大学生用户评价的一级指标"系统质量（B_4）"和"交互质量（B_2）"的权重位列第 3 和第 4,分别为 0.2030 和 0.1912。在二级指标中,"人机协同（C_6）""多模态生成（C_5）"和"语义理解（C_{16}）"分别位列第 4、第 5 和第 8。在学术环境中,大学生用户常面对复杂的问题和任务,需要深入思考与创造性解决方案。人机协同能提高生成式 AI 平台的实用性,将平台从单纯的信息提供者转变为参与学术研究、协助决策和创意发展的合作伙伴,从而提高学习研究的质量和效率。大学生用户的课程作业和学术研究涉及多种信息形式,包括文字、图表、数据可视化和图像等。而多模态生成使生成式 AI 平台能在处理和生成多种信息类型方面表现出色,帮助大学生用户全面理解和表达复杂概念,促进信息在不同形式间的流通。语义理解能够直接影响生成式 AI 平台理解和处理大学生用户查询和命令的效率。准确的语义理解为大学生用户提供精确的搜索结果,并深入理解复杂的学术语言和概念,这也是学术研究和探讨的基础。对此,一方面,生成式 AI 平台可以通过开发智能对话系统,实时响应大学生用户的反馈和指令,支持迭代修改,并允许大学生用户根据个人偏好和需求定制交互方式,增强人机协同。另一方面,生成式 AI 平台应开发跨模态数据处理技术,集成先进模型创建无缝多模态体验,增强多模态生成能力,并通过深入理解自然语言,特别是专业术语和概念,提升语义理解能力。

4. "文心一言"平台存在较大改善空间

由表 11 可知,生成式 AI "文心一言"平台的综合评价得分为 78.66,表明大学生用户对此平台存在较多的负面反馈。从二级指标分析,大学生用户对"文心一言"平台的个性化交互（C_4）、人机协同（C_6）和响应性（C_{14}）功能较为满意。"文心一言"通过分析大学生用户的浏览习惯,提供个性化界面和交互方式,并结合"一言百宝箱"等多种协作工具,为用户提供细化的指令,增强人机协同能力,确保内容和推荐与个人需求高度相关。此外,"文心一言"平台凭借本土化优势,相较于 ChatGPT 等国外生成式 AI 平台,具有快速处理信息和响应能力,能够在短时间内处理并反馈相关内容。此外,大学生用户对"文心一言"平台的有用性（C_9）、全面性（C_{11}）和语义理解（C_{16}）满意度评分较低;对多模态生成（C_5）、准确性（C_8）、及时性（C_{12}）和安全性（C_{13}）满意度评分很低。结合表 10,有用性、准确性、多模态生成等关键功能的权重较高,表明"文心一言"平台在这些大学生用户高度关注的功能上未能满足用户期望。因此，为提升大学生用户的满意度评价，"文心一言"应强化多模态内容生成，确保准确性和有用性，与更多学术机构合作更新数据，定期审核内容质量，加强安全措施，以保护用户数据并提高平台可靠性。

参 考 文 献

［1］UNESCO. Guidance for generative AI in education and research［M］. Paris：UNESCO，2023.

［2］青年报・中青校媒. 超八成受访大学生曾使用 AI 工具［R/OL］. 中国青年网，2023 - 11 - 17，https：//t. m. youth. cn/transfer/baobao/enmnJ4 SZ. html.

［3］黄时进. "助"与"替"：生成式 AI 对学术研究的双重效应［J］. 上海师范大学学报（哲学社会科学版），2024（2）：65 - 74.

［4］本刊编辑，张绒. 生成式人工智能技术对教育领域的影响——关于 ChatGPT 的专访［J］. 电化教育研究，2023，44（2）：5 - 14.

［5］李志锴，张骁. 人工智能生成内容（AIGC）应用于学位论文写作的法律问题研究［J］. 学位与研究生教育，2024（4）：84 - 93.

［6］邢瑶，王帆，李雯洁. AIGC 环境下研究生复杂认知的生成演变——基于 ChatGPT 的"证据推理"［J］. 现代教育技术，2024，34（4）：47 - 59.

［7］吴忭，李凤鸣，胡艺龄. 生成式人工智能赋能本科生科研能力培养——ChatGPT 支持的 CUREs 教学模式［J］. 现代远程教育研究，2024，36（3）：3 - 10，28.

［8］周文辉，赵金敏. ChatGPT 对研究生创新能力培养的价值与挑战［J］. 高校教育管理，2024，18（2）：42 - 52.

［9］周涛，李松洮，邓胜利. 用户信息搜寻转移意向研究：从搜索引擎到生成式 AI［J］. 图书情报工作，2024，68（3）：49 - 58.

［10］毛太田，汤渲，马家伟，等. 人工智能生成内容（AIGC）用户采纳意愿影响因素识别研究：以 ChatGPT 为例［J］. 情报科学，2024，42（7）：126 - 136.

［11］赵静，倪明扬，张倩，等. AIGC 重构研究生学术实践：持续使用

意愿影响因素研究［J］.现代情报，2024（7）：1－20.

［12］张海，刘畅，王东波，等.ChatGPT 用户使用意愿影响因素研究［J］.情报理论与实践，2023，46（4）：15－22.

［13］张玥，李青宇，刘雨琪，等.组态视角下 AIGC 应用平台用户中辍行为影响因素研究［J］.情报理论与实践，2024，47（3）：130－137，148.

［14］Barnes S，Vidgen R. An Integrative Approach to the Assessment of E－Commerce Quality［J］.Journal of Electronic Commerce Research，2002，3：114－127.

［15］Firdaus M B，Puspitasari N，Budiman E，et al. Analysis of the Effect of Quality Mulawarman University Language Center websites on User Satisfaction Using the Webqual 4.0 Method［J］.2019 2nd International Conference on Applied Information Technology and Innovation（ICAITI），2019（9）：126－132.

［16］王琳，杨莹，邱均平.基于公众感知的政府数据开放平台信息服务质量评价体系研究［J］.情报科学，2022，40（11）：12－19.

［17］Lau F，Kuziemsky C. Handbook of eHealth Evaluation：An Evidence-based Approach［M］.Springer，2016.

［18］徐军华，王军.儿童数字阅读 App 评价指标体系构建及实证研究［J］.图书馆杂志，2024，43（4）：53－62.

［19］程慧平，肖爱森.在线教育网站用户满意度评价指标体系的构建与应用［J］.重庆高教研究，2019，7（2）：87－96.

［20］郭亚军，刘振阳，郭一若，等.AIGC 大学生用户信息需求研究——以 ChatGPT 为例［J］.情报科学，2024：1－25.

［21］刘智锋，吴亚平，王继民.人工智能生成内容技术对知识生产与传播的影响［J］.情报杂志，2023，42（7）：123－130.

［22］何思倩，王心睿，樊开然，等.AIGC 赋能下的儿童智能绘画游戏设计研究［J］.包装工程，2024，45（8）：56－66，89.

［23］王芳，魏中瀚，连芷萱.政务智能问答系统评价指标体系构建与测评问题编制［J］.图书情报知识，2023，40（6）：98－111.

［24］罗江华，岳彦龙.人工智能生成数字教育资源适应性评价指标体系构建［J］.现代远距离教育，2024（4）：1－13.

［25］Xiong H，Wang S，Zhu Y，et al. DoctorGLM：Fine-tuning your Chinese Doctor is not a Herculean Task［EB/OL］.［2023 – 12 – 01］. https：// www. biorxiv. org/content/10. 1101/2022. 07. 20. 500902V1.

［26］许志伟，李海龙，李博，等 . AIGC 大模型测评综述：使能技术，安全隐患和应对［J］. 计算机科学与探索，2024（9）：1 – 34.

［27］万力勇，杜静，熊若欣 . 人机共创：基于 AIGC 的数字化教育资源开发新范式［J］. 现代远程教育研究，2023，35（5）：12 – 21.

［28］Chen Y T. Applying the DEMATEL approach to identify the focus of library service quality：A case study of a Taiwanese academic library［J］. The Electronic Library，2016，34（2）：315 – 331.

［29］姚胜译，吴丹 . APP 隐私政策用户友好度评价研究［J］. 信息资源管理学报，2021，11（1）：30 – 39，58.

［30］李娟，李保安，方晗，等 . 基于 AHP – 熵权法的发明专利价值评估——以丰田开放专利为例［J］. 情报杂志，2020，39（5）：59 – 63.

黄河流域养老产业与旅游产业耦合协调关系研究

刘禹宏　刘　阳[*]

摘　要： 在推动黄河流域高质量发展的进程中，养老产业与旅游业的融合协调发展扮演着不可或缺的角色，并对其有着深远的影响。鉴于此，本文引入了耦合协调度模型，旨在深入探讨上述两大产业间的协同机制及其对黄河流域整体发展水平提升的重要性。本文采用耦合协调度模型，对2011~2020年黄河流域养老产业与旅游业的发展水平及其融合状况进行了测度和分析。研究发现：该区域两产业的耦合协调度总体处于较低水平，从濒临失调的状态逐步改善至勉强协调；尽管九省（区）内两产业的发展水平均有不同程度的提升，但各省份之间仍存在显著差异。为进一步优化这一局面，建议根据各地实际情况，充分发挥区域特色优势，推动两产业的协同进步；同时加强基础设施建设，促进黄河流域产业的高质量发展。

关键词： 黄河流域　养老产业　旅游产业　耦合协调

一、引言

随着老年人口持续增加，银发经济需求日益增长，推动养老产业与旅游产业的深度融合已成为应对人口老龄化、优化经济结构、提升老年人福祉的重要战略。根据国家统计局数据，截至2023年底，我国60岁及以上人口已

---

* 刘禹宏，齐鲁工业大学（山东省科学院）经济与管理学部硕士研究生，研究方向为智慧康养；刘阳，齐鲁工业大学文化产业研究院研究员，硕士生导师，研究方向为智慧康养、产业经济。

达到约 2.9 亿人，预计到 2050 年这一年龄段人口比例将增至 34.9%[1]。这一趋势要求尽快构建完善的银发经济体系，推动经济高质量发展，并实现绿色、可持续的经济模式。《健康中国 2030 规划纲要》与《"十四五"国家老龄事业发展和养老服务体系建设规划》均指出，应建立一个分层多元且具备可持续性的养老服务架构，强调提高老年人的生活品质。这两个文件一致重视老龄化问题，并倡导构建能够满足不同层次需求、确保长期稳定运行的养老服务体系，以增强老年人的福祉。

在此背景下，养老产业正经历转型，逐步向"养老、为老、享老、备老"多元化发展[2]。通过与旅游产业的深度融合，传统养老产业突破了原有发展瓶颈，焕发出新的生机与活力。旅游产业为养老产业注入了新的元素，提供了丰富的休闲与文化体验，成为提升老年人生活质量和福祉的关键所在。养老与旅游的融合，不仅为应对老龄化社会提供了切实可行的解决方案，也为经济高质量发展提供了新动能，助力实现高效能、绿色环保、可持续的发展模式。

黄河流域作为中华民族文明的发源地，拥有丰富的旅游资源和深厚的文化底蕴，为养老产业与旅游产业的融合提供了独特的契机。2019 年，习近平总书记在黄河流域生态保护和高质量发展座谈会上提出，要推动黄河流域的高质量发展，提升其生态和文化价值[3]。在此背景下，研究黄河流域养老产业与旅游产业的耦合发展，不仅具有重要的理论意义，也为该地区的经济高质量发展提供了实践指导，为推动黄河流域在新时代的可持续发展提供了新的发展思路。

二、研究进展与耦合机理

（一）研究进展

自 20 世纪 70 年代起，西方国家率先面临人口老龄化现象，这促使了养老产业相关研究的日益丰富和发展。随着这些国家较早地步入老龄化社会，关于养老服务及产业的学术探讨也随之增多，逐渐形成了较为系统的理论与实践成果。国外相关研究主要集中以下两方面：一是围绕老龄化问题展开，如老龄化对社会消费行为的影响[4]，随着大数据、人工智能等新兴技术的发展，学者们开始探究老年人使用新兴技术的意愿[5]、感知价值对老年人信息接受的影响[6]、老年数字鸿沟弥合[7]等。二是对养老产业在养老地产[8]、医疗保健[9]等具体领域的发展进行研究。

国内关于养老产业的研究起始于 20 世纪 90 年代，初期主要集中在养老产业政策方面[10]、随后，研究范围逐渐扩展到智慧养老模式[11]、养老产业与房地产的结合[12]以及与体育、旅游等其他相关产业的融合[13]。养老产业与旅游产业融合研究集中在智慧康养旅游高质量发展的理论逻辑、旅游养老产业竞争力分析[14]、旅居养老产业发展路径分析等方面，涉及养老产业与旅游产业的耦合协调研究较少。产业融合是 20 世纪 70 年代至 80 年代随着技术革新出现的新兴现象，对产业结构调整和高质量发展具有重要作用。因此本文拟在已有研究的基础上，构建黄河流域养老产业与旅游产业发展指标体系，利用黄河流域九省 2011～2020 年面板数据，运用耦合协调度模型，分析黄河流域养老产业与旅游产业之间的耦合协调规律，为两产业的协调发展提供理论参考。

（二）养老产业与旅游产业的耦合机制分析

养老产业和旅游产业作为公认的"朝阳产业"，二者的综合性和辐射性决定了融合发展的可能性和必然性[15]。养老产业对旅游产业的发展有着直接或间接的推动作用。任何一个旅游景区都会面临旅游淡季的状况，而在淡季寻觅新的经济增长点，已然成为景区发展进程中的一道难关。近年来，专家学者们所给出的解决方案便是凭借"旅游＋"模式来冲破这一瓶颈。在诸多"旅游＋"模式里，"旅游＋养老"模式的发展前景尤为可观。其原因在于养老产业的覆盖范畴较为宽泛，能够产生颇为显著的带动效能；参与"旅游＋养老"模式的老年人通常具备"有钱有闲"的特质，时间安排上较为灵活自如，这对于提升旅游淡季的活力、拉动旅游经济的增长大有益处。

近年来，我国养老旅游呈现出蓬勃发展之态。具体表现为，随着季节与气候的交替变换，老年群体更倾向于选择环境舒适度更高的区域开展度假养老活动，其中包括旅游度假区、生态环境优良的中小城市以及景致优美的城市郊区等。其主要表现形式有"候鸟"型旅游养老模式，即老年人如候鸟般依季节迁移至适宜之地居住生活[16]；"农家休闲式养老"模式，使老年人能够深入乡村体验田园生活，修身养性[17]；还有"旅居养老"模式，让老年人在不同地域间旅居，领略多元风土人情[18]。以老年人群体为主导的养生旅游与康养旅游模式，一方面有效拓展了旅游消费市场的边界，另一方面显著提升了旅游资源的开发利用效率及其所产生的经济效益。这一系列现象不仅为旅游产业与养老产业的协同共进提供了强大的发展驱动力，亦为契合老年人多样化养老诉求开辟了崭新的实践路径，在应对人口老龄化挑战与推动现代服务业融合发展方面具有极为重要的战略意义与研究价值。

与此同时，旅游产业对养老产业的进步亦存在直接或间接的推动效果。旅游行业的繁荣不仅能直接促进养老服务设施的完善，还能间接带动相关服务品质和管理水平的提升，从而有利于养老产业的整体发展。从旅游资源开发利用的角度来看，众多旅游景点为了吸引老年游客，开始大力改善基础设施建设。不仅新建和升级了交通网络，方便老年人出行，还在住宿方面开发了专门的老年公寓式酒店，这些酒店配备了无障碍设施、紧急呼叫系统等，满足老年人特殊的生活需求。同时，在餐饮服务上，也增加了适合老年人饮食特点的养生菜品。这些举措在提升旅游服务品质的同时，也为养老产业提供了可借鉴的范例和资源共享的可能；从专业化服务角度来看，旅游产业的发展还带动了老年护理服务的专业化进程。旅游养老过程中，老年人可能面临身体不适等突发情况，这促使旅游服务机构与专业医疗护理团队合作，提供随叫随到的医疗护理服务。长此以往，这种高标准的护理服务模式逐渐渗透到养老产业中，推动养老机构提升自身护理水平，加强护理人员的专业培训，引进先进的护理设备和技术，从而提高整个养老产业的护理服务质量。

养老产业与旅游产业之间存在紧密的联系性和高度的协调性，这为两者的协同进展提供了坚实的基础。根据耦合原理，二者在共同的时空框架下互相作用、共同推动发展。养老产业的发展会对旅游产业产生影响，同时，旅游产业的变化也会反过来影响养老产业的进程。

三、研究设计

（一）研究区域概况

黄河流域覆盖总人口约为 4.2 亿，占全国人口的大约 1/3；其地区生产总值（GDP）约为 31.64 万亿元，约占全国 GDP 的 1/4[19]。作为我国重要的经济和人口密集区，黄河流域在国家发展中占据关键地位。根据《黄河流域生态保护和高质量发展规划纲要》及相关研究成果[20]，并考虑到行政区划的完整性，本文将黄河流域划分为三个主要部分：上游包括青海、四川、甘肃、宁夏及内蒙古；中游涵盖陕西与山西；下游则涉及河南和山东。

（二）指标体系构建

依据指标选取的科学性、完备性、层次性以及数据可获取性原则，并结合养老与旅游产业的特点，参考已有研究成果[19][21]，本文从养老基本保障、养老基本服务两个维度选取养老产业发展水平指标。其中，最低生活保障人数、基本养老保险人数在一定程度上可反映社会保障水平，卫生技术人员数可以反映地区医疗基础设施的完善程度；依据《"十四五"国家老龄事业发展和养老服务体系规划》，选取养老服务机构数、社区服务机构和设施数、每千人拥有养老服务机构床位数、作为养老服务的代表指标；从旅游服务及环境、旅游产出效益两个维度选取旅游产业发展水平评价指标。其中，从国内旅游人数、入境旅游人数对旅游产出效益进行衡量，旅游环境及服务评价从星级饭店数、旅行社数及绿化覆盖率两个方面进行评价。养老产业与旅游产业发展水平评价指标体系如表1所示。

表1　　　　　　　　养老产业与旅游产业发展水平评价指标体系

系统	一级指标	二级指标
养老产业系统	养老基本保障	最低生活保障人数（万人）、年末基本养老保险人数（万人）、卫生技术人员（人）
	养老基本服务	养老服务机构数（个）、每千名老人拥有养老服务机构床位数（万张）、社区服务机构和设施数（个）
旅游产业系统	旅游产出效益	国内旅游人次（万人次）、入境旅游人次（万人次）
	旅游服务及环境	旅行社数（个）、星级饭店数（个）、A级及以上旅游景区数（个）、星级饭店从业人员数（人）、绿化覆盖率%、人均公园绿地面积（平方米/每人）

四、研究方法

（一）综合指标评价法

为避免主观因素的影响，本文采取熵权法对评价指标赋予权重，主要步骤如式（1）～式（5）所示：

$$数据标准化处理 \quad X'_{ij} = (X_{ij} - minX_j) / (maxX_j - minX_j) \tag{1}$$

$$计算第 i 年份第 j 项指标值的比重 \quad Y_{ij} = X'_{ij} \Big/ \sum_{i=1}^{m} X'_{ij} \tag{2}$$

$$计算指标的熵值 \quad e_j = - \ln \frac{1}{m} \sum_{i=1}^{m} X'_{ij} , \tag{3}$$

其中，$0 \leqslant e_j \leqslant 1$，且当 $Y_{ij} = 0$ 时，令 $Y_{ij} \times \ln Y_{ij} = 0$

$$计算差异性系数 \quad d_j = 1 - e_j \tag{4}$$

$$确定指标权重 \quad w_j = d_j \Big/ \sum_{j=1}^{n} d_j \tag{5}$$

其中，X_{ij} 表示第 i 年第 j 项指标的原始数值，而 X'_{ij} 则代表该指标经过标准化处理后的数值。$minX_j$ 和 $maxX_j$ 分别指所有年份内第 j 项指标记录到的最小值和最大值。

基于已确定的指标权重和标准化数据，采用加权函数分别评估养老产业与旅游产业的综合发展水平，如式（6）和式（7）所示。

$$S_i = \sum_{j=1}^{n} w_j x'_{ij} \tag{6}$$

$$\sum_{j=1}^{n} w_j = 1 \tag{7}$$

式（6）和式（7）中，S_i 为系统第 i 年的综合发展水平；w_j 为权重，x'_{ij} 为第 i 年第 j 项单项指标标准化后的值。

（二）耦合协调度模型法

文中引入耦合协调度模型评估分析黄河流域养老资源配置与旅游发展的协调程度。计算公式为式（8）：

$$D = \sqrt{C \times T} \tag{8}$$

其中，$C = 2 \sqrt{U_1 U_2} / (U_1 + U_2)$，$T = \alpha U_1 \beta U_2$。

C 是耦合度，能解释多个系统之间的相互关系，可以度量整体系统发展过程中若干系统之间协同作用的强弱程度，取值范围为 [0, 1]。C 值越接近于 1，说明这两个系统的耦合度越高，两系统的协同作用越强；反之，C 值越接近 0，两系统的协同作用越低。在本文中，耦合度越高，说明养老产业发展与旅游产业发展的协同作用越强；反之，耦合度越低，说明养老产业与旅游产业的协调较弱，互动不足。

T 是养老产业与旅游产业综合协调指数。α 和 β 为待定系数，分别表示两系统协同运行的贡献度，由于养老产业和旅游产业发展同等重要，所以均赋值为 0.5。

D 是耦合协调度，可以衡量系统之间的良性关联程度，取值范围为 [0, 1]。协调度中包含了各系统的发展水平值，能够进一步区分系统间的耦合性质。当各系统的发展水平指数和耦合度都高时，说明系统间相互促进，属于良性耦合；反之，若发展水平指数均较低而耦合度较高时，说明系统间相互制约，属于恶性耦合。

为了相对精确地评估养老产业与旅游产业发展系统之间的耦合协调阶段，本研究参考已有文献[22]，依据 D 值的大小对耦合协调度进行了等级划分，划分标准如表 2 所示。

五、实证分析

(一) 样本选择与数据来源

本文以黄河流域沿线九省 (区) 为研究区域，以 2011～2020 年为研究区间，测度养老产业和旅游产业发展耦合协调水平。研究数据均来源于 2012～2021 年的《中国统计年鉴》《中国民政统计年鉴》《中国旅游统计年鉴》《中国社会统计年鉴》和各省统计年鉴，以及各省国民经济和社会发展统计公报。此外，针对部分缺失数据，采用线性插值法填充。

(二) 养老产业与旅游产业发展水平的子系统分析

根据构建的综合评价指标体系，本文收集并分析了黄河流域九个省 (区) 在 2011～2020 年关于旅游业和养老服务业的发展数据。为了直观展示这两个领域在这十年间的进步程度，我们利用 EXCEL 软件对所得数据进行了指数化处理，并将结果以图表形式呈现，如图 1、图 2 所示。

划分标准

表2

协调度 D	一级分类	Q₂与Q₁差值	二级分类	协调度 D	一级分类	Q₂与Q₁差值	二级分类
(0, 0.1)	极度失调	$Q_2 - Q_1 > 0.1$ $Q_1 - Q_2 > 0.1$ $\|Q_2 - Q_1\| \leq 0.1$	养老资源配置滞后性耦合 A1 旅游发展滞后性耦合 A2 同步性耦合 A3	(0.5, 0.6)	勉强协调	$Q_2 - Q_1 > 0.1$ $Q_1 - Q_2 > 0.1$ $\|Q_2 - Q_1\| \leq 0.1$	养老资源配置滞后性耦合 F1 旅游发展滞后性耦合 F2 同步性耦合 F3
(0.1, 0.2)	严重失调	$Q_2 - Q_1 > 0.1$ $Q_1 - Q_2 > 0.1$ $\|Q_2 - Q_1\| \leq 0.1$	养老资源配置滞后性耦合 B1 旅游发展滞后性耦合 B2 同步性耦合 B3	(0.6, 0.7)	初级协调	$Q_2 - Q_1 > 0.1$ $Q_1 - Q_2 > 0.1$ $\|Q_2 - Q_1\| \leq 0.1$	养老资源配置滞后性耦合 G1 旅游发展滞后性耦合 G2 同步性耦合 G3
(0.2, 0.3)	中度失调	$Q_2 - Q_1 > 0.1$ $Q_1 - Q_2 > 0.1$ $\|Q_2 - Q_1\| \leq 0.1$	养老资源配置滞后性耦合 C1 旅游发展滞后性耦合 C2 同步性耦合 C3	[0.7, 0.8)	中级协调	$Q_2 - Q_1 > 0.1$ $Q_1 - Q_2 > 0.1$ $\|Q_2 - Q_1\| \leq 0.1$	养老资源配置滞后性耦合 H1 旅游发展滞后性耦合 H2 同步性耦合 H3
(0.3, 0.4)	轻度失调	$Q_2 - Q_1 > 0.1$ $Q_1 - Q_2 > 0.1$ $\|Q_2 - Q_1\| \leq 0.1$	养老资源配置滞后性耦合 D1 旅游发展滞后性耦合 D2 同步性耦合 D3	(0.8, 0.9)	良好协调	$Q_2 - Q_1 > 0.1$ $Q_1 - Q_2 > 0.1$ $\|Q_2 - Q_1\| \leq 0.1$	养老资源配置滞后性耦合 I1 旅游发展滞后性耦合 I2 同步性耦合 I3
(0.4, 0.5)	濒临失调	$Q_2 - Q_1 > 0.1$ $Q_2 - Q_1 > 0.1$ $\|Q_2 - Q_1\| \leq 0.1$	养老资源配置滞后性耦合 E1 旅游发展滞后性耦合 E2 同步性耦合 E3	[0.9, 1.0]	优质协调	$Q_2 - Q_1 > 0.1$ $Q_1 - Q_2 > 0.1$ $\|Q_2 - Q_1\| \leq 0.1$	养老资源配置滞后性耦合 G1 旅游发展滞后性耦合 G2 同步性耦合 G3

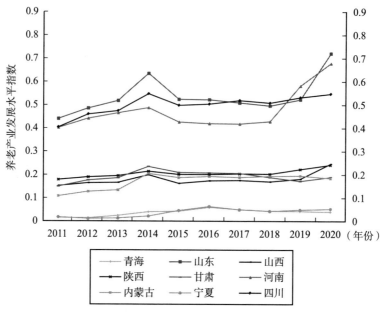

图1　养老产业发展水平指数

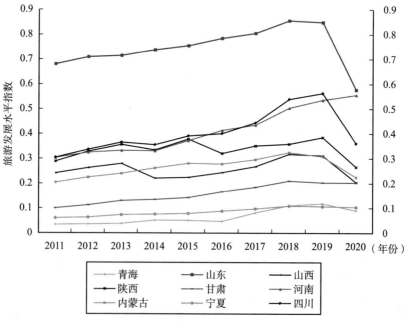

图2　旅游发展水平指数

由图 1 可知, 2011～2020 年, 各省养老产业发展基本维持整体上升趋势, 山东、四川、河南养老产业发展水平涨幅较大。山东、四川、河南三省养老产业发展水平排名前三, 平均指数为 0.5378、0.4997 和 0.4753。养老产业发展较好的原因可能在于: 山东近年出台数个促进养老产业发展的政策文件和各类规范标准, 山东省也在《山东省医养健康产业发展规划》中提出, 要将山东省建设为全国医养健康产业发展高地, 打造一批医养健康产业千亿级城市; 四川通过加大财政投入, 落实优惠扶持政策, 使得养老服务体系得到完善, 养老资源配置水平位居前列; 河南省陆续发布多项政策, 推动新型智慧养老产业体系建设, 创新养老服务模式, 加快医养护一体化智慧发展, 提高服务质量。相较于养老产业发展较为成熟的省份, 内蒙古、宁夏和青海等地区在这一领域的发展水平上仍有明显的差异, 其养老产业发展落后可能受制于经济、社会发展等多方面因素。

由图 2 可知, 虽受 2020 年新冠疫情影响, 山东、四川、陕西、内蒙古、山西等省份在 2019～2020 年出现较大降幅, 但部分省份旅游产业发展趋势仍为波动上升。山东、四川、河南旅游产业发展平均指数分别为 0.7465、0.4059 和 0.4108, 稳居前三位, 与养老产业发展态势相似。尽管山东和四川在 2020 年出现了发展下降, 但它们的发展水平依然显著高于其他省份。例如, 2020 年山东省的指数为 0.58, 而青海省同期仅为 0.09。落后原因可能在于产业价值链不足、旅游基础设施不完善, 数据显示 2020 年青海旅行社数量 527 家, 星级饭店 178 家, A 级及以上旅游景区仅为 134 家。

(三) 黄河流域养老产业与旅游产业耦合协调分析

基于耦合协调度公式 (8), 对 2011～2020 年黄河流域九省 (区) 养老产业与旅游业的耦合协调度进行测算。从整体尺度上看, 耦合协调度处于较低水平。依据表 3 的数据, 2011～2020 年, 养老产业与旅游产业的耦合协调度平均值由 0.4341 上升至 0.5331, 两产业耦合协调度缓慢上升, 协调类型从同步型耦合 E3 转为同步型耦合 F3, 即产业融合中养老产业与旅游产业虽同步发展, 良性互动, 但尚未达到优质耦合协调。随着黄河流域高质量发展上升为重大国家战略, 作为黄河流域高质量发展的重要组成部分, 养老产业与旅游产业融合对区域高质量发展十分重要, 因而对其融合质量要求更高, 但根据目前耦合协调度指数, 二者融合质量与国家战略要求仍存在较大差距。

从区域融合水平上看，上游地区融合水平提升，产业融合中养老产业发展较为突出，但宁夏、内蒙古、甘肃、青海表现为同步上升，四川表现为旅游产业领先。上游地区中，四川呈现"一枝独秀"状态，原因可能为长江经济带高质量发展、成渝经济圈建设等区域发展战略为四川注入动能。由表3可知，2011~2020年黄河流域上游地区养老产业、旅游产业发展均呈上升态势，且养老产业发展系数相对较高；中游地区融合水平缓慢上升，协调发展度处于濒临失调阶段。养老产业和旅游产业虽同步发展，但两产业综合水平指数都不高。其原因可能是山西和陕西属于资源型城市，两省政府均积极致力于构建现代化产业体系，发展重心投向人工智能、生命科学等代表未来发展方向的新兴产业，这种重心的调整可能对养老产业与旅游产业融合发展所需的资源投入、政策支持以及协同机制构建等方面造成一定影响；下游地区融合情况持续向好，由表3可知，黄河流域下游地区养老产业和旅游产业发展水平系数最高，这说明下游地区旅游产业和养老产业发展势头强劲；耦合关系指数从 0.4567 上升至 0.6334，耦合协调度从 0.6655 上升至 0.7359，由初级耦合协调 G3 上升至良好耦合协调 I3，这表明下游地区融合关系向好，融合质量趋向优质。

表3   区域融合水平

年份	省份	Q_1	Q_2	T	D	$Q_2 - Q_1$	协调类型
	宁夏	0.0177	0.0608	0.0393	0.1811	0.0432	B3
	内蒙古	0.1089	0.2040	0.1564	0.3860	0.0951	D3
	四川	0.4045	0.3040	0.3542	0.5922	- 0.1005	F2
	甘肃	0.1499	0.1001	0.1250	0.3500	- 0.0498	D3
	青海	0.0155	0.0342	0.0248	0.1517	0.0187	B3
	上游地区	0.1393	0.1406	0.1399	0.3322	0.0013	D3
2011	山西	0.1526	0.2415	0.1970	0.4381	0.0888	E3
	陕西	0.1789	0.2888	0.2339	0.4768	0.1099	E1
	中游地区	0.1658	0.2652	0.2155	0.4575	0.0994	E3
	山东	0.4407	0.6803	0.5605	0.7400	0.2396	H1
	河南	0.4020	0.3035	0.3528	0.5910	- 0.0985	F3
	下游地区	0.4214	0.4919	0.4567	0.6655	0.0706	G3
	黄河流域	0.2079	0.2464	0.2271	0.4341	0.0385	E3

续表

年份	省份	Q_1	Q_2	T	D	$Q_2 - Q_1$	协调类型
2020	宁夏	0.0530	0.1043	0.0786	0.2726	0.0513	C3
	内蒙古	0.1851	0.2247	0.2049	0.4516	0.0396	E3
	四川	0.5475	0.3602	0.4539	0.6664	− 0.1873	G2
	甘肃	0.1901	0.2026	0.1964	0.4430	0.0125	E3
	青海	0.0404	0.0909	0.0656	0.2461	0.0505	B3
	上游地区	0.2032	0.1965	0.1999	0.4159	− 0.0067	E3
	山西	0.2467	0.2045	0.2256	0.4739	− 0.0422	E3
	陕西	0.2422	0.2662	0.2542	0.5039	0.024	F3
	中游地区	0.2445	0.2354	0.2399	0.4889	− 0.0091	E3
	山东	0.7221	0.5766	0.6494	0.8033	− 0.1455	I2
	河南	0.6786	0.5560	0.6173	0.7837	− 0.1227	H2
	下游地区	0.7004	0.5663	0.6334	0.7935	− 0.1341	I3
	黄河流域	0.3229	0.2873	0.3051	0.5161	− 0.0356	F3

六、结论与建议

（一）结论

本文通过构建耦合协调度模型，研究了 2011～2020 年黄河流域九省（区）养老产业与旅游产业的耦合发展水平，研究得出以下结论：（1）尽管黄河流域各省份的养老产业和旅游业综合发展指数均呈现上升趋势，但各省之间的差距仍然显著。（2）黄河流域九省（区）从 2011 年的养老产业略微滞后到 2020 年呈现旅游产业略微滞后，说明养老产业与旅游产业仍需不断加强互动，促进双方融合。

（二）建议

1. 因地制宜，打造黄河标志性旅游目的地

上游依托高原生态与多彩民俗，构建黄河源生态康养区；中游凭借深厚历史文化，塑造历史文化探寻之旅；下游借助河海交汇和交通便利，打造休闲养老社区。构建区域合作框架，全力提升黄河养老旅游品牌影响力，开启

养老旅游新篇章。

2. 完善医疗保障体系建设，加强基础设施保障能力

从产业特性的视角来剖析，"旅游 + 养老"这一新兴产业因融合而生，因跨界而新，故而在其发展进程中，基础保障显得尤为关键。医疗设施上，要依老年游客需求，结合规模预测与当地医疗资源，合理布局如老年病康复中心、中医养生馆等多元设施，保障便捷专业医疗服务；公共信息设施方面，政府需主导强化建设，借助信息技术搭建涵盖景点、交通、食宿、医疗等多方面信息的综合平台，方便老年顾客获取信息做行程规划，提升体验，推动产业健康有序发展。

3. 建立复合型人才培养体系，打造专业服务团队

为顺应产业融合发展趋势，亟待创新人才培养理念，优化人才培育模式，以此为养老产业与旅游产业的融合进程筑牢复合型人才的坚实支撑。政府可进一步强化与高校的协同合作，开设契合产业需求的相关课程，从而为老年产业市场输送专业化人才。在产业融合蓬勃发展的进程中，人才是不可或缺的关键要素，而服务更是重中之重。服务的专业化不仅能够有力推动市场的规范化、有序化发展，更有助于牢固树立起全心全意为老年人竭诚服务的价值导向。凭借提供高品质、精细化的服务，逐步塑造并彰显出独树一帜的产业特色，进而在激烈的市场竞争中脱颖而出，实现养老与旅游产业融合发展的可持续性。

参 考 文 献

[1] 2023 年度国家老龄事业发展公报 [R]. 中华人民共和国民政部，2024 - 10 - 11.

[2] 原新，陈友华，李志宏，等. 大力发展银发经济，助力中国式现代化——"实现银发经济高质量发展"跨学科专家笔谈 [J]. 人口与经济，2024 (11)：1 - 25.

[3] 习近平：在黄河流域生态保护和高质量发展座谈会上的讲话 [J]. 求是，2019，20 (20)：4 - 16.

[4] Barnhart M, Penaloza L. Who are you calling old? Negotiating old age identity in the elderly consumption ensemble [J]. Journal of Consumer Research, 2012 (4)：1133 - 1153.

［5］ Kadylak T, Cotten S R. United States older adults' willingness to use emerging technologies ［J］. Information, Communication & Society, 2020, 23 (5)：736 – 750.

［6］ Lee C, Coughlin J F. PERSPECTIVE：Older adults' adoption of technology：An integrated approach to identifying determinants and barriers ［J］. Journal of Product Innovation Management, 2015, 32 (5)：747 – 759.

［7］ Phang C W, Sutanto J, Kankanhalli A, et al. Senior citizens' acceptance of information systems：A study in the context of e-government services ［J］. IEEE Transactions on Engineering Management, 2006, 53 (4)：555 – 569.

［8］ Donald I P. Housing and health care for older people ［J］. Age and Ageing, 2009, 38 (4)：364 – 367.

［9］ Billingsley Kaambwa, Ratcliffe J, Shulver W, et al. Investigating the preferences of older people for telehealth as a new model of health care service delivery：A discrete choice experiment ［J］. Journal of Telemedicine and Telecare, 2017, 23 (2)：301 – 313.

［10］ 黄剑锋, 章晓懿. 中国智慧养老产业政策研究——基于政策工具与技术路线图模型 ［J］. 中国科技论坛, 2020 (1)：69 – 79.

［11］ 睢党臣, 彭庆超. "互联网 + 居家养老"：智慧居家养老服务模式 ［J］. 新疆师范大学学报 (哲学社会科学版), 2016, 37 (5)：128 – 135.

［12］ 姜睿, 苏舟. 中国养老地产发展模式与策略研究 ［J］. 现代经济探讨, 2012 (10)：38 – 42.

［13］ 韩松, 王莉. 我国体育产业与养老产业融合态势测度与评价 ［J］. 体育科学, 2017, 37 (11)：3 – 10.

［14］ 陈雪钧, 李莉. 旅游养老产业竞争力评价——以十三个旅游养老目的地为例 ［J］. 企业经济, 2018 (4)：133 – 139.

［15］ 翁钢民, 李凌雁. 中国旅游与文化产业融合发展的耦合协调度及空间相关分析 ［J］. 经济地理, 2016, 36 (1)：178 – 185.

［16］ 李雨潼, 曾毅. "候鸟式"异地养老人口生活现状研究——以海南省调查为例 ［J］. 人口学刊, 2018, 40 (1)：56 – 65.

［17］ 王胜今, 张少琛. "互联网 +"背景下乡村生态旅游养老服务策略 ［J］. 社会科学家, 2020 (9)：59 – 64.

［18］ 周榕, 石磊, 庄汝龙. 中国旅居养老空间发展模式研究 ［J］. 地

理学报，2023，78（6）：1553－1572.

[19] 余洁，吴泉蓉. 黄河流域旅游经济与生态文明耦合协调发展研究 [J]. 干旱区资源与环境，2024，38（5）：181－189.

[20] 赵静，郭佩云，汪辉. 黄河流域文化产业—旅游产业—生态环境耦合协调研究 [J]. 人文地理，2024，39（5）：184－192.

[21] 黄佳豪，张敏. 养老资源配置与区域经济发展耦合协调研究 [J]. 华东经济管理，2023，37（8）：102－109.

[22] 任保平，杜宇翔. 黄河流域经济增长—产业发展—生态环境的耦合协同关系 [J]. 中国人口·资源与环境，2021，31（2）：119－129.

金融科技助力黄河流域
新质生产力发展研究

李圆磊*

摘　要：本文聚焦金融科技推动黄河流域新质生产力发展，深入剖析其内在逻辑与实践路径。新质生产力依托科技创新驱动产业升级，金融科技与之紧密相连，前者为后者提供应用场景与创新需求，后者助力前者突破资金、效率等瓶颈。黄河流域产业结构多元但经济发展水平不均，传统农业与能源产业占比大，人均 GDP 低于全国均值但增速可观。金融科技历经信息化、互联网、进阶阶段，其人工智能、区块链、大数据等技术在流域金融服务中各显神通。然而，数据安全受多源风险威胁、监管面临地域协调难题、消费者易因知识与营销因素产生行为偏差。为此，应创新金融服务模式、推动产业数字化转型、促进产学研融合、引导产业转移协作并强化金融监管合作，以此化解困境，驱动黄河流域新质生产力稳步提升，实现经济高质量发展与生态保护协同共进。

关键词：黄河流域　新质生产力　金融科技　发展研究

一、相关概念界定及其逻辑关系

（一）新质生产力

新质生产力是现代经济学中的一个重要概念，它代表着经济发展的新阶

---

* 李圆磊，硕士研究生，研究方向为马克思主义中国化研究。

段和新动能。这一概念最早由经济学家提出，用以描述在新一轮科技革命和产业变革中，通过科技创新所推动的产业升级和经济结构的优化。新质生产力的发展不仅仅局限于传统产业的技术改造，而是涉及新兴产业的培育、传统产业的改造升级以及新业态的不断涌现。新质生产力的核心在于创新驱动，它要求经济活动的各要素能够高效协同，以推动产业升级和经济增长。这种生产力的新特点表现为技术更加先进、产业更加高端、生产更加智能化、环境更加绿色和服务更加人性化。

在新质生产力的发展过程中，金融的作用不容忽视。金融不仅提供了资本的配置功能，而且通过金融科技的创新，如大数据、云计算、区块链等技术的应用，金融活动的效率和服务的深度都得到了显著提升。金融科技的发展为新质生产力的形成提供了资金支持、风险管理和市场运作等多方面的服务，特别是在促进科技创新和产业升级方面发挥了至关重要的作用。

（二）金融科技与新质生产力的关系

随着科技浪潮席卷全球，金融科技应运而生，新质生产力崭露头角，二者关系愈发紧密。金融科技作为技术驱动的金融创新范式，为新质生产力发展注入强大动力。借助区块链的分布式账本技术，供应链金融得以重塑，企业间信任成本大幅降低，资金流转效率显著提升，使得新兴产业如智能制造、量子信息等领域中小企业可突破融资困境，快速获取研发、生产资金，加速科技成果商业化进程，为新质生产力崛起筑牢根基。同时，云计算、大数据等技术赋能金融机构精准洞察市场需求，智能投顾依循投资者个性化偏好提供科学资产配置方案，引导资本精准流向代表新质生产力的绿色低碳、数字创意等潜力行业，优化产业布局，激发创新潜能。

反之新质生产力发展也拓展金融科技边界。新兴产业独特金融诉求催生新金融产品、服务模式创新。以5G产业为例，其高速发展引发海量数据交互、超密集连接场景需求，促使金融科技在移动支付安全、数据隐私保护领域深度钻研，迭代升级现有技术，保障金融交易顺畅，实现二者螺旋式上升互动。由此可见，金融科技与新质生产力相辅相成，深度融合二者，是开启经济高质量发展之门的关键密钥，亟待各界协同发力，深挖潜力。

（三）黄河流域经济发展的现状与特点

黄河流域是我国的重要经济带之一，其范围涵盖了包括青海、四川、甘肃、宁夏、内蒙古、陕西、山西、河南等省份的广大区域。作为中国的母亲河，黄河流域的发展状况不仅关系到区域的经济社会进步，也关乎国家的生态安全与可持续发展目标的实现。

黄河流域的产业结构具有明显的地理与历史特点，传统的农业占据较大比重，特别是在上游地区。同时，该流域也是我国重要的能源、化工、原材料和基础工业基地，拥有丰富的化石能源和有色金属矿藏。近年来，随着国家对生态保护要求的提高，黄河流域的产业结构也在逐步优化升级，特别是在中下游地区，第三产业的比重逐渐提升，现代服务业和高科技产业的发展势头强劲。

不容忽视的是黄河流域的经济总量和人均收入水平相较于全国平均水平仍存在一定的差距，从人均国内生产总值（GDP）的角度来看，黄河流域的发展速度虽然低于全国平均水平，但在不断缩小这一差距。未来，黄河流域的高质量发展需要依托科技创新、产业升级、生态保护和区域协调发展等多方面的努力，以实现经济的可持续增长和社会的全面进步。

二、金融科技发展现状

（一）金融科技的发展历程

金融科技作为金融与科技的深度融合产物，自诞生以来，经历了多个发展阶段，并对传统金融业务流程、服务模式以及客户体验产生了深远的影响。

金融科技的 1.0 阶段，即信息化金融阶段，主要是以 IT 技术的应用为标志，标志性的是 1992 年中国科技金融促进会的成立。在这一阶段，金融机构开始实现信息化办公，通过计算机主机和终端设备的布局，实现了传统业务处理向现代化信息系统的转变。这种转变不仅提高了金融业务的数据计算、存储与传输效率，而且在一定程度上降低了操作错误的概率，并对成本的节约起到了积极作用。

进入金融科技的 2.0 阶段，也被称为互联网金融阶段，时间跨度为 2009 年至 2016 年左右。在这一阶段，互联网的大规模扩张为金融业界带来了革命性的变革。金融机构开始通过线上线下模式对传统业务进行创新，如网络支付、P2P 借贷、众筹等新兴业务模式的出现，极大地拓宽了金融服务的边界，同时也促进了金融服务的创新和个性化发展。

金融科技的3.0阶段，也称为金融科技进阶阶段，时间大约从2016年至今。这一阶段的显著特征是前沿科技的深入应用，如大数据、区块链、人工智能、机器学习等技术在金融领域的广泛应用。这些技术不仅在风险控制、智能投资决策和平台安全等方面进行创新，而且显著提升了金融服务的运营效率和用户体验。此外，金融科技的发展还促进了普惠金融的发展，使得更多的个人用户和小微企业能够享受到公平、高效和便捷的金融服务。

（二）金融科技的主要技术与应用领域

在金融科技的发展过程中，多种技术的应用推动了金融服务的创新与变革，尤其是在黄河流域这样的经济区域，金融科技的应用对于推动经济高质量发展具有重要意义。

1. 人工智能：黄河流域金融服务精准化与智能化的核心驱动力

人工智能技术凭借其卓越的算法与模型构建能力，在黄河流域金融领域引发了深刻变革。在客户服务这一关键环节，智能客服系统依托自然语言处理技术基石，展现出强大的信息理解与交互能力。面对黄河流域多元产业结构下客户复杂多样的金融咨询，无论是农户关切的农业生产贷款政策，还是能源企业聚焦的项目融资利率细节，智能客服均能精准捕捉需求要点，给予针对性解答。其24小时无间断运行模式，打破传统客服时间藩篱，确保客户在农忙休憩、企业紧急决策等不同时段，均可迅速获取金融指引，极大优化客户服务体验，驱动金融服务精准触达每一位需求者，推动服务流程智能化转型。

2. 区块链：黄河流域金融交易安全与产业协同的信任基石

区块链技术以去中心化、不可篡改的特性重塑黄河流域金融交易生态。在供应链金融场景中，黄河流域得天独厚的农业、能源产业供应链为其提供广阔舞台。通过构建分布式账本，区块链将农产品从田间播种的农资投入、生长周期监测，到加工车间的工艺标准，再至销售终端的物流配送等全流程信息，以及能源产品开采源头的地质数据、运输途中的损耗管控、交易环节的合同履约详情，均以加密形式精准记录。金融机构基于此透明、可信账本，可回溯企业全链路交易轨迹，精准评判信用等级，有效破解信息不对称顽疾，为供应链上下游中小企业融资开启绿色通道，促使产业协同在信任土壤中稳健成长。

3. 大数据分析：黄河流域金融资源优化配置与产业升级的决策引擎

大数据分析技术犹如精准导航仪，助力黄河流域金融资源优化配置与产业升级攻坚。在金融资源调配枢纽环节，广泛采集并深度整合黄河流域宏观经济动态、产业发展脉络、企业财务状况、居民消费趋势等海量数据。例如，通过对区域内新兴农业科技示范园投资增长、能源产业节能减排指标波动分析，结合企业营收、负债结构，以及城乡居民消费品类更迭速率等数据挖掘，金融机构仿若手握经济发展"解码器"，精准洞察不同产业、企业资金"饥渴"程度与成长潜能。依此为新兴生态农业创新项目精准匹配启动资金，为传统能源产业绿色改造定制适配融资方案，助推产业结构优化升级，让金融活水精准润泽产业根基。

（三）金融科技助力黄河流域新质生产力发展的重要性

1. 提升金融服务效率，加速资金流转

金融科技的发展极大地提高了金融服务的效率，这对于黄河流域的新质生产力发展具有至关重要的作用。传统的金融服务模式往往受到地域限制，信息不对称等问题影响了资金的有效配置。随着互联网技术、大数据、云计算等现代信息技术的广泛应用，金融机构能够更加精准地识别客户需求，提供个性化的金融服务。例如，通过建立在线服务平台，企业可以快速获得贷款审批，个人用户也能享受到便捷的支付和理财服务。这不仅缩短了交易时间，降低了成本，还促进了资金在黄河流域内的高效流转，为新兴产业发展提供了强有力的资金保障。此外，金融科技还可以帮助金融机构更好地管理风险。利用先进的数据分析工具，银行和其他金融机构可以实时监控市场动态，及时调整信贷政策，确保资金安全的同时也鼓励更多的资本投入到有潜力但风险较高的创新项目中去。这种高效的金融服务体系将有力支撑黄河流域内高新技术产业的成长，加快产业结构升级的步伐。

2. 增强金融普惠性，缩小城乡差距

金融科技对于提高金融普惠性同样发挥着不可替代的作用。长期以来，由于地理环境复杂以及经济发展水平不均衡等因素，黄河流域部分地区特别是农村地区存在金融服务覆盖不足的问题。然而，随着移动互联网技术的进步，手机银行、网络借贷平台等新型金融服务渠道应运而生，使得偏远地区的居民也能平等地享受到现代化的金融服务。这不仅有助于改善当地居民的生活质量，更重要的是为这些地区带来了发展的机遇，不仅可以解决传统金融服务难以触及的问题，更能够为整个流域带来更加均衡协调的发展格局。

3. 推动绿色金融发展，促进生态文明建设

黄河流域作为我国重要的生态屏障区，其生态环境保护任务艰巨而紧迫。近年来，"绿水青山就是金山银山"的理念深入人心，社会各界对环境保护的关注度日益增加。在此背景下，如何引导更多社会资本投入到环保相关领域成为了一个亟待解决的问题。金融科技以其高效的信息处理能力和广泛的用户基础，为绿色金融产品的设计与推广提供了强有力的支持。首先，金融科技可以帮助金融机构更准确地评估项目的环境效益和社会责任履行情况，从而制定出符合可持续发展目标的投资策略。其次，借助区块链等新技术，可以实现碳排放权交易等绿色金融业务的透明化操作，确保每笔交易的真实性和可靠性。最后，金融科技还能促进公众参与环保事业的热情，如通过开发专门的应用程序或网站来展示企业的节能减排成果，并给予适当奖励以激励更多人加入到守护美丽家园的行动中来。

三、金融科技助力黄河流域新质生产力发展面临的挑战

（一）数据安全隐忧之因：多源风险交织

黄河流域金融科技企业在数据安全与隐私保护方面面临挑战，其根源在于多方面因素。首先，随着金融科技应用的拓展，数据量呈爆炸式增长，数据存储、传输与处理的环节增多，每个环节都可能成为数据泄露的风险点。例如，在黄河流域一些金融科技服务涉及大量农业企业和农户数据，从田间地头的数据采集到金融机构的数据汇总分析，数据流转复杂。其次，技术更新换代速度快，但部分企业的安全防护技术未能及时跟上。新兴的网络攻击手段不断涌现，如针对区块链智能合约漏洞的攻击以及利用人工智能算法进行数据窃取的新型犯罪形式，而企业的加密技术、访问控制技术等可能滞后，难以有效抵御。最后，相关法律法规在黄河流域的细化落实存在不足，对于数据安全与隐私保护的标准界定不够清晰，导致企业在合规操作方面缺乏明确的指引，处罚力度也可能不足以形成强大威慑，使得一些企业在数据保护上存在侥幸心理。

（二）监管困局之源：地域特色与协调困境

黄河流域金融科技监管困局的形成，内在原因较为复杂。一方面，黄河

流域的金融科技发展具有自身的地域特色，传统产业与新兴金融科技融合过程中产生了许多新的业态和业务模式，如农业供应链金融与区块链结合的创新应用，这些创新处于传统金融监管的边缘地带，监管部门缺乏现成的经验和标准来进行有效监管。另一方面，黄河流域跨越多个省份，区域间金融监管协调机制不完善。不同省份的金融监管政策存在差异，在跨区域金融业务监管上难以形成合力，容易出现监管空白或重复监管的情况。例如，一个涉及黄河流域多省份的金融科技平台，可能在某个省份合规运营，但在另一个省份却面临监管限制。此外，监管部门的技术手段相对滞后于金融科技的创新速度。金融科技企业利用大数据、人工智能等技术开展业务，而监管部门在数据监测、风险预警等方面的技术应用不足，难以实现对金融科技业务的精准、实时监管。

（三）行为偏差之由：知识缺失与心理诱导

在黄河流域，消费者行为偏差的产生主要有以下因素。一是金融知识普及程度较低。黄河流域部分地区，尤其是农村和偏远地区，居民金融教育资源匮乏，消费者对金融科技产品和服务的认知有限，不清楚其中潜在的风险和收益机制。例如，一些农户可能因不了解网络借贷的利息计算方式和还款风险而盲目借贷。二是金融科技产品的营销诱导。部分金融科技企业为追求市场份额和利润，在营销过程中过度强调产品的便利性和收益性，而对风险提示不足。在黄河流域的城市中，一些消费者可能因受到移动支付平台上理财产品夸大收益的宣传而冲动投资。三是消费者自身心理因素。黄河流域居民的消费观念和理财习惯在传统与现代之间转换，一些消费者在面对金融科技带来的新消费和投资模式时，容易产生跟风心理和过度自信心理，缺乏理性的自我评估和决策能力，从而导致行为偏差的出现。

四、金融科技促进黄河流域新质生产力的路径分析

（一）创新金融服务模式，精准对接产业需求

金融科技融合大数据、人工智能等先进技术，能够对黄河流域海量的产业数据进行深度挖掘与精准分析。通过构建精准的企业画像与产业图谱，金融机构可以全面且细致地了解企业的运营状况、市场前景、资金需求特点等

关键信息。例如，利用大数据分析企业的交易流水、纳税记录、供应链数据等多维度信息，金融机构能够准确评估企业的信用风险，从而为企业量身定制个性化的金融服务方案。对于处于创新研发阶段的科技型企业，可提供高风险偏好的风险投资、科创基金等融资支持；对于成长型企业，能够匹配应收账款质押贷款、知识产权质押贷款等契合其发展阶段的金融产品。这种精准对接极大地提高了金融资源的配置效率，有效解决了黄河流域企业尤其是中小微企业长期面临的融资难、融资贵问题，为产业创新提供了充足的资金血液。

（二）推动产业数字化转型，催生新业态新模式

在黄河流域，金融科技有力地推动了传统产业的数字化进程。以制造业为例，物联网技术的广泛应用使得生产设备能够实时采集并传输大量生产数据，云计算平台则为这些数据的存储与处理提供了强大的计算能力。通过对生产数据的深度分析，企业可以实现生产流程的精细化管理与优化，提高生产效率、降低成本、提升产品质量。同时，基于数字化平台的工业互联网生态逐渐形成，催生了诸如个性化定制生产、智能制造服务等新业态新模式。例如，黄河流域的一些大型装备制造企业借助金融科技打造了智能化生产平台，实现了产品设计、生产制造、销售服务等全流程的数字化协同，不仅自身竞争力得到显著提升，还带动了上下游产业的数字化转型与创新发展，形成了以创新为核心的产业集群效应，为新质生产力的培育提供了肥沃的土壤。

（三）促进产学研深度融合，加速科技成果转化

金融科技搭建起了黄河流域产学研合作的高效桥梁。通过设立科技金融专项基金、风险投资引导基金等金融工具，吸引社会资本积极参与产学研合作项目。一方面，为高校与科研机构的科研成果转化提供了前期的资金支持与风险分担机制，鼓励科研人员将更多精力投入到具有市场应用前景的科研项目中；另一方面，为企业与高校、科研机构的合作研发提供了资金保障，促进技术创新要素在产业界与学术界的自由流动与优化配置。例如，黄河流域某高校的一项节能环保技术在金融科技的助力下，获得了企业的投资与合作开发，快速实现了从实验室到生产线的转化，形成了新的绿色产业增长点，不仅推动了高校科研水平的提升，也为企业带来了新的利润源，实现了

产学研三方的互利共赢，加速了黄河流域产业创新的步伐，提升了新质生产力的科技含量。

（四）推动区域产业转移与分工协作，优化产业布局

金融科技在黄河流域产业转移与分工协作过程中发挥着重要的引导与协调作用。利用金融科技手段对流域内不同地区的产业优势、资源禀赋、成本结构等进行精准分析，为产业转移提供科学的决策依据。例如，通过对劳动力成本、土地价格、能源供应等数据的比较分析，引导东部地区的劳动密集型产业向黄河流域中西部地区有序转移。同时，金融科技可以为产业转移过程中的企业提供全方位的金融服务，包括跨区域融资、供应链金融服务等，保障产业转移的顺利进行。在产业分工协作方面，金融科技促进了流域内上下游产业的协同发展。例如，通过金融科技平台实现了内蒙古的能源产业与山东的化工产业之间的紧密对接，构建了稳定的能源供应—化工生产产业链条，提高了产业整体效益与竞争力，优化了黄河流域的产业布局，促进了区域间的协同发展与新质生产力的合理分布。

（五）加强区域金融监管合作，防范系统性金融风险

在黄河流域区域协同发展过程中，金融科技为区域金融监管合作提供了高效的技术手段。通过建立区域金融监管科技平台，实现各地金融监管部门之间的数据共享、信息交流与协同监管。例如，该平台可以实时监测黄河流域内跨区域金融交易数据、资金流动情况等，及时发现潜在的金融风险隐患。利用人工智能技术对金融风险数据进行分析与预警，提高金融监管的及时性与准确性。同时，区域金融监管合作借助金融科技手段统一监管标准与规则，避免因监管差异导致的监管套利与金融风险跨区域传播。例如，针对黄河流域内的金融科技新业态如网络借贷、数字货币等制定统一的监管规范，加强对金融机构跨区域经营行为的监管，保障区域金融市场的稳定运行，为黄河流域区域协同发展营造良好的金融环境，确保新质生产力在安全稳定的金融框架下持续发展。

五、结语

在新时代背景下，黄河流域的经济发展面临着转型升级的重要任务，其

中新质生产力的提升是关键。科技金融作为推动新质生产力发展的重要力量，其在黄河流域的发展具有重要的现实意义。科技金融通过整合金融与科技的优势资源，为企业创新提供了资金支持和技术支持，加速了新质生产力的形成和提升。未来，应进一步加强科技金融的发展，优化科技金融服务，完善相关政策，推动黄河流域的新质生产力持续健康发展。

参 考 文 献

［1］苏洁．以科技金融助力新质生产力发展［N］．中国银行保险报，2024－05－29（5）．

［2］尹振涛，杨佳铭．以金融科技推动新质生产力发展［J］．金融博览，2024（5）：54－56．

［3］许明辉，尚长风．金融促进新质生产力发展研究［J］．金融客，2024（7）：1－3．

［4］任春玲．金融科技推动新质生产力发展研究综述［J］．长春金融高等专科学校学报，2024（6）：30－36，91．

［5］易哲宇．金融科技重塑传统商业银行业务模式的经济学解释［J］．纳税，2018（7）：218．

［6］沈慕昊．金融科技视角下境内上市券商运营效率研究［D］．西安：西安财经大学，2020．

［7］施玉佩．金融科技背景下商业银行数字化转型的案例分析［J］．技术与市场，2021，28（4）：147－149．

［8］黄玉棠．金融科技助推经济高质量发展路径［J］．商业文化，2020（21）：42－45．

［9］张建华等．山东红色金融概论［M］．北京：经济科学出版社，2024．

基于数字经济背景下的应急转贷新模式研究报告

李　晨[*]

摘　要： 本文聚焦于数字经济背景下应急转贷新模式的探索与分析。随着数字技术的飞速发展，传统应急转贷模式面临着诸多变革机遇与挑战。通过深入研究数字经济的特点及其对应急转贷业务的影响，剖析现有应急转贷模式的局限性，提出了基于数字平台构建、大数据应用、智能风控等多方面创新的应急转贷新模式，并对应急转贷新模式的优势、实施路径以及可能面临的问题进行了详细探讨，旨在为金融机构、企业以及相关政策制定者提供有益的参考与借鉴，以促进应急转贷业务在数字经济时代的健康、高效发展，更好地服务实体经济，防范金融风险。

关键词： 数字经济　应急转贷　新模式

随着《中共中央关于制定国民经济和社会发展第十四个五年规划和2035年远景目标纲要》（以下简称"十四五"规划）明确提出了"加快数字化发展""建设数字中国""健全具有高度适应性、竞争力、普惠性的现代金融体系，构建金融有效支持实体经济的体制机制"的要求，在全社会数字化转型全面推进的背景下，金融行业需切实把握数字金融理念，树立数字化思维，培育数字化能力，优化数字化治理，形成数字化生态，以新金融模式推进自身数字化转型，满足数字经济发展的金融需求，培育高质量发展的新动能。

应急转贷是指为符合银行信贷条件、贷款即将到期而足额还贷出现暂时

＊ 李晨，任山东省新功能基金管理有限公司党委委员、董事、工会主席。

困难的中小微企业（含个体工商户）按期还贷、续贷提供的短期资金融通服务。中小微企业是市场经济发展的活力所在，也是中国特色社会主义经济持续健康发展的动力基础，在我国经济发展中发挥着举足轻重的作用。当前我国经济步入新常态，不少中小企业融资难、融资贵的问题变得越来越突出，部分中小微企业面临经营困难、利润微薄、资金链断裂的窘境。为解决这一难题，山东省委、省政府超前谋划，积极探索，充分做好有为政府和有效市场的结合文章，在全国率先决策部署了符合山东实际的应急转贷一揽子政策措施，"自上而下"推出了一系列符合市场需求、真正能解决燃眉之急的应急转贷服务。山东省新动能普惠金融服务有限公司（以下简称"动能普惠公司"）是省委、省政府确定的山东省企业应急转贷服务体系（以下简称转贷服务体系）和山东省省级转贷引导基金唯一运营机构。在构建"数字中国"的国家战略进程中，金融业作为信息化起步建设较早、成熟度较高的代表性行业之一，目前行业内各经营主体无论业务类型和规模大小，均将数字化转型作为公司战略布局的重中之重，有鉴于此，动能普惠公司通过数据赋能，大力推进数字化转型行动，创新应急转贷业务新模式。

一、担当作为：应急转贷数字化转型的实践和探索

（一）顶层设计

2018 年 11 月，习近平总书记在民营企业座谈会上充分肯定了民营经济的重要地位和作用，深刻分析了民营经济发展面临的困难和问题，指出要解决民营企业融资难、融资贵问题①。为全面落实习近平总书记重要讲话精神，2018 年 11 月，山东省政府出台了《关于支持民营经济高质量发展的若干意见》，决定设立山东省企业应急转贷引导基金（以下简称转贷引导基金）。为切实贯彻落实上述意见精神，2019 年 1 月，山东省地方金融监管局会同山东省工业和信息化厅、山东省财政厅、中国人民银行济南分行、中国银行保险监督管理委员会山东监管局联合印发《关于建立企业应急转贷基金的指导意见》，明确了设立转贷引导基金的具体路径，并要求建立健全转贷服务

① 习近平主持召开民营企业座谈会［N］. 中国政府网，2018 – 11 – 01. https：//www.gov.cn/xinwen/2018 – 11/01/content_5336540.htm.

体系。2019年3月,山东省财政出资2亿元,由新动能基金公司负责设立省转贷引导基金,并参与组建动能普惠公司,具体运营转贷引导基金,同时负责搭建包括银行和专业机构在内的转贷服务体系。2021年5月,新动能基金公司又募集资金8亿元,将转贷引导基金规模增至10亿元①。2021年7月,山东省人大通过《山东省民营经济发展促进条例》,将应急转贷由创新性举措转变为常规性政策,我省成为全国首个将应急转贷纳入地方性法规的省份,为全省应急转贷高效规范运作提供了坚实的法律制度保障。

(二)实践探索

动能普惠公司是由新动能基金公司参股设立的,专门负责应急转贷引导基金运营和转贷服务体系管理的机构。公司成立之初,主要通过"线下审批"方式开展业务,虽然能够暂时满足业务迅速开展的基本要求,但也存在工作量大、工作效率不高、规范性差等问题,与应急转贷业务快速发展的需求不相适应。为切实提高转贷服务体系工作质效,2019年6月,根据《山东省省级企业应急转贷引导基金管理暂行办法》相关要求,动能普惠公司着手开发拥有自主知识产权的"山东省转贷业务系统"(以下简称业务系统),以云平台为支撑,通过信息化支持相关资金的申请、审查、划转、收回、归档等一系列工作。7月,业务系统项目一期竣工并投入使用,系统优先建立线上业务受理功能,体系内机构可通过转贷业务管理模块填写借款企业信息、借款企业银行贷款情况、运营机构风险管理意见等信息,并可将《借款企业情况》《转贷申请表》《尽调报告》等扫描附件一同提交线上审批。经过两年多的不断升级改造,2021年11月,业务系统项目二期竣工并投入使用。系统二期以数据分析为导向,初步建立数据治理框架,建成了"山东省企业应急转贷平台数据中心",重点开发相关数据的归集、统计、和展示等功能,将转贷服务体系由基础化管理向数字化管理推进了一大步,初步形成了"以数据为依托,监督、指导转贷服务体系健康成长"和"以科技为支撑,引领、壮大转贷服务体系稳健发展"的数字化管理体系。

(三)工作成效

与最初的线下业务相比,目前的线上业务系统,有效提升了业务提报及

---

① 资料来源:《关于建立企业应急转贷基金的指导意见》。

审核时效，在系统层面节约了客户时间，提高了业务处理效率。更重要的是，通过线上业务监管、线上业务审核及专用账户线上监管，统一了省、市、县三级运营机构的操作规范，即时监控资金流向，确保了转贷引导基金专款专用、封闭运行。同时，山东省企业应急转贷平台数据中心的平稳运行，使全省业务数据得以通过可视化形式进行公开展示，为全方位、全时段展现管理成果提供了重要平台。该功能通过实时数据分析，全面监控全省业务开展动态、银行出函情况、区域及机构配资比例等，为公司及时调整经营策略及资金覆盖区域提供重要技术支撑。2022 年 3 月，业务系统顺利获得中华人民共和国国家版权局的计算机软件著作权登记证书，进一步明确了系统的知识产权，标志着山东省应急转贷工作，由基础化管理向数字化管理迈出了重要的一步，为日后系统的升级开发及数字化转型工作打下了坚实的基础。

二、问题导向：应急转贷数字化转型面临的困难和挑战

（一）宏观层面，应急转贷数字化转型面临五大问题

1. 数字化转型任重道远

根据 2022 年 11 月北京大数据研究院提供的《山东省新动能普惠金融服务有限公司数字化转型方案》，当前数字化转型浪潮下，企业转型最终成功率不足 30%。虽然动能普惠公司已经在提升自身的数字化能力方面做出了重要努力，但远未实现熟练掌控数字技术的转型要求，在技术路线选择、商业模式建立、投入产出分析等多个重要方面，还有待进一步研究论证，更需要通过长期不断的探索逐步予以建立完善。

2. 数字化转型动力不足

数字化转型具有硬件设备和研发投入大、转型成本高、管理要求高等特点，决定了追加投资周期长、见效慢，试错成本较大。同时，数字技术带来生产方式和生产模式变革，必然会对原有的组织形态造成冲击，相应组织必须进行适应性调整之后才能获得数字技术的正向收益。转型过程中面临的不确定性风险以及对既有利益格局的冲击，都导致全面数字化转型动力不足。

3. 数字化转型受到数字基础设施建设的制约

数字化转型对数字基础设施提出了更高的要求。许多传统企业受资源禀赋限制，以及缺乏前瞻性规划及有效部署，数字化基础设施仍然停留在"够

用就好"的阶段，与数字化转型的要求不相适应。对于各类市场主体来说，自身发展环境、资源禀赋、管理模式等都不尽相同，因此数字化转型没有一套通用的现行标准和解决方案，各公司需要根据自己的数字化基础、转型前景和需求来制定适合自身发展要求的转型方案，从而结合实际情况，因地制宜完善自身数字基础设施建设。

4. 数字化转型良好生态尚未形成

为适应数字化转型发展，我们以转贷服务体系为突破口，以备案机构和合作银行为主体，对建立应急转贷数字化转型生态圈作出了许多艰苦的努力，但与应急转贷业务密切相关的各机构和银行数字化禀赋不同，对数字化转型的认知不统一，积极性不高，尚未形成推动数字化转型的合力。同时企业还面临外部服务体系发展滞后，数字化支撑能力缺失等问题。

5. 数字化商业价值难以实现

数据的商业价值始于数据收集和分析，要依靠数据共享方能实现。目前，信息系统虽然积累了不少数据资产，但"数据孤岛"问题仍然突出，相关系统数据信息相互独立和隔离，无法实现共享。从而导致数据信息难以有效利用。

（二）微观层面，业务系统还不能完全满足基础管理和动能普惠公司内部控制的要求

1. 信息收集方面

目前主要业务数据收集体系还不完善，系统收集数据的数量和种类、数据质量控制、数据上传以及数据分析质量，尚不能满足管理的需要。

2. 重要数据验证方面

目前"业务系统"还未实现与第三方验证数据的对接，例如，在转贷申请人信息有变更的情况下，只能通过人工验证方式，查验申请人资质，可能出现更新不及时的情况。

3. 备案机构管理及考核方面

公司目前对机构工作的考核主要基于备案机构通过手工提报的材料进行审核，目前业务系统尚没有机构考核模块，无法实现线上考核功能。

4. 业务风险管控方面

目前，公司风控主要采用现场检查、电话问询以及手工调取企查查、执行网、工商信息网信息予以比对等方式进行，尚无法通过系统自动查验。

5. 宣传教育功能方面

目前，公司在应急转贷业务宣传方面仍采用传统模式，受众面小，宣传效率低。导致广大中小企业不了解这一政策，无法享受政策优惠。同时社会投资者只知道应急转贷能获得收益，但不了解应急转贷对资金有严格规定，导致部分不法分子借应急转贷政策非法集资、违规放贷，造成不良社会影响。

三、应急转贷数字化转型升级的理念和构想

针对当前应急转贷数字化转型过程中面临的主要问题，结合调研收获和启示，动能普惠公司凝心聚力、解放思想、正视困难、坚定信心，以数字化为抓手，创新发展山东省应急转贷新模式。

当前和今后一个时期，通过"一二三四"的思路谋划和推动相关工作：

（一）坚持一个理念

坚持科学精细管理，根据全社会各领域数字经济的发展趋势，紧密结合企业应急转贷平台的运行机制，深入研究自身数字化转型方向，加快数字化转型进程。一是充分发挥数字化转型在应急转贷引导基金运营和转贷服务体系组织能力方面的作用。在提高引导基金使用效率的同时，进一步推动转贷服务体系各参与主体之间的资源共享和相互赋能，通过数字化提高转贷服务信息在服务体系内的顺畅流动。二是制订符合应急转贷业务发展的数字化转型计划。要不断对现有应急转贷业务管理系统进行升级改造，以数字化转型目标为重点，加强业务管理系统数字化、信息化建设。三是不断吸收前沿科技成果支持数字化转型。当前新型数字经济技术如 AI 智能、区块链、云计算等进步加速，应急转贷数字化转型应该充分利用这些前沿科技成果，发挥技术创新在数字化转型中的驱动作用，促进应急转贷服务体系组织结构、管理能力不断优化提升。四是注重增强社会责任意识和提高服务能力，当前 ESG 管理体系已成为优质企业的标配，应急转贷服务体系作为政策性和市场化结合的运营主体，必须借助数字化转型推动制定科学有效的，不断强化 ESG 信息披露质量，履行更多的社会责任，促进公司高质量发展。

（二）构筑两道风控防线

数字应急转贷是借鉴数字普惠金融理念的一种科技金融具体实现形式，

是在保持银行续贷、转贷备案机构垫资、客户还贷基本框架流程的基础上，附加互联网信息交互、计算机信息处理、大数据分析、云计算等一系列相关技术，促进银企信息共享，降低交易成本和转贷服务门槛，构建起基于数据的风险控制体系，从而全面提升应急转贷的风险控制能力，同时有效提升应急转贷备案机构展业能力和持续运营能力。一是构筑完善的大数据风控防线。完善的信用风险管理体系是金融机构提供服务的核心能力。采用大数据技术提升应急转贷风控能力，具体构想是：运用小额分散理念，针对应急转贷资金在还贷、续贷每个环节的不同风险特征，对应急转贷资金在转贷企业、备案机构、贷款银行、省转贷平台之间流动进行闭环控制，确保内部风险可控；对外通过与数据服务商合作，在接入金融监管部门传统金融数据的同时，也参考使用大量非传统的数据，不断增加数据维度、拓宽数据边界，提升数据完整性和丰富性。探索开发应急转贷客户和备案机构风险评分模型，研发授信决策引擎、反欺诈引擎等，持续升级基于大数据的风险管理与审批决策的可靠性和效率性，从而通过大数据实现信用风险的可控。二是构筑应急转贷参与主体的风控精准画像。与金融科技创新研发团队合作，通过数据挖掘、深度学习、量化决策、图算法等金融科技研发，实现对应急转贷用户和备案机构的精准画像。将关联方的基本信息、第三方征信信息、生产信息、纳税信息、地方政府管理信息以及网上舆情信息进行综合处理，最后将用户画像勾勒出来，完成可视化表达，通过后台精准的模型测算，形成完整的企业和备案机构信息库，将信用量化，预先筛选出可能存在风险的借款人，从而通过对用户的精准画像实现对风险的精准防范。

（三）实现三个转变

坚持问题导向，从公司经营及发展实际出发，对现有系统进行升级改造，尽快补短板、强弱项。同时，努力研究和开拓数字金融新模式的内涵和外延，建设新型科技型普惠金融服务有限公司。

一是风险管控方面，注重变"传统防控"为"精准画像"。根据现有风险管理制度，尽快建立风险评价指标体系。创新风险控制技术，构建数字化风险控制管理体系，努力打造智能风险管控系统。增加风控预警功能，根据业务系统数据及第三方数据库内容，对备案机构和转贷申请人进行精准风险画像，通过智能化算法自动化识别备案机构和转贷申请人风险，多维度对备案机构和转贷申请人进行预警，全面提升风险管理水平。

二是机构管理方面，注重变"规模扩张"为"集约高效"。增加备案机构申请功能，运用OCR技术手段自动抓取备案机构申请材料，实现备案机构申请加入转贷服务体系线上自动预审批，提高审批效率。增加备案机构运营管理功能，向体系内的所有备案机构进行信息通知，设置短信提示及微信公众号提示等替代目前的微信群管理方式，确保备案机构及时查看通知公告。增加备案机构考核功能，通过机构业务数据并结合外部数据库，实现备案机构季度考核线上化评估。增加备案机构人员管理功能，收集并录入各备案机构人员详细资料，并实时更新，及时掌握备案机构人员变动情况，保证各备案机构联系的有效性。通过精准施策，促进各地方优质备案机构脱颖而出，发挥示范效应，让强者恒强，优者恒优，引领转贷服务体系做优做强。

三是数据采集方面，注重变"信息孤岛"为"互联共享"。对历史数据进行整理、清洗，逐步把非结构数据转变为结构数据，完善基础数据库。加大外部数据联通、共享力度，多措并举引入"有用"数据资源，扩展公司数据基础。探索自身数据优势，挖掘潜在数据价值。

（四）打造四项机制

根据目前应急转贷服务运营实际及发展方向，制定全省一体的应急转贷数字化转型方案，推进"全方位、广覆盖"的应急转贷业务数据体系建设。针对数字化转型中存在的突出问题，打造"集成服务、三级联动、科技金融赋能、政银企贯通"四项机制，周密部署、分步实施。

"集成化多端口服务"机制：即建设省应急转贷业务统一服务平台，并组建七大功能模块，分别为客户模块、转贷业务管理模块、备案机构管理模块、风控模块、数据模块，办公管理模块和功能支持模块。平台支持PC端、App端、微信端、小程序端和H5端等多端接入，丰富企业获取转贷资金渠道，全面服务于转贷客户、备案机构业务人员和动能普惠管理人员等不同群体。

"三级联动"机制：按照"动能普惠公司—备案机构—中小微企业"的框架开发应急转贷业务统一服务平台，集转贷业务、转贷资金、人员管理于一体，实现一套系统满足动能普惠公司、备案机构和转贷企业各层次转贷管理需求。备案机构原则上不再单独设置转贷业务审批流程，统一使用服务平台办理所有转贷业务。

"科技金融赋能"机制：以数据资产为核心，构建"三个基本场景"，即"数字化运营、数字化决策、数字化生态",通过信息技术提升对企业资金需求的应急处理和快速响应,实现"应转尽转、应转快转"。

"政企银贯通"机制:转贷业务统一服务平台将围绕关键业务点,以关键数据点和关键流程为枢纽,着力实现政府监管部门、用款企业和银行等相关各方数据的互联互通,满足各方对转贷业务多维度的管理需求,为各方实现各自的管理目标提供数据支撑。选择部分银行,尝试实现银行转贷联系单在线校验、续贷数据自动传输,包括银行授信审批、续贷审批、企业还款、银行续贷资金发放等数据,实现及时准确对账。为拓展新业务提供信息化保障。研究探索新增银行承兑汇票、国内信用证过桥等创新业务的在线管理功能。

参 考 文 献

[1] 中共中央关于制定国民经济和社会发展第十四个五年规划和 2035 年远景目标的建议 [N]. 新华社,2020 – 11 – 03.

[2] 山东省人民政府. 关于支持民营经济高质量发展的若干意见 [Z]. 济南:山东省人民政府,2023.

[3] 山东省地方金融监督管理局,山东省工业和信息化厅,中国银保监会山东监管局等. 关于建立企业应急转贷基金的指导意见 [Z]. 济南:山东省地方金融监督管理局等,2019.

[4] 北京大数据研究院. 山东省新动能普惠金融服务有限公司数字化转型方案 [R]. 北京:北京大数据研究院,2022.

[5] 山东省工业和信息化厅,山东省财政厅,山东省地方金融监督管理局等. 山东省省级企业应急转贷引导基金管理暂行办法 [Z]. 济南:山东省工业和信息化厅等,2019.

红色金融：黄河流域生态保护和高质量发展的历史纽带与现实动力

赵佳薇[*]

摘　要： 红色金融在中国革命战争时期和社会主义建设初期发挥了重要作用，不仅为夺取革命胜利和巩固政权提供了有力支持，还为新时代的金融发展留下了宝贵的历史经验和精神财富。通过回顾红色金融的发展历程，可以总结出一系列具有中国特色的金融策略和方法，这些经验为解决黄河流域面临的环境问题、促进地区经济绿色转型提供了重要借鉴。

关键词： 红色金融　黄河流域　生态保护　高质量发展

一、红色金融的概念及其在中国革命与建设中的实践

（一）红色金融的定义与特征

红色金融是指中国共产党在新民主主义革命时期和新中国成立初期为夺取革命胜利和巩固政权而创建和领导的一种特殊金融形态。其作为一种重要工具，用于支持无产阶级革命战争和红色政权建设，同时服务于民族独立、国家富强和人民解放的事业。

＊ 赵佳薇，齐鲁工业大学（山东省科学院）马克思主义学院硕士研究生，研究方向为马克思主义中国化研究。

红色金融具有鲜明的政治性和革命性，其首要职能不是营利，而是为无产阶级革命战争和红色政权建设服务。它以实现民族独立、国家富强和人民解放为目标[1]。虽然红色金融的主要目标是革命性的，但它也具备经济性和商业性。红色金融机构不仅发行货币、管理财政，还开展信贷、储蓄等金融服务，支持根据地的经济建设和民生发展。红色金融是由中国共产党创建和领导的，具有鲜明的阶级属性，主要服务于无产阶级和广大人民群众的利益。同时，它存在于特定的历史时期，即中国共产党领导的新民主主义革命时期和新中国成立初期。

（二）红色金融的历史沿革

1. 革命战争时期

中国共产党成立后不久，便开始了对金融工作的探索。1922 年 7 月，为了维护工人利益，减少商人的中间剥削，中国共产党在萍乡安源创办了"安源路矿工人消费合作社"。这是中国工人阶级最早的经济组织之一，通过低价销售货物，减少了工人的生活成本。随着规模和经营范围的扩大，合作社面临资金不足的问题。为此，1923 年初，合作社首次发行股票，筹集所需资金，成为中国共产党领导下的第一个红色经济实体。

中国共产党自成立以来，迅速将注意力转向金融领域的实践与探索。1922 年 7 月，在萍乡安源，为了保护工人权益并降低他们因商业中间商剥削而增加的生活费用，中国共产党创建了"安源路矿工人消费合作社"。作为早期由中国工人阶级建立的经济实体之一，该合作社以优惠的价格向成员出售商品，从而有效减轻了工人的经济负担。随着业务的发展和运营范围的拓展，合作社逐渐遭遇了资本短缺的问题。为解决这一困境，在 1923 年初，它采取了一项创新性的举措——发行股票来吸引投资，这不仅补充了必要的资金，还标志着在中国共产党的指导下，首个红色经济组织的诞生。此番举动体现了党在经济建设方面进行的初步尝试，并为后续的金融实践活动积累了宝贵经验。

在井冈山斗争这一艰难阶段，国民党反动势力对革命根据地实施了严格的军事围困和经济封锁。为应对红军的物资需求，并突破敌方的经济封锁线，1928 年，中国共产党在井冈山革命根据地建立了上井红军造币厂[3]。该造币厂开始铸造带有"墨西哥"版式特征的第一枚金属货币——刻有"工"字样的银圆。这枚银圆是中国共产党领导下，在革命根据地内首次由金属铸币厂生产出来的红色政权专用货币，象征着党在金融领域开展早期探索的重要一步。此举不仅满足了当时红军的财政需求，同时也代表了红色政权对于建立独立经济体系的初步努力。

1932 年 2 月 1 日，中华苏维埃共和国临时中央政府决定成立中华苏维埃共和国国家银行[4]，并任命毛泽民为行长。该银行在瑞金叶坪设立总行机构，分别在福建、江西设立分行，在瑞金市、兴国县、石城县设立支行，在长汀县设立办事处。中华苏维埃共和国国家银行承担了货币发行、流通管理和代理发行公债的任务，同时还兼行现代商业银行储蓄信贷职能，积极开展吸收存款和发放贷款等业务。中华苏维埃共和国国家银行的成立，标志着红色金融体系的初步建立。

全面抗战爆发后，陕甘宁边区成为中共中央所在地。1937 年 10 月，陕甘宁边区政府决定成立陕甘宁边区银行，由朱理治任行长。该银行负责发行边币，统一根据地的货币流通市场，维持币值稳定，打击高利贷，支持农业生产，促进贸易发展。陕甘宁边区银行在抗战期间发挥了重要作用，保障了根据地的经济稳定和物资供应。

2. 社会主义建设时期

新中国成立后，红色金融继续发挥着重要作用，支持国家经济的恢复与发展：

1948 年 12 月 1 日，华北人民政府宣布成立中国人民银行[5]，南汉宸任首任行长。中国人民银行的成立，标志着中国红色金融体系的进一步完善和发展。人民银行统一了全国的货币发行，结束了长期的货币混乱局面，为国民经济的恢复和发展奠定了基础。

抗美援朝战争期间，中国人民银行随军银行为前线部队提供金融支持，确保了战时的资金需求。同时，国内的金融机构也积极支持国家的经济建设，为工业化进程提供了有力的金融保障。

1953~1956 年，中国进行了大规模的社会主义改造，私营金融业被纳入国家计划经济体制[2]。这一时期，红色金融完成了从革命性金融向计划经济体制下金融的转变，形成了具有显著经济管理性、经济服务性和营利性的金融体系。

（三）红色金融的主要成就

红色金融在不同历史阶段成功发行了多种货币，如"工"字银圆、中华苏维埃共和国国家银行纸币、陕甘宁边区银行边币等。这些货币不仅解决了根据地的通货问题，还为革命战争和经济建设提供了稳定的金融支持。此外，红色金融建立了从中央到地方的金融机构体系，包括国家银行、省行、县行和分理处等，形成了较为完整的金融网络。

第一，红色金融在革命战争时期和社会主义建设初期，制定了多项财政金融政策，如发行公债、征收税收、管理财政、打击高利贷等。这些政策有效地支持了革命战争的进行，促进了根据地的经济发展和社会稳定。

第二，红色金融在实践中不断创新，如发行股票、吸收存款、发放贷款等。这些创新不仅解决了当时的资金短缺问题，也为后来的金融发展积累了宝贵的经验。例如，中华苏维埃共和国国家银行在发行货币的同时，还开展了储蓄信贷业务，这为现代商业银行的发展提供了借鉴。

第三，红色金融在实践中培养了一大批优秀的金融人才，这些金融工作者不仅在革命战争中作出了巨大贡献，还在新中国成立后的金融工作中发挥了重要作用。他们为中国金融事业的发展奠定了坚实的人才基础。

二、红色金融对黄河流域生态保护的历史贡献

（一）支持生态基础设施建设

在革命战争时期，中国共产党领导下的红色金融通过一系列创新实践，为黄河流域的生态保护奠定了基础。红色金融机构发行货币、管理财政，并开展信贷业务，有效解决了根据地的资金短缺问题，保障了军需民食。这些早期金融活动不仅促进了根据地经济的发展，还间接支持了当地的生态保护工作。特别是在陕甘宁边区，统一货币流通市场、维持币值稳定等措施，增强了当地居民保护环境的积极性。

（二）推动农业与农村绿色发展

新中国成立后，红色金融继续发挥重要作用，特别是在农业和农村经济发展方面。这一时期的红色金融政策如发行公债、征收税收、管理财政等措施，有效地支持了农业生产和农村经济的发展，同时也促进了环境保护。通过提供低息贷款和技术支持，帮助农民改善生产条件，采用更加环保的种植方式，减少化肥和农药使用量，保护了土壤和水资源质量。此外，红色金融

还支持农田水利设施建设，提高了灌溉效率，减少了水土流失现象的发生。

（三）促进资源合理配置与利用

社会主义建设初期，随着国家工业化进程加快，对于自然资源的需求日益增长。此时的红色金融体系通过制定合理的财政金融政策，确保资源得到合理配置与高效利用。一方面，通过对重工业部门的重点扶持，满足了国家快速发展的需求；另一方面，也注重对轻工业及农业的支持力度，避免了过度开发导致的环境破坏。统筹安排资金投向，引导企业进行节能减排改造，推广清洁生产技术，实现了经济增长与环境保护双赢的局面。

（四）助力生态修复与治理工程

改革开放以来，政府和社会各界开始重视生态环境保护工作。在此背景下，红色金融精神再次彰显其价值所在——以人民为中心、服务实体经济、坚持创新发展。各级政府部门积极运用绿色金融工具，加大对生态保护项目的投入力度，推动了一系列重大生态修复与治理工程顺利实施。政策性银行设立了专门的绿色金融部门，为防洪治沙、湿地恢复等项目提供了长期低息贷款支持；商业银行则专注于绿色信贷、绿色债券等业务，为环保项目提供融资保障。

（五）强化环境意识教育与人才培养

除了直接的资金支持外，红色金融还在环境意识教育和专业人才培养方面发挥了重要作用。高校开设了绿色金融、可持续发展等相关课程，培养学生的环保意识和专业技能。建立了多个绿色金融实践基地，让学生参与实际项目，积累实践经验。定期举办绿色金融培训班，邀请专家讲授最新理论和技术，推出职业资格认证，提高从业人员的专业水平和职业素质，确保他们在实践中能够践行红色金融精神，为黄河流域生态保护和高质量发展贡献力量。

三、新时代背景下红色金融精神的传承与发展

（一）新时代红色金融精神的核心内容

红色金融从诞生之初就承载着特殊使命，它不仅是为了夺取革命胜利和

巩固新生政权，更是为了实现民族独立、国家富强和人民解放的伟大目标。红色金融精神的核心内容熠熠生辉，成为推动我国金融事业高质量发展的强大动力。

1. 以人民为中心

以人民为中心是红色金融最根本的价值观。以人民为中心不仅是红色金融的灵魂所在，也是中国特色社会主义金融体系区别于西方资本主义金融模式的关键特征之一。自其诞生之日起，红色金融始终将人民的利益放在首位。无论是革命战争时期的农民银行，还是社会主义建设时期的国家银行，其根本目的是改善人民的生活，提高人民群众的福祉。这种价值观在新时代依然具有重要的指导意义。

在中国革命战争时期，红色金融通过提供基本金融服务和支持革命斗争，保障了根据地居民的基本生活需求。新中国成立后，这一理念得以延续和发展，通过一系列政策措施支持农村经济发展，帮助农民摆脱贫困，改善生活质量。

进入新时代，以人民为中心的理念进一步深化，强调金融服务要更加贴近民生，满足人民日益增长的美好生活需要。如今，金融服务不再局限于传统的存取款业务，而是更加注重贴近民生实际需求，如教育资助、医疗健康、住房保障等方面。金融机构积极响应政府号召，加大对中小微企业和弱势群体的支持力度，推出更多元化的金融产品和服务方案，以更好地满足不同层次人群的需求。

2. 服务实体经济

服务实体经济是红色金融一贯坚持的原则。无论是在革命战争时期还是社会主义建设初期，红色金融都致力于通过金融服务促进经济的全面发展。从支持农业生产和农村经济，到推动工业和基础设施建设，红色金融始终与国家发展大局紧密相连。

在革命战争时期，红色金融通过发行货币、管理财政等方式，支持根据地的农业生产和社会稳定。新中国成立后，随着国家工业化进程加快，红色金融体系不断完善，通过制定合理的财政金融政策，确保资源得到合理配置与高效利用。通过对重工业部门的重点扶持，满足了国家快速发展的需求；同时，也注重对轻工业及农业的支持力度，避免了过度开发导致的环境破坏。

进入新时代，服务实体经济的理念更加深入人心。金融机构不断加大对中小微企业的信贷支持力度，解决其融资难题，促进民营经济健康发展。此外，金融机构积极参与科技创新，支持高新技术产业发展，助力传统产业转型升级。通过这些措施，金融机构不仅促进了实体经济的健康发展，也为经济社会的全面进步提供了有力支撑。

服务实体经济不仅体现在资金支持上，更在于通过金融创新和服务优化，提升经济运行效率。例如，金融机构通过大数据分析客户需求，优化风险管理流程，提供更加精准的金融服务。这不仅提高了资金使用效率，也增强了金融服务的针对性和实效性。

3. 坚持创新发展

坚持创新发展是红色金融历史中的重要特征[3]。从发行股票、建立合作社，到创建国家银行、发行货币，红色金融在实践中不断进行制度创新和技术创新。这种创新精神在新时代同样重要，尤其是在金融科技迅猛发展的背景下，金融机构需要不断创新，以适应新的市场需求和技术变革。

红色金融的历史充满了创新与探索。革命战争时期，面对极端困难的条件，红色金融通过发行股票、建立合作社等形式，解决了根据地的资金短缺问题，保障了军需民食。新中国成立后，红色金融体系不断创新，建立了从中央到地方的金融机构网络，形成了较为完整的金融体系。改革开放以来，随着市场经济体制的建立和完善，红色金融精神中的创新元素得到了进一步发挥。

进入新时代，金融科技的迅猛发展为红色金融精神注入了新的活力。金融机构充分利用现代信息技术手段，推动金融服务的数字化转型。大数据、云计算、人工智能等前沿技术的应用，不仅提升了金融服务的质量和效率，还促进了金融服务模式的创新。例如，智能合约的应用减少了中间环节，提高了交易效率；移动支付、在线理财等新型服务形式的出现，极大地丰富了人们的金融生活。

坚持创新发展不仅是技术层面的革新，更包括制度和机制的创新。例如，绿色金融作为一种新兴的金融模式，通过引入环保理念，推动了经济结构的绿色转型。金融机构通过设立专门的绿色金融部门，推出绿色信贷、绿色债券等产品，支持环保项目和绿色产业的发展。这不仅符合可持续发展的要求，也为金融机构开辟了新的发展空间。

红色金融精神的核心内容——以人民为中心、服务实体经济、坚持创新发展，在新时代背景下继续发挥着重要作用。通过传承和发展这些宝贵的精神财富，金融机构不仅能够更好地服务于黄河流域生态保护和高质量发展，也为全国范围内的生态文明建设和经济社会发展提供了有益借鉴。未来，随着金融科技的不断发展和应用，红色金融精神将在更多领域展现出其独特魅力和强大生命力。

（二）红色金融精神在现代金融体系中的体现

在中国特色社会主义新时代，红色金融精神不仅没有褪色，反而在现代金融体系中找到了新的表达和实践方式，成为推动经济社会高质量发展的重要力量。随着中国金融体系的不断深化与拓展，红色金融所蕴含的核心价值观——以人民为中心、服务实体经济、坚持创新发展——在普惠金融、绿色金融以及科技金融等领域得到了生动体现。

1. 普惠金融

普惠金融的核心宗旨在于确保金融服务能够覆盖到每一个社会成员，不论其经济地位如何，这与红色金融所秉持的"人民至上"的理念不谋而合。在新时代背景下，中国正积极推广普惠金融，力求让更多的群体享受到便捷、公平的金融服务。这一举措不仅促进了社会和谐稳定，还为实现共同富裕的目标提供了坚实的支撑。金融机构积极响应国家号召，开发了多种适应不同需求的产品和服务。其中，中国农业银行推出的"惠农 e 贷"项目尤为突出，这种典型的普惠金融实践，简化贷款流程，缩短审批时间，并且降低了农户获得信贷资金的门槛。帮助农民解决融资难问题，促进了农村经济发展。

2. 绿色金融

绿色金融是新时代金融体系的重要组成部分，它强调在金融活动中融入环境保护和可持续发展的理念[8]。这与红色金融所倡导的服务实体经济、坚持创新发展的理念相互贯通。通过绿色信贷、绿色债券、绿色保险等金融工具，金融机构不仅支持了环保项目和绿色产业的发展，还促进了经济结构的转型升级。例如，中国工商银行推出了一系列绿色金融产品和服务，支持清洁能源、节能减排等领域的项目，这些金融项目实现了生态环境与经济发展的良性循环，黄河流域经济得益于向绿色发展转型。

3. 科技金融

科技金融是指借助现代信息技术的力量，显著提升金融服务的效率与质量。这一理念与中国红色金融精神中的坚持创新发展原则紧密相连。随着国家进入高质量发展阶段，金融机构不仅继承了红色金融勇于探索的精神，还结合最新的科技成果，创造出更多样化且高效的金融服务模式。作为红色金融精神在当代的具体体现，科技金融既保持了其一贯以来重视创新发展的优良传统，又顺应时代潮流进行了大胆尝试。以蚂蚁金服旗下的网商银行为例，该机构利用大数据分析建立了先进的风险控制模型，为小微企业提供了无须抵押和担保的小额贷款服务。这项创新举措有效解决了传统金融体系中对小微企业融资难的问题，大大降低了它们获取资金的门槛。这种做法不仅提高了资金配置的有效性，也为实体经济注入了新的活力。

四、红色金融助力黄河流域生态保护和高质量发展的路径

在新时代背景下，红色金融精神不仅为中国特色社会主义金融体系注入了强大动力，也为黄河流域生态保护和高质量发展提供了独特而有效的路径。面对黄河流域生态保护和高质量发展的双重挑战，金融机构通过传承和发展红色金融精神，构建多元化的绿色金融服务体系，推动金融科技的应用，加强政策引导与激励机制建设，并培养具有红色金融精神的专业人才，形成了一个系统性的解决方案。

首先，构建多元化的绿色金融服务体系是实现黄河流域生态保护和高质量发展的关键一步。这一体系旨在通过设立专门的绿色金融机构和支持绿色金融产品和服务的发展，确保资金能够高效、精准地投入到环保项目中。政策性银行如国家开发银行、中国农业发展银行等应设立专门的绿色金融部门，提供长期低息贷款以支持河道治理、生态修复等项目。商业银行则可以通过设立绿色金融事业部或绿色支行，专注于绿色信贷、绿色债券等业务，为环保项目提供融资支持。

其次，推动金融科技在生态保护领域的应用有助于提升环境监测和风险管理的能力[5]。大数据和人工智能技术可用于对黄河流域的水质、土壤、空气等进行实时监测，及时预警环境问题，提高监管效率。同时，利用大数据分析评估项目的环境风险和经济效益，为金融机构提供决策支持。区块链技术可以增强绿色金融产品的透明度和可追溯性，智能合约的应用则能简化交易流程，提高交易效率。

再次，加强政策引导与激励机制建设对于促进绿色金融业务的发展至关重要[6]。政府应出台优惠政策，如税收减免和财政补贴，降低企业和个人的融资成本，减轻生态保护项目的经济负担。制定统一的绿色金融评价标准，

并建立奖惩机制，激励金融机构积极参与绿色金融实践，确保其业务符合可持续发展的要求。

最后，培养具有红色金融精神的专业人才是保障上述措施有效实施的基础。高校应开设相关课程，培养学生的环保意识和专业技能，同时建立实践基地，让学生积累实践经验。此外，定期举办专业培训并推出职业资格认证，提高从业人员的专业水平和职业素质，确保他们在实践中能够践行红色金融精神，为黄河流域生态保护和高质量发展贡献力量。

五、结语

红色金融作为中国共产党领导下的一种特殊金融形态，在历史上发挥了不可替代的作用，并为当前金融体系的建设提供了宝贵的经验和精神指引。回顾其发展历程，可以看到红色金融始终坚持服务于人民、支持革命和建设的原则，这在新时代的普惠金融、绿色金融等实践中得到了充分体现。特别是在黄河流域生态保护和高质量发展的背景下，结合红色金融精神与绿色金融理念，不仅有助于实现区域可持续发展目标，也为全国范围内的生态文明建设和经济社会发展提供了有益的参考。

红色金融精神也将在中国特色社会主义现代化金融体系建设中继续发扬光大，为实现中华民族伟大复兴贡献力量。未来，通过构建多元化的绿色金融服务体系、推动金融科技的应用、强化政策引导与激励机制建设以及培养专业人才，进一步提升金融服务于生态保护与高质量发展的能力和水平。最终，这一系列举措不仅有助于实现黄河流域的可持续发展目标，也为全国范围内的生态文明建设和经济社会发展提供了有益借鉴。

参 考 文 献

[1] 熊杰，熊未未. 安源路矿工人消费合作社红色股票的文物价值及保护利用策略 [J]. 南方文物，2024（6）：256－260.

[2] 吕新发. 红色金融的概念、内涵与当代价值研究 [J]. 金融理论探索，2021（3）.

[3] 朱继红. 革命印钞造币业的萌芽 [J]. 中国金融，2013（13）：88－89.

［4］刘魁. 土地革命战争时期中央苏区财税政策的演变［J］. 中共党史研究，2024（3）：77 - 87.

［5］何家伟，刘荣琴. 统一货币：新中国金融根基的奠定［J］. 湖北大学学报（哲学社会科学版），2024，51（4）：10 - 22.

［6］邓强. 金融烽火——中国共产党领导下的金融发展简史［J］. 时代文学（上半月），2015（8）：15 - 29.

［7］尹志超，余安定. 红色金融的发展实践及当代启示［J］. 学习与实践，2023（8）.

［8］赵虎林，潘光曦. 黄河流域数字金融与农业高质量发展的耦合协调研究［J］. 统计与决策，2024，40（12）：152 - 157.

［9］吴旭峰，高忠坡. 传承红色金融文化推动绿色金融高质量发展——基于"以红促绿"视角的研究［J］. 哈尔滨学院学报，2023，44（2）：34 - 38.

［10］贾若彤，石虹. 金融科技对黄河流域经济高质量发展的影响研究［J］. 生产力研究，2024（6）.

［11］李晨涛. 奋力谱写黄河流域生态保护和高质量发展三门峡新篇章［N］. 三门峡日报，2024 - 12 - 20（A02）.

［12］丁新一. 关于做好黄河流域生态保护和高质量发展载体建设的思考［N］. 江苏经济报，2024 - 12 - 13（T04）.

［13］黄承梁，宫长瑞. 美丽甘肃：习近平生态文明思想的甘肃实践［J］. 甘肃社会科学，2024（6）：1 - 10.

［14］何向育. 绿色金融支持黄河流域生态保护和高质量发展：理论、问题及策略［J］. 重庆社会科学，2024（10）：115 - 128.

［15］张建华等. 山东红色金融概论［M］. 北京：经济科学出版社，2024.

战时山东工商管理机构
从事金融活动之探略

李　银[*]

摘　要： 本文主要介绍了抗战时期山东根据地工商管理机构的成立及机构序列和组织结构，简要探讨了这一时期山东工商管理机构与北海银行的关系，及其从事的金融活动。

关键词： 工商　货币斗争　反假　流通票据

一、工商管理机构的成立

1940 年以后，山东的抗战形势急转直下，根据地范围不断缩小，经济形势随之恶化，1943 年上半年可以算得上至暗时刻。为了尽快摆脱困境，根据地开始调整斗争策略。7 月，中共山东分局决定在政权系统设立工商管理机构，统一领导对敌经济斗争和根据地经济管理工作①，8 月 19 日，中共山东分局在《五年工作总结及今后任务》中指出，"建立工商管理处及各区分处，统一领导经济建设工作"②。8 月 12 日至 9 月 8 日，山东省临时参议会一届二次参议员大会先后在莒南县坊前村和日照县桑庄召开。8 月 20 日，省战工会主任委员黎玉在省临时参议会一届二次大会上作施政报告时指出，"部队和机关所经营的商店立即合并，统归工商管理局直接领导。……应立

---

* 李银，本科，副高，研究方向为货币及金融史。

① 临沂地区史志办公室，山东省出版总社临沂分社 . 临沂百年大事记［M］. 济南：山东人民出版社，1989：493.

② 李银，李天聪 . 滨海区工商局系统纸币发行探讨［J］. 中国钱币杂志，2021（3）：51.

即成立工商管理局，来统一领导贸易、工业生产建设、货币外汇管理、合作事业等类工作。①"大会通过了《山东省战时施政纲领》，决定将山东省战时工作推行委员会（以下简称"省战工会"）改称山东省战时行政委员会（以下简称"省政委会"），选举黎玉等 11 人为省政委会委员。黎玉任主任委员。9 月 3 日，省政委会设立工商管理处，黎玉兼处长，耿光波、吕麟任副处长，薛暮桥任监委②。

9 月 10 日，中共中央山东分局决定，各战略区一律设立工商局，区党委具体指导，派 1 名委员参加。同时要求各级党委派得力干部参加工商管理工作，要了解情况，掌握政策，灵活运用各种斗争方法，争取对敌经济斗争的胜利③。根据这一决定，9 月 15 日，滨海专署以贸税局为基础，合并了纺织局、盐务署，率先组建了滨海工商管理局④。9 月 30 日，省政委会指示，建立工商管理局，统一领导各地区的经济斗争，工商管理局的中心工作是货币斗争、贸易管理、生产建设，三者互相配合，以期加强对敌经济斗争，保障军民生活，克服困难，坚持抗战⑤。根据省政委会的指示，鲁中、渤海、鲁南、胶东亦依次建立了工商管理局。各工商管理局成立时，均吸收合并了所在地部队和机关的商店。10 月 29 日，山东省政委会公布省临时参议会通过的《山东省各级工商管理局组织条例》、省政委会制定的《山东省工商管理暂行规程》与《修正商会组织大纲》，对各级工商管理部门的机构设置、人员编制和工作任务，作了明确规定⑥。

二、工商管理机构序列及组织结构

关于工商管理系统的机构序列，《山东省志·政权志》《山东省志·工商行政管理志》《北海银行史料》的记载各略有出入。按《山东省志·政权

---

① 李银，李天聪．滨海区工商局系统纸币发行探讨［J］．中国钱币杂志，2021（3）：51．

② 山东省地方史志编纂委员会编纂．山东省志·商业志附录山东省商业大事年表［M］．济南：山东人民出版社，1997．

③ 山东省地方史志编纂委员会编辑．山东省志·大事记上册［M］．济南：山东人民出版社，1998：421－427．

④ 临沂地区史志办公室，山东省出版总社临沂分社．临沂百年大事记［M］．济南：山东人民出版社，1989：493．

⑤ 山东省地方史志编纂委员会．山东省志·商业志［M］．济南：山东人民出版社，1997．

⑥ 山东省地方史志编纂委员会．山东省志·大事记［M］．济南：山东人民出版社，1998：421－427．

志》，省政委会领导期间，即 1943 年 9 月至 1945 年 8 月，省政委会下设工商管理处，各行署、直属专署的工作部门设工商管理局，各专署、相当专署的行署及行政联合办事处设工商管理分局，县政府设工商管理局①。按《山东省志·工商行政管理志》，省政委会下设工商管理处，各行署、直属专署设工商管理总局，各专署、相当专署的行署及行政联合办事处设工商管理分局，县设工商管理局。区别是行署、直属专署工商管理局的设置。综合档案资料分析，《山东省志·工商行政管理志》所述正确。当时山东根据地工商管理局的机构序列是：省工商管理处→大区行署工商管理总局→专署或相当专署的行署工商管理分局→县级工商管理局。

按省政委会规定，工商管理局行政上受同级政府领导：总局受行政公署领导，级别等于行政公署之各处；分局受专署领导，级别等于专署各科，部分分局为专员以下，县长或专署科长以上之级别；县局以下仍按对敌经济斗争需要划分，县局局长级别介于县长与县科长之间；事务所主任与区长同级。业务上受上级工商管理局直接领导。如果政府主要负责人与同级工商管理机关存在意见分歧，应请示上级解决。由这点看，工商管理局的级别已接近其辖区政府级别。由于工商管理局是党委筹划建立的，各级工商管理局不仅受政府领导，同时还受党委具体指导，并有 1 名党委委员参加，其实际权力要比规定的大，并具有相对的独立性。

应当指出的是，县设工商管理局，是依据 1943 年 9 月山东省临时参议会通过的《修正山东省县政府组织条例》。限于当时的斗争环境，并未完全实现一县一局的设置。那个时期，多数县城被日伪占领，民主政权只是占据县城之外的一部分区域，因此，民主政权往往是在其控制的几个县的毗邻区域设置一个中心县级工商管理局，就近指导附近各县的对敌经济斗争。

关于组织结构，根据 1943 年 12 月 30 日的《山东省财经会议关于工商工作决议》②，分局和县级局机构设置如图 1 所示。

实际执行情况似与此有出入。如莒沭工商支局（县级局）内设人事、税务、办事、警察四个股，并配备一个警卫连。各股配股长、干事、办事员数人。支局驻地设总商店，各重要集镇或交通要道上设分店和事务所、检查站③。

---

① 山东省地方史志编纂委员会. 山东省志·政权志 [M]. 济南：山东人民出版社，1995：301，304，305 - 316.

② 山东省钱币学会. 北海银行货币大系下册 [M]. 济南：齐鲁书社，2015：817.

③ 临沭县史志编纂委员会. 临沭县志 [M]. 济南：齐鲁书社，1993：453.

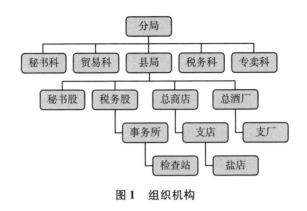

图 1　组织机构

其中检查站、公营商店是货币斗争的生力军，公营商店还有货币兑换之职责。

为了掌握各地各种纸币的比值变化、物价的涨落、市场供求状况，以及敌伪经济政策，各级工商管理局可能设有调查统计室①。

三、工商管理机构从事的金融活动

（一）省工商管理处

抗战时期，省工商管理处的职责有八大项：负责对敌经济斗争的领导，负责手工业生产及渔盐矿产业的管理，负责抗日根据地出入的贸易统制及物资管理，负责外汇管理调剂，负责商业行政市场管理，负责合作事业的指导推动，负责公营事业管理，负责进出口税、盐税、所得税、营业税的征收与缉私稽查等②。表面上看，仅负责外汇管理调剂一项属于金融业务。根据档案资料及其他史料，工商管理处的职责绝非仅限于此。

薛暮桥在 1943 年 9 月出版的《斗争生活》（第 26 期）中谈到，货币斗争、贸易管理、生产建设，三者应组织工商管理局来统一领导。省政委会在指示中也明确了工商管理局的中心工作是货币斗争。同时，《山东省工商管

---

①　中国人民银行金融研究所，中国人民银行山东省分行金融研究所．中国革命根据地北海银行史料第一册［M］．济南：山东人民出版社，1986：383.

②　山东省地方史志编纂委员会．山东省志·工商行政管理志［M］．济南：山东人民出版社，1997：23.

理暂行规程》还赋予工商管理局货币管理之职能。

根据档案资料，省工商管理处有制定货币政策、指导北海银行之权利。如1943年9月20日，省工商管理处发出的《对于鲁南货币贸易的工作指示》[①] 中，就规定鲁南年内计划发行北海币五百万元，将来发至一千万元；工商管理局应动员一切经济力量打击法币，抑低法币比值，直至自动拒绝法币，要把法币排挤出去；决定鲁南的北海银行与工商管理局完全合并等。省工商管理处在《对于清河区货币斗争的指示》（1943年9月14日）、《给胶东工商管理局的指示信》、《给渤海区工商管理总局的指示》[②] 中也都涉及本币发行以及发行额度。比较典型的例子是中共山东分局和省工商处联合发出的《给鲁南区党委鲁南专署及工商管理局的指示》[③]，"滨海总行代印本币五百万元（鲁南分行发行的北海币多数由总行代印——笔者注），除以一百五十万元拨作春耕贷款以外，其余三百五十万元完全拨给工商管理局。自三月至五月三个月内，应再添印本币一千万元，其中大部分亦充作工商管理局之资金"。该指示不仅给北海银行下达了印钞额度，还明确了该额度的用途。类似的指示，之前是由中共山东分局或省府下达的，也就是说工商管理处在这里扮演了省府的角色。

1945年7月6日，山东省工商工作会议决定实施北海币全省统一流通[④]，该会议还就货币政策、贸易政策、税收政策等作出了决定。8月1日，山东省政委会通令北海币统一流通。再如山东省政府工字第一号令（1945年8月13日），内中下达了各地本币发行量，等等。从这一系列的例子中，可以看出当时重大的货币政策都是由工商管理处作出，然后付诸实施。

（二）五大区工商管理总局

1. 工商局成立后，北海银行分支机构及业务的变化

北海银行总行移驻滨海区后，北海银行滨海分行并入总行，总行直接领导滨海区各北海银行分支机构。滨海工商管理总局成立后，滨海区各县已建立的银行办事处均撤销，金库移交给县府财政科，人员撤回。货币斗争、工

---

① 山东省档案馆藏资料；索引编号 G015－01－0001－009.
② 山东省档案馆藏资料；索引编号 G015－01－0001－008，G015－01－0001－002，G015－01－0001－004.
③ 山东省档案馆藏资料；索引编号 G013－01－0001－003，G013－01－0001－004.
④ 山东省钱币学会. 北海银行货币大系下册 ［M］. 济南：齐鲁书社，2015：816.

商贷款、汇兑等业务移交工商管理总局。银行仅保留印钞、发行、农贷等业务。除了前述业务，工商管理总局还发行了功能相当于北海币的临时流通票据。

鲁中区成立工商管理局后，"关于货币斗争、北海币发行、掌握金融变化等工作，逐步归属工商管理局领导，据1945年7月的《鲁中区财粮工商工作总结》载，自工商管理局成立后，鲁中支行及各专署设立之办事处一律撤销。①"北海银行鲁中分行仅保留了印钞业务。鲁中区工商管理总局亦发行过临时流通票据。

鲁南区、渤海区工商管理总局成立后，该区北海银行并入工商管理局。北海银行的业务自然就是工商管理局的部分业务。

根据《胶东区行政主任公署训令》（秘字第十八号，1943年12月1日）②："税务、贸易、矿务、银行、纺织、鱼盐等各种工作，统归各该级工商管理局统一领导。"胶东分行的各支行与工商管理局一致行动③。

综上所述，工商管理局成立后，北海银行各分支机构要么将部分业务移交工商管理局，要么接受工商管理局领导，要么直接并入工商管理局。期间，银行行长多兼任同级工商管理局副局长。鲁中区特别，由工商管理局局长兼北海银行鲁中分行行长，原行长调任副行长。北海银行仅保留北海币的印制、部分发行和农业贷款等业务，机构和业务范围急剧收缩。

2. 工商管理机构从事的金融活动

虽然滨海、鲁中、鲁南、胶东、渤海五个工商总局的职责略有不同，但是进行货币斗争、汇兑、工商贷款、货币兑换和发行流通票据是其共同之处。

这个阶段的货币斗争主要是排法斗争、反假币斗争和外汇管理。

排法斗争是将根据地内的法币排到境外，并阻止境外法币流入根据地。第一次排法斗争始于1942年下半年，终于1943年上半年，未圆满成功。

第二次排法斗争始于1943年下半年。期间，群众持有的法币可以向北海银行以及工商局的货币兑换所、税务机关、贸易机关、事务所、公营商店等兑换法币。法币停用后，主要靠工商局的事务所、缉私队查处市面流通的

---

① 山东省钱币学会. 北海银行货币大系下册 [M]. 济南：齐鲁书社，2015：654.
② 山东省档案馆资料；索引号 G031 - 01 - 063 - 015.
③ 中国人民银行金融研究所，中国人民银行山东省分行金融研究所. 中国革命根据地北海银行史料第一册 [M]. 济南：山东人民出版社，1986：48 - 122.

法币。商人因需携带法币出境的，需由北海银行或工商管理相关部门封包由其带出境。商人携带法币入境，由工商管理局的检查站封包，如需使用，要到北海银行或工商管理局相关机构兑换成北海币。

第二次排法斗争最终圆满成功。正如 1944 年 7 月 1 日《大众日报》刊载的薛暮桥总结"现在山东各根据地已经胜利完成币制改革的初步工作，北海票已经成为根据地市场上唯一的本位币了。"其成功的主要原因归功于工商局。如滨海区，根据薛暮桥 1944 年 3 月的总结："滨海区的货币斗争是从去年七月专署布告停用法币开始。这时期的货币斗争主要依靠政府行政力量和群众团体的帮助，在艰苦斗争中缓缓进展着，获得了初步的胜利，这可以说是货币斗争的第一时期。到去年九月工商管理局成立，十月间开始展开全面性的对敌经济斗争，于是货币斗争得到了巨大的经济力量的支持，顺利开展，获得了更显著的成绩，这可以说是货币斗争的第二时期。"① 在鲁中区，工商管理局成立之后即刻宣布停用法币。停法工作开始于沂南、沂临县，之后是蒙山区，其他地区 1944 年开始。1944 年 7 月，全区停用法币。据估计，1943 年 10 月至 1944 年 5 月底八个月内，流通于根据地的法币及杂钞（民生票等），有九千万至一亿元被排挤出鲁中市场。而本币流通范围则极大地扩张，过去只流通在南至张庄，北至坦埠很小的一片地区，而后来停用法币的地方都成为本币流通的范围了。清河区，在工商局的领导下，排法工作于 1944 年 2 月底顺利完成。鲁南区于 1944 年年中完成排法工作。

关于反假币斗争，此前，由于北海银行人员少，银行网点不多，没有执法权，所以反假币斗争进行得不够彻底，持续性也差，贩假活动往往是此消彼长。而工商管理局就不同了，具有执法权，除了拥有检查站、缉私队外，其事务所及公营商店网点遍布根据地的各重要集镇及交通要道上，领导反假币斗争具有得天独厚的优势。缉私队、检查站、事务所及公营商店是工商管理局的反假币利器。如 1945 年 1 月 29 日《大众报》报道的海莱工商局查获的一宗假币案，案值二万元。该案为胶东区截至报道日最大的假币个案。工商管理局领导反假币斗争时期，反假币斗争进行得比较彻底，也具有持续性。据不完全统计，山东根据地 1944 年全年共查获假币 16828.5 元。其中假北海币 15228.5 元，伪造、变造本票 1600 元。抓获嫌疑犯 24 人。1945 年查获假北海币超过 378784 元，抓获嫌疑犯 44 人，其中 4 人被判处死刑。

---

① 山东省钱币学会. 北海银行货币大系上册［M］. 济南：齐鲁书社，2015：11 - 12.

抗战时期，为解决商人携带货币跨境交易之不便，山东根据地各大战略区北海银行曾经开展过汇兑业务。到1940年底，北海银行已经与冀南银行等多家银行通汇①。此项业务后来划归贸税局，工商管理局成立后又划归工商管理局。1945年底逐步回归北海银行经营。山东根据地对汇兑的解释是：（1）用汇票代替货币之运送，清理不同地区的债权债务或借贷关系。（2）用汇票代替货币之携带，以解决不同空间的经济需求②。汇兑分内汇（本根据地内各区汇兑）与外汇（与友区或日伪区汇兑）。根据地对汇票管制较严，建有交易所，买卖须登记，随行情涨跌，但也有黑市交易。无论是敌伪汇票还是根据地汇票，其中一部分曾经充当过货币。

外汇管理主要包括外汇的兑进兑出、牌价、打击黑市交易和缉私等业务。尤其是打击黑市交易和缉私是工商管理局的强项。

工商局成立后，北海银行印制的北海币基本上半数以上划拨给工商管理局，作为其资金用于贸易及发放工商贷款等业务。抗战期间，工商局共发放了多少工商贷款有待进一步研究。

1946年8月28日，山东省工商管理总局发布了紧要启事："启者，我山东地区各区分局，从一九四三年开始在本市不够流通地区，印发部分汇兑券、流通券、期票等数种票据代替了本币之不足，支持了货币斗争。但自从去年省政府颁发统一北币命令后，各地区即已大量兑换收回。唯迄今为止仍有一部分在市场上流通，一部分变为一般商人户的贮藏手段。为了贯彻省府统一本币精神，特决定全部收回。兑换办法以便利群众为原则，不限地区。凡本局所属范围内的商店酒店，皆负责按印发时所公布的条件（详票据上正反面的说明）兑换，限九月底以前收兑完毕，过期作废。望各地存户从速到附近的商店酒店中兑换，时间不长，希勿延误为荷。"③

"紧要启事"所述的票据中，汇兑券与流通券、期票的功能不同。流通券、期票在发行人辖区内充当货币流通，功能等同于北海币。汇兑券用于跨大区交易。

目前尚未发现汇兑券实物，也未见到实物发现相关报道。有关汇兑券的

---

① 中国人民银行金融研究所，中国人民银行山东省分行金融研究所. 冀鲁豫边区金融史料选编上册［M］. 北京：中国金融出版社，1989：56.

② 中国人民银行金融研究所，中国人民银行山东省分行金融研究所. 冀鲁豫边区金融史料选编上册［M］. 北京：中国金融出版社，1989：25.

③ 山东省工商管理总局紧要启事［N］. 大众日报，1946 – 08 – 28.

研究至今还是空白。

汇兑券起源于跨区交易。1943年夏季，山东根据地开始全面实行北海币分区发行限区流通的货币政策，各战略区发行的北海币币值不一，不能相互流通，一个战略区发行的北海币不允许被携带到另一个战略区，更不允许在另一个战略区流通。战略区之间的商贸往来不能用北海币或以北海币计值的各种票据直接进行结算，而是以伪钞作为中间值进行结算①。汇兑券应运而生。跨大区交易前，交易者持有北海币到辖区工商局以北海币对日伪币的牌价兑换成汇兑券，到目的地后再到工商局以日伪币对目的地北海币的牌价换成北海币进行交易。

1945年6月，省政委会主任委员黎玉在全省工商工作会议上的报告谈到，"汇兑券、流通券应该慎重，不应乱发。今后汇兑券限邻区使用，如胶东可向渤海发汇兑券购粮食棉花（可用金子换回）。……汇兑券可转让，但不能在市场流通（双方自愿者不禁止）。"② 根据黎主任的讲话，汇兑券主要用于向邻区采购大宗商品，可以转让，但不能流通，私下流通不禁止。从这几方面看，汇兑券体现的主要是汇票功能，货币功能弱些。由于当时北海币不敷流通，估计这些汇兑券曾私底下在异区市场上小范围流通。其不可能大范围流通的原因：一是政府不允许；二是这种大面值的票据在异区不容易获得广泛认同。不排除个别大区发行的汇兑券可能流通于本区。

鉴于当时各战略区都有对邻区贸易，如渤海区输出棉花、粮食、食盐、土硝，胶东区输出黄金、印刷材料、军需材料（主要是化工产品），滨海区输出食盐、生油、煤炭，鲁中区输出生油、黄金、煤炭，鲁南区输出粮食、生油和煤炭，渤海区输入生油、黄金、印刷材料、军需材料，胶东区输入粮食和棉花，滨海、鲁中、鲁南亦输入棉花，等等。因此，各大战略区可能都发行过汇兑券。

迄今为止，见诸史料但未发现实物的流通票据有以下两种：

（1）滨海同泰商店（后来更名滨海商店）期票。

该商店隶属滨海工商总局，1944年发行一百元、二百元、五百元三种大面值定额临时期票流通于滨海各地。此期间，该区北海币的最大面额仅五

---

① 山东省财政科学研究所，山东省档案馆编．山东革命根据地财政史料选编第二辑［M］．（内部资料）1985：248.

② 山东省财政科学研究所，山东省档案馆编．山东革命根据地财政史料选编第二辑［M］．（内部资料）1985：328.

十元。"期票"因面额大，防伪措施不如北海币，行用一段时间后，市面发现大量假"期票"，因此，滨海商店于1945年5月7日在《大众日报》上刊登启事，决定停止"期票"流通并收回"期票"。启事全文如下：

滨海商店启事

迳启者：敝店于去年（一九四四年）因北币缺乏，经政府批准发行壹佰元、贰佰元、伍佰元之临时期票三种，函蒙各界信赖，已流通于滨海各地。乃近得悉赣榆敌伪破坏我期票信誉，捣乱我市场金融，企图掠夺我根据地物质，大量伪造期票。本店恐各店信假为真，而遭受损失，特登报声明，凡本店之期票，于登报日起停止市面流通，并限半月内至各地商店兑换，过期恐真假难辨，决定只准来本店兑换，其他商店不负兑换之责，望各界见谅！

四月二十三日

根据启事，过了回收期还可以兑换，只是必须到滨海商店兑换。因此，逾期后"期票"会继续流通。1945年8月1日，省政委会发布了财字第22号通令[1]，要求过去各地北海银行及工商管理局所发之本票及流通券等，立即停止在市面流通，限期由发行机关兑回。滨海商店奉命收回全部期票[2]。

（2）渤海工商管理总局发行的本币汇票。

该票发行于1945年，限定流通于敌区，不能在本区流通。之后回流到根据地内参与流通。1946年8月5日，渤海工商局发布《渤海工商局限期收回支票、汇票的通告》[3]："本局在去年所发行之两种支票（一种是只限后勤处与会计科使用，另一种是采购科与公营商店使用）和发出的'本币汇票'（原规定只限到敌占区流通使用），在使用中发生'本币汇票'有在根据地内流通使用及支票在市场流通使用之现象，为此本局前已公告收回。现查现在各部队、机关、团体、商民中仍有存留者，今复决定在八月底以前两种支票与'本币汇票'完全收清……"。

迄今为止，未见史料但发现实物的流通票据有如下品种四种：

（1）滨北工商管理局临时流通券二元券、一元券（见图2）。滨北地区

---

① 中国人民银行金融研究所，中国人民银行山东省分行金融研究所. 中国革命根据地北海银行史料第二册［M］. 济南：山东人民出版社，1986：2 - 3.

② 莒南县地方地方史志编纂委员会编辑. 莒南县志［M］. 济南：齐鲁书社，1998：435.

③ 渤海工商局. 渤海工商局限期收回支票、汇票的通告［N］. 渤海日报，1946 - 08 - 20.

的行政机构先是专署级行署，后改称为专署，隶属于滨海区。"临时流通券"的流通范围是滨北工商管理分局当时职权行使区域，即莒北、日北、诸城、诸莒边、诸胶边、藏马等县。

图2　滨北工商管理局临时流通券二元券、一元券

（2）莒沭商店流通票一元券（见图3）。莒沭商店隶属于滨海区莒沭工商管理局。1943年春，莒沭贸税局在岭泉设立莒沭商店总店，在大店、十字路、坪上设分店。当年9月，在莒沭贸税局的基础上成立了莒沭工商管理局，地址在峰山后村（原文为"丰山"，初步考证似为峰山，现属莒南县），莒沭商店随即划归莒沭工商管理局，此时，总店仍在岭泉，有大店（属莒南）、十字路（属莒南）、寨里河（属莒中县）和莒中县4个分店。1944年，总店迁驻大店，增设道口分店①。因大店属于莒南②，总店迁往大店就意味着莒南工商管理局与莒沭工商管理局已经合并。按理说，"莒沭商店流通票"的流通范围应该仅限于莒沭工商管理局职权行使区域，但是，由票面印有"滨""海"二字，以及票背面的发行说明"流通范围　太石路南"可知，其实际流通于整个滨海南部，涵盖滨中、滨南二专区。"莒沭商店流通票"发行时，泰石路以北，为滨北工商管理分局职权行使区域，路南则有多个县级局职权行使区域，莒沭工商管理局似无权让"莒沭商店流通票"流通

---

① 莒南县地方地方史志编纂委员会编辑．莒南县志［M］．济南：齐鲁书社，1998：332.
② 莒南县地方地方史志编纂委员会编辑．莒南县志［M］．济南：齐鲁书社，1998：68.

于其他区域。唯一的解释就是，"莒沭商店流通票"的流通范围系滨海工商管理总局的统筹安排。这样的安排，可能基于以下原因：首先，莒沭商店当年规模堪比滨海商店，其分布多个重镇的分店，便于纸币的发行和流通，是其他工商管理局商店无法比拟的；其次，总店所在地大店是省政委会驻地，是全省政治中心。

图 3　莒沭商店流通票一元券

（3）赣海商店一元券（见图 4）。赣海商店隶属于滨海区海赣工商管理局。赣海商店纸币的流通范围应该仅限于海赣工商管理局辖区，即赣榆西南部欢墩埠、墩尚、城头、朝阳和海陵东部厉庄、临洪、茼庄湖、七里沟一带。

图 4　赣海商店一元券

（4）鲁中区工商管理总局公营商店代办流通券五百元券（见图 5）。1943 年 10 月 15 日，以鲁中区贸税管理局、矿业、纺织及机关部队生产贸易单位为基础，在沂南县组建了鲁中区工商管理总局。鲁中行政联合办事处副主任马馥塘兼局长（一段时间兼北海银行鲁中分行行长）。1945 年 8 月 13日，山东省政府发布了"工字第 1 号令"："立即大量调剂城市所需本币，胶东、鲁中各增发一万万元，其他各地各增发五千万元。并立即扩大银行职员，接管城市印刷机关，突击印票，准备继续增发。在本币不够流通前可发流通券（每张壹百元至壹千元），以应市场急需。"

图5　鲁中区工商管理总局公营商店代办流通券五百元券

按史料和现有的实物资料可知，工商管理局系统发行的纸币面额有一千元、五百元、二百元、一百元、二元、一元五种。当时，市面上流通中需求量大的面额为百元以下五元以上纸币，此部分需求主要由北海币承担。工商管理局系统发行的百元以上大面额的纸币，主要用于商贸、采购、投资等大额支付。二元、一元小额纸币主要用于市面找零或小额支付。这样的布局十分合理，既便利公家、商人、投资者的大额支付，也便利百姓的日常找零；既弥补了流通之不足，也不会与北海币产生冲突，占领北海币阵地。工商管理局系统所以未印发角票，仅印发一元、二元的小额纸币作为北海币的辅助币参与流通，是因为，1945年元旦始，滨海区已经启用旧式铜圆作为辅币参与流通，市面元以下找零，用铜元或是早已流通在外的北海币角票。

四、结语

山东工商管理机构不仅在经济领域发挥着主导作用，在金融领域亦扮演着重要角色。不仅制定各项经济、金融政策，还直接参与各种经营活动。按现在的话说，既当裁判员又当运动员。根据地正是有了这样一个权力集中的强力机构统一领导货币斗争、经济斗争，才使得根据地货币斗争取得全面胜利，经济在短时间内迅速崛起，为山东抗战的胜利打下了坚实的基础。虽然就长远看，由权力集中的强力机构领导经济，不利于市场公平竞争，不利于经济健康发展，有许多弊端。但是，在那抗战的特殊环境下，为了快速发展经济和保障军事供给，集中权力，实行"一元化"领导不失为一个良策。

1945 年 8 月 13 日，省临参会、省政委会召开联席会议，决定将省工商管理处改组为山东省政府实业厅，22 日，省府委员会第一次会议推选薛暮桥任实业厅厅长。1946 年 1 月 22 日，山东省政府决定撤销鲁中、鲁南、滨海工商管理局，合并三局成立山东省工商管理总局，隶属实业厅，石英任局长。总局下设总务科、贸易科、税务科、工矿科、会计科、统调科、干部科。从此工商管理系统逐渐淡出金融活动。

生　态　篇

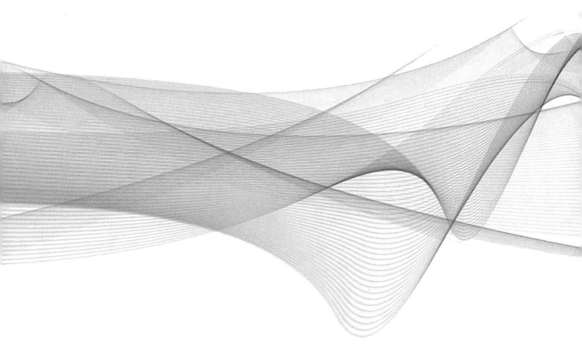

红色金融在黄河流域生态保护和高质量发展中的引领作用与遗址保护实践

李庆锁[*]

摘　要： 红色金融是一种文化，对现代金融来说不仅是工作上的延续，更是精神上的传承。一方面，笔者拟简要阐述红色金融在支持根据地经济发展中的作用和现实价值，引导金融部门不忘初心，继往开来，在黄河流域生态保护和高质量发展中发挥应有作用。另一方面，红色金融遗址作为黄河文化遗产的重要组成部分，借此机会，重点谈一谈鲁西银行遗址挖掘保护的实践和启示。

关键词： 红色金融　绿色生态　遗址保护　探讨

一、红色金融在黄河流域生态保护和高质量发展中的引领作用

鲁西银行作为冀鲁豫抗日根据地的银行，在不见硝烟的战场上对支持军事斗争和实现抗战胜利等都起到了重要作用，本文仅就鲁西银行在支持抗日根据地经济建设中的重要作用做简要论述。习近平总书记在 2023 年中央金融工作会议上指出："金融是国民经济的血脉，是国家核心竞争力的重要组成部分"[①]。战争年代，金融更是红色政权的经济生命线。黄河流域是我党重要的革命根据地，这里红色金融从无到有、从小到大不断地发展壮大，特

　＊　李庆锁，曾任职中国人民银行菏泽市分行，会计师。现为山东省钱币学会专家席成员，《山东金融史研究丛书》编委会特聘专家。

① 　中央金融工作会议在北京举行［N］. 人民日报，2023－11－01（01）.

别是对发展根据地经济、改善民生等都起到重要作用。下面，笔者以冀鲁豫抗日根据地红色金融——鲁西银行为例，谈谈鲁西银行在支持根据地经济发展中的作用与现实意义。

（一）鲁西银行在支持根据地经济发展中的重要作用

抗日战争期间，为发展根据地经济，保障根据地群众生产和生活，鲁西银行通过贷款支持根据地经济发展，为突破敌人的经济封锁，促进根据地生产和群众救灾提供了必要的经济保障，实现了根据地物价稳定。当时鲁西银行的做法和指导思想，对现代金融如何支持强国战略，以人民为中心助力黄河流域生态保护和高质量发展有着重要的借鉴意义。

1. 在货币发行上重视信誉稳定物价

按照《邓小平同志关于货币政策的论述》："为了保障本币的信用，我们限制了发行额，大批贷给人民和投入生产事业，取得了人民的热烈拥护"①。1940 年 7 月，《北方局给鲁西区党委的指示信（摘录）》中指出："对于现在已经发出的纸币（鲁西银行币），应该采取各项办法保障其信用，禁止伪币通行，发行数额应有规定，不能滥发"②。9 月，鲁西区党委书记张霖之在泰西地委的报告中强调："鲁西银行的票子——应用在救济灾民及繁荣农村经济上，反对眼睛对着石印机"③。11 月，中央山东分局书记《朱瑞同志关于山东工作报告（摘录）》提出："扩大北海银行及分行新钞与鲁西银行钞……以新钞来展开生产、贸易、合作等事业，树立自力更生基础，反对把新钞看作解决经济困难唯一办法的错误观念"④。可见，鲁西银行成立之初就坚持信用为本，鲁西币作为冀鲁豫区的本位货币，在发行数量、购买力等方面科学施策，赢得了信誉。1943 年 3 月，工商局、银行联合办公⑤，加速了货币统一工作。年底即实现了冀鲁豫根据地货币市场的统一。鲁西币

---

① 中国人民银行金融研究所，财政部财政科学研究所．中国革命根据地货币 [M]．北京：文物出版社，1982：50.

② 中共冀鲁豫边区党史工作组财经组．财经工作资料选编 [M]．济南：山东大学出版社，1989：47.

③ 中国人民银行金融研究所．冀鲁豫边区金融史料选编 [M]．北京：中国金融出版社，1989：31.

④ 中共冀鲁豫边区党史工作组财经组．财经工作资料选编 [M]．济南：山东大学出版社，1989：70.

⑤ 冀鲁豫边区工商工作史料选编编委会．冀鲁豫边区工商工作史料选编 [M]．贵阳：贵州新华印刷厂 [黔新出（1995）准字 029 号]，1995：181.

是抗日根据地币值最稳定的货币之一，在根据地树立了极高的威信，它在稳定物价、维护百姓利益等方面发挥了重要作用。

2. 在信贷政策上实行普惠保障民生

1940年5月，《中央对山东分局财政工作决定的指示》中就要求："各区银行所发行纸币额……须以一部分为改善人民生活用"①，这充分体现了以人民为中心的发展思想。12月，《肖华同志谈鲁西根据地的建设》中指出：鲁西银行"有计划的发行辅币，附带进行低利贷款，帮助农村生产事业，经营出入口贸易。正计划由鲁西银行拨款五十万元开发东平湖，使成肥沃的田地。如计划完成每年可增加收入100多万元②。1941年《冀鲁豫边区全面工作报告（摘录）》强调："鲁西银行应按着分局所指示的原则，投资于生产事业，发展工商业，繁荣根据地经济。"③ 1941年6月25日《大众日报》载：为保护法币，抵制伪钞，鲁西银行发行了1角、2角和1元的票子，其中40%投资在工业上，30%投资在商业、农村，活跃了根据地市场，解决了民众生活困难，确保了根据地经济发展和稳定。

3. 在贷款投向上发放专项贷款促进灾区经济恢复和发展

1943年3月，晋冀鲁豫边区政府颁布了《农业贷款办法》④，对辖区春耕、水利等贷款起到重要指导作用。冀鲁豫区政府陆续制定了《春耕掘井种植早苗种子贷款办法》《流入灾民生产贷款办法》等，发放的贷款主要是买农具、买种子等，对于贫苦农民、抗属、受重灾者贷款优先。同年，共发放春耕和种籽贷款800万元。在菏泽地区齐滨县，耕牛贷款占全部贷款的50%。"1944年8月，齐滨县张菜园、前郑庄、砖庙三个村共有农户373户，其中贷款户95户，占比25.5%，贷款金额134000元"⑤。同年，鲁西南等三个专区前八个月共发放贷款8373万元，一些贷款为无息和低息，部分为实物和现金贷款。鲁西银行进驻菏泽后，二分行为解决郓城城市居民的困难，还发放了100万元小本贷款。据史料统计，全面抗战八年，晋冀鲁豫四个行署区贷款总额为202460万元，其中，太行区40218万元，太岳区

---

① 中国人民银行金融研究所. 冀鲁豫边区金融史料选编 [M]. 北京：中国金融出版社，1989：22.
② 山东省钱币学会. 北海银行暨鲁西银行货币图录 [M]. 济南：齐鲁书社，1998：297.
③ 中国人民银行金融研究所. 冀鲁豫边区金融史料选编 [M]. 北京：中国金融出版社，1989：91.
④ 武博山. 回忆冀南银行九年 [M]. 北京：中国金融出版社，1989：227.
⑤ 中国人民银行金融研究所. 冀鲁豫边区金融史料选编 [M]. 北京：中国金融出版社，1989：311.

6443 万元，冀南区 59690 万元，冀鲁豫区则达到 123970 万元，占整个晋冀鲁豫边区的一半以上①。

（二）金融先辈的执着追求成为新时代干部职工履职作为的精神动力

1. 艰苦的工作环境彰显了金融先辈的坚强意志和执着追求

鲁西银行印刷所主要活动在冀鲁豫大平原，物资匮乏，条件艰苦。为安全起见，印刷所均设在偏僻的乡村，交通不便，工作环境恶劣。职工每天在昏暗潮湿的地下室工作，用油灯照明，空气污浊，一个班下来满身油灰。工作强度大，一块石印机的石版就达七八十斤重，全靠手工摇动，打磨一块石板就需要两个小时以上。有时遇到敌人扫荡，工人不得不饿着肚子坚持生产。在党员干部身体力行的积极带动下，大家都工作热情高涨。

2. 恶劣的生存环境下彰显了金融先辈的无私奉献精神

鲁西银行每个工作单位都有流血牺牲，仅印刷所就牺牲了十几人。如鲁西银行第一印刷所成立之初没有技术人员，从《鲁西日报》社借来了邓传贵、钟保得等三名技术工人，几个月后在日寇的扫荡中三人全部壮烈牺牲；张朴在去济南采购物资的路上被敌人捉住活埋；警卫班长在侦察敌情时被捕并惨遭杀害。第二印刷所在黄河滩区挖地道时有四名同志遭遇塌方不幸牺牲；采购员老丁在送材料时被捕英勇就义。第三印刷所施立开在敌人扫荡中被俘并被送到东北挖煤两年后历经千辛万苦回到工作岗位；指导员扈金兰、制版员刘尚轩在敌人扫荡中不幸牺牲。第四印刷所杨小湖村地下印钞室被抄，印刷工人何友三、王彦坤被捕后宁死不屈几乎丧命；指导员王凌霄在领取钞版返回途中遭遇敌人英勇牺牲。湖西印刷所赵德让在去砀山采购印钞物资时被捕牺牲。他们以生命的代价为根据地撑起了一片经济的蓝天，也为新时代金融人助力黄河流域经济发展注入了无穷的精神动力。

（三）红色基因的传承，成为当代金融支持黄河流域生态保护和高质量发展的力量源泉

支持黄河流域生态保护和高质量发展，金融部门大有可为。笔者结合工作实践谈谈自己的一些看法。退休前笔者从业于人民银行，作为基层央行和

---

① 山东省钱币学会．鲁西银行货币［M］．北京：中国金融出版社，2020：34.

政策的传导者，在响应国家号召和发展民生方面应积极地冲在前面，在用足用好再贷款、再贴现等货币政策工具的同时，重点做好货币政策传导，引导金融机构认真贯彻落实中央部署，积极推广"沿黄振兴贷""黄河生态贷"等信贷产品，支持绿色贷款增量扩面，支持防洪减灾，支持滩区居民纾困脱贫，支持黄河文化发展。笔者也曾任职纪检岗位，我认为纪检部门在黄河流域生态保护和高质量发展中同样大有可为。中纪委书记赵乐际在甘肃调研时强调，"党中央重大决策部署到哪里、监督检查就跟进到哪里"①。对于黄河流域生态保护和高质量发展，金融纪检部门应该及时跟进，一方面做好纪律的跟踪监督，看本系统、本单位人员在履职过程中是否有失职、渎职、不作为、乱作为和各种违法、违纪问题，为政策的有效落实提供纪律保障。另一方面也是更重要的是做好上级重大政策执行情况的监督，看政策有没有落实、落实是不是到位、工作有没有走形式、效果是不是明显，定期、不定期对重大政策执行情况进行调度和检查督导，对于"绿色信贷覆盖率低""贷款量满足率低""企业和群众意见大"等问题，要及时提出纪检监察建议，督促查找原因，督促问题整改，确保金融助力黄河流域生态保护和高质量发展工作取得实实在在的效果，使得红色金融精神的传承得到切实的体现。

商业银行作为信贷政策的实施者，要不辱使命，顺势而上，教育广大干部职工提高政治站位，增强大局意识，牢记初心使命，把红色金融基因传承好，把广大群众的切身利益时刻放在心中。在助力黄河流域生态保护和高质量发展方面，要积极对接，主动作为，特别是在项目考察、授信审批、信用评级、资金定价等方面提供优质、差异化的信贷服务，努力打造绿色金融产品体系和金融服务体系，为黄河流域生态保护和高质量发展贡献金融智慧和金融方案。黄河流域主要产业是涉农产业，有关金融机构应重点念好"农"经，依托地方资源，主动对接当地的涉农项目，满足乡村振兴中"三农"金融需求。

从基层实践看，《黄河流域生态保护和高质量发展规划纲要》印发后，各金融部门都能自觉站在"四个意识""两个维护"的高度，不忘初心，主动作为，取得显著成效。从中国人民银行菏泽市分行信贷统计数据看，截至

---

① 丁海涛．赵乐际在甘肃调研时强调　紧紧围绕统筹疫情防控和经济社会发展决策部署跟进监督保障落实［EB/OL］．新华网，2020－04－21，http：//www.xinhuanet.com/politics/leaders/2020－04/21/c_1125886928.htm.

2024 年第三季度末，菏泽市绿色信贷余额 650.6 亿元，较年初增长 37.8%，超过全市贷款增速 36.3 个百分点；辖区法人机构前三季度向沿黄县域发放再贷款 24.6 亿元，同比增长 27.2%，占全市再贷款发放量的 75.15%。随着金融血脉的畅通，大批涉黄河项目纷纷落地，并开花结果。

二、辖区鲁西银行遗址挖掘保护实践与政策建议

红色历史文化遗产的保护与传承，是黄河流域治理体系的重要内容。黄河流域大部分是革命老区，红色历史文化遗产丰富，特别是作为原山东和冀鲁豫根据地的金融机构——北海银行和鲁西银行红色遗址较多，由于挖掘研究不够，修缮保护不力，加上大拆大建，部分遗址已经或者濒于灭失，红色金融遗址的挖掘保护刻不容缓。下面，笔者结合菏泽辖区鲁西银行及其印刷所遗址挖掘保护实践，分享一下我们的做法及政策建议。

（一）对辖区遗址挖掘研究的主要做法和成效

1. 挖掘研究的主要做法

一是多渠道搜集资料，奠定研究基础。巧妇难为无米之炊，遗址的挖掘研究首先要拥有丰富的资料和充足的信息。2016 年以来笔者先后 10 余次到菏泽市档案馆，以及曹县、鄄城、单县、牡丹区档案馆查阅史料，积累了大量权威性资料，奠定了研究基础，其中，部分内容如鲁西银行货币的发行回收、货币反假、贷款业务、机构及人员变动情况等，以及在牡丹区档案馆查阅到的鲁西银行伍拾元山庙和壹佰元蓝火车两张珍贵的票样，为鲁西银行货币研究提供了一手的宝贵资料，并已编入《鲁西银行货币》一书。先后 30 余次到菏泽及周边地市图书馆、大小书店（特别是旧书书店）寻找资料，购买地方志、党史、金融史、财政史、工商史等书籍上百册，整理积累资料 10 余万字，如查阅到的张廉方、察贯一等鲁西银行人员情况以及印刷所情况，丰富了鲁西银行及其印刷所的历史，纠正了个别资料记载上的错误和疏漏，对鲁西银行及其遗址研究起到重要支撑作用。坚持十几年如一日上网查找有关鲁西银行资料，整理建立了鲁西银行网络资料库，特别是党史、金融史和一些老同志的回忆录等弥足珍贵，解决了困扰我们多年的如鲁西银行第一台铅印机的配置时间、从昆山向南乐县转移的具体时间、敌人掠走我们的鲁西南版壹元券钞版是否盗印等问题的谜团。

二是多方位寻访线索，突破研究节点。近年来，我们 10 余次到党史委、史志办、政协及有关部门走访，到纪念馆、教育基地参观，访问老党员、老干部和有可能知情的老人 70 余人，得到 40 多条有价值的线索。如在冀鲁豫纪念馆的参观中，发现日伪对曹县西北开始扫荡的时间与一些资料记载有误，经与《中共山东省菏泽地区党史大事记》等史料核对后予以更正。在对菏泽市收藏家协会老会员、80 多岁的马秉信走访中，得到了曹县马庄村第四印刷所的线索，经实地调查核实，确认马庄就是四所的第二个所部。通过新闻媒体，寻找到原鲁西银行第七办事处主任张海涵的一些线索，走访了张海涵的女儿张素云，了解到张海涵及第四印刷所的一些情况。通过走访找到了曹县向庄印钞点的房东老红军侯彩铭的儿子侯万金，更全面地了解了鲁西银行印钞点在向庄的情况（见图 1）。

图 1 笔者深入辖区单县、鄄城县、曹县、东明县和牡丹区农村调查走访图片
资料来源：由笔者现场拍摄。

三是多点式抢救挖掘，实现遗址挖掘的突破。结合有关线索，2016 年以来，先后 30 多次深入辖区原鲁西银行第二、第四、第六（湖西）印刷所活动的村庄进行抢救性挖掘调研，足迹遍及辖区郓城县、曹县、单县、东明县、牡丹区 5 个县（区）50 多个村庄，考察确认了白寨、田海、牛屯等 12 个印刷所遗址，发现了多件印刷所使用的实物，确认了多项印刷所的历史事实。在没有任何线索的情况下，根据自己的分析判断地毯式走访某个区域或某些村庄，却也收到一些意外惊喜，如在东明县胡窑村和宋寨村发现 2 个印钞点遗址，填补了东明县境内没有印钞点的空白。

四是多维度分析论证，确保经得起检验。本着为历史负责的态度，缜密严谨地对印钞点遗址进行考证，确保形成证据链。首先，高度重视官方史料，特别是最权威的档案馆资料。其次，把当事人或直接见证人的证言、回忆录和其他史料，作为比较有力的证据，但是在使用过程中需仔细甄别、多方验证。最后，重视利用遗址或遗物信息。很多遗址或遗物都留有历史的烙印，往往会从中发现一些比较重要且直观的证据和信息。同时，把口口相传或文章涉及的情况和信息作为重要参考，与其他资料形成证据链后加以使用。总之，坚持一项原则——"有异不用"。

2. 挖掘研究的主要成果

菏泽作为鲁西银行的主战场，也是鲁西银行的总行曾驻地。鲁西银行先后设立了 6 个印刷所，其中在菏泽辖区就有 3 个。笔者潜心研究鲁西银行 20 多年，积累了大量的研究资料。特别是 2015 年以来，在省、市钱币学会的鼎力支持下，重点开展了鲁西银行印刷所遗址的挖掘研究，足迹遍布鲁西银行曾经活动的抗日根据地的角角落落，并取得了丰硕成果。

一是截至目前在菏泽市 5 个县（区）考察确认了 18 个鲁西银行及其印刷所遗址[①]，实现了辖区红色金融遗址零的突破（见图 2）。

二是发现了多项鲁西银行印刷所的重要实物。主要有：单县湖西抗日根据地出土的湖西印刷所的石印机；曹县张堂村鲁西银行印刷所使用的石头底版；曹县大傅庄村所部使用过百年老床、桌椅等家具一宗；曹县杨小湖村地下印钞室使用过的长条桌；牡丹区白寨村第四印刷所使用过的百年竹床；牡丹区档案局馆藏的鲁西银行伍拾元阁房和壹佰元蓝火车两张珍贵票样。以上实物均是鲁西银行印刷所峥嵘岁月的历史见证（见图 3）。

---

① 山东红色金融遗址名录［G］. 济南：山东省钱币学会，2024：84 - 104.

图2　考证确认的部分鲁西银行遗址

注：从左往右往下分别为鲁西银行第四印刷所白寨、杨小湖遗址，鲁西银行总行遗址，第四印刷所马庄、大傅庄、牛屯、前田海、向庄、胡窑遗址。

资料来源：由笔者现场拍摄。

图3　发现的鲁西银行湖西印刷所使用的石印机、第四印刷所使用的钞板、长条桌和竹床

资料来源：由笔者现场拍摄。

三是形成了一批研究成果。已撰写整理鲁西银行研究资料 40 多万字，其中，很多内容已编入山东省钱币学会编著的《鲁西银行货币》一书。在《中国钱币》《齐鲁钱币》等发表、交流、申报有关鲁西银行研究课题和论文 25 篇，其中，《鲁西银行在菏泽的发展历程及丝足探源》获中国钱币学会 2019 年度重点课题评审"良好"等次，参与编写的《鲁西银行货币》获 2021 年度中国钱币学会重点课题唯一"优秀"成果，《鲁西银行红色档案案例》2022 年被评为山东省红色档案创新案例。2021 年和 2024 年，先后两次接受中央电视台记者采访，录制了《红色金融路》鲁西银行专题片和《中国军号》系列短视频①（见图 4）。

图 4　作者有关鲁西银行研究成果和央视记者采访图片

注：左图由笔者根据实物拍摄，右图上为中央二台《红色金融路》（23 期）截图，右图下为中央七台《中国军号》公众号"鲁西银行，带你看看抗日根据地的货币"视频截图。

资料来源：由笔者提供。

（二）对辖区遗址保护利用的做法和成效

遗址考察确认后，只有利用起来，才能实现其最大的价值。为此，我们做了以下三个方面的工作。

1. 多方调查研究，推动列入文保

对已发现的多处遗址进行综合审视，精心筛选。经菏泽市钱币学会与曹

---

① 红色金融路（第 23 集）［EB/OL］. 中央电视台，2021 - 06 - 23. https：//weibo. com/tv/show/1034：4651378 115805348.

县人民政府、曹县历史文化研究所、曹县博物馆密切配合，共同研究，认为曹县大傅庄印刷所遗址事实清楚，证据确凿，内容丰富，百年老屋保存完好，被推荐为第一个申请文保的项目。2018 年 12 月，曹县大傅庄印刷所遗址被公布为"菏泽市文物保护单位"；2022 年 1 月，又被确定为"省级文物保护单位"①（见图 5）。

图 5　省级和市级文保碑

注：右为省级和市级文保碑山东省文物保护单位碑，左为菏泽市文物保护单位碑。
资料来源：由笔者拍摄于曹县大傅庄。

2. 争取政府支持，做好修缮保护

大傅庄印刷所遗址上的百年老屋，屋顶多处漏雨，墙壁侵蚀剥落严重，已属于危房，亟待修葺保护。为此，菏泽市钱币学会积极推动，曹县博物馆积极争取，曹县人民政府大力支持，争取到了修缮资金。2022 年初，大傅庄印刷所遗址的修缮维护工作正式启动；7 月 3 日，修葺工程全部竣工并顺利通过验收，之前岌岌可危的旧房现在焕然一新（见图 6）。

---

① 山东公布第六批省级文物保护单位、第一批水下文物保护区［EB/OL］.—资讯，2022 - 01 - 17. https：//baijiahao. baidu. com/s？id = 1722198100760756964&wfr = spider&for = pc.

图6 大傅庄印刷所旧址修葺前后的变化

资料来源：由笔者拍摄于曹县大傅庄。

3. 重视资源利用，做好宣传教育

一是 2021 年 4 月，菏泽市钱币学会、曹县党史研究中心将大傅庄遗址挂牌为"红色金融教育基地"，提升了宣教价值。二是购买配备了展柜、钱币等实物，制作了展板，指定了讲解人员，丰富了宣教内涵。三是通过电视、讲座、展览、研讨会、专题片等进行广泛宣传，制作了《拨开历史迷雾 探究红色金融——鲁西银行在菏泽的战斗发展历程考证》专题片，录制了《方寸之间 缤纷钱币 钱币知识科普大讲堂》视频在网络和微信群发布，提高了遗址的社会知名度。四是结合党史学习教育，广泛发动，引导金融系统、各单位和部门党员干部、学生一批批前去参观，真正发挥了红色资源的宣传教育作用（见图 7）。

（三）红色金融遗址挖掘研究与保护利用的几点建议

1. 增强红色金融遗址挖掘保护的责任感与使命感

习近平总书记在《用好红色资源，传承好红色基因，把红色江山世世代代传下去》中，强调"要把红色资源作为坚定理想信念、加强党性修养的生动教材"①。红色金融遗址直观、鲜明地展现了我党艰苦卓绝的斗争历程，

---

① 习近平.用好红色资源，传承好红色基因，把红色江山世世代代传下去［N］.求是，2021（10）.

是宝贵的精神财富，其保护利用功在当代，利在千秋。呼吁有关单位、部门和相关领导切实增强做好遗址保护的责任感、使命感和紧迫感，处理好红色资源保护与地方经济发展的关系，对那些孤立、残存的红色金融遗址进行抢救性挖掘保护，以免留下千古遗憾。

图7 菏泽市钱币学会组织开展各种形式的宣教活动

资料来源：由菏泽市钱币学会拍摄。

2. 持续加大红色金融资源的挖掘研究力度

红色金融遗址的保护，前提是要做好充分的调查研究，把这些珍贵的遗址找得到，把它的历史和内涵挖掘出来，要有保护和利用的价值。当前我们面临的困难之一，就是不少遗址经考证确凿无疑，但是，情况比较单薄，特点不够突出，保护利用的价值大打折扣，申请文保难度较大。这就要求我们做好打持久战的准备，长期跟踪调查，坚持深度挖掘，拼全每块图板，丰富遗址的内涵。

3. 多渠道解决专项资金需求问题

当前，遗址保护最大的困难和瓶颈就是缺少资金，因为大部分红色金融遗址都在偏远的革命老区，经济相对落后，财政入不敷出，文物专项管理和保护资金严重不足。建议文博、文旅等有关部门各尽其能，根据有关政策，积极向上级汇报，努力获得最大的政策、项目和资金支持。同时，地方政府也不能一味地等、靠、要，应积极牵头整合各方力量，政府拨一点、集体筹一点、社会捐一点，多渠道筹措资金。

4. 科学有效地解决产权纠纷

目前，大部分革命遗址土地和房屋产权在个人手里，有的还会涉及两、三户居民，协调难度较大，致使迟迟不能立项保护。建议政府在文物保护工作中要因地制宜、因人制宜，一方面，在所有权不变的情况下，努力征得产权人的配合，给予产权人以适当的补偿，并明确产权人的责任和义务。另一方面，结合当地实际，由市、县、镇或社区对产权通过回收、置换等方式，使其由个人资产转换为国有资产或集体资产。产权问题一旦理顺，要及时明确责任单位和责任人，尽快制定保护利用规划并推动落实。

5. 做好红色资源利用结合文章

以党史学习教育为契机，推动地方党委、政府将红色金融资源开发利用与党性教育基地建设相结合，与当地经济发展规划相结合，与文明社会建设和美丽乡村建设相结合，一并研究，一体推进。特别是与地方旅游资源开发利用结合起来，相互促进，相得益彰。比如，目前，菏泽市曹县大傅庄印刷所遗址已得到保护，但是，一个教育基地的利用价值和吸引力毕竟有限，在它周边还有"红三村抗日联防旧址""刘齐滨故居""王厂战斗旧址"，大杨湖战役纪念馆，全国重点文物保护单位"安陵堌堆"遗址，以及被称为"宇宙中心"曹县的汉服、木制品、生态农业等网红打卡地，如果将这些资源有效整合起来，将可以在原鲁西南革命根据地打造一条以红色教育为主、多点开花的半日游、一日游甚至两日游的教育参观黄金链条。

五千年中华文明是我国文化和精神的传承，是社会发展的原动力。红色金融助力黄河流域生态保护和高质量发展，绿色生态和黄河文化又推动了红色金融遗址的保护，让红色革命精神永续传承，为黄河流域人与自然和谐共生、健康发展作出应有的贡献！

参 考 文 献

［1］中国人民银行金融研究所，中国人民银行山东省分行金融研究所．冀鲁豫边区金融史料选编［M］．北京：中国金融出版社，1989．

［2］中国人民银行金融研究所，财政部财政科学研究所．中国革命根据地货币［M］．北京：文物出版社，1982．

［3］中共冀鲁豫边区党史工作组财经组．财经工作资料选编［M］．北京：中国金融出版社，1989．

［4］山东省钱币学会．北海银行暨鲁西银行货币图录［M］．济南：齐鲁书社，1998．

［5］武博山．回忆冀南银行九年［M］．北京：中国金融出版社，1993．

［6］山东省钱币学会．鲁西银行货币［M］．北京：中国金融出版社，2020．

［7］简史编撰委员会．中国革命根据地印钞造币简史［M］．北京：中国金融出版社，1996．

［8］张建华等．山东红色金融概论［M］．北京：经济科学出版社，2024．

［9］菏泽地区金融志编撰办公室．菏泽地区金融志（1940—1990）［M］．鲁·菏新出准字（1992）1－29－31，1992.10．

［10］中共贵州省委党史办公室冀鲁豫小组．冀鲁豫党史资料选编（第八辑）［M］．北京：中国金融出版社，1986．

［11］山东省钱币学会．山东红色金融遗址名录［G］．济南：内部资料汇编，2024，10．

红色金融在黄河流域生态保护中的
历史贡献与现实价值研究

吴佳朋　　胡圣鳞[*]

摘　要：红色金融是中国共产党领导下的特殊金融形态，在中国革命、建设与改革中作用重大。本文旨在探讨其在黄河流域生态保护中的历史贡献与现实价值，通过分析其起源、发展历程及具体应用，揭示对该流域生态保护和高质量发展的深远影响。研究表明，红色金融既为黄河流域生态保护提供资金与政策保障，又推动了绿色金融和可持续发展理念的深入实践。

关键词：红色金融　黄河流域　生态保护　历史贡献　现实价值

一、引言

黄河是中华民族的母亲河，承载着中华民族的历史和文化记忆。在中国的革命、建设和改革历程中，红色金融作为中国共产党领导的特殊金融体系，发挥了举足轻重的作用。本文聚焦于红色金融在黄河流域生态保护中的历史贡献及其现实价值，通过深入探讨其起源、发展及实践应用，揭示其对黄河流域生态保护和高质量发展的重要影响。研究发现，红色金融不仅为黄河流域的生态保护提供了坚实的资金和政策基础，还推动了绿色金融和可持续发展理念的深化实施。

---

　* 吴佳朋、胡圣鳞，山东青年政治学院，经济管理学院。

二、红色金融的起源与发展

红色金融起源于中国共产党领导的新民主主义革命时期，是中国共产党为打破国民党反动派的经济封锁，筹措革命经费而创建的特殊金融形态。在革命战争年代，红色金融不仅为革命战争提供了资金支持，还为红色政权的巩固和革命战争胜利发挥了重要作用。

（一）红色金融的起源

红色金融的根源植根于中国共产党成立之初，特别是在1921～1949年这一关键历史阶段。在这一时期，中国共产党为夺取政权、建立新社会而开展的金融活动被冠以"红色金融"之名。这种金融模式深受政治信仰和价值观念的影响，与一般金融运作有着本质的区别，它涵盖了货币的本质、发行机制、金融机构的构建、交易市场的规划以及监管策略等多个维度。

红色金融的起源之地是中国江西省的瑞金，这里被认为是红色金融的摇篮。在1931年，随着中华苏维埃共和国临时中央政府在瑞金的成立，同年11月7日，毛泽民同志被任命为新成立的中华苏维埃共和国国家银行的行长。这家银行标志着中国共产党领导下全国性银行机构的早期建立，对后续红色金融的发展具有里程碑式的意义。红色金融从一开始就带有鲜明的政治色彩和价值导向，与传统金融运作模式截然不同，它涵盖了货币的本质、发行机制、金融机构建设、交易市场设计以及监管方式等多个关键领域。1932年2月1日，中华苏维埃共和国国家银行在瑞金正式成立，开始发行首批国币，很快赢得了社会各界的信任，使得中央苏区的货币和财政逐渐统一。[1]

红色金融的发展不仅是为了给革命融资，它还包括摧毁旧金融制度和建立新金融制度的两方面内容。红色金融通过发行、流通和回笼红色货币，发放和回收贷款，存入和提取存款，以及汇兑往来等经济活动，展现了其现代气息，并为后来新中国金融体系的建立积累了宝贵的实践经验和精神财富。[2]

在国民党的经济封锁下，红色金融通过发行自己的货币和开展金融业务，有效地打破了封锁，保持了根据地的经济活力和自给自足。红色金融机构和金融业务的发展，不仅为革命战争提供了资金支持，也为红色政权的巩固和革命战争的胜利发挥了重要作用。它们不仅帮助根据地建立起相对独立的经济体系，增强了人民对红色政权的信任和支持，更是中国共产党领导下的金融创新，它体现了党的金融思想和实践能力，为新中国的金融体系建立积累了宝贵的经验。

（二）红色金融的发展

红色金融的发展历程是中国共产党领导下金融实践的一个缩影，它见证了从革命斗争到社会主义建设的金融变革。以下是对红色金融发展历程的详细阐述。

1. 红色金融的萌芽与初创（1921～1937年）

（1）革命根据地金融的兴起。

在土地革命战争时期，中国共产党在各革命根据地着手构建自己的金融体系。这一时期，红色金融的核心任务是筹措资金，以支持红军的行动和根据地的经济运作。1931年，中华苏维埃共和国国家银行的成立，成为了红色金融体系初步形成的重要标志。

（2）货币发行与金融调控。

在这一阶段，红色政权通过发行自己的货币，如苏区币、边币等，来稳定经济、调控市场。这些货币的发行，不仅为革命根据地提供了经济支持，也为后来的金融体系建设积累了经验。

2. 红色金融的巩固与发展（1937～1949年）

（1）抗日战争时期的金融斗争。

抗日战争期间，红色金融在抗日根据地得到了进一步发展。各抗日根据地金融机构在筹集资金、支持战争、发展经济等方面发挥了重要作用。

（2）解放战争时期的金融整合。

解放战争时期，红色金融体系逐渐完善，各解放区的金融机构开始整合，为解放战争的胜利提供了有力的金融保障。

3. 红色金融的转型与完善（1949～1978年）

（1）新中国成立后的金融体系建设。

新中国成立后，红色金融的任务转变为支持国民经济恢复和发展。中国人民银行成为国际金融体系的核心，统一了货币发行和金融管理。

（2）计划经济时期的金融职能。

在计划经济体制下，红色金融主要服务于国家经济建设，通过计划调控，保障了国家重点项目的资金需求。

4. 红色金融的改革与创新（1978 年至今）

（1）改革开放以来的金融市场化。

改革开放以来，红色金融开始向市场化、法治化、国际化方向发展。金融机构的多元化、金融产品的丰富化，为经济社会发展提供了强大动力。

（2）金融监管与风险防控。

随着金融市场的快速发展，红色金融在监管体系、风险防控等方面进行了创新，确保了金融市场的稳定运行。

（3）绿色金融与普惠金融。

近年来，红色金融在推动绿色金融、普惠金融方面取得了显著成果，为可持续发展和社会公平提供了金融支持。

红色金融的发展历程体现了中国共产党在不同历史时期对金融工作的重视和创新。从革命斗争到社会主义建设，红色金融始终服务于国家战略，为经济社会发展作出了重要贡献。面向未来，红色金融将继续发挥其独特作用，推动中国金融事业的发展。

三、红色金融在黄河流域生态保护中的历史贡献

红色金融在黄河流域生态保护中发挥了重要作用，为流域内的生态保护和经济发展提供了资金支持和政策保障。红色金融在黄河流域生态保护中的历史贡献主要体现在以下几个方面：

（1）支持农业生产与水利建设：北海银行向黄河流域的农民发放农业贷款，帮助其购买种子、农具等生产资料，促进农业生产发展，保障粮食供应，间接减少因粮食短缺而可能导致的过度开垦等破坏生态环境的行为。同时，红色金融机构还支持了黄河流域的水利设施建设，改善灌溉条件，减少水土流失。

（2）稳定经济秩序：北海银行建立了相对稳定的货币金融体系，发行北海币，稳定物价，保障经济秩序，为生态保护工作提供稳定的经济环境，避免了因通货膨胀等经济问题导致的资源过度开发和社会动荡，有利于生态保护工作的长期开展。

（3）促进工商业发展：为黄河流域的工商业发展提供资金支持，推动经济多元化，减少居民对自然资源的过度依赖。比如贷款给手工业者，帮助他们扩大生产规模，提高生产效率，使当地居民能够通过购买商品来满足生活

需求，而不是过度采集自然资源。[3]

（4）传播生态保护理念：在开展工作过程中，通过各种宣传渠道，向根据地群众传播朴素的资源保护和可持续发展思想。比如在组织农业生产贷款时，强调合理开垦土地、保护森林植被等，引导群众树立正确的生产生活方式，提高了群众对生态环境的保护意识。

（5）晋西北地区：共产党员刘象庚在晋西北的兴县组建"兴县农民银行"，为抗日筹集资金，同时也为当地的生态保护和经济发展作出了贡献。该银行通过提供贷款等方式，支持了当地的农业生产和水利建设，促进了经济的发展，提高了群众的生活水平，也为生态保护工作提供了一定的经济基础。[4]

（6）陕甘宁边区：在历史的长河中，红色金融机构发挥了不可替代的作用，它们不仅为当地的水利设施建设和农业生产提供了重要的资金支持，而且在很大程度上改善了当地的生态环境。具体来说，在一些地区，政府借助金融手段成功地筹集到了必要的资金，这些资金被用来组织和动员群众，共同兴修小型水利工程。通过这些努力，农业灌溉的效率得到了显著提升，从而促进了生态环境的稳定和改善，为当地居民带来了实实在在的好处。[5]

四、红色金融在黄河流域生态保护中的现实价值

红色金融在黄河流域生态保护中有着多方面的现实价值，具体体现在以下几个方面。

（一）理念引领价值

可持续发展理念的传承与发扬。红色金融在历史的长河中，不仅见证了经济的起伏，更蕴含了对资源合理利用和经济与生态协调发展的深刻理解。尽管在那个特殊的时代背景下，尚未形成如今这样全面而深入的生态保护理念，但这种对可持续发展的早期认知，却在当今社会的黄河流域生态保护中，依然发挥着不可替代的引领作用。例如，在过去，红色金融所支持的农业生产活动，就非常注重对土地的合理开垦，力求避免对自然资源的过度索取，这种做法在今天看来，仍然具有极高的现实意义。它启示我们在黄河流域开展农业项目时，应当更加科学地规划耕地范围、合理安排轮作模式等，以确保农业活动不会对生态环境造成破坏。通过这种方式，我们不仅传承了

红色金融时期对可持续发展的重视,更将其核心要义进一步深化和发扬光大。

(二) 动员群众理念延续

曾经红色金融机构善于通过宣传、组织等方式动员广大群众参与到与生态相关的建设活动中,像组织群众植树造林、修建水利设施等。当下,面对黄河流域生态保护这一系统且艰巨的任务,同样需要动员沿黄地区的群众力量。可以借鉴过去的动员模式,利用社区宣传、政策激励等手段,号召民众积极参与到垃圾分类、河岸绿化、湿地保护等具体生态保护行动中,凝聚起全民参与生态保护的强大合力。同时,推动经济支撑价值——助力产业生态化转型:回顾历史,红色金融为各行业发展提供资金保障,推动经济合理有序发展。如今在黄河流域,可借助类似的金融扶持思路,助力传统产业进行生态化转型。例如,对于黄河流域的高耗能、高污染的工业企业,金融机构可以提供专项贷款、优惠利率等金融服务,支持企业引入节能减排技术、开展循环经济项目,推动从粗放式发展向绿色、可持续发展转变。这不仅能降低对生态环境的负面影响,还能提高资源利用效率,降低运营成本,增强市场竞争力,同时满足消费者对绿色产品的需求,提升企业经济效益和品牌形象。

(三) 促进生态产业发展

在经济发展的关键时期,红色金融发挥了重要作用,积极地支持了新兴产业的成长,为经济注入了新的活力。基于黄河流域的生态保护而言,政府需要运用定向金融支持来促进生态农业、生态旅游等绿色产业发展。在具体操作上,着重创新绿色金融产品,例如绿色信贷与绿色债券,利用它们为生态农业项目供给资金,助力节水型农业以及有机农业向前发展。同时,金融支持生态旅游的发展,可助力打造特色文旅项目,改善旅游基础设施,提升生态环境和旅游体验。这将有助于保护和传承黄河文化,带动当地经济发展,实现生态保护与经济发展的双赢。例如,为黄河三角洲地区的生态农业企业提供资金援助,帮助他们建立有机农产品品牌、完善冷链物流等配套设施,从而提升产品的市场价值;为沿黄的生态旅游项目提供必要的启动资金,开发具有特色的旅游路线、建设生态友好的旅游基础设施,吸引更多的游客。这样的措施不仅能促进当地经济的增长,还能增强人们保护生态环境的意识,因为我们都明白,良好的生态环境是这些产业可持续发展的关键。

（四）制度借鉴价值

风险防控与稳定保障：红色金融在发展过程中构建了一套行之有效的风险防控机制，这不仅保障了货币的稳定，也维护了金融秩序，为当时的经济建设以及生态环境保护创造了稳定的发展环境。在当前，黄河流域的生态保护工作涉及众多生态项目的建设、资金的投入等复杂环节，因此，构建一套完善的金融风险防控体系显得尤为重要。我们可以借鉴红色金融在风险管控方面的宝贵经验，合理制定金融政策、严格把控资金流向，有效防止资金链断裂、金融市场波动等风险因素对生态保护项目实施的不良影响，从而确保生态保护工作能够在稳定的金融背景下得到有序推进。

（五）协调合作机制参考

历史上红色金融机构之间存在着跨区域、跨部门的协调合作，以实现资源的优化配置和高效利用。这种协调合作的精神和实践经验，对于当今黄河流域生态保护工作具有重要的借鉴意义。在黄河流域生态保护这一庞大而复杂的系统工程中，涉及多个省份、众多部门以及不同利益主体，因此，建立有效的协调合作机制显得尤为重要。

从红色金融过往的实践中，我们可以汲取到许多宝贵的经验和智慧。这些经验和智慧启示我们，要搭建起一个涵盖政府、金融机构、企业、科研单位等多主体的合作平台，通过这一平台，各方可以打破信息壁垒和行政壁垒，实现信息共享和资源整合。在此前提下，共同来制定生态保护规划，统一筹划资金安排事宜，齐心协力开展生态治理行动，汇聚力量，进而提高黄河流域生态保护的总体效率。此外，我们还可以借鉴红色金融机构在风险防控、资金运作等方面的成功经验，为黄河流域生态保护工作提供更加全面和有效的支持。通过不断完善协调合作机制，我们可以更好地推动黄河流域生态保护工作的开展，为子孙后代留下一片碧水蓝天。

（六）文化激励价值

红色精神传承：红色金融本身承载着艰苦奋斗、勇于奉献等红色精神，这些精神力量在黄河流域生态保护中可以转化为强大的内在动力。当面临生态保护项目实施中的重重困难，如资金紧张、技术难题、群众观念转变难等问题时，参与其中的工作人员、志愿者以及广大群众可以从红色金融所蕴含的精神中汲取力量，要以坚定不移的态度去克服重重困难，以持之以恒、毫不松懈的干劲投入其中，通过实实在在的行动，全力为黄河流域生态保护贡献出自己的力量，彰显应有的担当与责任。

文化认同亟待增强，而红色金融文化恰如一颗璀璨明珠，镶嵌在黄河流域文化的浩瀚星河之中，占据着重要地位。深入挖掘并大力弘扬这一独特文化，宛如开启一扇通往心灵深处的大门，能让沿黄地区的民众更加深切地感受到本土文化的魅力，进而增强他们内心深处对本土文化那浓浓的认同感与深深的归属感。而这种文化认同感又会进一步激发人们保护黄河流域生态环境的责任感，让大家认识到守护好这片土地的生态，就是守护好先辈们奋斗过的地方，守护好我们共同的精神家园，从而更加积极主动地投身到生态保护的各项事务中。通过红色金融文化的传播和教育，可以加深人们对红色历史的了解，提升对红色精神的尊重和传承，进而形成一种文化自觉，使保护生态环境成为一种自觉行动，为黄河流域的可持续发展提供坚实的文化支撑。

综上所述，红色金融在黄河流域生态保护方面扮演着至关重要的角色，其现实价值不容小觑。我们应当深入探究并充分利用这一资源，以期在新时代背景下，红色金融能够为黄河流域生态保护和高质量发展注入新的活力，推动这一区域迈向更高的发展台阶。

五、红色金融在黄河流域生态保护中的案例分析

以下是几个红色金融在黄河流域生态保护中的案例分析，从不同角度展现其作用、实施过程及带来的影响：

案例一：陕甘宁边区银行助力水土保持与农业可持续发展

1. 农业贷款的创立与发展

陕甘宁边区银行在抗日战争时期创立农业贷款，包括耕牛和农具贷款、植棉贷款、青苗贷款等，解决了农民生产工具短缺问题，支持开荒，增加耕地面积。

农业贷款的创立基于边区实际情况和农民需求，但初期因缺乏深入调查而出现组织问题。边区银行通过广泛开展农业金融调查，及时纠正错误，推动农贷工作变革。

1943 年 3 月，《陕甘宁边区农业贷款章程》颁布，对贷款分类、对象、放款和偿还办法等作出具体规定，促进了农业生产。

农业贷款的创立与发展推动了边区农业生产发展，提高了农民生活水平，为边区经济和社会稳定作出贡献。[6][7]

2. 政策调整与实事求是原则

陕甘宁边区银行在农贷政策调整上坚持实事求是原则，如1943年颁布的《陕甘宁边区农业贷款章程》总结经验，具体规定农贷工作，促进农业生产。

农贷政策实施中，边区银行加大调查研究，采取灵活变动的放贷方法，适应边区实际情况，发挥更大效益。

针对农贷政策实施中的问题，边区银行及时调整政策，改进工作方法，使农贷工作更符合农民实际需求，推动边区农业发展。

陕甘宁边区银行的农贷工作体现了中国共产党实事求是的优良传统，经过全面且深入细致的调查研究工作，依据实际情况进行严谨分析，进而制定出契合实际需求的政策。与此同时，时刻关注政策施行过程中的反馈，对工作中存在的问题及时加以调整，并持续改进工作方法与流程，最终取得了十分显著的成效。

3. 全心全意为人民服务的职业操守

陕甘宁边区银行在农贷发放中体现全心全意为人民服务的职业操守，简化办理手续，迅速便捷放贷，照顾边远地区群众。

贷款形式多样，包括现金、实物、植棉、青苗贷款等，实物贷款更受农民欢迎。边区银行组织资金发放青苗贷款，抵制高利贷剥削，全心全意服务群众。

陕甘宁边区银行的农贷工作体现了中国共产党全心全意为人民服务的宗旨，帮助农民解决困难，提高生活水平，推动农业发展。

4. 金融支持与大生产运动

陕甘宁边区银行以资金支持大生产运动，贯彻农业为第一的方针，发放农业和青苗贷款，对盐民发放无息贷款，投资公营工业，推动农业生产发展，解决人民困难，巩固抗日根据地。

银行在大生产运动中提供金融支持，提高边区自给自足能力，减轻人民负担，促进工业增长，为抗日战争提供物质保障。

金融支持不仅体现在提供资金上，还体现在推动农业生产和工业发展上，提高边区生产力水平，为抗日战争胜利奠定物质基础。

5. 税收改革与财政供给

陕甘宁边区银行在税收改革中发挥作用，建立税收政策，提出农业累进税率制度，均衡财政收支，为农业可持续发展提供财政支持。

银行通过发放农业贷款和投资公营工业，增加农业和工业税收来源，发放无息贷款支持盐民生产，增加盐业税收来源，为边区农业可持续发展提供财政支持。

金融支持为税收改革提供物质基础，动员边区人力物力财力，支持税收改革实施，提高财政收入水平，为抗日战争胜利奠定财政基础。

6. 金融法制的健全

陕甘宁边区银行在金融法治建设方面作出了显著的贡献，通过制定并颁布了一系列重要的经济法规，成功地构建了一个完整且系统的经济法规体系。这些法规的实施，有效地规范了市场金融活动，确保了金融市场的稳定和健康发展。此外，这些经济法规还为农业的可持续发展提供了坚实的法治保障，促进了农业生产力的提升和农村经济的繁荣。

案例二：晋绥边区西北农民银行推动植树造林及生态改善

1. 背景情况

晋绥抗日民主根据地是抗日战争时期中国共产党领导的八路军和敌后抗日军民创建的重要抗日根据地之一，包括晋西北和绥远大青山两个战略区。[8] 晋绥边区地处黄河东岸，这里的生态系统非常脆弱，森林资源相对匮乏。

因此风沙灾害发生得相当频繁。这些自然灾害给当地的农业生产和居民的日常生活带来了极大的困扰与不便。为了改善这一生态环境，提高森林覆盖率，已经成为晋绥边区建设中的一项重要任务。然而，在实施大规模植树造林活动的过程中，面临着诸多挑战，其中最为显著的就是树苗采购和人力组织所需要的资金问题。这些资金难题不仅限制了植树造林的规模，也影响了造林活动的持续性和效果。为此，西北农民银行充分发挥金融优势，推出专项贷款。

2. 红色金融举措

晋绥边区西北农民银行积极参与到植树造林工程的资金保障中，这一举措不仅彰显了银行的社会责任感，也为当地生态环境的改善注入了强大的动力。在植树造林这一重大工程中，银行的作用不可或缺，它们通过一系列金融手段，为造林工作提供了坚实的资金支持。西北农民银行针对植树造林项目，推出低息贷款政策，有效缓解了资金压力，激发了边区农民的造林热情。同时，银行还与当地政府合作，组织专业人员对造林技术进行指导，确保树木成活率，助力生态改善工程取得实质性进展。边区的生态环境得以改善，当地农民生活水平有了提高的可能，农业可持续发展也具备了坚实的基础，而这一切都得益于这一系列极具影响力的金融举措。

一方面，晋绥边区西北农民银行为边区政府或负责造林的集体组织提供了大额贷款。这些贷款是专款专用的，确保了造林工程有足够的资金去采购适合当地生长的树苗。耐旱的杨树、柳树等品种的树苗得以大量购入，满足了造林的基本需求。这些树苗不仅适应当地的气候条件，而且生长迅速，能够有效地改善土壤环境，提高土地的生态价值。

另一方面，银行还针对参与植树造林的农民个体制定了补贴政策。按照植树的数量和成活情况，银行给予相应的资金补贴。这一措施极大地提高了农民参与植树造林的积极性，他们纷纷加入这一公益事业中来，为改善生态环境贡献自己的力量。同时，这也保障了造林工作有充足的人力投入，使得造林工程能够顺利进行。

在红色金融举措的推动下，晋绥边区的植树造林工程取得了显著的成效。一片片郁郁葱葱的树林拔地而起，为当地带来了清新的空气和优美的环境。晋绥边区西北农民银行积极参与，提高了当地人民生活质量，带来发展机遇，给其他地区植树造林工作提供借鉴启示，彰显社会责任感，助力改善当地生态环境，值得其他金融机构借鉴学习。在未来的发展中，我们应该更加注重生态环境的保护，通过金融等手段为环保事业提供更多的支持和帮助。同时，我们也应该积极参与到植树造林等公益事业中来，共同为改善生态环境贡献自己的力量。

3. 实施效果分析

生态方面，随着植树造林工程的持续推进，大片原本荒芜的土地逐渐被绿树覆盖，风沙危害得到了有效的遏制，减少了风沙对农田的侵蚀以及对居民生活的干扰。树木的增多还起到了涵养水源的作用，使得区域内的地下水位相对更稳定，空气湿度也有所增加，局部小气候得到改善，对整个黄河东岸地区的生态系统稳定和优化贡献明显。经济上，森林资源的增加为边区提供了更多的木材资源，可用于一些简单的农具、生活用具制作等，在一定程度上缓解了物资匮乏的状况。同时，良好的生态环境吸引了部分野生动物栖息，为边区发展一些特色林下经济、生态养殖等创造了条件，促进了边区经济的多元化发展，助力了黄河流域生态保护背景下的地方经济提升。

案例三：冀鲁豫边区鲁西银行支持生态水利建设与水患防治

冀鲁豫边区的鲁西银行，在推动生态水利建设与水患防治方面：积极发挥金融的引导作用，鲁西银行不仅为水利设施建设提供资金支持，还鼓励农民参与沟渠清淤、河岸绿化等工程。这一系列举措，有效提升了区域内水资源的利用效率，减少了水患发生的频率，改善了农业生产的条件，为当地经济的可持续发展奠定了坚实基础。冀鲁豫边区的成功经验，体现了金融业在生态保护和水利建设中的重要作用。

1. 背景情况

冀鲁豫边区位于黄河下游的广阔平原地带，长期以来，该地区深受黄河水患的影响。每当汛期来临，洪水泛滥成灾，不仅淹没了广袤的农田，还冲毁了许多居民的房屋，给当地人民的生命财产安全带来了极大的威胁。与此同时，在干旱季节，由于缺乏足够的灌溉系统，农作物常常遭受旱灾，导致产量大幅下降，影响了农民的生计。为了应对这些自然灾害，当地迫切需要建设一系列完善的水利设施，这包括但不限于加固黄河的防洪堤坝，以及修建能够覆盖广大农田的灌溉水渠。然而，这些工程的实施面临着一个巨大的障碍——资金的严重短缺。这不仅是一个技术问题，更是一个经济问题，需要政府和社会各界的共同努力和智慧来解决。

2. 红色金融举措

冀鲁豫边区的鲁西银行积极响应国家号召，致力于为水利建设项目提供全方位的资金支持。在黄河沿岸防洪堤坝的加固工程中，鲁西银行发挥了重要作用。他们不仅详细评估了工程规模和所需物资、人力成本，还根据评估结果发放了足额的贷款。这些贷款资金被有效地用于购买石料、木材、水泥等建筑材料，以及支付参与施工的工人的工资，从而确保了堤坝加固工程能够按照高质量的标准顺利推进。

此外，鲁西银行在灌溉水渠修建方面也给予了大力支持。他们针对渠道挖掘、衬砌铺设等环节的资金紧张问题，提供了相应的资金支持，帮助解决了施工过程中的资金瓶颈。1943 年 3 月 9 日，冀鲁豫行署发布《冀鲁豫区统一市场货币工作组组织办法》，明确指出统一货币对巩固根据地经济基础、对敌展开经济斗争的重要意义，并提出对统一市场货币工作组的具体要求。根据《冀鲁豫区统一市场货币工作组组织办法》的文件精神，边区以上政权成立统一市场货币工作组，加强集市货币使用、流通、兑换有关要求的宣传与缉查[①]。统一市场货币不仅需要行政手段，还有赖于经济手段。大生产运动使边区注重

---

① 资料来源：中共党史出版社 1994 年出版的《冀鲁豫边区金融史料选编》第三章。

自力更生的经济建设，鲁西银行广开贷款业务增发货币，支持边区经济。发放灾民生活贷款、灾区种子贷款、灾民运粮贷款、灾民纺织贷款、春耕掘井贷款，支持生产与救灾；增加工商业贷款和投资，发行200元本票、300元流通券、500元两种流通券的大额边币，委托公营商店收购和储备粮棉油料等短缺物资，增加影响物价的重要物资储备。[9]

这不仅保障了灌溉水渠能够顺利建成并投入使用，还极大地促进了当地农业生产的发展。鲁西银行的这些红色金融举措，不仅体现了其作为金融机构的社会责任感，也为当地水利建设事业的发展注入了强大的动力。他们的积极行动，不仅为防洪安全提供了有力保障，也为当地经济的可持续发展奠定了坚实基础。

3. 实施效果分析

从生态角度来看，防洪堤坝的加固有效抵御了黄河洪水的侵袭，保护了黄河下游地区的大片农田、湿地等生态资源，减少了洪水泛滥带来的泥沙淤积、生态破坏等问题，维持了黄河下游生态系统的相对稳定。灌溉水渠的建成则极大地提高了水资源的利用效率，在干旱时期能及时为农田补水，减少了因干旱导致的土地干裂、盐碱化等土地退化现象，改善了农田生态环境，有利于农作物的生长和生态多样性的维持。从经济角度讲，水利设施的完善保障了农业生产的稳定，减少了因水患和干旱造成的农业损失，提高了粮食产量，保障了边区人民的生活物资供应，促进了当地农业经济的健康发展，也为黄河流域生态保护与经济发展的良性互动提供了有力支撑。

通过这些案例分析可以看出，红色金融在黄河流域生态保护中通过精准的资金支持，有效解决了当前面临的生态建设资金难题，从多个维度实现了生态效益与经济效益的统一，对当下黄河流域生态保护工作依然有着重要的借鉴意义。

六、结论与展望

红色金融作为中国共产党领导下的特殊金融形态，在黄河流域生态保护中发挥了重要作用。通过提供资金支持和政策保障，红色金融为黄河流域的生态保护和经济发展作出了重要贡献。同时，红色金融还推动了绿色金融和可持续发展理念的深入实践，为黄河流域的高质量发展提供了有力支持。

展望未来，在黄河流域生态保护和高质量发展持续迈向纵深的征程中，红色金融宛如熠熠生辉的星辰，注定会继续闪耀其独特光芒，发挥至关重要的作用。一方面，那些承载着厚重历史与使命的红色金融机构，会如坚实的后盾一般，源源不断地为黄河流域的生态保护以及经济发展提供资金支持与政策保障，助力这片广袤大地焕发出新的生机与活力；另一方面，它们也将秉持创新精神，持续雕琢各类金融产品、优化服务内容，让绿色金融与可持续发展理念如同涓涓细流，润泽大地，在实践中不断落地生根、枝繁叶茂。例如，可以探索发行绿色债券、绿色基金等绿色金融产品，为环保项目和绿色产业的发展提供资金支持；同时，还可以加强与国际金融机构的合作与交流，借鉴国际先进经验和技术手段，推动绿色金融和可持续发展理念的深入实践。

此外，还需要加强红色金融在黄河流域生态保护中的监管和风险防范工作。一方面，要加大对红色金融机构的监管力度，确保其合规经营和风险可控；另一方面，还要加强对黄河流域生态保护项目的风险评估和监测工作，及时发现和防范潜在风险。通过这些措施的实施，可以确保红色金融在黄河流域生态保护中的持续健康发展。

参 考 文 献

［1］杨其广．红色金融家印记［J］．中国金融家，2021（Z1）：150 - 156.

［2］张建华等．山东红色金融概论［M］．北京：经济科学出版社，2024.

［3］王巍．为什么要关注红色金融？［N/OL］．金融时报 - 中国金融新闻网，2022 - 04 - 08. https：//www. financialnews. com. cn/.

［4］［5］张九龙．大河行齐鲁，留下多少传奇［N/OL］．大众日报，2024 - 08 - 05. https：//paper. dzwww. com/.

［6］张卫平．2024 悦读越好｜中国红色金融发展壮大的故事［EB/OL］．中国青年报客户端，2024 - 02 - 23. http：//news. cyol. com/gb/articles/2024 - 02/23/content_lble8KUWoq. html.

［7］陈苗苗．乡村振兴背景下看陕甘宁边区银行农业贷款的历史经验［J］．村委主任，2024（1）：231 - 233.

［8］中国金融思想政治工作研究会红色金融史编写组．红色金融史（五十二）：晋绥边区经济建设——粉碎侵华日军"以战养战"图谋［EB/OL］．

中国金融思想政治工作研究会，2022 – 07 – 21，https：//www. krzzjn. com/ show – 527 – 122686. html.

[9] [10] 中国金融思想政治工作研究会红色金融史编写组. 红色金融史 (四十七)：鲁西银行——统一冀鲁豫抗日根据地金融，赢得货币主导权 [EB/OL]. 中国金融思想政治工作研究会，2022 – 07 – 14，https：//www. krzzjn. com/show – 527 – 122490. html.

红色金融支持黄河流域生态保护和高质量发展：理论、困境及策略

罗　景*

摘　要： 红色金融支持黄河流域生态保护和高质量发展，关系民族的永续发展和伟大复兴，关乎社会主义现代化强国建设与共同富裕。红色金融坚持党的领导，以人民利益为出发点，在历史上发挥了关键作用。目前红色金融支持黄河流域发展面临金融结构不合理、科技创新融合不足、区域发展不平衡、政策协同与落实不到位等问题。基于此，应优化金融结构，加强科技创新融合，促进区域协调发展，强化政策协同与落实，以充分发挥红色金融优势，助力黄河流域实现可持续发展，推动区域协调发展与构建现代化经济体系，实现"以红促绿"目标，让黄河成为造福人民的幸福河。

关键词： 黄河流域　生态保护　高质量发展　红色金融

黄河流域在我国发展格局中占据着至关重要的地位。它既是粮食生产的关键区域；又是社会经济蓬勃发展的重要依托；更是不可或缺的生态安全屏障区[1]，在我国迈向中国式现代化的新征程中发挥着举足轻重的战略作用。党的二十大报告明确指出黄河流域生态保护和高质量发展是推动绿色发展、促进人与自然和谐共生的重要构成部分[2]，充分彰显了黄河流域加强生态保护和实现高质量发展的重要性。然而，实现黄河流域生态保护和高质量发展极为复杂，需要投入大规模的资金，且这项系统工程回报相对迟缓，如今的

* 罗景，齐鲁工业大学（山东省科学院）马克思主义学院硕士研究生，研究方向为马克思主义中国化研究。

投融资机制在面对黄河流域如此巨大的资金需求时，已显得力不从心。红色金融作为一种具有特殊使命和独特优势的金融模式，承载着厚重的历史文化底蕴与时代赋予的社会责任，能够有效实现金融资源与生态环境保护、经济发展等多方面的紧密结合。因此，积极推动红色金融资本向黄河流域生态保护和高质量发展领域倾斜，充分发挥其在资金融通、资源配置等方面的作用，有望为黄河流域生态保护和高质量发展提供强有力的资金保障以及全方位的支持。

一、文献梳理与问题的提出

（一）有关红色金融概念界定和内涵方面的研究

红色金融是指在中国共产党领导下，于革命战争年代及社会主义建设初期开展的，旨在为革命斗争、经济建设提供资金支持，保障人民利益，服务于夺取政权、巩固政权以及推动社会发展的一系列金融活动及相关实践。习近平总书记强调"做好新形势下金融工作，要坚持党中央对金融工作集中统一领导"[3]，基于此，学术界从不同视角展开，对红色金融的概念进行界定，红色金融具有多方面突出特点。其一，坚持党对金融事业的领导，确保红色金融服务革命大局[4]；其二，以人民利益为根本出发点，致力于改善人民经济生活[5]；其三，坚持一切从实际出发，依据根据地实际情况制定灵活金融政策；其四，大力弘扬艰苦奋斗作风，红色金融工作者在艰苦条件下努力工作，为革命胜利提供坚实金融保障[6]。红色金融在特定历史时期发挥了不可替代的重要作用，深刻体现了党在金融领域的初心使命和智慧策略，对当代金融发展具有深远的历史借鉴意义。

（二）有关红色金融对黄河流域生态保护和高质量发展影响方面的研究

从经济发展与生态保护协同视角看，高质量发展意味着在资源有效利用及生态承载限度内，充分满足人民对美好生活的向往，经济布局契合可持续发展理念、发展动力凸显红色基因引领下的特色优势。生态保护与经济发展需相辅相成，红色金融在黄河流域生态保护和高质量发展进程中肩负重要使命。一方面，黄河流域生态保护和高质量发展面临生态修复资金需求大、产业转型动力不足等问题，红色金融可通过精准调配金融资源，助力填补资金缺口，推动黄河流域生态保护项目落地实施，实现生态效益的提升。另一方面，从产业发展维度而言，黄河流域部分产业亟待绿色转型与升级，红色金融能依据自身特色，为传统产业向绿色、高效方向转变提供金融助力，催生如红色文旅融合等新兴产业，培育新的经济增长点，提升黄河流域经济增长潜力，促进产业结构优化升级，实现经济高质量发展。同时，红色金融所蕴含的精神力量，能激发各方参与黄河生态保护和发展的积极性与责任感，推动形成全社会共同助力黄河流域生态保护和高质量发展的良好局面。

（三）有关红色金融发展中存在问题方面的研究

现如今红色金融的发展在传承红色基因、服务经济社会等方面取得了一定成果，但与预期目标及可挖掘的潜力相比，仍存在一些亟待解决的问题，总体处于持续推进完善阶段。一是红色金融理念传播深度不足。习近平总书记强调要传承红色基因，让红色精神永放光芒[2]，但目前相关理念在社会大众尤其是年轻群体中的普及程度不够，导致其在经济社会发展中的独特作用未能充分彰显，社会各界参与红色金融相关活动的积极性受限。二是红色金融发展保障机制不完善。主要体现为相关标准规范体系缺失，难以对红色金融业务进行精准界定与规范引导；信息共享机制不健全，红色金融项目及产品信息流通不畅；科技应用水平较低，未能充分借助现代科技手段提升红色金融发展效能；政策扶持体系有待进一步强化，其引导与推动作用未充分发挥。三是红色金融发展协同性欠佳。我国红色金融发展呈现出明显的地域差异与行业差异，协同发展格局尚未有效形成。部分革命老区虽有着深厚的红色金融历史底蕴，但受限于经济发展水平等因素，红色金融发展相对滞后，与经济发达地区及其他行业在红色金融资源整合、联动发展等方面存在较大差距，未能形成强大的发展合力。

（四）有关推动红色金融发展对策建议方面的研究

红色资源承载着党和人民英勇奋斗的光荣历史，红色金融作为红色资源的重要组成部分，在革命时期发挥了极为关键的作用，其蕴含的精神与经验对于当下经济社会发展仍具重要意义。在新时代推动红色金融发展的征程中，我们需直面现存问题并提出针对性的对策建议。应构建全面且协同的红色金融体系，可从以下几个关键方面发力。其一，加强组织与机构建设。设立专门致力于红色金融研究、推广与实践的专业机构，整合各方资源，形成推动红色金融发展的合力；其二，完善政策扶持体系。财政金融政策应向红色金融领域倾斜，通过设立专项基金、给予税收优惠等方式，鼓励金融机构积极参与红色金融业务；其三，强化基础设施建设。打造支持红色金融发展的基础设施平台，包括建设红色金融数据库，收集、整理和保存红色金融历史资料与相关数据，为深入研究和实践提供数据支撑；搭建红色金融信息交流平台，促进不同地区、不同主体之间的经验分享与业务合作；其四，健全法律法规保障。制定与红色金融发展相适应的法律法规，明确红色金融业务的规范流程、监管要求以及权益保护等方面内容，确保红色金融活动在法治轨道上有序开展。《中国金融稳定报告》表明，中国红色金融发展虽已取得一定成效，但在理论与实践结合、市场体系完善、人才储备等方面仍存在诸多挑战，尚未形成一套成熟且完善的发展模式，需要从基础理论层面加强研究。

二、红色金融支持黄河流域生态保护和高质量发展的理论逻辑

黄河流域生态保护和高质量发展对于国家整体战略布局具有举足轻重的意义。红色金融在我国革命历史进程中积累了丰富的经验，蕴含着独特的理念和价值，深入探讨其内在的理论逻辑，能够为实现黄河流域可持续发展提供坚实的理论支撑，推动黄河流域在新时代焕发出新的生机与活力。

（一）红色金融的初心使命与黄河流域发展目标的内在一致性

红色金融自诞生之日起，就始终将实现党的纲领和使命作为根本宗旨，以人民利益为出发点和落脚点，致力于保障革命战争时期的资金需求，为人民谋幸福、为民族谋复兴。"中国共产党一经诞生，就把为中国人民谋幸福、为中华民族谋复兴确立为自己的初心使命。"[7] 黄河流域生态保护和高质量发展战略的核心目标同样是为了增进人民福祉，推动区域协调发展，实现人与自然的和谐共生，旨在解决黄河流域长期以来存在的生态环境脆弱、经济发展不平衡不充分等问题，通过加强生态保护、优化产业结构、提升民生保障水平等举措，让黄河流域人民共享发展成果。红色金融的初心使命与黄河流域发展目标在本质上高度契合，为红色金融支持黄河流域发展提供了根本的价值导向。

（二）红色金融的制度优势为黄河流域发展提供坚实保障

红色金融的制度基础是坚持公有制，在党的领导下，形成了一套独特的金融管理体制和运行机制。习近平总书记指出："坚持党的领导、加强党的建设，是我国国有企业的光荣传统，是国有企业的'根'和'魂'，是我国国有企业的独特优势。"[8]红色金融的公有制属性确保了金融资源能够按照国家战略和人民需求进行合理配置，避免了资本的无序扩张和逐利性对社会公共利益的损害。在黄河流域生态保护和高质量发展过程中，这种制度优势能够发挥重要作用。一方面，公有制金融机构可以更好地贯彻国家关于黄河流域发展的政策意图，加大对流域内重大基础设施建设、生态修复工程、战略性新兴产业培育等领域的资金投入。另一方面，红色金融的制度优势有助于加强金融监管，防范金融风险，维护黄河流域金融市场的稳定。在金融市场波动较大或面临外部冲击时，公有制金融体系能够凭借其强大的资源整合能力和政策调控能力，保障流域内金融体系的安全运行，为黄河流域发展提供稳定的金融环境，这也是习近平总书记关于防范化解重大风险重要论述在金融领域的具体体现，确保黄河流域发展不因金融风险而受阻。

（三）红色金融的精神内涵对黄河流域发展的激励与引领

红色金融在发展过程中始终秉持自力更生、艰苦奋斗的精神源泉，以及善于学习、按客观经济规律办事的基本方法。习近平总书记多次强调艰苦奋斗精神的重要性，指出："社会主义是干出来的，新时代也是干出来的。"[9]黄河流域在生态保护和高质量发展过程中面临诸多挑战，而红色金融的精神内涵能够激励流域内广大干部群众积极投身于发展建设中，不畏艰难险阻，勇于开拓创新。在生态保护方面，发扬自力更生精神，鼓励流域内企业和居民积极参与植树造林、水土保持等生态修复活动，共同守护黄河流域的生态环境，这种精神引领会激发黄河流域发展的内生动力，推动流域在生态保护和高质量发展道路上不断取得新突破，实现习近平总书记提出的"让黄河成为造福人民的幸福河"[10]的美好愿景。

（四）红色金融与黄河流域多元主体协同发展的理论机制

红色金融支持黄河流域生态保护和高质量发展涉及政府、企业、社会组织和居民等多元主体，各主体之间的协同合作是实现发展目标的关键。习近平总书记强调："统筹兼顾、综合平衡，突出重点、带动全局，有的时候要抓大放小、以大兼小，有的时候又要以小带大、小中见大。"[11]在黄河流域发展中，红色金融能够通过多种方式促进多元主体协同发展。政府部门可以利用红色金融政策工具，引导金融资源向重点领域和薄弱环节倾斜，同时加强规划引导和政策扶持，为企业和社会组织参与流域发展创造良好的政策环境。企业作为市场主体，在红色金融的支持下，加大对环保技术研发、绿色生产方式转型的投入，提高资源利用效率，减少污染排放，实现经济效益与生态效益的双赢。社会组织可以发挥桥梁纽带作用，组织开展环保公益活动、推动公众参与，同时与红色金融机构合作，为生态保护项目筹集资金。居民在红色金融的引导下，树立绿色消费观念，积极参与生态保护行动，形成全社会共同推动黄河流域发展的良好氛围。

三、红色金融支持黄河流域生态保护和高质量发展的现实困境

红色金融在黄河流域生态保护和高质量发展这项复杂而系统的工程中扮演着重要角色。然而，在实际推进过程中，红色金融支持黄河流域发展仍面临诸多问题，深入剖析这些问题对于优化红色金融服务、推动黄河流域可持续发展具有关键意义。

（一）金融结构不合理对红色金融支持效果的制约

黄河流域目前的金融结构呈现出一定程度的不合理性。间接融资比重过高，直接融资占比较低，对红色金融支持黄河流域生态保护和高质量发展起到制约作用。习近平总书记指出："要深化金融供给侧结构性改革，增强金融服务实体经济能力。"[12]但当前黄河流域间接融资主导的金融结构，使得金融市场的多样化程度受限，市场活力不足。在这种情况下，红色金融难以充分发挥其引导资源优化配置的功能，无法有效满足黄河流域生态保护和高质量发展中多样化的金融需求。同时，间接融资比重过高还可能带来金融风险过度集中于银行体系等问题，影响金融体系的稳定性，进而削弱红色金融对黄河流域发展的支持力度。根据《黄河流域生态保护和高质量发展规划纲要》提出的创新金融产品和服务模式的要求，当前金融结构不合理的现状使得红色金融在创新方面面临诸多困难，难以精准对接黄河流域生态保护和产业发展的特殊需求，如生态修复项目周期长、收益低，与现有金融产品的营

利性和期限结构不匹配等问题突出。

（二）科技创新融合不足阻碍红色金融作用发挥

红色金融与科技创新在黄河流域的融合程度不够深入，在很大程度上阻碍了红色金融对黄河流域生态保护和高质量发展的推动作用。习近平总书记强调："创新是引领发展的第一动力。"[12]在黄河流域，科技创新对于推动产业升级、提升生态保护效率至关重要。然而，目前红色金融对科技创新的支持力度不足，金融资源向科技创新领域的配置效率较低。一方面，由于风险评估体系不完善、信息不对称等问题，红色金融机构对科技型企业的投资意愿不高，导致科技创新项目融资困难。许多具有潜力的环保技术研发和绿色产业创新项目因缺乏资金支持而难以落地实施。另一方面，红色金融与科技创新之间缺乏有效的协同机制，金融创新产品和服务难以满足科技创新企业的多样化需求。这与国家推动创新驱动发展战略、提高科技成果转化效率的政策导向不符，也不利于黄河流域构建现代化经济体系，实现高质量发展目标。

（三）区域发展不平衡导致红色金融支持差异

黄河流域横跨东中西部，区域间经济发展不平衡现象较为显著，这使得红色金融在支持黄河流域生态保护和高质量发展过程中面临着不同的挑战，产生了支持差异。因此要注重区域协调发展，缩小区域间差距。在黄河流域，下游地区经济相对发达，金融资源丰富，金融基础设施完善，红色金融能够较好地发挥作用，支持当地产业升级和生态保护项目。然而，中上游地区经济发展相对滞后，金融市场发育不健全，红色金融机构分布较少，金融服务覆盖面有限。这导致中上游地区在生态修复、清洁能源开发等关键领域难以获得充足的红色金融支持。例如，上游地区的生态保护任务繁重，但由于当地经济基础薄弱，金融机构对生态项目的投资回报预期较低，使得红色金融资金投入相对不足。同时，区域间政策协调和信息共享机制不完善，进一步加剧了红色金融支持的不平衡。不同地区在执行国家关于红色金融支持黄河流域发展的政策时存在差异，缺乏统一的规划和协同行动，影响了红色金融整体支持效果。进而影响了生态保护的协同推进。

（四）政策协同与落实不到位影响红色金融支持效率

红色金融支持黄河流域生态保护和高质量发展需要多方面政策的协同配

合，但目前政策协同与落实方面存在一定问题，影响了红色金融的支持效率。因此要强调政策的系统性、整体性和协同性。在黄河流域发展中，涉及金融、生态、产业等多领域政策，但这些政策之间缺乏有效的衔接和协同。一方面，部分金融优惠政策在实际执行过程中面临诸多障碍，如绿色信贷标准不统一、审批流程烦琐等问题，使得企业难以真正享受到政策红利。另一方面，政策落实的监督机制不完善，对红色金融机构执行政策的情况缺乏有效的监管和评估，导致部分政策执行不到位。不仅影响红色金融资源的优化配置，也减弱了政策对黄河流域生态发展的推动作用。

四、红色金融支持黄河流域生态保护和高质量发展的推进策略

针对现存问题，需要制定一系列科学合理的推进策略，充分发挥红色金融的优势，助力黄河流域实现可持续发展。这不仅是落实国家重大战略的要求，也是推动区域协调发展、构建现代化经济体系的必然选择。

（一）优化金融结构，提升红色金融资源配置效率

优化黄河流域金融结构是提升红色金融支持效率的关键举措。习近平总书记指出："要以金融体系结构调整优化为重点，优化融资结构和金融机构体系、市场体系、产品体系，为实体经济发展提供更高质量、更有效率的金融服务。"[12] 为此，黄河流域应加快构建多层次资本市场体系，提高直接融资比重，鼓励企业通过股权融资、债券发行等方式拓宽融资渠道，降低对间接融资的依赖。加大对科技型中小企业的扶持力度，推动其在科创板、创业板等资本市场上市融资，促进科技创新与资本的有效对接。同时，深化金融体制改革，推动金融机构创新业务模式和产品服务，引导银行等金融机构开展绿色信贷、能效信贷等创新业务，根据黄河流域生态保护和产业发展特点，设计个性化的金融产品，如针对生态修复项目的长期低息贷款、支持清洁能源产业发展的专项贷款等。

（二）加强科技创新融合，增强红色金融创新驱动力

加强红色金融与科技创新的深度融合，是推动黄河流域生态保护和高质量发展的重要动力源泉。习近平总书记强调："要紧紧抓住科技创新这个牛鼻子，发挥科技创新在全面创新中的引领作用。"[13] 黄河流域应积极构建有

利于科技创新与红色金融融合的生态环境。建立健全科技金融服务平台，整合科技企业、金融机构、科研院校等各方资源，加强信息共享与交流合作，完善风险评估体系，运用大数据、人工智能等现代信息技术手段，提高金融机构对科技创新项目风险识别和评估能力，降低信息不对称；创新金融产品和服务模式，针对科技创新企业不同发展阶段的特点，设计多样化的金融产品；加强政策引导，政府出台相关优惠政策，鼓励红色金融机构加大对科技创新的投入，这有助于激发红色金融创新活力，提高金融服务科技创新的能力，加速科技成果转化和产业化进程，推动黄河流域产业升级和生态保护技术创新，符合国家创新驱动发展战略要求，为黄河流域发展注入新动能。

（三）促进区域协调发展，缩小红色金融支持差距

为实现红色金融在黄河流域的均衡支持，促进区域协调发展是重要路径。要着力增强区域发展的协调性，黄河流域应加强区域间合作与协同发展机制建设，建立跨区域的金融合作平台，促进上下游地区金融机构之间的业务合作、资源共享和经验交流；加大对中上游地区金融基础设施建设的投入，增加金融机构网点布局，提高金融服务覆盖面；鼓励金融机构在中上游地区开展特色金融业务。同时，完善区域间利益补偿机制，协调区域间利益关系。通过建立生态补偿基金等方式，提高中上游地区生态保护的积极性，增强红色金融对生态保护项目的支持意愿。这有助于缩小区域间经济发展差距，实现红色金融在黄河流域的均衡支持，推动黄河流域一体化发展，提升黄河流域整体发展水平。

（四）强化政策协同与落实，提高红色金融支持效能

强化政策协同与落实是保障红色金融有效支持黄河流域高质量发展的重要举措。国家对于政策的执行要真抓实干、精准施策，黄河流域应建立健全政策协同机制，加强金融政策与产业政策、生态政策等的协调配合；制定统一的政策规划和行动方案，明确各部门职责分工，确保政策执行的连贯性和一致性；优化政策执行环境，简化金融优惠政策审批流程，统一绿色金融标准，提高政策执行效率；加强对政策执行的监督与评估，同时，加强政策宣传与解读，提高企业和社会公众对红色金融政策的认知度和参与度，营造良好的政策环境。通过强化政策协同与落实，确保红色金融政策能够真正落地生根，发挥其对黄河流域生态保护和高质量发展的最大效能，推动黄河流域

各项事业持续健康发展，为实现国家战略目标奠定坚实基础。

五、结语

红色金融在黄河流域生态保护和高质量发展中具有不可替代的作用。通过深入理解其理论逻辑，正视现存问题并积极采取推进策略，有望实现红色金融与黄河流域发展的深度融合，不仅能为黄河流域提供坚实的资金与资源支持，还能传承红色金融的精神内涵，推动区域协调发展迈向新高度，最终将黄河流域打造成生态良好、经济繁荣、人民幸福的示范区域，助力国家整体战略目标的实现。

参 考 文 献

［1］毛春合，刘树．协同治理视域下黄河流域生态治理的内在机理与创新路径——以青海省治理实践为例［J］．中南林业科技大学学报（社会科学版），2024，18（2）：17－26.

［2］习近平．高举中国特色社会主义伟大旗帜　为全面建设社会主义现代化国家而团结奋斗——在中国共产党第二十次全国代表大会上的报告［J］．求是，2022（21）：4－35.

［3］习近平．习近平经济思想研究文集［M］．北京：人民出版社，2023：436.

［4］况昕，刘锡良．红色金融"是什么""为什么行"的三重逻辑［J］．财经科学，2022（10）：16－30.

［5］吴旭峰，高忠坡．传承红色金融文化　推动绿色金融高质量发展——基于"以红促绿"视角的研究［J］．哈尔滨学院学报，2023，44（2）：34－38，43.

［6］关心，秦鹏，王萌．坚守金融为民初心　探索金融发展之路——从革命战争年代的红色金融实践到新时代的金融高质量发展［J］．金融理论与教学，2024（1）：1－11.

［7］习近平在庆祝中国共产党成立100周年大会上的讲话［N］．人民日报，2021－07－02（02）.

［8］习近平：坚持党对国有企业的领导不动摇［N］．人民日报，2016－

10 - 12 （01）.

［9］习近平回信勉励中国劳动关系学院劳模本科班学员 ［N］. 人民日报，2018 - 05 - 01 （01）.

［10］习近平：在黄河流域生态保护和高质量发展座谈会上的讲话 ［N］. 人民日报，2010 - 10 - 16 （01）.

［11］习近平. 习近平关于协调推进"四个全面"战略布局论述摘编 ［M］. 北京：中央文献出版社，2015：8.

［12］习近平. 论把握新发展阶段、贯彻新发展理念、构建新发展格局 ［M］. 北京：中央文献出版社，2021：8.

［13］张建华等. 山东红色金融概论 ［M］. 北京：经济科学出版社，2024.

［14］习近平.《中共中央关于制定国民经济和社会发展第十三个五年规划的建议》辅导读本 ［M］. 北京：人民出版社，2015：14.

生态文明建设背景下黄河三角洲 高效生态经济区高质量发展 路径研究

田成奎　李宸涵[*]

摘　要： 本文聚焦于生态文明建设背景下黄河三角洲高效生态经济区的高质量发展，以环境保护税的征收为切入点展开深入研究。探讨黄河三角洲的生态现状与发展需求，分析环境保护税征收对区域内企业环境行为的影响、促进资源合理利用与生态保护方面的作用机制，以及其在推动经济结构优化升级和区域可持续发展战略实施中的意义与挑战，并提出相应的政策建议与发展策略，旨在为实现黄河三角洲高效生态经济区在生态与经济协同共进方面提供理论依据与实践参考。

关键词： 生态文明建设　黄河三角洲　高质量发展

一、引言

党的二十届三中全会指出："要聚焦建设美丽中国，加快经济社会发展全面绿色转型，健全生态环境治理体系，推进生态优先、节约集约、绿色低碳发展，促进人与自然和谐共生。"[1]黄河三角洲作为我国重要的生态经济区域，在国家生态文明建设战略布局中占据着独特地位。但随着经济发展与生态保护矛盾的日益凸显，寻求可持续的高质量发展路径成为黄河三角洲探寻

---

* 田成奎，东北石油大学，马克思主义学院；李宸涵，云南经济管理学院。

可持续发展路径的当务之急。环境保护税作为一种基于市场机制的环境经济政策手段，由于在推进生态文明建设和绿色发展方面的显著作用，在环境治理方面深受政府青睐，为黄河三角洲高效生态经济区的绿色发展提供了新的视角与路径选择。通过税收的强制性，有助于降低生产企业污染物的排放量，从而推动高污染高能耗企业进行变革升级，发展可持续经济，构建生态环境与经济发展的良性互动模式，实现区域的长期稳定与繁荣。

二、国内外研究现状梳理

国外专家学者对环境保护税的研究，与我国相比开始的时间早，研究体系相对成熟。对于环境保护税所产生的社会作用来看，伦斯特罗姆·托马斯·I（Renström Thomas I.，2020）通过对 G7 国家环境保护税征收数据以及碳排放量的数据进行对比分析，认为环境保护税的征收对于碳排放量的控制具有明显的作用。[2]山崎明井（Yamazaki Akio，2022）认为环境保护税可以在一定程度上降低企业所得税，对企业生产率的提高具有积极的促进作用。[3]对于环境保护税能否促进区域经济的绿色发展，国外的学者也进行了充分的论证。克里斯蒂安·马尔多内斯（Cristian Mardones，2018）通过对巴西、墨西哥、智利三个不同的拉丁美洲国家对二氧化碳排放征收环境保护税的情况进行了具体的对比和分析，认为对二氧化碳征收环境保护税利于减少二氧化碳的排放，促进经济的绿色可持续发展。[4]诺鲁齐·尼玛（Norouzi Nima，2022）认为环境税是一种能够对自然资源进行合理有效配置并且还能够促进社会福利发展的绿色工具。[5]综合分析国外学者对于环境保护税的研究发现，大部分学者都十分认同环境保护税的征收所产生的经济效益和生态效益，尤其十分认可环境保护税的征收对促进生产企业产业结构优化升级以及推动区域绿色发展等方面的积极作用。

国内学者对于环境保护税的研究相较于国外学者时间较晚，但大体可以分为两个阶段。第一阶段对于环境保护税的研究主要集中于在我国实行的可行性方面，谢利（1992）认为排污收费制度已经不能够满足我国环境治理的需要，必须要实行更全面更规范的环境保护税制度来填补我国在过去为发展经济所欠下的"环境旧账"，并且在制度、政体以及人民群众环保意识增强的多方面条件下，环境保护税在我国开征具有极强的可行性。[6]周泓（1993）认为环境保护税不仅能够弥补排污费处罚力度难以把握、体制不顺的不足，还具有排污费不能比拟的优势。[7]王明远（1994）通过对环境费和环境税两者之间的概念定义、性质、现状等基本问题做了明确的区分和界定，在此基础上充分论证了环境保护税是一种行之有效的对生态环境和可持续发展具有积极促进作用的经济手段，并且为环境保护税的具体施行提出了明确有效的建议。[8]第二阶段是环境保护税制度在我国正式确立之后，我国学者对于环境保护税的研究变得广泛起来，总体来看主要分两个方向，一个是对环境保护税的作用研究，另一个是分析现阶段环境保护税制度的不足并给出完善建议。张月（2022）通过准自然的研究方式，通过直观的计算结果证明了环境保护税对于抑制资源型城市污染气体的排放具有显著作用。[9]何辉和魏卓凡（2024）基于双重红利视角，提出环境保护税的实施显著降低了环境污染程度，促进了经济增长，实现了环境改善与经济增长的双重红利效应，并且其双重红利效应具有空间溢出性。[10]

三、黄河三角洲高效生态经济区生态与经济现状

黄河三角洲高效生态经济区位于山东省东北部沿海地区，包括东营市和滨州市以及潍坊寒亭区、寿光市、昌邑市，德州乐陵市、庆云县，淄博高青县和烟台莱州市。与胶州半岛相邻，紧靠莱州湾，南接济南城市圈，与天津的滨海新区隔海相望，地理位置十分优越。黄河三角洲拥有丰富的土地、湿地、生物等自然资源。广袤的湿地是众多珍稀鸟类和动植物的栖息地，对于维护区域生态平衡、调节气候、涵养水源等具有不可替代的作用。同时，其土地资源具有较大的开发潜力，但生态系统相对脆弱，易受人类活动的干扰与破坏。从政策支持上来看，黄河三角洲的发展早已在2009年就已经上升为国家战略层面，并在总结提炼长江三角洲以及珠江三角洲过去发展经验的基础上，将发展高效生态经济作为黄河三角洲的主要发展方向。

近年来，黄河三角洲地区经济取得了一定的增长，在石油化工、农业等传统产业方面具有一定基础。然而，产业结构仍较为单一，对资源的依赖程度较高，面临着资源利用效率低下、环境污染压力较大等问题，迫切需要向绿色、高效、创新的经济发展模式转型。表1反映了2016～2020年黄河三角洲高效生态经济区总体的 GDP 以及区域内市县区的生产总值，其中总计代表黄河三角洲高效生态经济区整体生产总值。由表1可知，以2018年为

节点，2016~2018 年黄河三角洲高效生态经济区整体经济总量逐年递增，由 8583.38 亿元人民币增长至 9542.18 亿元人民币；东营市由 3563.40 亿元增长至 4152.47 亿元；与此同时，东营市生产总值占黄河三角洲高效生态经济区生产总值比例也逐年递增，由 41.5% 上涨至 43.5%。自 2018 年以后，除滨州市和高青县之外，不论是黄河三角洲高效生态经济区整体还是其他的市县区，经济总量明显下降，其中东营市更是由 2018 年的 4152.47 亿元锐减至 2019 年的 2916.19 亿元，占比由 43.5% 下降至 36.2%。

表 1　　　　黄河三角洲高效生态经济区 2016~2020 年 GDP 总量　　　单位：亿元

地区	2016 年	2017 年	2018 年	2019 年	2020 年
滨州市	2188.57	2289.29	2332.56	2457.19	2508.11
东营市	3563.40	3814.35	4152.47	2916.19	2981.19
寒亭区	214.90	233.40	250.30	227.42	228.41
寿光市	856.80	866.70	902.70	768.11	786.57
昌邑市	399.50	442.90	470.40	444.06	450.40
乐陵市	238.52	247.70	279.62	237.25	242.90
庆云县	146.80	158.70	172.35	162.81	165.49
高青县	208.09	231.54	176.18	176.37	181.47
莱州市	766.80	767.20	805.60	663.70	674.07
总计	8583.38	9051.78	9542.18	8053.10	8218.61

资料来源：山东省统计局。

四、环境保护税征收的定义与征收流程

（一）环境保护税的定义

英国经济学家庇古首先提出"环境保护税"的概念，认为环境保护税是对单位和个人污染物排放的行为进行征收的税种，通过对污染排放等环境损害行为征税，将外部环境成本内部化，促使企业在生产决策中考虑环境因素，从而达到减少污染排放、优化资源配置的目的。从公共物品理论角度

看，环境作为一种公共资源，环境保护税有助于解决公共资源过度使用和"搭便车"问题，激励社会各方共同参与环境保护。后人以他的观点为理论基础继续研究环境保护税收，普遍认为环境保护税的定义有广义和狭义之分。从广义上讲，环境保护税是指针对突出的污染性问题进行强制征税的税种。常见的突出性污染问题有废水、噪声、废弃物，环境保护税体系包含资源税、消费税、增值税等多项与环境保护内容相关联的税种，这些税种对于环境保护具有明确的导向作用。从狭义上讲，环境保护税是针对具体的排放污染的行为，将排污成本内化到生产成本的一种经济手段，即真正意义上的环境保护税。[11]本文中所讲的环境保护税是指狭义的环境保护税，仅为针对污染物排放治理及环境保护税费政策，即自1982年起在全国全面推行的排污费政策和2018年1月1日起全面替代排污费制度的环境保护税制度。

（二）环境保护税征收流程

《中华人民共和国环境保护税法》（以下简称《环保税法》）的正式施行，标志着我国环境保护税申报流程实现制度化、规范化有了制度保证。我国的环境保护税制度涵盖了大气污染物、水污染物、固体废物和噪声等多种污染物的征税范围，根据污染物的排放量和污染当量等确定计税依据，并设置了相应的税率结构。其政策目标不仅在于筹集环境治理资金，更重要的是引导企业采用清洁生产技术、加强污染治理，推动产业结构的绿色升级。《环保税法》明确规定了我国环境保护税申报缴纳在时间期限上：按季度进行缴纳；在征管执法部门上：税务部门与环境保护部门协同征管；具体征收流程为：生产企业在规定期限内向税务部门上报检测数据，进行环境保护税缴纳工作；税务部门将生产企业上报数据与环境保护部门监测数据进行比对，数据无误时，生产企业缴纳环境保护税，税务部门为生产企业办理税务登记并进行存档。当生产企业上报数据与环境保护部门监测数据发生冲突时，税务部门向环境保护部门申请对企业上报的数据资料与监测数据进行对比复核，环境保护部门据实复核，复核结束后向税务部门提交最终意见结果。税务部门根据环境保护部门的复核结果对生产企业应纳税额进行调整，生产企业必须按照税务部门调整后的要求缴纳环境保护税，税务部门再为生产企业办理税务登记并进行存档。其具体流程如图1所示。

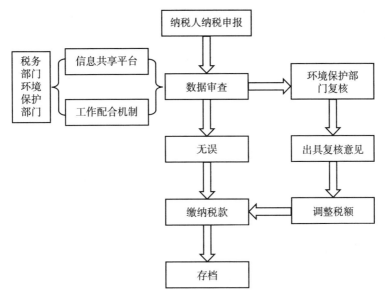

图 1　环境保护税征收流程

五、环境保护税对黄河三角洲高效生态经济区的影响

（一）环境保护税对黄河三角洲企业绿色生产的影响

　　企业的绿色发展是指企业贯彻绿色发展理念，践行绿色发展实践所进行的一种环保、节能的生产经营方式。企业要想真正实现绿色发展就必须进行绿色生产，必须改变以往粗放型的过度依赖自然资源开发的生产方式，而生产方式的转变意味着生产企业在现阶段不仅要引进绿色发展领域的人才、还要进行生产方式、生产设备上的更新换代，这表明企业生产成本的上升、资金投入的扩大。而企业是以自愿的态度主动进行绿色转型，还是只是被迫接受、被动地接受改造升级。其实在很大程度上取决于这部分上升成本的高低。

　　从企业成本的角度来看，环境保护税的征收主要是针对企业生产过程中能够造成负外部性的生产行为，比如三废气体的排放等。在谁污染谁治理的理念之下，生产企业必须对其污染行为付出代价，这种代价在现阶段就直接表现为环境保护税税额的形式，即以货币的形式变现出来，并且需要计入企业的生产成本。以东营市 A 股上市公司华泰纸业为例，表 2 反映华泰纸业

2016～2020 年其环保设备投入建设情况。从表 2 中能够明显看出，华泰纸业在 2018～2020 年环保设备的投入的速度、规模相较于 2016～2017 年增长明显。2018 年环保设备建设的预算总体为 16438 万元，同 2017 年相比上升 11438 万元；这充分表明华泰纸业在环境保护税征收的背景下想要绿色转型的坚定决心和强大魄力。

表 2　　　　　　　　华泰纸业 2016～2020 年环保设备情况　　　　　单位：元

年份	在建项目	预算数	期初余额	期末余额	完工程度
2016	超低排放环保项目	36200000	—	19974977.73	未说明
2017	锅炉超低排放项目	50000000	17692493.64	0	100%
2018	废物资源化利用	99780000	1337728.68	55713952.16	60%
	污水提标改造	55000000	—	15418670.21	40%
	热电节能改造项目	9600000	5025641.02	0	100%
2019	污水提标改造项目	55000000	37251351.50	—	100%
	烟气处理设施项目	30000000	2345132.75	—	100%
2020	水处理异味祛除项目	12000000	1676912.58	12103284.26	100%
	环境综合治理项目	2000000	—	1582568.82	80%

资料来源：华泰纸业 2016～2020 年年度报告。

从税收法定的角度来看，环境保护税的缴纳会对生产企业产生除生产成本上升之外的其他负担。首先，环境保护税双部门协同征收管理机制，使得环境保护相关机构部门拥有更充足的时间去开展环境保护执法活动，对生产企业的排污行为进行更有效更全面的监管记录。其次，法律赋予了环境保护部门直接将屡教不改的排污企业进行查封的权利，这不仅会对生产企业起到威慑作用，而且还会推动生产企业主动进行绿色转型。最后，生产企业逾期申报缴纳环境保护税属于失信行为，不仅会产生滞纳金，还会对企业信用和形象产生负面影响。

（二）环境保护税在遏制黄河三角洲污染物排放方面的作用

黄河三角洲高效生态经济区中心区的东营市、滨州市都是典型的以石油开采为主要发展方式的资源型城市，油地、城乡二元结构明显，第二产业在黄河三角洲高效生态经济区中仍然占有很大比重，生产过程中会产生大量的工业固体废弃物。以滨州市为例，滨州市工业固体废弃物的产生数量 2016 年为 4728.5 万吨，到 2018 年上升至 5697.3 万吨，两年时间增加了 968.8 万吨，2020 年又下降至 4625.6 万吨。以 2018 年为节点，在此之前滨州市固体废弃物的排放量呈现逐年上升的趋势，之后便出现了明显的下降趋势，这与 2018 年正式施行环境保护税政策密不可分，说明环境保护税的征收对滨州市工业固体废弃物的排放存在较为明显的遏制作用。如图 2 所示，滨州市 2016~2020 年工业废水的排放量在减少后又出现反弹，2016 年为 20086 万吨，2017 年则急剧减少 2163 万吨，下降至 17923 万吨，但在 2020 年又重新上涨至 20013 万吨，与 2016 年的数额不相上下。从 2018 年和 2019 年的对比情况来看，滨州市存在排放量下降的现象，这表明滨州市和东营市在环境保护税征收初期工业废水的排放情况得到暂时的缓解，排放量下降。但是由于环境保护税征收初期存在不完善以及生产企业难以在短时间内找到适合的解决废水的方式等问题，使得滨州市和东营市工业废水排放量在短暂的下降之后又重新上升。

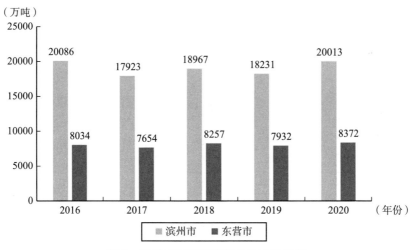

图 2　滨州市与东营市工业废水排放量

高污染高能耗的生产方式在生产过程中不仅会产生固体废弃物、排放工业废水，还会向空气中排放含污染物的气体，如二氧化硫、氮氧化物以及颗粒物等，对空气质量和生态环境造成破坏。因此政府针对企业厂区在企业生产过程中排入空气的含有污染物的生产行为进行征税，一方面希望通过税收手段推动企业自觉进行生产方式优化升级，主动淘汰落后污染性强的生产方式；另一方面希望企业主动承担保护环境的社会责任。通过对黄河三角洲高效生态经济区的中心城市之一的滨州市 2020 年工业废气数据查找与分析，发现 2020 年滨州市工业废气排放总量达 11870.52 亿立方米，其中邹平市所占比例最大，为 5435.25 亿立方米，其次是惠民县 1300.50 亿立方米。从工业废气的角度来看，环境保护税的推行似乎没有促使黄三角的城市进行动能转化，过去依赖资源型的生产方式仍旧大量存在。但是从衡量大气质量的重要指标同时也是环境保护税对工业废气的主要征收对象之一的二氧化硫的排放情况来看，如图 3 所示，城乡二元结构明显的滨州市、东营市，二氧化硫的排放情况得到了大幅度减少。滨州市由 2016 年的 157495 吨减少至 2020 年的 18081 吨，下降幅度之大、速度之快让人咂舌；东营市也从 2016 年的 43401 吨下降至 2020 年的 10180 吨，四年时间内减少了 33221 吨。从数据反映来看，环境保护税的征收对二氧化硫的排放具有明显有效的遏制作用。

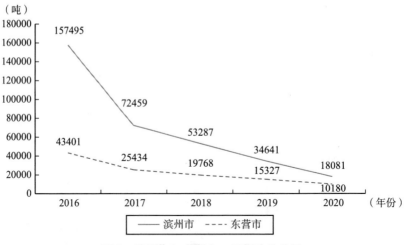

图 3　滨州市与东营市二氧化硫排放量

综合统计结果所反映的内容来看，环境保护税的征收对企业在生产过程中所产生的对空气和环境具有严重负面作用的三废排放具有深刻的影响，但具体来看影响的作用及所产生结果并不相同。工业固体废弃物的产生总量在"十三五"期间有升有降并且排放总量仍旧庞大；工业废水的排放量也呈现出先下降再上涨的排放趋势；工业废气的排放总量依旧庞大但其中二氧化硫排放量却呈现大幅度下降的态势。这些现象和数据都充分地反映出环境保护税的征收对于生态环境的改善以及减少污染物的排放具有积极的作用，但是不得不承认的是，对工业固体废弃物以及工业废水的排放量的影响很不稳定，这在一定程度上反映出生态环境的保护工作以及环境保护税的征收仍旧存在问题和挑战。

六、黄河三角洲高效生态经济区绿色发展的对策建议

本文研究发现，环境保护税对黄河三角洲高效生态经济区的绿色发展具有正向促进的作用，但是在污染物减排等方面，影响效果还不够显著，征管范围和排污过程的检测等方面也存在不足。因此，需要进一步完善环境保护税相关制度，以充分发挥环境保护税对黄河三角洲高效生态经济区绿色发展的正向作用。

（一）完善环境保护税征管体系

环境保护税的征收能够合理有效地对资源进行规划配置并且减少企业在生产过程中的污染行为，进而能够促进黄河三角洲高效生态经济区的绿色发展，因此必须完善环境保护税的征管体系。首先，明确征收主体与征收范围，并且在原有的征收对象基础上，针对其他会对生态环境造成破坏的气体、物体或者行为等进行征税，如考虑将二氧化碳等温室气体的排放逐步纳入征税范围。此外，环境保护税的征管过程是一个系统全面的过程，其中监管便是不可或缺的一个方面。在污染物监测环节鼓励第三方公司介入，既能够提升检测的真实性，也能够保证其准确性。其次，划清环保部门与税务部门的工作职权，加强环保部门与税务部门的沟通协调，避免出现因沟通不畅而出现对纳税人重复征收或者是漏收的现象，建立税务部门同环境保护部门共有的考核制度和资源共享平台，实现对黄河三角洲高效生态经济区排污企业的信用评价结果的共享。最后，建议环保部门加大对企业生产过程中排污行为的监督和管理，提高监督执法的覆盖性、全面性和频次，严肃处理违法排污行为，为黄河三角洲高效生态经济区的绿色发展创造更有利的环境。

（二）制定合理的激励和处罚措施

为了能够充分发挥环境保护税对黄三角地区绿色发展的推动作用，必须

建立更加成熟完善的激励措施。首先，对于生产企业发展节能减排和绿色可持续生产的行为要进行鼓励支持，并给予税收上的优惠或者是减免，如果符合要求可以给予财政上的补贴，以求能够激发纳税主体进行生产方式优化升级的积极性。其次，施行差别税率并且利用税收返还等方式对进行绿色生产、使用清洁能源、科学合理处理污染物的企业进行税收优惠。通过生态产业激励政策和生态补偿共同促进黄河三角洲高效生态经济区的绿色发展。对于高污染、高能耗的传统产业按最高税率进行征收，比如东营市传统的石油企业，如果继续采用高污染高能耗的生产方式进行生产，不注意对生态环境的保护，那么对其环境保护税的征收就要更加侧重于惩罚性。最后，黄河三角洲高效生态经济区地区的绿色发展建设不仅需要生产企业和政府的努力，还需要目前未被纳入征收范围的消费者即每个个体的支持。因此在鼓励企业发展绿色产业的同时，对于消费者绿色消费的行为、低碳生活的方式也要支持和鼓励，针对消费者节能减排消费的行为给予一定的民生优惠，增强消费者绿色消费的意识，完善基础设施建设，鼓励绿色出行，低碳生活。环境保护税作用的发挥，还要有条理化、法治化、规范化的惩罚制度，做到奖罚分明，奖惩有度。对于生产企业在其生产排污过程中，采用瞒报、谎报污染物排放数量的行为，要采取严格的惩罚措施，要求其在补缴应纳税款的基础上，针对情节严重情况和近期污染物排放规模，给予相应的罚款。

（三） 建立税款专款专用制度

要想使环境保护税对黄河三角洲高效生态经济区绿色发展起到更大的作用，就应该对环境保护税税款实行专款专用。首先要明确该笔资金的使用方向。可以将其应用于对生产企业的优惠和激励政策的方面，对于主动转变绿色生产方式，积极践行可持续发展的企业给予鼓励支持以及返还部分税款以示鼓励，增强企业荣誉感的同时激励其他企业加快转变绿色生产方式，从而促进黄河三角洲高效生态经济区整体的生产企业减污降排，发展生态经济。其次针对人民群众意见最大、要求最普遍的领域优先进行治理。除此之外，还可以用于地方绿色发展人才引进的专项资金，弥补人才短板。最后不仅要设立严格周密的监管体系，还要建立公开透明的平台去记录这部分资金的使用，或者政府建立专门的环保基金，及时做好公示，保证环境保护税税款不被任意挪用，让其真正地发挥促进绿色发展的作用。让环保、审计、税务三方部门协同合作，相互监督。黄河三角洲高效生态经济区地域范围广，并且第二产业比重较大，环境保护税税额总的来说金额较大，如果能够针对这笔税款建立专门的政府账户和独立的环保专项资金制度，将所征收的环境保护税用于黄河三角洲高效生态经济区的生态化建设和环境保护，将会极大地促进黄三角地区的绿色发展。

（四）完善税收协同征管制度

我国的环境保护税正式开征于 2018 年，开征时间较晚且是我国第一次实行的双部门协同征收的税种，在具体的征管过程中，容易因为环境保护部门以及税务部门之间权责划分不够明确、信息交流共享不够及时等问题而造成环境保护税的漏征或者是重复征收等严重的问题。因此可以充分利用互联网技术来完善环境保护税的征管过程，减少甚至避免上述问题的发生。首先，利用互联网技术，科学整合环境保护部门以及税务部门的数据信息，搭建资源共享、数据共享的网络平台，解决两部门信息沟通不畅的问题。同时督促环境保护部门以及税务部门及时上传征收细则、征收制度等信息，确保信息公开化、透明化，加强公众对环境保护部门以及税务部门在执法过程中的监督。其次，在法律制度规定方面明确划分环境保护部门和税务部门职责。出台相关的法律规定，明确划分界定环境保护部门与税务部门之间在征管过程中的权利和义务。另外对环境保护部门和税务部门之间的权利和义务进行法律制度层面上的界定，利于在具体征收过程中解决因职责划分不明确、缺少明文条款等使得两部门在具体的执法过程中缺少威望和说服力而与企业产生不必要的矛盾等问题，提高征收效率和科学性。最后，培养擅长互联网技术且熟悉环境保护和税务领域的交叉性复合型人才，加强征管过程中负责人员的工作能力。采用科学准确的污染物排放检测设备，使今后的污染物排放数量规模申报变更为税务部门的职责，提升征管的科学性、规范性，避免污染物排放数据造假的现象，充分发挥出环境保护税对促进区域经济绿色发展的作用。

七、结语

环境保护税的征收在黄河三角洲高效生态经济区的高质量发展中具有极为重要的意义。通过影响企业行为、促进生态保护与资源利用、推动经济结构优化升级等多方面作用，为区域实现生态与经济的协调发展提供了有力支撑。在实践过程中需要不断完善政策体系、加强征收管理与部门协同。随着环境保护税制度的不断优化和相关配套措施的逐步落实，黄河三角洲高效生态经济区有望在生态文明建设的征程中走出一条独具特色的高质量发展之路，成为我国生态经济协同发展的典范区域，为其他地区提供可借鉴的成功经验与模式。

参 考 文 献

［1］中共中央关于进一步全面深化改革推进中国式现代化的决定［N］.人民日报，2024 – 07 – 22（01）.

［2］Renström Thomas I, Spataro Luca, Marsiliani Laura. Can subsidies rather than pollution taxes break the trade-off between economic output and environmental protection?［J］. Energy Economics, 2021, 3（95）: 105084.

［3］Yamazaki Akio. Environmental taxes and productivity: Lessons from Canadian manufacturing［J］. Journal of Public Economics, 2022: 205.

［4］Cristian Mardones, Nicolas Baeza. Economic and Environmental Effects of a CO_2 tax in Latin American countries［J］. Energy Policy, 2018: 114.

［5］Norouzi Nima, Fani Maryam, Talebi Saeed. Green tax as a path to greener economy: A game theory approach on energy and final goods in Iran［J］. Renewable and Sustainable Energy Reviews, 2022: 156.

［6］谢利，赵勇. 设立环境保护税的可行性探讨［J］. 中国环境管理，1992（3）: 14 – 15.

［7］周泓. 开征环境税势在必行［J］. 中国环境管理，1993（4）: 11 – 12.

［8］王明远. 中国持续发展经济手段的初步研究［J］. 环境保护，1994（10）: 22 – 25.

［9］张月，王凤. 环境保护税对资源型城市大气污染的影响研究［J］. 干旱区资源与环境，2022, 36（6）: 41 – 46.

［10］何辉，魏卓凡. 基于双重红利效应视角的环境保护税制度探析［J］. 税务研究，2024（8）: 107 – 113.

［11］秦天宝. 环境保护税与排污费之比较分析［J］. 环境保护，2017（2）: 24 – 27.

金融科技创新在黄河流域绿色生态发展中的应用与挑战研究

刘　鑫[*]

摘　要： 本文聚焦于金融科技创新在黄河流域生态保护和高质量发展中的角色，探讨其应用方式、面临的挑战以及如何通过传承黄河文化助力金融强国建设。通过对金融科技相关概念和黄河流域发展需求的分析，提出针对性的策略与建议。

关键词： 金融科技　黄河流域　生态保护　高质量发展　黄河文化

一、引言

（一）研究背景

黄河是中华民族的母亲河，黄河流域在生态、经济、文化等方面地位重要，其生态保护和高质量发展上升为国家战略意义深远。从生态角度，黄河流域是重要生态屏障，多种生态系统面临水土流失、水资源短缺等问题，加强生态保护关乎国家生态安全。从经济角度，这里是重要经济地带，传统发展模式破坏环境，需探索新发展模式以带动全国经济均衡发展。从文化角度，作为中华文明发祥地之一，生态恶化会破坏文化遗产、中断文化传承。在数字化时代，金融科技兴起影响现代金融体系和可持续发展。在现代金融

───────────

* 刘鑫，高级经济师、国际金融理财师、高级理财规划师，硕士，主要从事金融科技与区域生态发展研究。

体系中，金融科技影响力渐增，在金融服务可获得性、效率方面表现突出，也引导金融资源向可持续领域倾斜。

（二）研究目的与意义

其一，黄河流域绿色生态发展面临资金短缺等挑战，金融科技创新可发挥优势解决这些问题，如大数据助力生态数据处理，区块链构建绿色金融交易平台，人工智能用于风险评估管理，推动生态与经济双赢。其二，黄河文化是瑰宝，其生态智慧和金融思想雏形有价值，挖掘传承黄河文化元素与金融科技结合，可创造特色产品服务，促进文化产业发展，助力金融强国建设。其三，黄河流域发展需金融与生态协同，但二者存在不协调，本文为解决相关问题提供理论依据和决策参考。

二、金融科技与黄河流域绿色生态发展的理论基础

（一）金融科技的内涵与主要技术手段

1. 金融科技的内涵

金融科技（FinTech）是金融（Finance）与技术（Technology）的有机融合，代表着金融行业通过创新技术手段实现自我革新与发展的新兴领域。它涵盖了一系列前沿技术在金融业务流程中的深度应用，其中大数据、区块链、人工智能和物联网等技术成为金融科技的关键组成部分。

（1）大数据（BigData）在金融领域的应用广泛而深入。金融机构通过收集、存储和分析海量的结构化和非结构化数据，如客户交易记录、市场行情数据、社交媒体信息等，挖掘数据背后隐藏的规律和价值。这些数据来源多样、体量大且增长迅速，为金融决策提供了丰富的信息基础。

（2）区块链（Blockchain）技术以其去中心化、不可篡改和透明性等特性，为金融交易带来了全新的信任机制。在金融领域，区块链可用于构建分布式账本，确保金融交易的真实性、完整性和安全性。每一笔交易都被记录在区块链上的各个节点，形成一个链式结构，任何篡改行为都会被其他节点识别，从而有效防止欺诈和数据篡改。

（3）人工智能（Artificial Intelligence，AI）在金融科技中的应用包括机器学习、自然语言处理、计算机视觉等技术。机器学习算法能够对大量金融

数据进行学习和分析，预测市场趋势、客户行为和信用风险等。自然语言处理技术使金融机构能够更好地与客户进行交互，例如通过智能客服解答客户咨询。计算机视觉技术可用于身份识别，提高金融交易的安全性。

（4）物联网（Internet of Things，IoT）将各种物理设备连接到互联网，实现设备之间的信息交互和数据共享。在金融领域，物联网技术可以将金融服务延伸到实体资产，如通过传感器收集企业生产设备的运行数据，为金融机构评估企业信用状况提供依据，同时也为保险理赔等业务提供更加准确的数据支持。

2. 金融科技在改变传统金融服务模式中的应用

（1）大数据：能快速处理海量数据，信贷审批时可通过多维度信息快速评估客户信用，缩短审批时间。减少人力依赖，降低人工数据处理成本，还能实现精准营销，降低营销成本。整合多渠道风险信息构建细致风险模型，提前识别潜在风险。

（2）区块链：简化交易流程，跨境支付中实现点对点直接交易，缩短交易时间。减少中间机构参与，降低交易手续费等成本，智能合约节省人力和运营成本。不可篡改特性增强交易安全性与可追溯性，便于防范洗钱和诈骗。

（3）人工智能：算法自动化处理复杂金融任务，如高频交易和智能客服提升效率。自动化流程替代人工操作，减少人力成本并优化运营流程。机器学习算法挖掘新风险因素，如信用风险管理中评估更准确。

（4）物联网：连接金融与实体经济，物流金融中实时监控货物提高协同效率。减少信息不对称成本，获取更准确的资产运营数据。实时监控实体资产，设备融资租赁业务中可及时应对资产风险。

（二）黄河流域绿色生态发展的内涵与目标

1. 黄河流域绿色生态发展的内涵

黄河流域绿色生态发展是综合性理念，涵盖水资源保护、水土保持、污染治理、生态修复等多项目标。

（1）水资源保护是核心要素。黄河水资源有限且时空分布不均，面临过度开发、效率低和污染等问题。保护目标包括合理调配水资源以均衡利用，提高利用效率、推广节水，加强水源地保护保障用水质量和数量。

（2）水土保持极为关键。黄河流域水土流失严重，泥沙流入黄河引发了诸多问题。水土保持的目标是通过植树造林等措施减少坡面径流和土壤侵蚀，增加土壤蓄水能力、改善土壤肥力，降低泥沙含量，减轻河道淤积，保护土地资源。

（3）污染治理是改善生态环境的关键。经济发展带来的工业废水、生活污水和农业面源污染威胁着黄河水质。治理目标有加强工业污染源监管确保达标排放，完善污水处理设施提高生活污水的处理率和回用率，控制农业面源污染推广绿色农业生产方式。

（4）生态修复是重要目标。长期人类活动使黄河流域生态系统受损，如湿地萎缩、生物多样性减少。要通过自然恢复和人工干预相结合来修复，如湿地保护和恢复工程、生物多样性保护行动。

2. 当前面临的主要生态问题

（1）水资源短缺与供需矛盾突出。黄河流域水资源总量相对匮乏，人均水资源占有量远低于全国平均水平。随着人口增长和经济发展，水资源需求量不断增加，导致水资源供需矛盾日益尖锐。上游地区的过度取水和不合理用水，使得下游地区常常面临断流的威胁，严重影响了黄河流域的生态系统稳定和经济社会发展。

（2）水土流失严重。黄河中游流经黄土高原地区，该地区土质疏松，植被覆盖率低，加上长期的过度开垦和放牧等人类活动，导致水土流失极为严重。大量的泥沙被冲入黄河，不仅使黄河成为世界上含沙量最高的河流，而且造成下游河床不断抬高，形成地上悬河，增加了洪水泛滥的风险，同时也破坏了土地资源，影响了当地农业生产和生态环境。

（3）水污染加剧。黄河流域的工业发展和城市化进程带来了大量的污水排放。工业废水含有重金属、有机物等污染物，未经有效处理直接排入黄河；城市生活污水的处理率也有待提高，部分污水直接流入黄河及其支流。此外，农业面源污染如农药、化肥残留等也对黄河水质造成了一定影响。水污染不仅威胁着黄河流域居民的饮水安全，也破坏了黄河的水生态系统，影响了水生生物的生存和繁衍。

（4）生态系统退化。由于人类活动的干扰，黄河流域的生态系统出现了不同程度的退化。湿地面积不断萎缩，湿地功能减弱，导致其对洪水的调蓄能力下降，生物栖息地减少；森林资源遭到破坏，森林覆盖率较低，影响了森林的水源涵养、土壤保持等生态功能；生物多样性也面临着严重威胁，许多珍稀物种的生存空间受到挤压，种群数量不断减少。

（三）金融科技与黄河流域绿色生态发展的关联性

1. 从资源配置角度看，金融科技对黄河流域绿色产业和生态项目资金流向的引导

（1）大数据助力精准资源配置。大数据能收集分析海量数据，为黄河流域绿色产业和生态项目描绘全面信息画像。它分析企业多维度信息，像环境绩效、绿色技术研发投入等，金融机构借此精准识别潜力项目。例如，筛选出节水农业企业或清洁能源开发企业等符合流域绿色生态发展需求的企业。然后金融机构依据分析结果制定科学投资策略，对潜力项目给予优惠贷款、高信贷额度或优先股权融资机会，从而引导资金合理流向。

（2）区块链保障资金流向透明性。其分布式账本特性使黄河流域绿色项目资金流向透明、可追溯。融资时每笔资金情况都记录在区块链上，金融机构等能实时监控。而且区块链可通过智能合约自动拨付资金，如生态修复项目达到阶段目标，智能合约触发资金拨付，提高资金使用效率，吸引更多资金流入。

（3）人工智能优化资源配置决策。人工智能算法对黄河流域绿色项目风险收益特征进行建模分析，通过机器学习预测项目未来收益和风险。如对可再生能源项目，考虑多种因素预测发电收益和投资风险。金融机构根据结果精准决策，对风险可控收益可观项目加大投入，对高风险项目调整投资结构，提高配置效率。

2. 以风险管理为例阐述金融科技应对黄河流域生态项目特殊风险

（1）大数据应对环境与政策风险。环境风险方面，大数据整合黄河流域环境监测数据，长期跟踪分析可提前预测项目环境风险。如水质恶化区域的水产养殖项目，金融机构可调整融资策略。政策风险方面，大数据实时监测政策动态，政策变化影响项目时，金融机构能提前评估风险。如高耗水项目面临更严格水资源保护政策时，金融机构可预警并采取措施。

（2）区块链应对环境与政策风险。环境风险方面，区块链确保项目环境数据真实完整，避免造假风险。如污染治理项目污水处理厂水质数据通过区块链记录，供金融机构评估风险。政策风险方面，区块链建立政策信息共享平台，政府发布政策文件，金融机构和项目方可及时获取。智能合约还能根据政策变化自动调整项目合同条款。

（3）人工智能应对环境与政策风险。环境风险方面，人工智能构建环境风险模型，综合多种因素识别潜在风险因素并预测其发生概率和影响程度。如生态修复项目模拟不同气候情景下植被恢复效果评估环境风险，金融机构据此制定策略。政策风险方面，人工智能对政策文本进行处理，预测政策调整对项目的影响，金融机构依此调整投资策略。

三、金融科技创新在黄河流域绿色生态发展中的应用

（一）大数据在黄河流域生态监测与决策中的应用

1. 利用大数据收集黄河流域生态环境数据

水质数据收集上，大数据整合黄河流域众多监测站点数据，站点遍布干流及支流各段，从源头到入海口全覆盖。传感器网络持续采集水体酸碱度、溶解氧、化学需氧量、重金属含量等指标数据。土壤质量数据方面，能获取肥力成分（氮、磷、钾含量），还可深入分析质地、湿度和污染物残留情况。气象数据包含气温、降水、风速、风向等多维度信息，由各地气象站精确测量上传。

2. 数据分析为生态保护规划和资源管理决策提供依据

大数据分析能对黄河流域生态系统进行全面建模模拟。例如，分析多年水质数据趋势可预测未来水质变化，为水资源调配方案提供依据。分析土壤质量与农作物生长数据关系，可确定适宜作物类型和土壤改良措施。综合气象数据与其他生态要素数据，有助于规划应对气候变化策略，如在易旱涝区域提前布局水利设施或生态修复工程。

3. 大数据识别生态脆弱区域和高风险污染源

融合黄河流域地形地貌、植被覆盖、土壤侵蚀程度和人口密度等多源数据可识别生态脆弱区域。如黄河中游黄土高原地区，因地形、土壤结构特殊，加上人类活动干扰，植被覆盖率低、土壤侵蚀严重，大数据能精准定位。识别高风险污染源以工业污染为例，大数据整合工业企业生产规模、原材料使用、污染物排放种类和数量等数据，结合气象和水文数据。若某区域周围有大量高污染排放企业且处于河流上游或盛行风上风方向，则可能是高风险污染源区域，便于相关部门及时监管。

（二）区块链在黄河流域绿色金融交易中的应用

1. 构建基于区块链的绿色金融交易平台

区块链分布式账本技术使绿色金融交易记录在多个节点，无法单独篡改。在黄河流域绿色项目融资中，政府补贴资金流向和社会资本投入情况都清晰呈现。如可再生能源项目融资，投资者可查看项目详细信息，包括发起方资质、预期收益、环境效益评估等，增强投资者信心，吸引资金流入。

2. 区块链记录绿色资产全生命周期

以黄河流域森林碳汇资产为例，从树木种植起，区块链记录树苗品种、种植面积、种植时间等来源信息。树木在生长过程中吸收二氧化碳量也被记录下来。资产交易时，流转环节完整记录，投资者可追踪验证资产真实性和价值。

3. 区块链保障黄河流域碳交易

公平性方面，区块链确保碳交易主体按统一规则交易，交易记录公开透明且不可篡改，避免不正当手段获取配额或压低碳价。高效性上，智能合约自动执行交易条款，如企业碳排放量达限额时自动触发购买配额交易。安全性方面，加密技术保护隐私，去中心化特性使节点受攻击时系统仍正常运行。

（三）人工智能在黄河流域绿色产业发展中的应用

1. 人工智能预测市场需求和价格波动

在新能源领域，人工智能分析历史数据，如全球新能源政策、黄河流域能源消费结构变化、技术发展趋势等，结合气象数据和当地经济发展速度、能源需求增长趋势，预测太阳能、风能市场需求。在生态农业方面，根据消费者偏好、农产品进出口政策、气候条件对产量影响等因素预测市场需求和价格波动，企业据此调整生产和营销策略。

2. 人工智能评估绿色项目

机器学习算法处理海量项目数据，如项目所在地环境本底数据、资源消耗数据、预期产出数据等。以生态湿地修复项目为例，评估对周边生态环境改善效果（生物多样性提升、水质净化贡献等环境效益），以及建设成本、运营维护成本、旅游收入、生态产品增值等经济效益，综合判断项目可行性，比传统评估方法更全面客观。

3. 人工智能优化供应链管理

在黄河流域绿色产业供应链中，人工智能优化物流配送路径。如生态农业在农产品运输中，根据实时交通路况、车辆载重、保鲜要求来规划最优路线，减少运输时间和能源消耗。还能优化库存管理，根据市场需求预测和生产周期数据合理安排库存水平，避免资源浪费和资金占用。

（四）物联网在黄河流域生态保护设施管理中的应用

1. 物联网连接黄河流域生态保护设施的方式及其实现的功能

物联网借助在污水处理厂、水质监测站等设施安装传感器、控制器等设备达成连接。于污水处理厂而言，传感器可实时监测污水流量、水质指标（像 COD、氨氮含量等）以及处理设备运行参数（如风机转速、水泵压力等）。这些数据经物联网网络传至监控中心，管理人员能在此实时查看其运行状态。而且，利用物联网的远程操作功能，必要时管理人员可调整处理设备运行参数，像远程控制风机启停、调节水泵流量等。对于水质监测站，物联网传感器可持续监测水体各项指标，一旦水质异常便立即将数据发给相关部门以便及时应对。

2. 物联网收集设施运行数据对提高设施运行效率和可靠性的作用

物联网系统能对收集的设施运行数据进行实时分析。以污水处理厂为例，若某处理设备运行参数偏离正常范围，如电机电流突然增大或温度异常升高，物联网系统会及时报警，告知管理人员设备可能发生故障。通过对长期运行数据的分析，还能预测设备故障发生概率，提前安排维护保养工作。这可有效减少设备突发故障引发的停机时间，提升设施运行效率和可靠性，保障污水处理等生态保护工作持续稳定开展。

3. 以智能灌溉系统为例阐述物联网在黄河流域农业节水和生态保护中的应用价值

在黄河流域农业生产中，智能灌溉系统运用物联网技术实现精准灌溉。物联网传感器可实时监测土壤湿度、气象条件（如降雨量、蒸发量等）等信息。依据这些信息，智能灌溉系统能自动判定是否需要灌溉以及灌溉水量。比如，当土壤湿度低于设定阈值且近期无降雨预报时，智能灌溉系统会自动开启灌溉设备，按作物需水规律适量灌溉。这种精准灌溉避免了传统灌溉中过量灌溉的问题，极大地节约了水资源，还减少了过量灌溉造成的土壤养分流失和地下水位上升等生态问题，对黄河流域农业节水和生态保护意义重大。

四、金融科技创新在黄河流域绿色生态发展中面临的挑战

（一）技术层面的挑战

1. 金融科技基础设施在黄河流域的薄弱性

黄河流域部分偏远地区网络覆盖不足。因其地理环境复杂，像山区或河流附近的乡村，基站建设难，移动网络信号不稳甚至无信号，这严重阻碍金融科技的数据传输和在线交易等。如农村普惠金融服务受网络不佳影响，线上服务难以开展，限制了金融科技普及范围。另外，数据中心建设滞后。它需要资金、技术和合适的地理位置等多方面条件。黄河流域部分地区经济落后，难吸引足够资金建高标准数据中心，且选址需兼顾多因素，这对很多地区是挑战。缺乏完善数据中心会影响金融数据的存储、处理和分析效率，制约金融科技创新发展。

2. 不同金融科技技术之间的兼容性和集成难度

大数据与区块链技术整合用于黄河流域生态项目困难重重。大数据侧重海量数据处理挖掘价值，区块链侧重去中心化的分布式账本技术，二者技术架构、运行逻辑和数据格式差异大。如黄河水资源保护项目，同时运用二者时，需解决兼容性问题，涉及技术接口对接、数据共享机制和权限管理等多方面协调。从更广泛的金融科技技术看，人工智能、物联网等与其他技术的集成也面临类似挑战。例如黄河流域农业生态项目中，物联网设备采集的农业生产环境数据与人工智能算法结合实现精准农业决策不易，因不同技术开发标准和规范不一致。

3. 技术更新换代快，金融机构和企业在黄河流域应用新技术时面临的学习成本和技术转型压力

金融科技领域新技术不断涌现。如量子计算技术若成熟应用将冲击现有金融安全技术。黄河流域金融机构和企业面对新技术需投入大量资源学习研究。员工要参加培训掌握新知识，企业要引进新设备和软件系统。传统金融机构技术转型压力大，从传统业务模式向数字化业务模式转变，要调整业务流程、组织架构和企业文化。黄河流域一些金融机构因地域和人才限制，转型更难。如小型银行分支机构业务系统简单陈旧，适应新技术变革需克服资金紧张、人才短缺等问题，否则会被淘汰。

（二）市场层面的挑战

黄河流域绿色金融市场规模较小，对金融科技创新的需求拉动力不足。黄河流域整体经济发展处于全国中游，产业结构以传统产业为主，绿色产业发展滞后，绿色金融市场基础薄弱。如清洁能源产业虽有潜力，但与东部沿海相比，新能源项目数量和规模小，导致绿色金融业务量有限，像绿色债券发行规模小、绿色信贷需求不足等。绿色金融市场规模小使金融科技创新应用场景有限，金融科技企业新产品和服务难以推广。如基于区块链的绿色供应链金融服务在黄河流域因缺乏大规模绿色产业集群难广泛应用，抑制了金融科技创新的积极性。

市场主体对金融科技在绿色生态发展中的认知和接受程度有限，尤其是一些传统企业和中小微企业。传统企业在黄河流域经济结构中地位重要，其经营和金融服务需求模式较固定，对金融科技了解较少，认识不到金融科技在绿色生态发展中的潜在价值。如传统化工企业污染治理仍倾向传统融资方式，未意识到金融科技可提供更精准高效的绿色融资方案。中小微企业在黄河流域占比大，面临资金和人才问题，对金融科技缺乏了解渠道且担心风险成本。如企业主不熟悉人工智能信用评估系统，怕因数据问题被误判而不敢尝试，限制了金融科技推广应用。

绿色金融产品和服务的标准化程度低，影响金融科技在黄河流域的推广应用。黄河流域乃至全国范围内，绿色金融产品和服务的定义、分类、评估标准等尚未统一。如不同地区和金融机构对"绿色债券"理解和界定标准不同，导致市场混乱，投资者难以判断产品属性和风险收益特征。金融科技推广需依托标准化金融产品和服务，缺乏统一标准，金融科技企业难以开发通用高效技术解决方案。如开发绿色金融产品评级系统时，没有统一标准就难以确定评级指标和权重，影响系统准确性和实用性，阻碍金融科技在黄河流域绿色金融领域的推广。

（三）监管层面的挑战

1. 金融科技监管政策在黄河流域的适应性存疑

黄河流域金融科技发展有自身特性，与东部相比，技术应用和市场成熟度有差距。全国性金融科技监管政策在黄河流域适应性欠佳。比如鼓励创新政策因当地金融科技企业少、规模小难以完全发挥作用，防范风险政策可能过严限制创新活力。而且在黄河流域绿色生态发展背景下，金融科技创新应用需特殊监管政策，像生态修复项目融资创新模式，现有政策针对性不强，难以平衡创新与风险防范。

2. 跨区域监管协调困难

黄河流域跨多个行政区，各地有自身利益与监管重点。上游关注水资源保护相关金融科技项目监管，下游侧重农业生态金融科技应用监管，这使跨区域金融科技项目面临多重监管标准。金融科技企业跨区域开展业务时，不同地区监管政策差异会增加合规成本，影响整体协同发展。

3. 监管技术手段落后

金融科技创新快，新业务不断出现。黄河流域监管部门技术手段跟不上，对新兴业务监管有漏洞。现有手段基于传统金融业务，对金融科技的大数据、人工智能等技术应用监管不足，可能缺乏技术人才和设备评估算法的合理性与公正性，威胁金融市场的稳定健康发展。

五、传承黄河文化，推动金融科技创新助力黄河流域发展

（一）黄河文化中的生态智慧与金融理念挖掘

黄河孕育的古代治水理念富含生态智慧。从大禹治水起，疏导为主的方法体现顺应自然规律思想。黄河水势复杂，单纯堵截不行，因势利导才能有效治理洪水。这一思想延伸到现代生态保护，就是尊重生态系统规律，避免过度干预致生态失衡。

农耕文化是黄河文化的重要部分，其生态平衡观念深入人心。黄河流域农民依赖土地，深知各要素关系。传统轮作保持土壤肥力，灌溉方面有节水和合理分配水资源经验。

黄河文化蕴含着金融思想的雏形。民间互助金融形式常见于黄河流域乡村，邻里间农忙或遇困难时互借粮食钱财，无复杂手续，靠道德约束和人际关系进行，反映了朴素的金融合作意识。商业信用理念也有体现，黄河流域商业活动悠久，商人重视信誉，以家族或商会为依托建立信誉，货物交易中会基于信誉赊账，为现代金融信用体系奠定文化基础。

（二）将黄河文化元素融入金融科技创新与推广

在金融科技产品设计体现黄河文化元素。如推出黄河文化主题绿色金融

理财产品，资金投向黄河生态保护项目，像植树造林、湿地恢复、清洁能源开发等。产品命名可具有黄河文化特色，如"黄河生态宝"。宣传推广融入视觉元素，海报展示黄河风光、水利工程并说明其与黄河生态保护的联系。还可按黄河元素分级，满足不同投资者的需求。

利用黄河文化影响力推广金融科技。举办黄河文化主题金融科技展览活动，设多展区展示黄河文化魅力和金融科技成果及应用前景。借助黄河文化传统节日或民俗活动进行推广，如庙会或祭祀黄河节日期间设宣传点，发放资料、开展体验活动，工作人员穿戴黄河文化元素服饰介绍金融科技产品和服务，提高当地居民和企业接受度，推动金融科技在黄河流域广泛应用发展。

六、金融科技创新推动黄河流域发展对金融强国建设的贡献

（一）提升国家绿色金融竞争力

一是为全国绿色金融发展提供经验借鉴。黄河流域因其独特意义，使金融科技创新在此的应用能探索出多种环境和经济结构下的绿色金融模式。如干旱地区，可精准评估水资源项目风险收益并开发匹配产品，这种创新实践可为其他地区提供范例，提高全国绿色金融发展效率。二是增强全球绿色金融领域话语权。全球关注气候变化与可持续发展，黄河流域绿色金融发展具有代表性。金融科技创新推动其取得成果时，如建立高效透明融资平台，用区块链确保项目信息真实不可篡改，将展示中国创新能力与管理水平。这会吸引国际资本关注中国绿色生态项目，增加我国在全球绿色金融规则制定等方面的影响力。

（二）促进金融与实体经济深度融合

一是助力黄河流域绿色产业发展。黄河流域传统产业众多，金融科技能提供全方位支持。以农业为例，借助大数据和物联网，金融机构可精准掌握相关情况，提供定制化金融服务。能源化工产业可利用人工智能和区块链优化流程等。实体经济绿色转型与金融科技发展形成良性循环。二是引导全国金融资源流向实体经济绿色领域。黄河流域在金融与实体经济融合发展方面的探索可作全国样板。某城市通过金融科技引导资金投入清洁能源汽车制造产业取得成效，这一案例能让其他地区看到潜力。政府可借鉴黄河流域政策

措施，鼓励金融机构支持实体经济绿色领域，引导社会资本关注绿色投资机会，推动全国实体经济绿色转型和高质量发展。

七、结论与展望

（一）研究结论

1. 金融科技创新在黄河流域绿色生态发展中的应用成果与面临的挑战

（1）应用成果。一是在黄河流域绿色金融方面，大数据和区块链技术成果显著。大数据能整合环境数据筛选绿色项目，为投资决策提供依据；区块链确保数据不可篡改和可追溯，增强市场信任。二是移动支付技术促进消费升级和绿色消费，推动线上绿色农产品销售等新业态发展，带动农村绿色经济增长。三是智能投顾技术为中小投资者提供个性化、专业化绿色投资方案，引导资金流向绿色产业。

（2）面临的挑战。一是技术基础设施不均衡，部分偏远地区网络覆盖不足、云计算能力有限，影响金融科技创新推广和项目评估。二是人才短缺，复合型人才匮乏导致金融科技项目研发和运营缺乏智力支持。三是监管协调难度大，多部门监管标准和目标有差异，跨区域时协调政策困难，易出现监管问题。

2. 传承黄河文化在金融科技创新推动黄河流域发展过程中的重要意义

黄河文化中的和谐共生理念与金融科技创新推动绿色生态发展相契合，可融入目标设定服务绿色项目。黄河文化蕴含的诚信精神有助于构建金融科技创新的信用体系，可利用区块链技术基于此构建信用平台，降低金融风险。黄河文化内涵可为金融科技创新提供创意源泉，如以节气文化设计金融理财产品。

3. 金融科技创新推动黄河流域发展对金融强国建设的贡献

金融科技创新推动黄河流域发展，有助于缩小区域间金融发展差距，实现与东部地区金融市场对接和资源优化配置。可为全国其他地区提供经验借鉴，其独特实践经验可推广到相似区域。在国际竞争层面可提升我国在全球绿色金融和金融科技领域的话语权。

（二）政策建议

针对金融科技基础设施建设、市场培育、监管完善等方面的政策建议。一是加强金融科技基础设施建设。政府加大对偏远地区网络基础设施的投入，设专项资金改善网络覆盖和基站建设。鼓励金融机构与科技企业合作共建云计算中心和数据存储设施，并给予政策支持。二是注重市场培育。建立金融科技产业园区或创新基地，政府提供优惠政策吸引企业入驻并设立孵化中心。加强金融科技知识普及和人才培养，高校和职校开设相关课程并开展实践项目。三是强化监管完善机制。建立跨部门监管协调机制，地方政府牵头成立协调小组。制定适合黄河流域的监管规则，在防范风险前提下鼓励创新。

建议进一步挖掘黄河文化与金融科技的融合点，更好地发挥黄河文化在金融科技创新中的作用。深入开展跨学科联合研究，挖掘黄河文化与金融科技相关元素并转化为产品或商业模式。举办融合创意大赛或项目征集活动，向社会征集方案并给予奖励支持。在金融科技企业文化建设中融入黄河文化元素，让员工将文化融入工作。

（三）研究展望

1. 未来金融科技在黄河流域绿色生态发展中的应用趋势

（1）人工智能在绿色项目评估中的深度应用。随着人工智能技术的发展，其在黄河流域绿色生态发展的绿色项目评估作用将更大。人工智能算法可深度分析海量环境与项目运营数据，准确评估项目绿色程度，预测环境和经济效益。如黄河流域新能源项目，它能综合气象、发电设备运行数据精确预测发电量和减排量，为金融机构投资决策提供科学依据。

（2）物联网与绿色供应链金融的融合。物联网技术会与绿色供应链金融深度融合。在黄河流域制造业和农业中，物联网设备能实时监测原材料来源、生产能耗、产品运输销售等环节信息，金融机构据此构建绿色供应链金融服务体系。例如，依据农产品生产的农药使用、灌溉水源等信息，为绿色农产品供应商提供优惠融资利率，推动绿色农业发展。

（3）量子计算在金融风险防控中的潜在应用。量子计算虽处发展阶段，但在黄河流域金融科技创新潜力巨大。其强大计算能力可用于金融风险防控，如处理黄河流域金融市场复杂模型和加密算法。它能快速破解金融风险模型，预警系统性金融风险，保障市场稳定。

2. 进一步研究的方向

（1）构建多维度的金融科技评价体系。构建衡量金融科技对黄河流域发展贡献的评价体系需多维度考虑。经济维度，分析对 GDP 增长、产业结构优化、就业创造影响；环境维度，从绿色项目数量、减排量、水资源保护效果量化对绿色生态发展贡献；社会维度，考量对居民生活质量、社会公平性的作用。

（2）金融科技与黄河流域乡村振兴的协同发展机制。黄河流域农村多，要研究金融科技与乡村振兴战略协同发展，探索在农村金融服务创新、产业升级、生态环境保护中的作用机制。

（3）金融科技在黄河流域文化传承与创新中的角色转变。进一步分析金融科技在黄河文化传承与创新中的角色变化，从文化元素融入产品到推动文化数字化保护和创新性传播。

参 考 文 献

［1］任保平，师傅．黄河流域高质量发展的战略研究［M］．北京：中国经济出版社，2020：55－60.

［2］林振义，董小君．黄河流域高质量发展及大治理研究报告（2023）［M］．北京：社会科学文献出版社，2023：54－55.

［3］耿占坤．黄河传［M］．郑州：河南人民出版社，2018：52－58.

［4］李敏纳．黄河流域：经济空间分异研究［M］．北京：中国经济出版社，2010：71－82.

［5］黄河流域生态保护和高质量发展战略研究综合组．黄河流域生态保护和高质量发展协同战略体系研究［J］．中国工程科学，2022（1）.

［6］陈姗姗，李玮，吉泽男．黄河流域数字经济与碳减排能力耦合协调分析［J］．煤炭经济研究，2024（9）.

［7］王琳潘，登关健，刘丽丽．黄河下游冲积平原土壤水带土体质地空间变异特征研究［J］．河北工程大学学报（自然科学版），2024（4）.

［8］王继华，郑凯，豆敬峰，等．黄河焦作段河岸植物水分来源同位素水文学解析［J］．河南理工大学学报（自然科学版），2024（4）.

［9］刘战豫，张伞伞．黄河流域河南段县域能源消费碳排放时空格局演变特征［J］．河南理工大学学报（社会科学版），2024（5）.

黄河生态保护和高质量
发展的挑战与路径研究

庄娅楠　李月娥[*]

摘　要：黄河流域在我国经济领域占据重要地位，同时也是关键的生态防护带。黄河是否能安然流淌，和国家的粮食安全、能源安全、生态安全紧密相连。守护黄河，这对于中华民族伟大复兴而言是具有深远意义的长久规划。黄河位列全球泥沙含量居前、治理极为棘手、水患最为突出的河流行列。全方位推进黄河流域的生态保护工作以及追求高质量发展，达成"让黄河成为造福人民的幸福河"这一目标，是国家层面重大战略部署的重要内容。文章在回顾黄河流域生态保护和高质量发展重大战略实施成效中所遇到的挑战，分析了黄河治理保护面临的新形势。结合生态文明视角，对黄河流域生态保护和高质量发展提出一些建议，希望能为山东黄河流域生态环境问题施政决策和科学研究提供相关对策。

关键词：黄河　生态保护　高质量发展　环境政策　可持续发展

一、黄河基本情况

"黄河宁，天下平"，从某种意义上讲，中华民族治理黄河的历史也是一部治国史①。在我国5000多年文明史上，黄河流域有3000多年是全国政治、

---

* 庄娅楠，齐鲁工业大学（山东省科学院）硕士研究生，马克思主义中国化研究；通讯作者：李月娥，教授，思想政治教育。

① 习近平．在黄河流域生态保护和高质量发展座谈会上的讲话［J］．求是，2019（20）：1－3．

经济、文化中心①。黄河流域是我国至关重要的生态屏障，作为保障生态安全的屏障，同时也是生态建设的重要载体和依托。黄河作为我国重要的生态屏障和经济区域，在经济社会发展与生态安全领域占据着关键地位。保护黄河是事关中华民族伟大复兴的千秋大计，黄河流域是脱贫攻坚的关键区域。大力支持流域省份打赢脱贫攻坚战，妥善解决流域群众尤其是少数民族群众关切的防洪、饮水问题，促进民族团结意义重大。

二、黄河生态保护的挑战

（一）水安全保障能力持续增强

黄河干流累计供水超 1300 亿立方米，通过水量统一调度实现连续 25 年不断流。自 1999 年 8 月至今，实施统一调度黄河水量，在保障沿黄地区用水需求方面发挥了重要作用。古贤水利枢纽工程开工建设，提升防洪能力。2024 年 7 月，国家重大水利工程——黄河古贤水利枢纽工程正式进入建设阶段。向乌梁素海等地区补水，保障生态用水需求。通过实施黄河水量统一调度，黄河干流累计向乌梁素海生态补水 36.47 亿立方米。近年来，黄河水利委员会持续保障乌梁素海生态安全，多次召开专题会议研究乌梁素海应急生态补水事项。2023～2024 年累计向乌梁素海生态补水 2.42 亿立方米，全方位促进生态修复治理。②

（二）生态环境质量稳步提升

黄河流域生态保护和高质量发展战略实施以来，生态环境质量逐步改善，成效显著。近年来，黄河流域各省（区）坚持山水林田湖草沙系统治理，在水土流失治理方面持续发力。水利部黄河水利委员会发布的《黄河流域水土保持公报（2022 年）》显示，黄河流域累计初步治理水土流失面积不断增加。通过修建梯田、营造水土保持林、种草、封禁治理等措施，有效减少了水土流失面积。入黄泥沙从 1960 年前年均约 15.92 亿吨降至 2000 年以

---

① 祖雷鸣. 务实笃行砥砺奋进推动新阶段黄河流域水利高质量发展 ［J］. 中国水利，2022（24）：46－47.

② 张慧玲. 黄河干流累计向乌梁素海生态补水 36.47 亿立方米 ［N/OL］. 新华社，2024－08－22，http：//www. nmg. xinhuanet. com/20240822/676f108195a84db78f76ebe98279a3c8/c. html.

来年均约 2.42 亿吨。

中华人民共和国生态环境部黄河流域生态环境监督管理局监测数据显示，支流劣 V 类断面由 2011 年的 36.4% 到 2023 年实现清零[①]，2023 年黄河干线连续两年全线达到 II 类水质。黄河流域开展大面积退耕还林、植树造林、防沙治沙等生态修复和水土保持工程措施，流域生态系统不断改善。

（三）连万生的黄河生态建设

台湾同胞连万生扎根黄河滩地 20 年，书写了黄河生态建设的动人篇章。2003 年，在桂林经营酒店生意的连万生来到郑州，第一次见到黄河。然而，眼前的黄河滩地荒芜，没有一棵树，这让他深感失落。怀揣着对母亲河的敬仰和改变黄河滩地面貌的决心，连万生毅然决定扎根这里，开启生态建设之路。

黄河历史上水患频发，滩地土壤贫瘠，连万生的决定遭到家人反对，朋友也取笑他。但他不服气，第一年就投入五六千万元，开垦土地，种植草木，恢复生态。在建设过程中，他面临诸多困难，草木成活率低，种一茬死一茬，需要反复种植；缺乏务农经验，买错果树品种，错过施肥时间；黄河还时常"捣乱"，三五年就淹水一次。前 10 年都是纯投入，几乎没有收益，每年还要追加几百万元。但连万生坚持不懈，摸爬滚打，不断试验和改进植物品种、种植方式。经过 20 年的努力，万亩黄河荒滩变成了一片绿洲。如今的黄河富景生态世界风景如画，有成排的杨柳，5000 亩小麦和各种果树，还引进了台湾的火龙果、葡萄。坑地被改造成清澈的"日月湖"。2017 年，黄河富景生态世界获评国家 4A 级景区，吸引了越来越多的游客。人们在这里乐享生态美景、开展研学活动、体验生态采摘、品尝农家风味。

（四）焦作市的黄河保护成效

焦作市在黄河保护方面取得了显著成效，主要体现在环境质量持续改善、生态建设成效明显以及执法效能不断提升三个方面。焦作市全市国、省控地表水断面水质连续六年 100% 达标，黄河流域干支流基本消除劣五类水体，主要支流沁河、丹河稳定保持 II 类水质。农村生活污水治理率排名全省

---

① 汪安南. 深入推进黄河流域生态保护和高质量发展战略努力谱写水利高质量发展的黄河篇章 [J]. 人民黄河，2021，43（9）：1 – 8.

前列。在南太行密林深处连续监测到国家一级保护动物华北豹的活动影像，黑鹳、中华秋沙鸭、青头潜鸭等珍稀鸟类在焦作市区郊外现身。近年来，新建天河公园、大沙河公园等大型公园和 100 多处口袋公园，成功创建国家森林城市、全国水生态文明城市，全市森林覆盖率达 35.2%，人均公园绿地面积 16.28 平方米。焦作的环境执法队伍连续八年获得国家、省执法大练兵先进单位，拥有全省最多的执法无人机和持证"飞手"。

（五）达拉特旗的"孔兑"治理

达拉特旗位于内蒙古自治区西南部的黄河"几字弯"南岸。这里的"十大孔兑"是从南向北直接入黄的十条并行支流，曾如狂野的野马，肆意奔腾，给这片土地带来生机与活力的同时，也带来了无尽的挑战。研究显示，这些支流多年平均输沙量高达 2711 万吨，约占全国入黄泥沙总量的 1/10。达拉特旗通过科学有效的治理措施，对"十大孔兑"进行全面整治。在上游丘陵区，突出水土保持治理，通过植树造林、修建梯田等措施，增强土壤保水能力；在中游风沙区，开展防风固沙行动，利用沙棘、沙柳等植被固沙防风，减少风沙侵袭；在下游平原区，则着力提升防洪减灾能力，修建堤防、淤地坝等水利工程，确保洪水顺畅排泄，泥沙有效拦截。

三、黄河高质量发展的举措

（一）中国地质调查局的四项举措

中国地质调查局积极推进全流域生态地质调查，系统调查掌握黄河流域自然生态地质本底，查明重大生态问题动态状况与内在机理，科学研判重大生态安全风险。通过此项举措，为完善黄河流域生态大保护大协同格局提供了有力支撑。持续构建以资源属性为核心的黄河流域水资源调查工作体系，分类分区推进黄河上游水源涵养区、中游能源富集区和下游湿地区等重点地区水平衡研究。这有助于为水资源合理配置提供技术支撑，缓解黄河流域水资源短缺的突出矛盾。加强地质安全风险调查评价，开展地质灾害精细调查、隐患点和风险区更新调查示范，提升地质灾害隐患发现能力。大力发展清洁能源，持续推动煤炭、铀矿等传统能源清洁高效利用，加快推进深部地热能、氦气、天然氢等清洁低碳能源产业化进程，加大稀土、锂、铍等新能源矿产勘查开发力度，有序推进共伴生及低品位战略性矿产再评价，为黄河流域高质量发展提供能源保障。

（二）海关总署的15项措施

海关总署围绕党的二十届三中全会"优化黄河流域生态保护和高质量发展机制"部署要求，在支持黄河流域物流大通道建设方面推出多项举措。支持山东打造世界级港口群，推广智慧电讯检疫，提高交通运输工具检疫效率，推进"智能分流、顺势验放"模式改革，打造黄河流域最便捷出海口。支持黄河流域开放平台协同发展，区域内符合条件的地区申建保税物流中心、综合保税区。围绕业务联系紧密、需求迫切、企业感受度高的应用场景联合开展智慧海关建设探索，建设黄河流域关贸通智慧平台。加强与共建"一带一路"国家海关合作，推进中韩农产品"前置检测、结果互认"，扩大与共建"一带一路"国家检验检疫证书联网核查。依托黄河流域海关"11+1"原产地技术服务队，指导区域内企业落实优惠贸易协定关税减让政策。建设海关实验室联盟，提升海关实验室技术支撑能力。支持汽车芯片、半导体等高端装备、高端制造产业发展，便利集成电路等精密仪器设备进口。支持黄河流域现代农牧业和能源基地建设，支持蔬菜、水果、水产品、肉类、中药材等特色产品出口，开展进口原油、水泥检验第三方采信。

（三）生态高水平保护与经济高质量发展的关系

深入推进黄河流域山水林田湖草沙一体化保护和系统治理，坚持科学治水和科学用水的价值理念，处理好人水关系，大力推进沙漠化综合治理和用沙工程，加大风能、太阳能、绿氢等新能源的集中式和分散式开发利用，为黄河流域经济高质量发展提供强有力的生态屏障和资源支撑。黄河流域生态环境脆弱，确保生态高水平保护的"优先权"至关重要。通过一系列生态保护措施，黄河流域的生态系统得到改善，为经济发展提供了稳定的生态基础。经济高质量发展要求黄河流域人民群众收入水平不断提高，特色优势现代产业体系不断壮大，清洁技术、新能源技术等实现内源式突破，这些也有利于在更大程度、更大范围上实现黄河流域生态高水平保护，为"黄河很美，将来会更美"的愿景创造充分的物质条件、技术条件和制度条件。经济高质量发展为生态保护提供了坚实的物质基础。

四、黄河高质量发展面临的挑战

（一）经济发展差距较大

以河南段为例，经济增长方式单一，过度依赖传统农业和重工业。河南段在黄河流域中占据重要地位，然而其经济发展却面临着诸多挑战。长期以来，河南段经济增长过度依赖传统农业和重工业，这种单一的经济增长方式使得该地区在面对市场波动和外部环境变化时，显得较为脆弱。农业生产受自然条件影响较大，且附加值相对较低，难以支撑地区经济的快速增长。同时，重工业的发展虽然在一定时期内为河南段带来了经济增长，但也带来了环境污染、资源消耗等问题。在当前环保要求日益严格、资源日益紧张的背景下，重工业的可持续发展面临着巨大压力。这种经济增长方式的单一性，不仅限制了河南段经济的发展潜力，也影响了整个黄河流域的经济协调发展。

（二）生态法律制度有待完善

当前生态法律制度难以充分满足黄河流域生态保护和高质量发展的需求。现有的生态法律制度在不少方面存在欠缺，一方面，黄河流域生态环境复杂多样，涵盖了高原、山地、平原等不同地形地貌，涉及多个生态功能区和重要生物栖息地。现有的法律制度在应对这种复杂生态系统的保护和治理时，显得不够全面和细致。另一方面，随着黄河流域经济社会的快速发展，新的生态问题不断涌现，如能源开发与生态保护的矛盾、新兴产业发展带来的环境风险等。现有的生态法律制度在应对这些新问题时，反应速度和适应性不足。例如，在推动黄河流域高质量发展过程中，对于清洁能源开发利用、生态补偿机制、财税激励政策等方面的法律保障不够完善，难以有效引导和规范经济活动与生态保护的协调发展。此外，生态法律制度的执行和监管也存在一定的难度。黄河流域跨越多个省份，不同地区在法律执行和监管力度上存在差异，容易出现监管漏洞和执法不严的情况。同时，生态法律制度的宣传和普及力度不够，公众对生态法律的认识和遵守程度有待提高。

（三）生态补偿机制和财税激励政策不健全

黄河流域生态保护和高质量发展需要健全的生态补偿机制和财税激励政

策作为支撑，但目前这方面仍存在不足，难以有效推进黄河流域生态保护和高质量发展。一方面，生态补偿机制不完善。黄河流域涵盖多个省区，不同区域在生态保护和发展方面存在差异，生态补偿机制缺乏系统性和针对性。例如，对于黄河源区的湿地生态系统保护、上游的土地盐碱化治理、中下游的水土流失和水污染防治等不同区域的特定生态问题，缺乏专门的生态补偿措施。同时，生态补偿资金来源单一，主要依靠政府财政投入，由于社会资本参与度不高，难以满足生态保护的实际需求。此外，生态补偿标准不明确，难以调动各方参与生态保护的积极性。另一方面，财税激励政策存在诸多不足。黄河流域经济发展水平参差不齐，部分地区经济发展滞后，急需通过财税激励政策来推动产业升级和生态保护。然而，现有的财税激励政策在引导清洁能源开发利用、生态补偿机制以及相关财税激励措施等方面存在明显缺陷。环保、节能节水项目所得，税收优惠政策的落实不够到位，创新水权、排污权等交易措施的政策支持力度不足，致使节水效果不明显。

五、黄河生态保护和高质量发展的路径研究

（一）加快产业绿色转型

黄河流域是我国重要的生态屏障和经济区域。在推动经济发展的过程中，面临着生态保护的挑战。加快产业绿色转型，能显著降低环境负面影响，提高资源利用效率，为生态保护与高质量发展提供有力支撑，是推动黄河流域可持续发展的关键举措。

改进经济增长方式，推动产业升级和创新驱动。传统的经济增长方式往往依赖资源消耗和环境污染，难以实现可持续发展。黄河流域应积极改进经济增长方式，推动产业升级和创新驱动，实现经济发展与生态保护的良性互动。

一方面，要加强科技创新，提高产业的技术含量和附加值。鼓励企业加大研发投入，开展技术创新和产品创新，提高核心竞争力。例如，在能源领域，加强新能源技术的研发和应用，推动煤炭、石油等传统能源的清洁高效利用。发展风能、太阳能、水能等清洁能源，实现能源结构的优化升级。

另一方面，大力推动产业升级乃是实现可持续发展的关键之举，其核心在于全面提高产业的发展质量与效益，进而增强区域经济的整体竞争力。在

传统产业领域，转型升级工作刻不容缓。运用先进的技术手段与管理理念，对传统产业的生产流程、产品结构进行深度改造。坚决淘汰那些高能耗、高污染且生产效率低下的落后产能，为产业的健康发展腾出空间。以钢铁行业为例，鼓励企业引进先进的节能减排技术，以优化生产工艺来降低资源消耗和污染物排放。

同时，要全力发展战略性新兴产业，如高端装备、高端制造等。这些新兴产业具有技术含量高、附加值高、发展潜力大的特点。在高端装备制造领域，聚焦航空航天装备、海洋工程装备等重点方向，加大研发投入，突破关键核心技术，打造具有自主知识产权的高端装备产品。在制造业这一重要板块，更要紧跟时代步伐，大力加强智能化、数字化技术的应用。通过引入工业互联网、大数据、人工智能等前沿技术，实现生产过程的自动化控制和精细化管理。能够显著提高生产效率，降低人力成本、提升产品质量的稳定性和一致性。例如，一些汽车制造企业通过建立智能化工厂，实现了生产线上的机器人协同作业，生产效率提升了数倍，产品的次品率大幅降低。有助于提升我国制造业在全球产业链中的地位，向制造强国转变。

发展高端装备、高端制造产业，支持现代农牧业和能源基地建设。高端装备、高端制造产业是国家战略性新兴产业的关键部分，具备技术含量高、附加值高、带动性强的特性。黄河流域应充分发挥自身的资源优势和产业基础，大力发展高端装备、高端制造产业，提高产业的核心竞争力。同时，要支持现代农牧业和能源基地建设，实现农业现代化和能源可持续发展。在农牧业方面，加强农业科技创新，推广先进的种植养殖技术，提高农业生产效率和农产品质量。发展特色农业、生态农业、有机农业等现代农业产业，提高农业的附加值和经济效益。在能源基地建设方面，加强能源资源的开发利用和保护，提高能源供应的稳定性和安全性。推动能源产业的转型升级，发展清洁能源、可再生能源等新型能源产业，实现能源结构的优化调整。

（二）优化顶层设计

1. 加强中央顶层设计与地方自主创新的结合，统筹协调黄河流域发展

黄河流域生态保护和高质量发展是国家重大战略，中央从流域整体出发进行顶层设计，为黄河流域发展指明方向。国务院发展改革部门充分发挥牵头引领作用，积极联合水利、生态环境、自然资源等相关部门，深入调研、科学论证，全力编制黄河流域生态保护和高质量发展规划。这一规划犹如一

部行动指南,充分发挥发展规划的战略导向作用,清晰且明确地阐述了国家在黄河流域的战略意图,涵盖了生态保护、经济发展、社会民生等多个关键领域,为黄河流域的全方位发展提供了坚实的政策依据。

在具体实施过程中,注重科学统筹安排黄河流域的功能空间。组织专业团队运用先进的地理信息技术和科学的评估方法,精准划定各类控制线。同时,实施严格的用途管制措施,确保各类功能空间得到合理利用与有效保护。对于生态保护红线区域,全力守护黄河流域的生态屏障;在永久基本农田保护区,严格管控耕地用途,稳定粮食生产能力;在城镇开发边界内,遵循节约集约、绿色发展原则,有序推进城镇化建设,实现人口、资源、环境的协调发展。通过这些举措,黄河流域生态保护和高质量发展的战略得以稳步推进,为实现中华民族伟大复兴的中国梦奠定坚实基础。

2. 明确黄河三角洲蓝碳行动"三步走"策略,推动发展方式转型

目前,黄河三角洲地区积极推进蓝碳行动,通过明确"三步走"策略,推动发展方式的转型。第一步,加强基础研究和数据监测,深入了解黄河三角洲的生态系统特征和蓝碳资源潜力。开展海洋生态系统调查,评估湿地、海草床、盐沼等生态系统的碳储存能力和固碳速率,建立蓝碳资源数据库。第二步,实施生态修复和保护工程,提升蓝碳生态系统的质量和稳定性。加大对湿地的保护力度,恢复退化的海草床和盐沼,增加蓝碳生态系统的面积和碳储存能力。同时,加强对海洋污染的治理,减少人类活动对蓝碳生态系统的破坏。第三步,推动蓝碳产业发展和市场机制建设,实现蓝碳资源的经济价值。探索蓝碳交易机制,鼓励企业和社会参与蓝碳项目的开发和投资,推动蓝碳产业成为黄河三角洲地区经济发展的新增长点。通过"三步走"策略,黄河三角洲地区将实现生态保护和经济发展的良性互动,为黄河流域的高质量发展提供示范和借鉴。

3. 为黄河流域生态保护和高质量发展提供法治保障

黄河流域生态保护和高质量发展是国家重大战略,完善生态法律法规十分关键。当前生态法律制度在某些方面存在不足,难以充分满足黄河流域生态保护和高质量发展的需求。主要体现在以下两个方面:

一方面,黄河流域生态环境复杂多样,涵盖多种地形地貌和多个生态功能区、重要生物栖息地。现有的法律制度在应对复杂生态系统的保护和治理时不够全面细致。例如,对黄河源区湿地生态系统保护、上游土地盐碱化治理、中下游水土流失和水污染防治等特定生态问题,缺乏针对性法律规定和治理措施。

另一方面，随着黄河流域经济社会快速发展，新的生态问题不断涌现。如能源开发与生态保护的矛盾、新兴产业发展带来的环境风险等。现有生态法律制度在应对这些新问题时反应速度和适应性不足。在清洁能源开发利用、生态补偿机制、财税激励政策等方面的法律保障不够完善，难以有效引导和规范经济活动与生态保护的协调发展。

为更好地满足黄河流域生态保护和高质量发展的需求，需进一步完善生态法律制度。一是加强生态法律制度的针对性，针对黄河流域不同区域的生态特点和问题，制定专门的法律法规和政策措施。例如，针对黄河源区、上游、中游、下游等不同区域的生态问题，分别制定相应的保护和治理措施。二是提高生态法律制度的适应性，及时修订和完善现有法律制度，以应对新的生态问题和发展需求。如随着新兴产业的发展，及时制定相关法律规范，确保生态保护与经济发展同步进行。三是加强生态法律制度的执行和监管，建立跨区域的联合执法机制，提高执法效率和监管力度。可以通过建立黄河流域生态保护协调机构，加强各区域之间的执法协作，确保法律制度得到有效执行。四是加大生态法律制度的宣传和普及力度，提高公众的生态法律意识和参与度。通过多种途径宣传生态法律知识，激发公众参与生态保护的积极性，以众人之力推动黄河流域生态保护和高质量发展。

（三）加强跨区域合作

突破各区域间管控壁垒，构建上下游贯通一体的生态环境治理体系。黄河流域涵盖多个省区，不同区域在生态保护和发展方面存在着一定的管控壁垒，严重影响了黄河流域的整体发展。为了打破这种壁垒，需要加强各区域之间的沟通与协调，建立健全跨区域生态管控互助合作机制。

一方面，各区域之间缺乏有效的沟通与协调机制，在生态保护政策的制定和执行上存在差异，难以形成统一的行动方案。例如，在水资源管理方面，不同区域可能会因为自身的利益考虑而对水资源的分配和利用产生分歧，导致水资源的不合理配置，影响整个流域的生态平衡。另一方面，跨区域的生态保护项目往往面临着资金、技术和管理等方面的难题。由于缺乏统一的规划和协调，各区域在生态保护项目的实施过程中可能会出现重复建设、资源浪费等问题。同时，不同区域的技术水平和管理能力也存在差异，难以实现资源的优化配置和高效利用。

为了打破这些管控壁垒，可以通过建立黄河流域生态保护协调机构，加强各区域之间的政策协调和资源整合，共同推进黄河流域生态保护和高质量发展。同时，技术交流与合作的加强，提高各区域的生态保护技术水平和管理能力，实现资源的优化配置和高效利用。

（四）健全补偿机制

健全生态补偿机制与财税激励机制，是黄河流域生态保护和高质量发展的关键举措。生态补偿机制和财税激励机制的完善对于实现这一战略目标至关重要。当前，黄河流域生态保护和高质量发展面临着诸多挑战，其中生态补偿机制和财税激励政策不健全是一个突出问题。

一方面，生态补偿机制不完善。黄河流域涵盖多个省区，不同区域在生态保护和发展方面存在差异，生态补偿机制缺乏系统性和针对性。例如，对于黄河源区的湿地生态系统保护、上游的土地盐碱化治理、中下游的水土流失和水污染防治等不同区域的特定生态问题，缺乏专门的生态补偿措施。同时，生态补偿资金来源较为单一，主要依赖政府财政投入，社会资本参与度低，无法满足生态保护的实际需求。另外，生态补偿标准不明确，生态保护的积极性难以调动。

另一方面，财税激励政策不健全。黄河流域经济发展差距较大，部分地区经济发展相对滞后，需要财税激励政策来推动产业转型升级和生态保护。现有的财税激励政策在引导清洁能源开发利用、生态补偿机制以及相关财税激励措施等方面存在一定程度的缺陷。具体表现为：税收优惠政策的落实力度欠佳；例如按规定从高征收税费的措施未能切实发挥作用，致使节水效果不够显著。

为了健全生态补偿机制和财税激励政策，推动黄河流域生态保护和高质量发展，可以从以下三个方面入手：

一是完善生态补偿机制。制定专门针对黄河流域不同区域的生态补偿政策，明确补偿标准和资金来源。引导社会资本参与生态补偿的同时，加大政府财政投入力度，拓宽资金投入渠道。建立科学合理的生态补偿标准，根据生态保护的成本和效益，确定不同区域的补偿额度，提高各方参与生态保护的积极性。

二是完善财税激励政策。强化对企业开展环保、节能节水项目的税收优惠政策落实，提高企业购置并实际使用环保、节能节水专用设备以抵免企业所得税应纳税额。切实控制地下水超采地区开采地下水，改造配套与节水设施，推动引黄灌溉节水改造。

三是加强生态补偿机制和财税激励政策的执行和监管。建立跨区域的联合执法机制，提高执法效率和监管力度，确保生态补偿机制和财税激励政策能够得到有效执行。加大生态补偿机制和财税激励政策的宣传和普及力度，提高公众的生态法律意识和参与度，共同推动黄河流域生态保护和高质量发展。

新质生产力视角下的黄河流域
生态保护和高质量发展

吴　霞[*]

摘　要：黄河，作为中华民族的母亲河，孕育了中华民族的灿烂文明，见证了中华文化的辉煌与沧桑，承载着丰富的历史文化和生态价值。近年来，随着工业化和城市化的快速发展，黄河流域的生态环境面临着前所未有的挑战。新质生产力，作为一种新的生产力形态，以高科技、高效能、高质量为特征，为黄河流域生态保护和可持续发展提供了新的思路和可能。本文从黄河流域生态问题现状与挑战；黄河流域的生态、经济与文化价值；绿色、科技创新等赋能黄河流域生态保护和高质量发展的内在逻辑等方面探讨黄河流域生态保护的重要性，最后结合新质生产力，通过科技创新、绿色发展等，提出黄河流域生态保护和区域经济高质量发展的一系列建议。

关键词：黄河　新质生产力　生态保护

2024 年 9 月习近平总书记在甘肃省兰州市主持召开全面推动黄河流域生态保护和高质量发展座谈会并发表重要讲话。他强调，要认真贯彻党的二十大和二十届三中全会精神，牢牢把握重在保护、要在治理的战略要求，以进一步全面深化改革为动力，坚持生态优先、绿色发展，坚持量水而行、节水优先，坚持因地制宜、分类施策，坚持统筹谋划、协同推进，促进全流域生态保护上新台阶、绿色转型有新进展、高质量发展有新成效、人民群众生活

---

　　* 吴霞，齐鲁工业大学（山东省科学院）马克思主义学院硕士研究生，研究方向为马克思主义中国化研究。

有新改善，开创黄河流域生态保护和高质量发展新局面[1]。黄河，作为中华民族的母亲河，不仅是我国重要的生态屏障，还在经济发展中发挥着举足轻重的作用。然而，如今黄河流域面临着生态系统脆弱、生物多样性减少、资源短缺等多重挑战，这对其生态保护和可持续发展提出了严峻要求。新质生产力作为一种先进的生产力质态，强调创新驱动和绿色低碳转型。在黄河流域，发展新质生产力不仅有助于破解资源环境约束，还能推动产业结构优化升级，形成新的经济增长点。同时，新质生产力的发展也要求在生态保护上采取更加科学、高效的措施，以实现经济发展与生态保护的良性循环。

一、黄河流域生态问题现状与挑战

一是水资源短缺问题突出。黄河流域的水资源仅占全国水资源总量的2%，却支撑着庞大的人口和经济活动，贡献了全国约1/3的初级农产品，以及80%以上的煤炭供应。随着人口增长、经济发展和城市化进程加快，水资源需求不断增加，导致水资源短缺问题日益突出。同时，长期以来的过度开发和不合理利用，如过度灌溉、工业用水浪费等，加剧了水资源短缺的形势。河流断流、湖泊萎缩、湿地退化、地下水位下降等问题时有发生，严重制约了流域经济社会可持续发展。面对水资源短缺和水生态恶化的双重挑战，现有的水资源管理和调配机制显得力不从心。一方面，流域内水资源管理存在条块分割、部门间协调不足的问题，导致水资源利用效率低下，难以形成有效的保护和合理配置机制。另一方面，缺乏科学的水资源长期规划和跨流域调水工程的优化调度，使得在干旱年份或季节性缺水时期，水资源供需矛盾更加尖锐，影响了农业灌溉、工业生产及居民生活的正常用水需求。

二是黄河流域水土流失问题十分严重。黄河流经黄土高原，支离破碎、土质疏松，携带大量泥沙，导致河道淤积、河床抬高，严重威胁着沿黄地区的安全。同时，水土流失还导致土地退化，原本肥沃的土层在年复一年的侵蚀下逐渐变薄，土壤肥力显著下降，土地生产力锐减。这不仅严重影响了当地的农业生产，减少了粮食产量，加剧了粮食安全问题，还迫使农民不得不采取更加粗放、破坏性的耕作方式，如过度开垦、轮作休耕不足等，进一步加剧了水土流失的恶性循环。同时，水土流失还破坏了地表植被，减少了地表覆盖，使得土壤更容易受到风蚀和水蚀的双重威胁，加速了荒漠化的进程。

三是生态系统脆弱。黄河流经高山、草甸、高原、山地等地貌，地质条件复杂多变，生态系统本身脆弱，加之长期以来的过度开发和不合理利用，导致黄河流域的生态功能逐渐退化。湿地萎缩、草地退化、生物多样性减少等问题日益突出。黄河流域生态功能的日益退化，不仅严重影响了自然环境的整体质量，导致生物多样性减少、水质恶化以及土壤侵蚀加剧等一系列连锁反应，这种退化也对沿岸地区的经济社会发展构成了严峻挑战，阻碍了可持续发展目标的实现，影响了当地居民的生活质量和长远福祉。

四是极端天气影响。气候变化对黄河流域的生态环境也产生了一定影响。近年来，黄河流域频繁遭遇干旱、洪涝等极端天气事件，这些事件不仅加剧了水资源短缺和水土流失问题，还对沿黄地区居民的生活和生产造成了巨大影响。气候变化导致黄河流域的生态环境更加脆弱和不稳定。

脆弱的生态环境长期影响制约黄河流域经济社会发展，水沙关系、人水关系、人地关系等矛盾相互交织一直是黄河治理的突出难题[2]。推动黄河流域生态保护和高质量发展，必须因地制宜发展新质生产力，坚持生态优先、绿色发展，为黄河流域生态保护注入新的活力。坚持生态优先、绿色发展，意味着在经济发展过程中，必须将生态环境保护置于首要位置，确保经济活动不超出生态环境的承载能力。在产业布局、项目选择、技术创新等方面，都要遵循绿色、低碳、循环的原则，减少对自然资源的消耗和环境的破坏。总之，在黄河流域的开发过程中，应当始终把生态保护放在首位，通过科学合理的政策引导和支持，确保绿色发展成为该地区长期繁荣的关键驱动力。

二、黄河流域生态保护的价值

从生态学视角审视，黄河流域扮演着我国关键性的水源涵养与补给角色，它横跨东部、中部至西部三大地带，是我国北方生态系统中不可或缺的一环。该流域穿越环境严酷的黄土高原地区，对于缓解该地的干旱状况具有显著作用。此外，流域范围内涵盖了诸如三江源草原草甸湿地、黄土高原丘陵沟壑区水土保持等十二项国家级重要生态功能区域，以及接近百个与水环境相关的自然保护区，共同构成了丰富多样的生态保护网络。这些生态功能区对于维护生物多样性、净化水质、调节气候等方面发挥着重要作用。同时，生态环境的改善有利于吸引更多投资、促进产业升级和转型、加快产业生态化进程，推动沿黄流域形成绿色、低碳、循环的现代化经济体系，实现

"1+1＞2"的整体作用[3]。因此，加强黄河流域的生态保护工作，对于维护我国北方区域的生态平衡及可持续发展具有至关重要的作用。

从经济层面看，黄河流域的生态保护同样具有不可忽视的价值。黄河流经的地域范围广大，为农业发展提供了广阔的空间。黄河上游是我国畜牧业生产的战略要地，中游的平原区域则是农田灌溉及粮食生产的主要区域，而下游邻近入海口的地区，则侧重于水产养殖业的发展。此外，黄河流域还蕴藏着丰富的煤炭、石油、天然气等能源资源，为国家的能源供应做出了重要贡献。绿水青山就是金山银山。因此，保护黄河流域的生态环境，就是保护这些宝贵的经济资源，为区域经济的持续健康发展提供有力支撑。

从文化层面看，黄河作为中华民族的母亲河，承载着悠久的历史文化与丰富的自然资源。生态保护有助于保护这些文化遗产的完整性和真实性，传承和弘扬中华民族的文化传统。黄河沿岸的众多历史遗迹、古迹和文化景观，如龙门石窟、敦煌莫高窟、黄河石林等，都是中华民族宝贵的文化遗产。这些遗迹和景观不仅展示了古代人民的智慧与创造力，也承载着丰富的历史信息和文化内涵。通过加强生态保护，防止水土流失、污染等环境问题对这些文化遗产的破坏，确保它们的完整性和真实性得以传承；黄河沿岸的农耕文化、渔猎文化、水利文化等，都是黄河文化的重要组成部分，它们的传承和发展离不开良好的生态环境。

三、新质生产力助力黄河流域生态保护和高质量发展的内在逻辑

（一）绿色促进黄河流域生态提质增长

绿色是永续发展的必要条件，绿色生态是黄河流域高质量发展的基础。新质生产力为黄河流域生态保护注入绿色可持续发展的理念，不仅提供了新的发展路径，更是其高质量发展的底色。绿色可持续强调在保护黄河流域生态的基础上，实现经济效益、社会效益和环境效益的有机统一。在新质生产力指导下，黄河流域生态保护和经济发展不再是相互对立的关系，而是相辅相成、协调发展的统一体。

绿色不仅包含当前人类的生活质量和福祉，而且关系到后代人的生存和发展条件，体现了对人与自然和谐共生的深远追求[4]。黄河流域作为中国重要的生态走廊，其生态提质增长对于国家的生态安全和经济社会发展具有重

要意义。因此，黄河流域生态提质增长必须考虑水资源的合理利用和保护，细化定水措施。黄河流域水资源的承载能力与林草资源的优化配置是关键。通过实施节水农业、水资源管理和水生态修复等措施，提高水资源的利用效率，减少水污染，保障生态流量，从而支持生态提质增长；实施生态保护和修复工程。包括加强森林、草原、湿地等自然生态系统的保护，以及对退化土地进行恢复和重建。通过这些措施，提高生态系统的多种功能，如保持土壤、涵养水源和维护生物多样性，从而促进生态提质；黄河流域的生态提质增长还需要与社会经济发展相结合。通过发展绿色产业、推广清洁能源和循环经济，在保护生态环境的同时，促进地区经济的高质量发展。

（二）科技助力黄河流域生态保护修复

创新是引领发展的第一动力。科技创新能够催生新产业、新模式、新动能，是发展新质生产力的核心要素[5]。数字化浪潮中，新质生产力依托大数据，人工智能，区块链等技术，为解决黄河流域生态问题带来全新的技术和手段。如数字孪生黄河项目是一项集成了云计算、大数据处理、先进的人工智能算法以及虚拟现实等前沿技术的综合性工程。该项目通过高精度的数据采集与分析，将黄河的实际状况以数字化的形式进行精准复现，使用户能够直观地了解黄河的当前状态，旨在实现对黄河水体的全面可视化呈现。构建了黄河流域 L1 级数据底板共计 75 万平方千米，建成了三门峡至黄河入海口典型河段统一的 L2 级数据底板，以及三门峡坝区、小浪底坝区等重要水利工程区域的精细实景三维模型。实现了黄河下游全覆盖的"监测、感知、巡查、指挥"全流程系统。通过数字技术提高了黄河防汛、水资源管理等方面的科学性和高效性。

把改革创新作为解决生态保护与经济发展矛盾的重要手段和动力源泉，将生态保护和经济发展结合起来，实现边发展边治理，在生态保护的基础上谋求发展的新局面[6]。黄河流域生态保护和高质量发展是一项长期而艰巨的任务，需要充分发挥科技在生态保护修复中的重要作用。通过加强科技创新与研发、推动科技成果转化与应用、加强科技支撑体系建设、运用大数据、人工智能等措施，有效推动黄河流域生态保护修复工作的深入开展，为黄河流域生态保护和高质量发展提供有力支撑。首先需要加强科技创新与研发，意味着要加大对相关科研项目的投入，这需要政府和社会各界显著增加对科研活动的支持力度，不仅是资金上的投入，还包括政策倾斜、人才培养及国际合作等多方面的综合支持；构建一个开放共享的科技创新平台也至关重要，这个平台将整合各方资源，促进不同学科之间的交叉融合，加速科技成果向实际应用转化的速度。通过深入研究黄河流域生态问题的成因、演变规律及影响机制，探索出更为高效、精准的生态保护与修复技术，为流域内的生态保护工作提供科学依据和技术支撑。同时，推动科技成果转化与应用也是至关重要的一环。科技创新的价值在于其实际应用效果，只有将科研成果转化为能够解决实际问题的技术产品，才能真正发挥科技在生态保护中的作用。因此，需要建立健全科技成果转化机制，促进科研单位与地方政府、企业等合作，推动科技成果在黄河流域生态保护修复中的广泛应用。此外，加强科技支撑体系建设也是推动黄河流域生态保护修复工作的重要保障。这包括完善科技服务体系，为流域内的生态保护工作提供技术咨询、培训指导等服务；加强专业人才队伍建设，培养一批既懂生态又懂科技的复合型人才，为流域内的生态保护工作提供人才保障；以及建立科技监测与评估体系，对流域内的生态保护效果进行定期监测和评估，为科学决策提供依据。

四、新质生产力推动黄河流域生态保护和高质量发展的路径

（一）贯彻绿水青山就是金山银山的理念

发展新质生产力，实则就是培育可持续的绿色生产力，这既是对人民群众日益增长的美好生活需求的深切回应，也是推动经济高质量发展，建设人与自然和谐共生的现代化的重要途径[7]。保护黄河生态，不仅是对这一中华民族母亲河的深情守护，更是对自然固有价值的深刻认识与持续投资的实践。黄河，作为中华文明的摇篮，其生态环境的健康直接关系到国家的经济、社会乃至文化的繁荣与发展。因此，守护黄河生态，实质上是在捍卫经济社会发展的潜在动力与持久活力，确保这条被誉为生命之源的河流能够源源不断地发挥其生态效益，进而促进经济、社会、文化等多个维度的和谐共生与繁荣发展。尤为重要的是，这一举措将有力推动旅游业等相关产业的蓬勃发展，为区域经济的多元化增长注入新的活力与机遇。

在应对黄河流域自然资源有限性与社会需求持续增长之间日益突出的矛盾时，需采取一系列创新举措。依托技术创新的力量，推动生态保护与修复技术的不断革新；同时，也需要借助制度创新和政策引导，构建起一套能够

有效激励生态修复和资源高效利用的机制体系，确保黄河流域的自然资本能够持续地为经济社会发展提供坚实的支撑和动力。例如，通过实施生态补水、水土保持、污染防治等措施，恢复黄河生态系统的自我修复能力；同时，利用现代科技手段，如大数据、人工智能等，提升黄河水资源管理和利用效率，实现人与自然和谐共生。

"绿水青山就是金山银山"这一理念，其要义在于开辟一条提升价值并促进矛盾转化的创新之道。对于黄河而言，意味着将黄河的生态优势转化为推动区域发展的强劲动力。通过发展生态农业、生态旅游等绿色产业，有效缩小城乡区域发展差距，推动黄河流域经济社会的高质量发展。在保护黄河生态的实践中，应着力提升生态产品供给能力和生态服务的整体水平，让优质的生态环境成为沿岸居民生活的福祉，以及经济社会持续健康发展的坚实基础。同时，积极探索新质生产力的培育路径，如发展数字经济、智能经济等，以创新驱动黄河流域经济带的转型升级，实现生态保护与经济发展的双赢。

（二）科技创新与大数据双轮驱动

1. 遥感监测技术在生态保护修复中的应用

遥感监测技术具有宏观、快速、准确、动态的特点，在黄河流域生态保护修复中发挥着重要作用。通过卫星遥感、无人机遥感等技术手段，对黄河流域的土地利用、植被覆盖、水土流失、土地沙化退化、水资源分布等生态要素进行实时监测和动态评估，为生态保护修复提供科学依据和决策支持。例如，利用遥感监测技术准确判断水土流失的类型、程度和分布范围，为水土流失治理提供精准定位；通过应用遥感监测技术，实现对水库、湖泊、河流等水体的水位变化及水质状况的实时跟踪与监测，这一能力为水资源的有效管理和保护提供了坚实的前提。同时，遥感监测技术也被广泛应用于生物多样性的监测与评估工作中，通过精准捕捉和分析生态系统内的各类生物信息，为生物多样性的保护策略制定提供了翔实的数据支撑。

2. 地理信息系统在生态保护修复中的应用

地理信息系统（GIS）是一个综合性的技术平台，它集成了地理数据的采集、存储管理、深入分析及直观可视化展示等一系列功能。在黄河流域生态保护修复中，GIS技术发挥着重要作用。通过GIS技术将黄河流域的生态要素进行空间化表达和可视化展示，实现生态信息的空间分析和决策支持。

例如，利用 GIS 技术可以构建黄河流域生态保护区划体系，确定生态保护的重点区域和优先任务；运用 GIS 技术对水土流失、土地沙化退化等生态问题进行空间分析和预测预警，为生态保护修复提供科学依据；利用 GIS 技术对生物多样性进行空间分布和生态位分析，为生物多样性保护提供技术支持。

3. 生态修复技术在生态保护修复中的应用

生态修复技术是指利用生态学原理和方法，通过人工干预和自然恢复相结合的方式，对受损生态系统进行修复和重建的技术手段。根据黄河流域生态问题的类型和特点，采取不同的生态修复技术。水土保持新质生产力是以水土保持科技创新为主导，以新一代信息技术为支撑，以稳固水土流失防治成效、全面提升水土保持功能和生态服务价值为目标，以关键核心技术突破、体制机制法治建设、人才培养等方面的创新为路径，凸显高科技、高效能、高质量，促进人与自然和谐共生的先进生产力质态[8]。例如，对于水土流失问题，可以采取水土保持、植被恢复、梯田建设等措施进行固土保沙；对于土地沙化退化问题，采取固沙造林、草方格沙障、生物防治技术等措施进行土壤修复；对于水资源短缺问题，采取节水灌溉技术、雨水集蓄利用技术、水资源循环利用技术等途径进行节水控制；对于生物多样性减少问题，采取自然保护区建设、生态廊道建设、物种保护技术等方法进行保护。通过应用生态修复技术，最终有效改善黄河流域的生态环境质量，提高生态系统的稳定性和服务功能。

4. 大数据和人工智能技术在生态保护修复中的应用

大数据和人工智能技术具有强大的数据处理和分析能力，通过收集和分析黄河流域的生态数据、环境数据、社会经济数据等多源异构数据，构建黄河流域生态保护修复的大数据平台，提升黄河流域协同化、智能化治理水平。在此基础上，利用人工智能对数据进行深度挖掘和全面分析处理，发现生态问题的规律和趋势，为生态保护修复提供智能方案。通过安装"智能石头"等设备，实现对黄河大坝根石堆的实时监测，一旦根石发生位移，系统即发出报警信号，以便及时处置险情。研发融合人工智能和水文机制的新一代水沙预报模型，创新水库群多维协同控制原理及调度技术，提高洪水资源化和蓄丰补枯能力。

（三）打造黄河流域生态文化带

在新时代背景下，打造黄河流域生态文化带，是推动生态文明建设、实现高质量发展的关键举措。

黄河流域生态文化带的构建，首要在于生态保护。必须坚持绿色发展理念，实施严格的生态保护与修复工程，如水土保持、湿地恢复、生物多样性保护等，确保黄河水质持续改善，流域生态系统健康稳定。同时，推广节水灌溉、绿色农业等技术，减少人类活动对黄河生态环境的干扰，让母亲河重焕生机。在推动生态保护的同时，注重生态与文化的深度融合发展。发展生态旅游、绿色农业、文化创意产业等，促进当地群众增收致富，减少对环境的压力，实现经济效益与生态效益的双赢。通过智慧黄河建设，运用大数据、云计算等现代信息技术，提升黄河治理现代化水平，为生态保护与文化传承提供科技支撑。

文化传承与创新是黄河流域生态文化带的灵魂。要坚持文化为魂、旅游为体，以文促旅、以旅彰文，加强黄河流域生态文化保护传承和转化运用。加大黄河文化的挖掘保护和研究阐发，保护重要的历史文化遗存，同时推动黄河文化遗产活化利用，将保护与旅游开发相结合。应深入挖掘黄河沿岸的历史遗迹、民俗风情、非物质文化遗产等宝贵资源，通过建设文化公园、举办文化节庆活动等形式，让黄河文化活起来、传下去。此外，鼓励文艺创作，运用文学、影视、艺术等多种媒介，讲述黄河故事，展现黄河精神，增强民族自豪感和文化自信心。

结论：新质生产力视角下的黄河流域生态保护和高质量发展，强调绿水青山就是金山银山的理念，推动黄河流域的生态保护与经济社会发展相协调[9]。这一视角下，黄河生态保护不仅是环境治理的问题，更是发展方式转变的问题。通过科技创新，尤其是数字技术、绿色生产力、生态修复技术的应用，提高资源利用效率，促进产业升级，实现绿色低碳发展。同时，文化传承与创新也被赋予新的时代价值，通过文旅融合，将文化资源转化为经济效益，实现生态保护与经济发展的双赢。黄河流域生态保护系统工程是一条生态优先、绿色发展、创新驱动、文化引领的可持续发展之路。

参 考 文 献

[1] 以进一步全面深化改革为动力开创黄河流域生态保护和高质量发展新局面 [N]. 人民日报，2024-09-13（01）.

[2] 王继源，窦红涛，贾若祥. 以新质生产力为黄河流域生态保护和高

质量发展赋能［J］．科技中国，2024（4）：28 – 31.

　　［3］徐祗琦，周成莉．黄河流域生态保护和高质量发展：价值、困境与路径［J］．天水行政学院学报，2024，25（6）：61 – 65.

　　［4］何向育．绿色金融支持黄河流域生态保护和高质量发展：理论、问题及策略［J］．重庆社会科学，2024（10）：115 – 128.

　　［5］习近平在中共中央政治局第十一次集体学习时强调加快发展新质生产力扎实推进高质量发展［N］．人民日报，2024 – 02 – 02（01）.

　　［6］张维青．黄河流域生态保护和高质量发展问题研究［J］．新西部，2024（11）：59 – 62.

　　［7］［9］黄鑫，胡鞍钢．绿色生产力的理解向度、中国创新与实践展望——兼论新质生产力本身就是绿色生产力［J］．北京工业大学学报（社会科学版），2025，25（1）：56 – 57.

　　［8］莫沐．水土保持新质生产力发展路径研究［J］．中国水利，2024（9）：1 – 4，8.

金融科技赋能黄河流域：推动新质生产力发展的路径与策略研究

焦裕娇[*]

摘　要： 在金融科技的浪潮下，黄河流域的经济发展迎来了前所未有的新机遇。金融科技通过优化金融资源配置、支持绿色产业发展、促进创新驱动发展等路径，为黄河流域的经济发展注入了新的活力。本文深入分析了金融科技在黄河流域的应用现状，探讨了其在新质生产力发展中的关键作用。同时，本文提出了金融科技赋能黄河流域新质生产力发展的具体策略，包括构建绿色金融体系、强化金融监管与风险防控、加强金融科技基础设施建设等。这些策略旨在充分发挥金融科技的优势，助力黄河流域实现高质量发展。通过金融科技的创新应用，黄河流域有望在新质生产力的推动下，实现经济结构的优化升级，为区域经济的可持续发展奠定坚实基础。

关键词： 金融科技　黄河流域　新质生产力

2023 年 9 月，习近平总书记首次提出"新质生产力"，并强调加快形成新质生产力。"加快形成新质生产力"这一论断是习近平总书记对中国生产力发展的战略性谋划，旨在通过科技水平的长期性积累和突破性发展带动生产力发生质态变化，从而推动构建高水平自立自强的新发展格局[1]。黄河流域，这一承载着深厚历史文化底蕴与重要生态功能的区域，金融科技正成为推动其经济转型升级、实现高质量发展的新引擎。

---

　* 焦裕娇，齐鲁工业大学（山东省科学院）马克思主义学院硕士研究生，研究方向为马克思主义中国化研究。

一、金融科技在新质生产力发展中的关键作用

近年来，我国科技金融在推动新质生产力发展方面做出了不可小觑的贡献。随着全球科技革命的深入发展，新质生产力正逐步成为推动经济社会进步的关键力量[2]。近年来，新质生产力以其高度的创新性、融合性和渗透性，不断重塑着传统产业的格局，引领着新兴产业的崛起。而在这股变革的浪潮中，金融科技以其独特的魅力和强大的动力，发挥着举足轻重的作用。金融科技不仅融合了大数据、区块链、云计算等前沿技术，还深刻改变了金融服务的形态和模式，加速了金融与实体经济的深度融合，极大地提升了金融服务的效率和质量。

（一）金融科技对黄河流域经济的影响分析

金融科技，作为金融与现代科技深度融合的产物，正逐步成为推动经济发展的新引擎。黄河流域这一重要的经济发展区域，金融科技的影响尤为显著，它不仅提升了黄河流域金融服务的效率和质量，更为新质生产力的发展注入了强劲动力[3]。

黄河流域的经济高质量发展面临着产业结构调整、生态环境保护、区域协调发展以及科技创新能力提升等多重挑战。金融科技，通过大数据、人工智能、区块链等前沿技术的应用，为这些问题的解决提供了新思路和新路径。

在黄河流域，传统金融机构的服务范围和服务效率有限，难以满足实体经济多样化的金融需求，而金融科技则通过构建多元化的融资渠道和创新的金融产品，有效拓宽了金融服务的覆盖面，降低了融资成本，提升了金融服务的可及性[4]。这不仅有助于解决中小企业融资难、融资贵的问题，更为黄河流域的产业升级和结构调整提供了有力的金融支持。

近年来，黄河流域的生态环境保护与修复任务艰巨，绿色金融的发展成为必然选择。金融科技通过构建绿色金融体系，创新绿色金融产品和服务，引导社会资本流向绿色产业，推动了黄河流域经济的绿色低碳转型。同时，金融科技的应用还提升了金融服务的智能化和个性化水平，为绿色项目的评估、融资和风险管理提供了更加精准和高效的支持[5]。

新质生产力是以科技创新为主导的先进生产力质态，金融科技通过提供

风险投资、科技贷款等金融服务，为科技创新和成果转化提供了必要的资金支持[6]。这不仅加速了新技术、新产品的研发与推广，更推动了黄河流域产业结构的优化升级，提升了产业的智能化和绿色化水平。在推动区域协调发展方面，由于黄河流域涉及多个省份和地区，区域协调发展水平参差不齐，于是金融科技通过构建跨区域的金融合作机制，促进了金融资源的合理分布与流动，推动了区域间的经济合作与协同发展。这不仅有助于缩小区域发展差距，更推动了黄河流域经济的整体提升。

所以，金融科技对黄河流域经济的影响是全方位的、深层次的。它不仅提升了金融服务的效率和质量，更为黄河流域的经济高质量发展注入了新的活力和动力[7]。

（二）新质生产力的定义与金融科技的作用机制

新质生产力，作为当代先进生产力的代表，是由技术革命性突破、生产要素创新性配置、产业深度转型升级而催生的。[8]。

新质生产力的"新"体现在技术的创新性上，而金融科技正是这一创新的集中体现。金融科技融合了大数据、区块链、人工智能等前沿技术，推动了金融行业的深刻变革。它不仅提高了金融服务的效率，降低了交易成本，还促进了金融产品的创新和金融服务的升级[9]。这些变化不仅满足了实体经济多样化的金融需求，更为新质生产力的形成和发展提供了有力的支撑。

金融科技的作用机制主要体现在以下几个方面：

首先，金融科技通过技术创新推动了金融行业的转型升级。传统的金融业务模式和服务方式已经难以满足现代经济的需要，而金融科技通过引入新技术和新模式，为金融行业带来了革命性的变化。例如，移动支付、在线理财等金融科技服务的出现，极大地提升了用户体验和金融服务的触达率，推动了金融行业的数字化转型。

其次，金融科技通过优化生产要素配置提升了全要素生产率。在新质生产力的发展过程中，生产要素的创新性配置是关键。金融科技通过提供精准的数据分析和预测，帮助企业优化资源配置，提高生产效率。同时，金融科技还通过降低融资成本和提供多元化的融资渠道，促进了企业的技术创新和产业升级。

再次，金融科技通过促进产业融合推动了新质生产力的形成。金融科技不仅改变了金融行业的生态，还推动了金融与其他产业的深度融合。例如，金融科技与制造业、农业、服务业等领域的结合，催生了智能制造、智慧农业、金融科技服务等新业态和新模式，为新质生产力的形成和发展提供了广阔的空间。

最后，金融科技通过提升风险管理能力保障了新质生产力的稳定发展。金融风险是新质生产力发展过程中不可忽视的问题。金融科技通过引入大数据、区块链等技术，提高了风险管理的精准度和效率，为新质生产力的稳定发展提供了有力的保障。

总之，在新质生产力发展中，金融科技不仅推动了金融行业的转型升级，优化了生产要素配置，促进了产业融合，还提升了风险管理能力。在新时代，随着金融科技领域的持续进步与创新，其在推动新质生产力发展方面所扮演的角色愈发显得举足轻重，其影响力不容小觑。

二、金融科技在黄河流域的应用现状

金融科技通过大数据、云计算、人工智能等先进技术的融合应用，极大地提升了金融服务的效率与便捷性。在黄河流域，这些技术的应用有助于使资金能够更精准地流向具有发展潜力的产业和项目。同时，金融科技还能有效降低金融服务的成本，提供更加实惠、便捷的金融服务，从而激发市场的活力与创造力。

（一）优化金融资源配置

首先，金融科技凭借简化金融流程与提供直接服务渠道的方式，削减了传统银行及金融机构中的多层中介。它推动了金融产品向创新与多样化的方向发展，极大丰富了消费者的选择范围，并借助算法与人工智能技术有效缩减了运营及人力成本。这些变革不仅加速了金融服务效率的提升，还使得更多人能以更低的费用享受到更高品质的金融服务体验。

其次，金融科技增强了金融机构的风险管理能力。利用大数据分析、AI等技术，金融机构能够更准确地预测和评估风险，实现更为精准的风险控制和资产配置。除此之外，区块链技术的应用也为金融交易提供了更高的安全性，进一步增强了金融系统的稳健性[3]。

最后，金融科技运用先进的大数据、云计算和区块链技术，实现了信息共享的高度透明与开放，显著增强了数据的可获取性和可信度。这不仅助力金融机构更精准、迅速地把握客户需求和风险概况，也让消费者能更便捷地获取所需金融资讯，从而做出更为理性的金融抉择。

（二）支持绿色产业发展

随着全球对环境保护和可持续发展的日益重视，绿色产业已成为推动经济增长的重要力量。黄河流域作为我国重要的生态屏障和经济区域，金融科技正以其独特的优势，为绿色产业的发展注入强劲动力。通过创新金融产品、提升服务效率等多方面的努力，金融科技在黄河流域的绿色产业中发挥着越来越重要的作用[10]。

黄河流域作为我国重要的农业、工业和生态区域，其绿色产业的发展对于推动区域经济转型升级、实现可持续发展具有重要意义。然而，绿色产业往往面临着融资难、融资贵等问题，制约了其快速发展。金融科技的应用，为绿色产业提供了新的融资渠道和融资方式[11]。例如，通过大数据分析和风险评估模型，金融机构能够更准确地识别绿色产业项目的风险和收益，从而为其提供更加精准的信贷支持。此外，绿色金融债券、绿色基金等金融产品的创新，也为绿色产业提供了长期稳定的资金来源[12]。这些金融产品的发行和交易，不仅满足了绿色产业的融资需求，也提高了资本市场的绿色投资意识，推动了绿色金融市场的快速发展。

金融科技还在提升绿色产业服务效率、促进绿色技术创新等方面发挥了重要作用。在黄河流域，金融科技的应用使得绿色产业的融资流程更加便捷高效。通过线上申请、智能审批等方式，金融机构能够更快地响应绿色产业企业的融资需求，缩短了融资周期，降低了融资成本。同时，金融科技还推动了绿色技术的创新和应用。金融机构通过为绿色技术项目提供融资支持，鼓励了企业加大研发投入，推动了绿色技术的研发和应用。这些绿色技术包括节能技术、清洁能源技术等，它们的广泛应用有助于减少环境污染，提高资源利用效率，推动黄河流域绿色产业的可持续发展。此外，金融科技还通过提供风险管理、信息咨询等服务，为绿色产业提供了全方位的支持。这些服务不仅有助于绿色产业企业更好地应对市场风险，也提高了其经营管理水平，增强了其市场竞争力。

随着技术的不断进步和应用场景的不断拓展，金融科技将推动绿色金融产品的持续创新，满足绿色产业多样化的融资需求。同时，金融科技还将促进绿色金融市场的规范化发展，提高市场的透明度和效率。这将为绿色产业提供更加稳定、可持续的资金来源，推动其实现高质量发展。此外，金融科技还将加强与其他领域的融合创新，如与数字经济、智能制造等领域的深度融合，将推动绿色产业向智能化、高端化方向发展，这将为黄河流域的绿色产业带来新的发展机遇和挑战。

（三）促进创新驱动发展

黄河流域作为连接我国东中西部的关键区域，不仅是生态安全的重要屏障，也是经济发展的重要引擎。然而，其生态环境承载能力差、产业结构偏重、民生保障能力不足等问题，限制了黄河流域的创新驱动发展。为了克服这些挑战，金融科技在黄河流域的应用日益广泛，为生态保护、产业转型和社会进步注入了新的活力。

在生态保护方面，通过构建绿色金融体系，黄河流域的金融机构为生态修复、环境治理、清洁能源和绿色产业提供了有力的资金支持。例如，绿色信贷政策体系的建立健全，引导了银行业金融机构加大对黄河流域生态保护项目的信贷投放。绿色债券市场和绿色投资基金的快速发展，也为清洁能源、生态农业等绿色项目提供了资金支持。此外，碳减排支持工具和绿色保险专项计划的推出，进一步降低了企业的财务成本，为黄河流域实现碳达峰、碳中和目标提供了金融支持。金融科技的应用，不仅促进了黄河流域的生态修复和环境治理，还有效改善了水资源状况和水环境质量，提高了水生态系统的功能[13]。

在产业转型和创新发展方面，黄河流域的传统产业以煤炭开采、石油化工等资源型产业为主，产业结构偏重，创新基础薄弱。为了推动产业转型升级，金融科技为传统产业提供了创新发展的路径。银行业金融机构通过提供综合金融服务方案，支持了新技术在传统产业中的应用，促进了传统产业向高技术、高附加值产品的转变[14]。例如，隆基绿能作为光伏行业的龙头企业，通过研发光伏建筑一体化产品，不仅满足了绿色能源的多场景应用需求，还提升了产品与环境的融合性。同时，金融机构通过制定授信支持、提供全方位金融服务等措施，助力了传统产业的转型升级。此外，金融科技还推动了普惠金融的发展，为小微企业和民营企业提供了更加便捷、高效的金融服务，促进了黄河流域的经济活力和创新能力。

金融科技在黄河流域的应用，不仅促进了生态保护和环境治理，还推动了产业转型和创新发展。通过构建绿色金融体系，为绿色产业和清洁能源项目提供了资金支持；通过支持新技术在传统产业中的应用，促进了传统产业的转型升级；通过推动普惠金融的发展，提升了小微企业和民营企业的金融服务水平。这些金融科技的应用，为黄河流域的创新驱动发展提供了有力支撑，也为其他地区的绿色发展提供了宝贵经验[15]。

三、金融科技赋能黄河流域新质生产力发展的具体策略

（一）构建绿色金融体系

黄河流域生态保护和高质量发展不仅是国家层面的重大战略，更是关乎民生福祉与可持续发展的长远大计[16]。在新质生产力日益成为经济发展核心驱动力的当下，金融科技以其独特的优势和创新性，为黄河流域的绿色转型和高质量发展提供了前所未有的机遇。其中，构建绿色金融体系是金融科技赋能黄河流域新质生产力发展的关键一环。绿色金融，作为金融与环保理念深度融合的产物，旨在通过金融手段引导社会资本流向绿色产业，促进经济向绿色低碳转型。在黄河流域，绿色金融体系的构建需依托金融科技的强大支撑，以实现对绿色项目的精准识别、高效融资和风险管理。

绿色信贷政策的推广与优化是构建绿色金融体系的基石。通过金融科技手段，如大数据分析、人工智能算法等，可以精准识别符合绿色标准的企业和项目，为其提供优惠的信贷支持。同时，金融机构应进一步优化信贷结构，提高绿色项目贷款占比，确保绿色信贷资金的有效投放。

绿色债券的发行与交易也是绿色金融体系的重要组成部分。黄河流域的地方政府和企业应积极探索绿色债券的发行路径，通过金融科技平台实现绿色债券的标准化、透明化交易。此外，还应完善绿色债券的评级、认证和信息披露制度，增强市场信心，吸引更多投资者参与绿色债券的投资。

绿色投资基金的设立与运作对于推动黄河流域的绿色转型具有重要意义。通过金融科技手段，可以实现对绿色投资基金的精准管理和高效运作。同时，还应加强对绿色投资基金的监管和评估，确保其资金投向符合绿色标准的企业和项目，实现经济效益与生态效益的双赢。

构建绿色金融体系是金融科技赋能黄河流域新质生产力发展的关键策略之一。在构建绿色金融体系的过程中，金融科技的应用不仅限于融资端，还应贯穿于项目筛选、风险管理、信息披露等各个环节。通过大数据分析，可

以实现对绿色项目的精准筛选和风险评估；通过区块链技术，能够实现对绿色项目资金的追踪与信息公开，增强融资过程的透明度并提升资金运用的效率。[17]。通过绿色信贷、绿色债券、绿色投资基金等多种金融工具的创新应用，金融科技将助力黄河流域实现生态保护与高质量发展的双重目标，推动经济社会的全面绿色转型。

（二）强化金融监管与风险防控

在金融科技赋能黄河流域新质生产力发展的过程中，强化金融监管与风险防控是确保金融科技稳健运行、保障黄河流域经济可持续发展的关键。随着金融科技的快速发展，其在提高金融服务效率、优化资源配置、促进产业升级等方面发挥了重要作用，但同时也带来了新的风险和挑战。因此，必须建立健全的金融监管体系，加强风险防控，以确保金融科技在黄河流域的健康发展。

强化金融监管是金融科技稳健运行的前提。黄河流域的金融监管机构应加强对金融科技企业的监管，确保其业务合规、风险可控。具体而言，应建立金融科技企业的准入机制，对其业务资质、技术实力、风险管理能力等进行严格审查，防止不合规企业进入市场。同时，加强对金融科技产品的监管，确保其符合监管要求，避免风险传导和扩散。

加强风险防控是金融科技赋能黄河流域新质生产力发展的重要保障。金融科技企业应建立完善的风险管理体系，通过大数据、人工智能等技术手段，实时监测和分析业务数据，及时发现潜在风险，并采取相应的风险应对措施[18]。此外，还应加强与其他金融机构的合作，共同防范跨行业、跨市场的金融风险。

在金融科技赋能黄河流域新质生产力发展的过程中，还应注重金融消费者权益保护。金融科技企业应严格遵守相关法律法规，保护消费者的合法权益。通过加强信息披露、提高透明度，让消费者充分了解金融科技产品的特点和风险，避免误导和欺诈行为。同时，建立健全的投诉处理机制，及时回应消费者的投诉和诉求，维护良好的市场秩序。

此外，金融科技赋能黄河流域新质生产力发展还需要加强国际合作与交流。随着金融科技的全球化发展，跨国金融风险日益凸显。黄河流域的金融监管机构应积极参与国际金融监管合作，借鉴国际先进经验，提升监管能力和水平。同时，加强与国外金融机构的合作，共同应对跨国金融风险，推动黄河流域金融科技的国际化发展。

强化金融监管与风险防控是金融科技赋能黄河流域新质生产力发展的重要保障。通过建立健全金融监管体系、加强风险防控、保护金融消费者权益以及加强国际合作与交流等措施，来确保金融科技在黄河流域的稳健运行和可持续发展。

（三）加强金融科技基础设施建设

金融科技作为技术驱动的金融创新，为黄河流域的新质生产力发展注入了新的活力。然而，要充分发挥金融科技的作用，必须加强金融科技基础设施建设，以确保金融服务的稳定性、安全性和高效性。

构建安全可靠的金融科技网络基础设施是关键。黄河流域的金融机构和科技企业应共同推进网络基础设施的升级和改造，提高网络带宽、降低网络延迟，确保金融数据的实时传输和高效处理。同时，加强网络安全防护，采用先进的防火墙、数据加密等技术手段，防止数据泄露，以此来保障金融系统的稳定运行[19]。

完善金融科技数据基础设施是提升金融服务质量的基础。黄河流域的金融机构应建立统一的数据标准和数据共享机制，实现跨机构、跨行业的数据互联互通。通过大数据、云计算等技术手段，对海量数据进行挖掘和分析，为金融机构提供精准的风险评估、客户画像、产品推荐等服务。同时，加强数据安全管理，确保数据的完整性、可用性和保密性，防止数据被滥用或泄露[20]。

加强金融科技服务基础设施建设是提升金融服务效率的重要途径。黄河流域的金融机构应积极推进数字化转型，利用金融科技手段优化业务流程、提升服务效率。例如，通过移动支付、在线贷款、智能投顾等金融科技产品，为客户提供便捷、高效的金融服务。同时，加强金融科技人才培养和引进，提升金融机构的科技创新能力，推动金融科技服务的持续升级和优化。在金融科技基础设施建设过程中，还应注重金融科技的标准化和规范化。黄河流域的金融机构和科技企业应积极参与金融科技标准的制定和推广，推动金融科技的标准化、规范化发展。通过制定统一的技术标准、业务规范和数据格式，降低金融科技的运营成本，提高金融服务的互操作性和可移植性。此外，黄河流域的金融监管机构应建立完善的金融科技监管体系，加强对金融科技的监管和风险防范。通过实时监测、数据分析等手段，及时发现和处置金融风险，保障金融市场的稳定和健康发展。

通过以上措施，可以推动金融科技在黄河流域的广泛应用和深入发展，为黄河流域的经济社会发展提供有力的金融支持。

金融科技在推动黄河流域新质生产力发展的过程中，展现了巨大的潜力和广阔的前景。经过上述分析，金融科技为黄河流域生态保护和高质量发展提供了有力的支撑，不仅提升了金融服务的智能化水平，还推动了黄河流域产业结构的优化升级，催生了一批具有核心竞争力的新兴产业。

然而，金融科技的发展也面临着诸多挑战，如技术风险、监管难度等。因此，在推动金融科技赋能黄河流域的过程中，需要不断完善金融科技监管体系，加强金融科技风险防范，确保金融科技的健康可持续发展。在中国特色社会主义新时代，随着金融科技的不断创新和深化应用，黄河流域将迎来更加广阔的发展空间和更加美好的发展前景。我们期待金融科技在黄河流域的生态保护、产业升级和经济发展中发挥更大的作用，为实现黄河流域的高质量发展贡献更多的智慧和力量。

参 考 文 献

[1] 曾立，谢鹏俊．加快形成新质生产力的出场语境、功能定位与实践进路 [J]．经济纵横，2023（12）：29 – 37.

[2] 张壹帆，陆岷峰．科技金融在新质生产力发展中的作用与挑战：理论框架与对策研究 [J]．社会科学家，2024（2）：52 – 59.

[3] 赵振亚．金融科技对黄河经济带经济发展的影响研究 [D]．泰安：山东农业大学，2024.

[4] 孙艳婷．创新金融服务模式推动现代物流业高质量发展策略探讨 [J]．商业经济研究，2024（22）：94 – 96.

[5] 张逸．金融科技背景下中小企业融资难问题及对策研究 [J]．环渤海经济瞭望，2024（9）：63 – 66.

[6] 黄寰，胡志彬，杜梦琦．因地制宜厚植新质生产力：区域经济与科技创新的协同路径 [J]．成都理工大学学报（社会科学版），2025，33（1）：1 – 12.

[7] 王佃利．黄河流域生态协同治理实践与发展路径 [J]．人民论坛，2024（20）：55 – 59.

[8] 邬丽群，张倩．新质生产力视域下煤炭行业人才培养研究 [J]．煤炭经济研究，2024，44（7）：98 - 104.

[9] 朱发建，李战青．基于中国式现代化目标的新质生产力的作用机制研究 [J]．学术探索，2024，31（1）：1 - 8.

[10] 庞加兰，查雨城．数字普惠金融对新质生产力的影响及作用机制研究 [J]．农村金融研究，2024（7）：54 - 66.

[11] 杜莉，孙秋枫，孙茹峰．绿色金融赋能新质生产力：一个三维分析框架 [J]．社会科学战线，2024（10）：88 - 98.

[12] 李健．绿色低碳技术创新的政策支持研究 [J]．中国战略新兴产业，2024（20）：118 - 120.

[13] 李其原．习近平绿色发展理念及其践行路径研究 [D]．海口：海南师范大学，2024.

[14] 张灿，袁振龙，李继霞．新质生产力赋能产业链供应链韧性提升：机理、困境与路径 [J]．重庆理工大学学报（社会科学），2024，38（12）：1 - 15.

[15] 张天辉．金融科技支持农村普惠金融发展探讨 [J]．今日财富，2024（30）：23 - 25.

[16] 赵梦瑶，梁恩航，陈颖，等．黄河玛曲至临河段硅藻群落组成及水质评价 [J]．北京大学学报（自然科学版），2022，58（1）：169 - 176.

[17] 张汉云．新时代背景下财会监督体系优化研究 [J]．会计之友，2024（11）：155 - 161.

[18] 潘辉．加强财务内部控制　助推采矿企业高质量发展 [J]．中国产经，2024（16）：65 - 67.

[19] 李易鸿．智慧监管模式研究 [A]．2023 年吉林省市场监督管理学会征文活动优秀论文集 [C]．吉林省市场监督管理学会，吉林省市场监督管理学会，2024：8.

[20] 刘君，王学伟．山东智慧农业发展模式、成果与政策建议研究 [J]．青海农技推广，2023（4）：41 - 45.

黄河流域生态保护中的区域协作机制与治理结构优化研究

王　硕[*]

摘　要： 黄河流域生态保护和高质量发展是国家重大发展战略。流域治理体系和治理能力是实现黄河流域生态保护和高质量发展的重要保障。应从黄河流域生态环境特殊性出发，以区域协作为基础，优化黄河流域生态治理结构，建立多元主体的协作机制，实现流域生态环境保护治理目标。政府间的协作机制是区域协作的基础；流域内各省市间的协作机制是区域协作的核心；各省市间的合作机制是区域协作的保障；跨省域、跨区域、跨部门协同合作是区域协作的主要形式。应建立黄河流域生态环境治理机制体系，强化政府间和部门间协同共治，形成多元主体协同共治格局。

关键词： 黄河　生态　区域协作　治理结构

黄河流域是我国重要的生态屏障和水源涵养地，也是我国北方地区的重要水源补给地。在国家发展战略中，黄河流域生态保护和高质量发展被列为国家重大战略。2019 年 9 月，习近平总书记在郑州主持召开了黄河流域生态保护和高质量发展座谈会，提出"要坚持山水林田湖草沙一体化保护和系统治理""要把保护黄河作为头等大事，精心做好各项工作"[1]。2024 年，习近平在甘肃省兰州市主持召开全面推动黄河流域生态保护和高质量发展座谈会并发表重要讲话强调要"开创黄河流域生态保护和高质量发展新局面"[2]。

* 王硕，青岛科技大学硕士研究生，研究方向为马克思主义理论。

一、黄河流域生态环境特殊性与区域协作需求

黄河流域是我国重要的经济地带，是我国重要的生态功能区，同时也是我国三大内陆河流域之一。黄河流域作为我国重要的生态环境区域，其生态环境问题的特殊性表现为区域内自然地理条件的差异性与社会经济发展的不均衡性。这一流域涵盖了上游的黄土高原、华北平原，以及下游的宁夏、甘肃等省份，每个区域的生态特征与发展需求均存在显著差异。因此，黄河流域的生态环境治理需要从流域整体的视角出发，综合考虑各地区的自然生态条件、经济发展水平和社会需求。黄河流域生态环境保护与治理是一项复杂的系统工程，既包括水资源保护，也包括水环境治理、水生态修复、水灾害防控等内容。

黄河上游，尤其是黄土高原地区，长期以来面临严重的水土流失问题，造成了大量的土地沙化和生态退化，水源涵养成为这一地区亟待解决的重点问题。这一地区的生态保护和恢复工作主要依赖于水土保持工程，但由于水资源短缺和气候变化的影响，生态恢复面临极大的挑战。与此同时，中游地区，如陕西、山西等地，生态环境问题相对复杂，要在经济发展与环境保护之间寻求内在的平衡点，预防水土流失。中游区域既有水土保持的压力，也面临工业化进程中的环境污染问题。下游地区，特别是华北平原，虽然在农业灌溉和工业用水方面对黄河水资源有着极大的依赖，但因过度开采和污染，水质和水量问题同样突出，对下游地区湿地的生态系统保护产生了挑战。因此，这些区域的生态修复措施必须结合当地实际需求，制定因地制宜的治理策略。

由于黄河流域内各省区的经济发展水平、社会结构和环境问题各异，单一的治理模式难以应对流域内复杂的生态环境问题。这使得区域间的协作成为生态保护和高质量发展的必要条件。流域内不同地区之间存在着相互依赖的关系，尤其在水资源的分配与调度上，存在着上下游及横向区域之间的利益博弈。特别是在水资源供给不足的情况下，如何通过科学调度保障各区域的用水需求，成为了治理的核心问题。目前，黄河流域的水资源管理体制较为分散，缺乏统一的协调机制，使得跨省区的政策和行动常常出现脱节现象，制约了生态保护的整体性和高效性。

进一步而言，黄河流域的生态保护不仅是水资源的保护，还涉及气候调

节、生物多样性保护、生态系统服务等多方面的内容。因此，跨区域的协作机制必须从生态系统的整体性出发，综合考虑各类生态服务功能的保护与恢复。黄河流域内的生态系统服务，包括水源涵养、空气净化和生物栖息地保护等，关系到流域内所有地区的可持续发展。有效的区域协作机制应在确保水资源可持续利用的同时，兼顾各项生态服务功能的恢复与提升。

在黄河流域生态环境保护与治理过程中，应以问题为导向，建立以区域协作为基础的黄河流域生态环境保护治理机制体系，这一体系不仅要明确各部门在黄河流域生态环境保护治理中的职责和任务，更重要的是要通过建立多元主体协同共治机制来实现黄河流域生态环境的有效保护与高质量发展。

综上所述，黄河流域的生态环境治理需要依托区域协作机制，形成一个跨区域、跨部门的治理网络。在此过程中，政府主导与市场机制结合，地方政府与科研机构合作，共同推动流域生态保护与经济高质量发展的融合。

二、构建黄河流域区域协作机制与治理结构优化需要解决的问题

黄河流域生态保护和高质量发展的实现，需要各级政府间协作。但是，由于黄河流域跨地域、跨部门、跨层级，利益多元，如何建立有效的协作机制以实现协同共治是关键。这就需要协调好不同层级政府间的关系，以推进黄河流域生态保护和高质量发展的进程。因此，在政府间协作中应着力解决以下几个问题。

（一）流域内各省市间的协作机制与区域协作模式

在黄河流域生态环境治理中，涉及多个行政区域的协作问题。因此，在黄河流域的生态环境治理过程中，区域协作机制的构建显得尤为重要。黄河流域的生态环境问题具有跨区域、跨部门、跨领域的特性，这种多维度的治理需求使得流域内各省市间的协作机制在生态保护和治理中扮演着至关重要的角色。流域内的省市在自然资源、经济发展和文化传统等方面存在紧密联系和相互依存关系，因此，构建有效的协作机制对于协调各方利益、实现资源共享、推动生态环境保护具有重要意义。

黄河流域的生态环境治理面临的主要挑战之一，是跨省区和跨部门的协同合作难题。黄河流域横跨九个省份，包括青海、甘肃、宁夏、陕西、山西、内蒙古、河南、河北和山东，涵盖了不同的气候区、地理条件和经济发

展水平。这些地区在自然资源的分配、生态保护的需求以及经济发展的压力等方面具有显著差异，导致治理措施的实施面临不小的困难。

以黄河水资源的管理为例，水资源的配置、使用和保护需要多个省份的紧密协作。在水资源的统一规划与管理上，水利部负责协调流域的整体规划，制定并实施跨区域的水资源管理政策和措施。然而，黄河流域内各省市的水资源使用状况各不相同，上游的青海、甘肃和宁夏多为水资源富集地区，而中下游的陕西、山西、河南、山东等地则面临严重的水资源短缺问题。这种跨区域的水资源配置问题要求不同省份之间必须通过高效的合作机制来进行协调，以实现水资源的合理配置和共享。

在黄河流域的生态环境治理中，涉及的合作关系主要体现在以下三个方面：

第一，政府间的协作关系。黄河流域内的多个省份政府之间需要就水资源、污染防治、生态修复等方面展开密切合作。各省份政府之间的合作机制主要通过地方政府的合作协定、联合会议以及流域性治理项目的实施来形成。例如，山东省和河南省就黄河水资源的调度和分配达成共识，确保两地之间水资源的合理利用和生态环境的共同维护。

第二，省市之间的协作关系。省市之间的协作关系体现在流域内的生态保护行动和环保政策的联动。不同省市需共同应对如水土流失、防治水污染、生态恢复等区域性问题，特别是在涉及生态补偿、区域污染治理和生物多样性保护等方面，省市间的合作尤为重要。为了推动这些地区之间的协作，政府往往通过共享数据、联合监测以及政策配套等手段，以增强治理效果。

第三，跨区域的合作机制。跨区域的合作机制是流域治理中最为关键的一环，它包括不同省份在生态修复、水资源管理、污染防治等方面的具体合作。比如，在黄河流域的水土保持工程中，甘肃、陕西和山西等地联合开展了水土流失的防治和生态恢复项目，通过跨省的协同合作，加强了流域范围内的综合治理。

尽管黄河流域的区域协作潜力巨大，但在实际操作中，仍面临许多挑战。一方面，各省市在生态保护和资源管理上的利益诉求存在差异。上游省份通常更注重水资源的开发和利用，而下游省份则对水资源的保护和生态恢复有更为迫切的需求，这就需要在水资源的分配和调度上达成一定的共识和协议。另一方面，跨区域治理的协调机制尚不完善，流域内的水资源管理、污染治理和生态恢复的政策执行存在一定的滞后性和地区间的不一致性。这种制度性缺陷导致了生态保护的整体性和协调性不足，难以形成合力。

此外，黄河流域各省市的经济发展水平和社会结构差异，也影响了区域协作的顺畅程度。部分地区的生态保护意识较弱，经济发展仍然过度依赖传统能源和资源消耗型产业，这与生态保护的需求存在一定的冲突。为了在这些区域内推进生态保护，必须进行深入的政策引导和经济转型，以改变传统发展模式。

（二）流域内各省市间合作机制与多元主体协同共治

由于流域涉及多个省区市，各省区市在各自的区域范围内对流域生态环境问题进行了一定程度的治理，但由于各省区市在经济、社会、文化等方面的差异，导致黄河流域生态环境问题具有一定的特殊性。黄河流域生态环境保护不是一个简单的政府行为，而是涉及流域内各省区市间经济社会发展水平差异、利益诉求差异等多方面因素的复杂问题。因此，必须通过建立统一协调的合作机制，形成多元主体协同共治格局，实现黄河流域生态环境保护目标。

在黄河流域的生态环境治理中，跨省区市的合作机制至关重要。目前，流域内的各省市大多采取了政府间合作与区域性治理的模式，但由于各地区间发展水平的差异以及生态环境保护的优先级不同，跨区域的合作仍然面临诸多挑战。

一方面，虽然国家层面制定了《黄河流域生态保护和高质量发展规划纲要》等政策文件，提出了黄河流域生态环境保护的总体方向和具体目标，但在实际操作中，由于各省市在治理资源、政策执行和环境保护意识等方面的差异，合作往往存在一定的滞后性与局限性。特别是在水资源的调度和分配方面，各省市之间的利益冲突较为突出，水资源的分配往往未能充分考虑生态环境保护的需求。例如，部分水资源较为丰富的上游省份往往在水资源的利用上存在优先考虑自身经济利益的倾向，而水资源匮乏的下游省份则急需依赖上游的水源来保障工业与农业生产，双方在水资源分配上的博弈容易引发合作障碍。

另一方面，黄河流域生态环境保护的多样性要求不同省市不仅局限于生态治理领域的合作，还需要在经济发展、社会管理等多个方面达成协同一致。各省市在推动区域协调发展的同时，还需兼顾自身的经济增长和社会发展需求。这种兼顾生态保护与区域经济协调的挑战，促使了流域内多方利益主体之间的深度合作。

三、建立黄河流域生态环境保护协同共治格局的路径

黄河流域生态环境保护治理，涉及流域上下游、左右岸、干支流以及各省市、自治区，涉及经济社会发展的方方面面，必须打破区域界限和现有的条块分割，强化区域之间的协作和协同治理，提升流域整体治理实效。

（一）深化机制改革，强化区域协作

黄河流域生态环境保护涉及流域上下游、左右岸和干支流等各个地区的共同利益，必须以合作为基础，以协作为手段，建立多元主体的协作机制。当前，黄河流域在生态保护、区域互动、水资源管理等方面仍存在机制不够健全等问题，要继续推动黄河流域生态环境保护治理向前迈进，就必然要推动机制改革走深走实，推动区域协作机制更加平衡健全。

1. 建立协同治理与产业合作机制

要进一步弥合黄河流域各省市之间存在的制度与经济差距，就要发挥协同共治的合力作用，促进资源优势的共享与互补，推动上下游、左右岸及干支流间的产业协同，形成生态保护与经济发展良性互动。

第一，完善协同治理的顶层设计。通过设立黄河流域生态环境保护跨区域决策和协调机构，负责统筹规划流域的生态保护和水资源管理工作，完善协同治理机制格局。

推动中华人民共和国生态环境部、国家发展改革委、自然资源部、水利部等黄河流域治理相关部门形成协同治理新机制。结合各省区政府代表、科研机构和行业专家等相关意见综合研判黄河流域治理措施与主要着眼点，发挥各部门专职所长，形成更加贴近现实的治理措施，确保决策的科学性和可行性。同时，要注重利用协商机制平衡各方利益。流域内各省区，可就水资源的合理分配、污染治理、生态修复等关键问题进行协商与合作，制定统一的流域治理政策和措施，共同推动形成和平共治新局面。

第二，发挥各省市产业优势，优化跨省配合的产业格局，促进发展利益共享。推动各省市在生态保护中实现产业优势互补，形成绿色产业链条，实现经济效益与生态效益的双赢。

通过政策引导和市场机制，鼓励企业参与生态修复项目，促进东西产业

优化升级和产业链互补。从整体来看，石化煤炭等能源产业是黄河流域上下游的重要产业，近年来，随着国家政策的调整和环保要求的提升，这些产业正逐步向绿色低碳转型，存在潜在的互补性。这种互补性，体现在资源、产业、市场等多个方面。首先，在资源方面，要进一步发挥流域内水力发电的优势，同时进一步开发光伏产业、风能等清洁能源，为黄河流域产业链上下游深度融合提供清洁能源保障。同时，要因地制宜合理促进上中下游农轻重产业的相互配合，形成相互配合、相互反哺的产业生态圈。其次，在市场方面，通过构建统一开放的市场体系，促进上下游企业间的技术交流和产品流通，实现资源共享和互利共赢。最后，形成以生态保护为基础、产业协同为支撑的可持续发展模式，推动黄河流域经济与生态和谐共生。

2. 完善水资源管理与生态补偿机制

水资源是影响黄河流域跨区域合作的重要因素之一，上中下游水资源的平衡供需、公平补偿、协同治理是其中较为核心的三个方面。平衡供需要建立在科学的水资源调配体系上，确保上下游用水公平；公平补偿则通过经济手段弥补水资源利用中的利益损失；协同治理强调多部门联动，形成合力，共同应对水资源挑战，实现流域内水资源的高效利用和可持续发展。

第一，要健全黄河流域统一的供需调控体系，实现高效率的水资源配置。要建立跨省区的水资源调度平台，确保黄河流域水资源的合理分配。在掌握水资源分配与流转的基础上，建立水量协调机制与水权交易机制，并加强对水资源污染的监管与治理，保证全域水资源的清洁。同时，实施差别化水资源税费政策，激励节水行为，推动万元地区生产总值用水量、万元工业增加值用水量持续下降。

第二，通过经济补偿机制，平衡各方利益，确保公平。黄河流域的水资源管理是一项复杂的系统工程。为了有效调动上游地区保护水资源的积极性，可以建立水资源生态补偿机制，即通过经济手段对流域内生态保护和水资源合理利用的行为进行激励。实现上下游流域利益平衡，解决上游保护与下游受益之间的矛盾，促进全流域生态平衡。要加大生态补偿机制的设计力度，特别是在水资源的跨区域调配和生态修复上。通过制定完善的生态补偿政策，促进上游地区在保护水资源、治理水土流失等方面的积极性，确保各省区间的利益平衡。

第三，强化多部门协同，形成合力，提升水资源治理效能。通过部门协同，对黄河流域的水资源利用进行整体规划与等级划分，明确水资源调控与生态补偿重点区域，明确各部门职责，建立信息共享和联动机制，确保水资源保护与利用的协同推进。

3. 构建生态修复与绿色发展协作机制

黄河流域的生态修复与绿色发展是进一步推动流域可持续化发展的重要着力点，是一个综合性、系统性的战略任务，需要统筹规划，协同发展。

一方面，生态修复是黄河流域生态环境治理的重要组成部分。针对黄河上游的水土流失问题，应加大对黄土高原地区生态修复工程的投入，实施规模化的植树造林和水土保持措施。为此，可以设立专项资金支持流域内的生态修复和绿色项目，并通过政策引导各类社会主体力量的加入，整合社会资源，提升流域内生态修复的科学性和实效性。通过设立黄河旅游生态修复专项项目，推动产学研融合发展，促进绿色科技创新和应用，确保生态修复与绿色发展协同推进。

另一方面，注重经济发展绿色转型，助力黄河流域实现高质量发展。政府应加大对生态保护相关产业的财政补贴，特别是在黄河流域生态修复相关的绿色产业方面，提供必要的资金支持和政策保障。通过绿色金融支持、环保产业发展等措施，推动地方经济转型，推动绿色产业发展，提高流域内生态保护的财政可持续性。同时，重视发挥文化对经济发展的带动作用，挖掘黄河文化及其历史文脉，延伸发展黄河文化相关产业，推动文化旅游、影视等相关服务业的配套升级，推动经济结构优化，实现经济与生态的双赢。

（二）优化治理体系，催化效能升级

在黄河流域生态环境保护的背景下，优化治理体系至关重要，是推动整个流域高质量发展的关键所在。面临生态环境日益严峻的压力，特别是涉及用水无度、生态失养、环境污染等诸多挑战，必须通过深化治理体系的创新，建立健全的协同共治机制，合理运用法律法规，利用新质生产力来实现治理手段的高效运转和资源配置的优化。

1. 构建多元主体协同共治的治理体系

在黄河流域的生态环境治理中，单纯依赖政府部门的管理无法有效解决多方面的治理难题，因此，构建多元主体协同共治的治理体系显得尤为重要。多元主体协同共治不仅涉及政府部门的协调合作，还应当包括企业、社会组织、公众等多方面的参与，共同推动黄河流域的生态环境保护与高质量发展。只有建立多元主体的协作机制，才能实现黄河流域生态环境保护的目标。

首先，政府部门需发挥主导作用，统一规划与协调。国家和地方政府应通过建立黄河流域生态环境保护协作机制，如黄河流域生态环境保护协调委员会等，推进跨省区的政策协调与资源共享。政府应以法规政策为基础，完善流域内水资源管理、污染防治、生态修复等方面的法律法规，并在实施过程中加强监督和评估。此外，政府部门还应促进地方政府之间的互动与沟通，以协调不同地区的经济发展与生态保护之间的矛盾。

其次，企业应在流域生态环境治理中发挥积极作用。黄河流域是我国重要的工业区之一，企业的生产活动往往对生态环境造成较大压力。因此，企业不仅应遵守环保法律法规，减少污染排放，还应主动承担起社会责任，通过技术创新和绿色生产实现可持续发展。此外，企业还应积极参与地方的环境保护项目和社会公益活动，支持生态恢复和绿色产业发展。

再次，社会组织和公众的参与同样不可忽视。社会组织在环保领域的作用日益凸显，它们不仅可以发挥民间监督和舆论引导作用，还可以在社区层面推动生态环保活动的开展。公众的环保意识和参与热情是推动区域生态治理和可持续发展的重要力量。因此，应通过加强环保教育和社会宣传，提高公众的环保意识，鼓励公众参与到黄河流域的生态环境保护中来。

最后，科研机构和专家团队应为黄河流域的生态治理提供技术支持和智力支持。通过开展生态环境监测、科技研发和政策评估，提供科学依据和决策参考，以确保治理措施的科学性和可行性。

2. 全面贯彻落实黄河保护法，加快形成配套法规制度

2023 年 4 月 1 日，《中华人民共和国黄河保护法》的颁布实施为进一步推动黄河流域生态环境保护法治化发展提供了刚性约束，要充分发挥其法治作用，就要在形成配套法规制度上下功夫。

全面贯彻落实《中华人民共和国黄河保护法》，关键在于理解法律的精神、目标以及具体条款，并将其转化成实际可操作的政策和措施。一方面，必须树立整体观念和发展的统一性，认识到黄河流域的生态保护与经济社会发展不仅关系到流域内的省份，也影响到整个国家的生态安全和经济布局。另一方面，为黄河保护法提供了全流域整体治理的法律框架，但需要更具体的配套法规和制度来确保实际操作的执行效果。

要加快形成配套法规制度，需要在多个层级进行工作。首先，在国家级层面，制定具体的操作性强的配套政策和措施，如明确具体的污染减排指标、水资源合理利用标准等。其次，在省级层面，根据各自省份的具体情况，结合《中华人民共和国黄河保护法》，出台地方性法规和流域内具体实施细则。最后，在市县级别上，也应同步研究制订实施方案和操作指南，确保法律精神得到地面层级的贯彻执行。

此外，针对横向生态补偿、流域水资源整合等问题，要积极搭建跨省区合作平台，共同研究制定相互利益平衡与资源共享的协议和规则。同样，科技创新应作为支撑，通过建立完善的环境监测网络、信息共享平台和决策支持系统，提高法规的实施效率和精准度。

3. 引入信息科技，发挥新质生产力的环保效益

信息科技在生态文明建设当中的作用日益显现，在提高资源利用效率、减少污染物排放等领域发挥着至关重要的作用。进一步推进黄河流域的生态环境建设，就要在现有基础上不断加强新劳动者、新劳动工具、新型基础设施的引入和运用。

流域内的生态环境治理必须依靠科学数据支持，因此，建立统一的生态监测平台是确保各省市之间的数据共享和合作的重要手段。通过搭建黄河流域大数据中心等新质生产力运行基础，建设智慧流域管理系统，开发"黄河生态云"平台。利用大数据、云计算、物联网等技术，集成黄河流域整体动态水质监测、灾害预警、资源调度等功能，利用新兴科技实现精准监控与预警，提高黄河流域整体治理效能。通过信息化手段，实时监测水质、水量、土地变化等关键指标，实现数据共享和动态监管，流域内的各方可以更好地掌握流域生态环境的动态变化，及时调整和优化治理策略。

各省区政府应加强数据共享机制，推动科研机构和环保组织参与生态数据的收集和分析，为决策提供科学依据。建立信息共享平台，能够大大提高政策决策的科学性和精确性，推动协作机制的高效运作。

四、结语

黄河流域是我国重要的生态功能区，生态环境治理具有特殊性和复杂性。在黄河流域生态保护中，需要基于区域协作来建立黄河流域生态环境保护的治理结构。黄河流域生态环境治理需要构建多元主体协同共治格局，明确政府、流域内各省市以及流域外各部门的职责，形成政府间、部门间、省际间、区域间等多种主体的协同共治机制。

参 考 文 献

［1］习近平. 共同抓好大保护协同推进大治理　让黄河成为造福人民的幸福河［N］. 人民日报，2019 － 09 － 20（01）.

［2］以进一步全面深化改革为动力　开创黄河流域生态保护和高质量发展新局面［N］. 人民日报，2024 － 09 － 13（01）.

论金融科技创新在绿色生态
发展中的应用与挑战

王　征　王冠伦[*]

摘　要：金融科技创新在绿色生态发展中扮演着至关重要的角色。随着大数据、人工智能、区块链等技术的不断发展，金融科技为绿色生态项目提供了更加便捷、高效的融资渠道，降低了运营成本和环境风险。同时，金融科技还促进了绿色消费和碳交易的普及，推动了绿色经济的蓬勃发展。然而，金融科技创新在绿色生态发展中也面临诸多挑战。技术成熟度与安全性、数据共享与隐私保护、政策与监管滞后等问题亟待解决。此外，金融机构和科技企业在绿色金融科技领域的研发投入、专业人才储备等方面也存在不足。因此，我们需要加强技术研发与创新，完善政策与监管体系，推动数据共享与隐私保护，并加强国际合作与交流，共同应对金融科技创新在绿色生态发展中的挑战，推动绿色经济的持续健康发展。

关键词：金融科技创新　绿色生态发展　融资渠道　环境风险评估　政策与监管挑战

一、基本问题与研究立意

（一）金融科技与绿色生态发展的背景介绍

随着全球经济的快速发展，环境问题日益凸显，可持续发展已成为全球

---

* 王征，济南社会科学院经济研究所所长，研究员，经济学博士，济南市委智库专家、市委讲师团教授；王冠伦，招商银行上海分行员工，金融学学士，研究领域含货币银行学等。

共识。绿色生态发展作为实现可持续发展的关键路径，旨在通过技术创新和结构调整，推动经济、社会、环境的协调发展。与此同时，金融科技作为金融与现代科技深度融合的产物，正以前所未有的速度改变着金融业的生态格局。金融科技利用大数据、云计算、人工智能、区块链等新兴技术，提升了金融服务的效率、降低了运营成本，并推动了金融服务的普及和个性化。这些技术不仅为金融业带来了革命性的变革，也为绿色生态发展提供了新的动力。在绿色金融、绿色投资、绿色消费等领域，金融科技正发挥着越来越重要的作用。

（二）金融科技在绿色生态发展中的重要性

金融科技在绿色生态发展中的重要性体现在多个方面。首先，金融科技有助于提升绿色金融的效率和透明度。通过大数据分析和区块链技术，金融机构可以更加准确地评估绿色项目的风险和收益，从而优化资金配置，提高绿色金融的投放效率。[①] 同时，区块链技术的不可篡改性也确保了绿色项目信息的真实性和透明度，增强了投资者对绿色项目的信任。其次，金融科技有助于拓宽绿色融资渠道。通过创新金融产品和服务，金融科技企业可以为绿色项目提供更加多样化的融资方式，如绿色债券、绿色基金等，从而吸引更多的社会资本投入绿色生态发展。最后，金融科技还有助于推动绿色消费和绿色生活方式的普及。通过移动支付、智能投顾等金融科技手段，消费者可以更加方便地了解绿色产品和服务，并做出更加环保的消费选择。

（三）研究目的与意义

本文旨在深入探讨金融科技在绿色生态发展中的具体应用和作用机制，分析金融科技如何推动绿色生态发展的进程，并评估其潜在的风险和挑战。通过梳理金融科技与绿色生态发展的内在联系，本文旨在为政策制定者、金融机构和科技企业等利益相关方提供有益的参考和启示。此外，本文的研究还具有以下重要意义：其一，理论意义。本文丰富了金融科技与绿色生态发展领域的理论研究，为相关领域的研究提供了新的视角和方法。其二，实践意义。本文的研究成果可以为金融机构和科技企业等利益相关方提供实践指导，推动他们在金融科技与绿色生态发展领域开展更加深入的合作和创新。

---

① 林昊. 大数据技术在金融数据分析中的应用研究 [J]. 环渤海经济瞭望，2024 (11)：173.

其三，政策意义。本文的政策建议可以为政府制定金融科技与绿色生态发展相关政策提供科学依据和决策支持。

综上所述，本文的研究不仅具有理论价值和实践意义，还为推动金融科技与绿色生态发展的深度融合提供了有益的探索和尝试。

二、金融科技创新在绿色生态发展中的应用

（一）绿色信贷与绿色债券

1. 绿色信贷的规模与增长情况

绿色信贷作为绿色金融的重要组成部分，近年来在全球范围内得到了快速发展。在中国，国有大型银行在绿色金融领域的探索不断深入，绿色信贷保持快速增长。[①] 截至 2023 年末，六大国有银行（工商银行、农业银行、中国银行、建设银行、交通银行和邮储银行）的绿色信贷规模达到了 17.90 万亿元，占据国内绿色贷款的半壁江山。这一数字显示了绿色信贷在中国的巨大规模和持续增长的趋势。具体来看，各银行的绿色信贷规模均实现了显著增长。例如，工商银行绿色贷款规模与增量依然领先同业，截至 2023 年末，其境内绿色贷款总量创历史新高，金融监管总局口径绿色贷款近 5.4 万亿元，比上年末增加近 1.4 万亿元。农业银行绿色信贷余额也突破 4 万亿元，同比增速达 50.1%。中国银行和建设银行绿色信贷余额也都超过 3 万亿元，分别实现了 56.34% 和 41.19% 的增长。交通银行和邮储银行的绿色贷款余额也实现了显著增长。

2. 绿色债券的发行与市场规模

与绿色信贷相比，绿色债券在绿色金融市场中同样扮演着重要角色。近年来，中国绿色债券市场规模持续扩大，发行数量和发行规模均呈现快速增长的态势。2024 年以来，已发行绿债基金规模近 320 亿元，是 2023 年发行规模的 3 倍。多家公募瞄准这一市场需求，争相布局绿色主题公募债基。从发行主体来看，国有大型银行在绿色债券发行中占据主导地位。以工商银行为例，该行在 2023 年境外发行绿色债券 42.3 亿美元，累计发行 9 笔境外绿色债券，金额合计 199 亿美元；同时，该行还完成了三期境内绿色金融债发

---

① 徐森. 绿色金融对经济高质增长的影响研究［J］. 经济学，2024（12）：38.

行，金额共计 600 亿元。中国银行、建设银行等也积极发行绿色债券，为绿色产业提供资金支持。此外，绿色债券的发行不仅限于银行机构，还包括企业等市场主体。这些主体通过发行绿色债券，筹集资金用于支持节能环保、清洁能源、生态环境等绿色项目的发展。[①]

3. 典型案例分析

案例一：工商银行绿色信贷与绿色债券实践。工商银行作为中国最大的商业银行之一，在绿色金融领域取得了显著成效。该行不仅绿色信贷规模领先同业，还通过发行绿色债券等方式为绿色产业提供资金支持。例如，工商银行在 2023 年创新发行了首只全球多币种"碳中和"主题境外绿色债券和境内首单商业银行碳中和绿色金融债。这些债券的发行不仅有助于筹集资金用于支持绿色项目的发展，还提升了工商银行在绿色金融领域的国际声誉。

案例二：济宁银行绿色信贷助推普惠绿色产业。济宁银行作为一家地方性银行，在绿色金融领域也进行了积极探索和实践。该行将"绿色金融"纳入发展战略规划，强调"普惠"与"绿色"有机结合。通过完善绿色信贷供给、设定绿色信贷指标等措施，该行加大了对符合节能环保、清洁生产等六大类重点发展领域的小微企业和项目的支持力度。例如，该行曾向一家食用菌种植企业提供绿色信贷支持，帮助企业引入新设备、降低排放、提高生产效率。通过这一案例可以看出，绿色信贷不仅有助于推动绿色产业的发展，还能促进普惠金融的落地见效。

综上所述，绿色信贷与绿色债券作为金融科技创新在绿色生态发展中的重要应用方式之一，在中国得到了快速发展和广泛应用。未来随着政策的不断完善和市场的不断成熟，绿色信贷与绿色债券将继续发挥重要作用推动绿色生态发展。

（二）碳金融产品与服务

碳金融产品与服务主要包括碳市场融资工具、碳市场交易工具以及碳市场支持工具三大类。

1. 碳市场融资工具

碳市场融资工具是碳金融产品与服务的重要组成部分，旨在为企业提供

---

① 林伯强，苏彤. 中国绿色债券发展的国际比较：评估与动因探索［J］. 中国管理科学，2024（10）：66.

融资支持，帮助其进行低碳转型和减排。这些工具包括但不限于：其一，碳债券。一种专门用于低碳项目的债券，其收益通常用于支持减排项目或购买碳排放权。其二，碳资产抵质押融资。企业可以将其持有的碳排放权作为抵押物或质押物，从金融机构获得融资。其三，碳资产回购。金融机构或企业可以约定在未来某个时间点回购碳排放权，为企业提供短期的融资便利。其四，碳资产托管。金融机构为企业提供碳排放权的托管服务，确保其安全和合规。

2. 碳市场交易工具

碳市场交易工具是碳市场上进行交易的重要工具，包括：其一，碳远期。一种合约，买卖双方约定在未来某个时间点以特定价格交割碳排放权。其二，碳期货。一种标准化的合约，允许投资者在碳市场上进行投机和套期保值。其三，碳期权。赋予持有人在未来某个时间点以特定价格购买或出售碳排放权的权利。其四，碳掉期。买卖双方约定交换不同时间点的碳排放权，以满足各自的减排需求。其五，碳借贷。一种碳排放权的借贷行为，允许企业之间或企业与金融机构之间进行碳排放权的短期借贷。

3. 碳市场支持工具

碳市场支持工具为碳市场的运行和交易提供支持和保障，包括：其一，碳指数。用于衡量碳市场价格变动的指标，为投资者提供决策依据。其二，碳保险。为碳排放权持有者提供风险保障，降低因价格波动或政策变化带来的风险。其三，碳基金。专门用于投资低碳项目和购买碳排放权的基金，为碳市场提供资金支持。

4. 碳金融产品的发展与挑战

其一，发展。近年来，随着全球对气候变化的关注日益增加，碳金融产品得到了快速发展。中国碳市场也逐步成熟，碳金融产品种类不断增加，市场规模逐步扩大。金融机构积极参与碳金融产品的创新和服务，为碳市场的发展提供了有力支持。

其二，挑战。一是市场流动性不足。目前碳市场参与主体偏少，交易活跃度不够，导致市场流动性不足。二是金融衍生品缺乏。碳期权、碳期货等衍生品交易较为缺乏，不利于碳市场的进一步活跃和价格发现。三是金融机构风险管理能力不足。金融机构在碳金融产品风险管理和创新上能力不足，制约了碳金融市场的发展。四是碳资产管理能力不足。部分企业对碳市场缺乏认识，碳资产管理能力不足，导致参与碳市场和碳金融产品交易的主动性和意愿不足。

为了应对这些挑战，需要政府、企业和金融机构共同努力，完善碳市场机制，提高市场参与度和活跃度，加强碳金融产品创新和服务，提升金融机构的风险管理能力，同时加强碳资产管理能力的培养和提升。

（三）转型金融产品与服务

1. 转型金融的定义与目标

转型金融，广义上是指在经济主体向可持续发展目标转型的进程中，为它们提供融资以帮助其转型的金融活动。狭义上是指在全球应对气候变化的背景下，对于"棕色产业"和碳密集产业低碳转型的金融支持，主要目的是实现整体可持续发展，减缓气候变化。转型金融的目标是通过为经济主体（这些主体的经济活动或行为于当前阶段可以是"非绿色"的）提供融资支持，帮助其逐步转变为"绿色"经济主体，从而推动整个经济体系的绿色转型。

2. 转型金融产品的种类与应用

转型金融产品的种类主要包括以下几类：其一，挂钩类产品。这类产品更关注融资主体自身的转型路径、可持续发展目标的设定和实现情况。其中，转型债券是主要的挂钩类产品，其募集资金需专项用于低碳转型领域的项目或经济活动。其二，募投项目类产品。与挂钩类产品相比，这类产品更侧重于具体的投资项目或经济活动。此外，随着金融市场的不断创新和发展，转型金融产品的种类也在不断丰富和拓展。例如，一些金融机构开始推出与转型金融相关的智能投顾服务、数字化银行服务等，以满足投资者和融资主体对个性化、便捷化金融服务的需求。

3. 转型金融产品对高碳排放行业的支持

转型金融产品对高碳排放行业的支持主要体现在以下四个方面：其一，提供融资支持。转型金融产品可以为高碳排放行业提供必要的融资支持，帮助其实现低碳转型。例如，转型债券等金融产品可以为高碳排放企业提供资金，用于购买低碳技术、设备或进行技术改造等。其二，降低转型风险。通过转型金融产品的设计和应用，可以降低高碳排放行业在转型过程中的风险。例如，一些金融机构会要求融资主体在申请转型金融产品时提供详细的转型计划和时间表，以确保资金的有效使用和转型的顺利进行。其三，推动行业转型。转型金融产品的推广和应用可以推动整个高碳排放行业的转型。

随着越来越多的企业开始使用转型金融产品，整个行业的碳排放量将逐渐降低，从而实现行业的绿色转型。以煤电行业为例，作为典型的高碳行业，相关企业往往面临杠杆率较高、信用风险较大等制约，难以获得充足资金支持其低碳转型。而转型金融产品的出现，恰恰可以缓解上述矛盾，引导社会资金支持煤电企业有序、公正转型。同时，转型金融产品还可以支持煤电企业在能源多元化转型以及能源安全保供方面的正外部性，如开展灵活性改造的技术路线探索等。

综上所述，转型金融产品与服务在推动高碳排放行业低碳转型方面发挥着重要作用。随着金融市场的不断创新和发展，未来将有更多种类的转型金融产品涌现，为高碳排放行业的转型提供更多元化、更便捷化的金融支持。

（四）绿色金融咨询服务

绿色金融咨询服务是指为各类经济主体提供关于绿色金融的专业建议、评估、规划和实施等方面的服务，旨在推动绿色金融的发展，促进经济、社会和环境的可持续发展。以下是对绿色项目的可行性研究、绿色金融政策解读服务以及绿色金融咨询服务市场需求的详细阐述。

1. 绿色项目的可行性研究

绿色项目的可行性研究是绿色金融咨询服务的重要组成部分。它主要对绿色项目的技术、经济、环境和社会等方面进行全面、系统的分析和评估，以确定项目是否可行、是否值得投资。其一，技术可行性。评估项目所采用的技术是否成熟、可靠，并符合相关的环保标准和要求。其二，经济可行性。分析项目的投资成本、预期收益、资金回报周期等经济指标，以确定项目的经济效益是否可行。其三，环境可行性。评估项目对环境的影响，包括项目的碳排放量、能源消耗、资源利用等方面的环境指标，以确定项目是否符合环保要求。其四，社会可行性。分析项目对社会的影响，包括项目的就业效应、社会稳定风险等方面的社会指标，以确定项目是否得到社会的支持和认可。通过绿色项目的可行性研究，可以为投资者提供科学的决策依据，降低投资风险，提高投资效益。

2. 绿色金融政策解读服务

绿色金融政策解读服务是绿色金融咨询服务的另一项重要内容。它主要对国家和地方政府出台的绿色金融政策进行解读和分析，帮助企业和投资者了解政策导向、把握政策机遇、规避政策风险。其一，政策背景和目标。解读绿色金融政策的出台背景、主要目标和实施意义，帮助企业了解政策的重要性和紧迫性。其二，政策内容和要求。详细分析绿色金融政策的具体内容、实施要求和操作流程，使企业能够准确理解和把握政策要求。其三，政策机遇和挑战。分析绿色金融政策为企业带来的机遇和挑战，帮助企业制定应对策略和措施，充分利用政策红利，实现绿色发展。通过绿色金融政策解读服务，企业可以及时了解政策动态，把握政策机遇，提高政策执行力，推动绿色金融的深入发展。

3. 绿色金融咨询服务的市场需求

随着全球对气候变化和环境保护问题的日益关注，绿色金融已成为推动经济可持续发展的重要手段。因此，绿色金融咨询服务的市场需求也在不断增加。其一，企业需求。越来越多的企业开始注重绿色发展和可持续发展，需要绿色金融咨询服务来帮助其制定绿色发展战略、优化融资结构、降低融资成本、提高环境效益等。其二，金融机构需求。金融机构在绿色金融领域也面临着越来越多的挑战和机遇，需要绿色金融咨询服务来帮助其了解市场需求、把握投资机会、创新金融产品等。其三，政府需求。政府也需要绿色金融咨询服务来推动绿色金融政策的制定和实施，促进绿色金融市场的健康发展。

综上所述，绿色金融咨询服务在推动绿色金融发展、促进经济可持续发展方面发挥着重要作用。随着全球对气候变化和环境保护问题的日益关注，绿色金融咨询服务的市场需求将持续增长。因此，绿色金融咨询服务机构应不断提高自身专业水平和服务质量，以满足市场需求和推动绿色金融的深入发展。

（五）金融科技手段在绿色金融服务中的应用

金融科技手段在绿色金融服务中的应用日益广泛，涵盖了大数据、人工智能和区块链等多种先进技术。以下是对这些技术在绿色金融服务中应用的详细分析。

1. 大数据在绿色信用评估中的应用

大数据技术在绿色信用评估中发挥着重要作用。传统的信用评估方法往往依赖于逐一审核和资信调查，这种方法操作烦琐且效率低下。而大数据挖掘技术作为大数据处理的核心，能够通过对数据进行分析和挖掘，找出规律、趋势和关联性。在绿色信用评估中，大数据技术可以应用于以下三个方面：其一，收集和分析客户信息。大数据技术可以收集和分析客户的消费习惯、官网浏览记录、社交媒体活动等，从而更全面地了解客户的信用情况。其二，提高信用评估准确性。通过对大量数据的学习和分析，大数据技术可以提高个人信用评估的准确性。机器学习算法可以根据客户的个人信息、行为数据等多种指标自动评定客户的信用风险等级，并给出合理的借款方案。其三，预测未来信用行为。大数据技术能够预测客户未来的信用行为，有助于金融机构提前采取风险防范措施。

2. 人工智能在绿色金融服务中的创新

人工智能技术在绿色金融服务中的创新应用主要体现在以下三个方面：其一，智能客服。金融机构可以利用人工智能技术打造智能客服机器人，通过语音或文本交互方式与客户进行业务问答和辅助交易，有效替代人工操作，提高服务效率。其二，智能分析。人工智能技术可以对绿色项目进行智能分析，评估项目的可行性、环境效益和潜在风险，为金融机构提供决策支持。其三，自动化审批。通过人工智能技术，金融机构可以实现贷款申请的自动化审批，缩短审批周期，提高审批效率。

3. 区块链在绿色金融中的潜在应用

区块链技术在绿色金融中具有广泛的应用前景，主要体现在以下四个方面：其一，提高透明度。区块链的分布式账本技术能够实现信息的公开透明，所有的交易记录都可以被所有参与者查看，有助于防范绿色金融中的欺诈和不透明行为。其二，确保数据真实性。区块链技术的不可篡改性保证了绿色金融交易的真实性，提高了交易的可信度。这一特性可以避免绿色金融中的重复投资和浪费，为绿色金融的审计和监管提供了便利。其三，智能合约。区块链技术中的智能合约可以自动执行绿色金融的合同条款，降低绿色金融的操作成本。智能合约还可以用于自动执行环保项目的资金分配、监测和报告等任务，提高项目的可持续性。其四，风险管理。区块链技术可以用于绿色金融的风险管理，通过实时监测和分析交易数据，及时发现潜在风险并采取应对措施。①

综上所述，金融科技手段在绿色金融服务中的应用为金融机构提供了更高效、更便捷和更智能的服务方式，有助于推动绿色金融的快速发展。然而，这些技术的应用也面临着一些挑战，如数据安全、隐私保护和技术标

---

① 王越，宋玉茹．区块链技术驱动金融普惠化革新［J］．银行家，2024（11）：124.

准等,① 需要金融机构和相关监管机构共同努力加以解决。

三、金融科技创新在绿色生态发展中面临的挑战

（一）政策层面的挑战

金融科技创新在绿色生态发展中确实面临多方面的挑战，其中政策层面的挑战尤为显著，具体包括以下几个方面。

其一，缺乏具体的政策指引与监管沙盒。一是政策指引不足。尽管中央政府高度重视绿色金融的发展，并从宏观政策和制度层面为绿色金融的发展提供了顶层支持，但关于支持绿色金融科技发展的具体政策指引和措施仍然较少。相关部门对现有绿色金融科技的成功应用案例也缺乏总结和推广，导致金融机构和绿色金融科技企业在创新过程中缺乏明确的指导和方向。二是监管沙盒缺失。监管沙盒是一种允许金融机构在有限范围内测试创新产品、服务和商业模式的监管机制，有助于降低创新风险并保护消费者权益。然而，我国在绿色金融科技领域的监管沙盒机制尚不完善，导致金融机构在创新过程中面临较大的监管不确定性和风险。

其二，数据溯源与质量问题。一是数据溯源困难。绿色金融科技的发展依赖于高质量的数据支持，但当前支持或用于绿色金融科技的数据存在着不可溯源的问题。这意味着数据的来源和真实性无法得到有效验证，从而影响了数据的质量和可靠性。二是数据质量不高。除了溯源困难外，数据质量不高也是制约绿色金融科技发展的一个重要因素。数据质量不高可能导致金融机构在绿色识别、风险管理和产品创新等方面出现偏差和错误。

其三，绿色金融科技基础设施薄弱。一是基础设施不完善。绿色金融科技的发展需要完善的基础设施支持，包括数据存储、处理和分析平台等。然而，部分地区绿色金融科技基础设施仍然薄弱，无法满足金融机构和绿色金融科技企业的创新需求。二是技术投入不足。由于基础设施薄弱和技术投入不足，金融机构和绿色金融科技企业在创新过程中可能面临技术瓶颈和限制。这将影响绿色金融科技产品的开发和推广，并制约绿色金融的深入发展。

---

① 刘欣谊. 建设绿色金融标准体系 ［J］. 标准科学，2023（9）：9.

综上所述，金融科技创新在绿色生态发展中面临的挑战主要包括缺乏具体的政策指引与监管沙盒、数据溯源与质量问题以及绿色金融科技基础设施薄弱等方面。为了克服这些挑战，需要政府、金融机构和绿色金融科技企业共同努力，加强政策引导和支持、完善数据溯源和质量保障机制以及加强绿色金融科技基础设施建设等。①

（二）金融机构层面的挑战

金融机构在推动绿色金融科技发展过程中，确实面临着多方面的挑战。

1. 对绿色金融科技功能与作用的认识不足

其一，问题根源。部分金融机构可能尚未充分认识到绿色金融科技在推动可持续发展、降低环境风险、提高金融效率等方面的潜力。他们可能仍然侧重于传统的金融业务，对绿色金融科技的新理念、新技术和新模式缺乏深入了解。其二，解决方案。金融机构需要加强对绿色金融科技的学习和了解，通过参加相关培训、研讨会等活动，提升对绿色金融科技功能与作用的认识。同时，金融机构还可以与绿色金融科技领域的专家、学者和企业进行深度合作，共同探索绿色金融科技的创新应用。

2. 资源投入不足与专业人才缺乏

其一，问题根源。绿色金融科技的发展需要大量的资金投入和专业技术支持。然而，部分金融机构可能由于资金有限或风险考虑，对绿色金融科技的投入不足。此外，绿色金融科技领域的人才也相对稀缺，这限制了绿色金融科技的发展和应用。其二，解决方案。金融机构需要加大对绿色金融科技的投入，包括资金投入和人力资源投入。他们可以通过设立绿色金融科技专项基金、与绿色金融科技领域的初创企业合作等方式，为绿色金融科技的发展提供资金支持。同时，金融机构还需要加强人才队伍建设，通过招聘、培训等方式，培养一批既懂金融又懂绿色科技的复合型人才。

3. 绿色金融科技应用领域有限

其一，问题根源。目前，绿色金融科技的应用主要集中在绿色信贷、绿色债券、绿色基金等少数领域，而在其他金融领域的应用相对较少。这限制了绿色金融科技对金融行业的整体影响力和推动作用。其二，解决方案。金融机构需要拓宽绿色金融科技的应用领域，将绿色金融科技的理念和技术应

---

① 孙雪巍. 金融科技创新助力绿色金融发展思路探索 [J]. 现代营销，2024（6）：30.

用到更多的金融产品和服务中。例如，可以将绿色金融科技应用于绿色金融咨询、绿色金融风险管理、绿色金融数据分析等领域，从而推动绿色金融科技的全面发展。同时，金融机构还可以与政府部门、行业协会等合作，共同推动绿色金融科技的标准化和规范化发展，为绿色金融科技的广泛应用提供有力支持。

综上所述，金融机构在推动绿色金融科技发展过程中需要加强对绿色金融科技的认识、加大投入和人才培养、拓宽应用领域等方面的努力。这将有助于推动绿色金融科技的快速发展和广泛应用，为实现可持续发展目标提供有力支持。

（三）金融科技企业层面的挑战

金融科技企业在面临数字化和技术创新的大潮时，确实遭遇了多方面的挑战，其中关键技术研发投入相对不足以及区块链与物联网技术的创新与应用短板是两个较为突出的问题。以下是对这两个问题的详细分析。

1. 关键技术研发投入相对不足

其一，资金限制。尽管金融科技的发展前景广阔，但前期的研发投入通常需要大量资金，这包括人才薪酬、硬件购置、软件研发、测试与维护等多方面开支。对于很多金融科技企业而言，持续的高投入可能会带来财务压力，导致企业在关键技术研发上显得力不从心。其二，人才短缺。关键技术领域的专业人才，如人工智能、大数据、区块链等方面的专家，是金融科技企业的核心资源。然而，由于这些领域的专业人才培养周期较长，且在全球范围内都存在供需不平衡的问题，因此很多金融科技企业难以吸引和留住足够的优秀人才。

2. 战略规划与执行

金融科技企业在制定和执行技术研发战略时，可能会面临种种挑战。一方面，企业需要明确自身在技术研发上的优势与劣势，确定合理的研发方向；另一方面，企业还需要制订详细的执行计划，确保研发项目能够按计划进行，并在研发过程中不断调整和优化。

3. 区块链与物联网技术的创新与应用短板

其一，技术成熟度。区块链和物联网技术虽然具有巨大的潜力，但目前仍处于相对不成熟的阶段。例如，区块链技术的处理速度和存储能力还难以满足大规模交易的需求；物联网技术则面临着设备兼容性、数据安全性、通信协议等多方面的问题。其二，监管政策。由于区块链和物联网技术的复杂性和创新性，监管部门在制定相应的政策和法规时可能会面临一定的困难。这可能导致企业在应用这些技术时面临合规性风险，进而影响技术的推广和应用。其三，创新与应用能力。金融科技企业需要将区块链和物联网技术与自身的业务模式相结合，创造出具有竞争力的产品和服务。然而，由于这些技术的复杂性和创新性，企业在将其应用于实际业务时可能会面临诸多挑战，如技术整合、系统优化、用户接受度等。

为了克服这些挑战，金融科技企业可以采取以下措施：其一，加大研发投入。企业应提高对技术研发的重视程度，通过加大资金投入、引进优秀人才等方式，不断提升自身的研发能力。其二，加强合作与交流。金融科技企业可以与其他科技企业、高校、研究机构等建立合作关系，共同开展技术研发和应用推广。这有助于企业借鉴他人的经验和技术成果，提高自身的创新能力和竞争力。其三，关注监管政策。企业应密切关注监管政策的变化和动态，确保自身的业务和技术符合法规要求。同时，企业还可以积极参与监管政策的制定和讨论，为行业的健康发展贡献自己的力量。

综上所述，金融科技企业在面临关键技术研发投入相对不足以及区块链与物联网技术的创新与应用短板等挑战时，需要采取多种措施来不断提升自身的创新能力和竞争力。

四、金融科技创新在绿色生态发展中的未来展望

（一）政策与监管环境的优化

金融科技创新在绿色生态发展中的未来展望，特别是在政策与监管环境的优化方面，具有广阔的发展前景。以下是对这一领域的详细展望。

1. 建立支持绿色金融科技的监管沙盒

其一，鼓励创新。监管沙盒机制可以为绿色金融科技的创新提供一个安全、可控的测试环境。在这个环境中，金融机构和科技企业可以探索新的业务模式和技术应用，而无须担心立即面临市场风险和监管压力。其二，提高透明度。通过监管沙盒，可以实时向投资者披露绿色资产、绿色债券等项目的风险情况和环境效益，减少第三方鉴证成本，提高债券发行效率，并增强信息的透明度。其三，支持跨境交易。利用沙盒监管机制，还可以支持绿色

资产的跨境交易，为境外资金提供低成本、实时跟踪的投资机会，并确保资金交易的记录和收益记录的真实性和不可篡改性。①

2. 加强数据溯源与质量管理

其一，数据溯源。为了确保绿色金融科技的准确性和可靠性，必须加强对数据的溯源管理。通过建立完善的数据采集、存储和追溯机制，可以确保数据的真实性和完整性，为绿色金融科技的决策提供依据。其二，数据质量管理。除了数据溯源外，还需要提高数据的质量。这包括数据的准确性、完整性、时效性和一致性等方面。通过加强数据质量管理，可以提高绿色金融科技的效率和准确性，降低风险。

3. 完善绿色金融科技基础设施

其一，技术支撑。绿色金融科技的发展需要先进的技术支撑。这包括大数据、人工智能、云计算、区块链等前沿技术的应用。这些技术可以为绿色金融科技的识别、分析、决策和风险管理等方面提供有力支持。其二，平台建设。为了推动绿色金融科技的广泛应用和深入发展，需要建立完善的绿色金融科技平台。这些平台可以包括绿色资产交易平台、绿色信贷信息管理系统、绿色债券发行平台等，为金融机构和投资者提供便捷、高效的服务。其三，人才培养。绿色金融科技的发展需要专业的人才支持。因此，需要加强对绿色金融科技人才的培养和引进。通过举办培训、研讨会等活动，提高金融机构和科技企业对绿色金融科技的认知和应用能力；同时，也需要引进具有相关专业背景和经验的国际人才，为绿色金融科技的发展提供智力支持。

综上所述，金融科技创新在绿色生态发展中的未来展望是积极的。通过建立支持绿色金融科技的监管沙盒、加强数据溯源与质量管理以及完善绿色金融科技基础设施等措施，可以推动绿色金融科技的广泛应用和深入发展，为绿色生态的可持续发展提供有力支持。

（二）金融机构的创新与转型

金融机构在面临日益严峻的环境挑战和市场需求变化时，创新与转型成为其持续发展的关键。特别是在绿色金融领域，金融机构的创新与转型不仅有助于提升其自身的竞争力，还能为推动可持续发展做出重要贡献。以下是

① 温馨. 沙盒监管制度在金融科技创新中的应用研究［D］. 长春：吉林大学，2020：32.

对金融机构在绿色金融科技领域的创新与转型的一些建议。

1. 制定明确的绿色金融科技发展战略

其一，明确目标定位。金融机构应明确其在绿色金融科技领域的定位和目标，包括短期和长期的发展规划。这有助于确保所有创新活动都围绕核心战略展开，避免盲目跟风或偏离主航道。其二，强化政策引导。金融机构应积极响应国家和地方政府关于绿色金融的政策号召，将政策要求转化为具体的业务指导和操作规范。同时，通过内部政策的制定和执行，确保绿色金融科技的发展符合监管要求。其三，建立评估体系。构建一套科学合理的绿色金融项目评估体系，包括环境效益、经济效益和社会效益等多维度指标。这有助于金融机构准确识别并筛选优质的绿色金融科技项目，降低投资风险。

2. 加大资源投入与人才培养力度

其一，关于资金投入。金融机构应设立绿色金融科技专项基金，用于支持相关技术的研发、应用和市场推广。同时，通过与其他金融机构、政府部门和社会资本的合作，拓宽资金来源渠道，降低融资成本。其二，关于技术投入。加大对区块链、大数据、人工智能等先进技术在绿色金融领域的应用投入，提升业务处理效率和服务质量。同时，关注新技术的发展趋势，及时跟进并应用新技术成果。其三，关于人才培养。加强绿色金融领域的专业人才培养和引进工作，包括金融、环保、信息技术等多学科背景的复合型人才。通过培训、交流、激励等措施，提升团队的专业素养和创新能力。

3. 拓展绿色金融科技的应用领域

其一，关于绿色金融产品和服务。创新绿色金融产品和服务模式，如绿色债券、绿色基金、绿色保险等，满足市场对绿色投资的需求。同时，通过金融科技手段提升产品的透明度和可追溯性，增强投资者的信心。其二，关于绿色供应链管理。利用金融科技手段优化企业的供应链管理，降低能耗和排放，提升资源利用效率。同时，通过供应链金融等方式支持绿色产业的发展，推动产业结构的优化升级。其三，关于碳金融市场。积极参与碳金融市场的建设和运营，包括碳排放权交易、碳资产证券化等创新业务。通过金融科技手段提高碳市场的流动性和透明度，促进碳定价机制的形成和完善。

综上所述，金融机构在绿色金融科技领域的创新与转型需要明确的发展战略、充足的资源投入和优秀的人才支持，以及不断拓展的应用领域。通过这些努力，金融机构将能够更好地服务于可持续发展目标，实现自身的转型升级和可持续发展。

（三）金融科技企业的技术创新与突破

金融科技企业的技术创新与突破在当前数字化时代显得尤为重要，以下是对加大区块链与物联网技术的研发投入以及推动绿色金融科技的跨界合作与创新的详细分析。

1. 加大区块链与物联网技术的研发投入

其一，关于区块链技术。一是去中心化。区块链网络没有中心化的管理机构，所有参与者共同验证和记录交易，这种特性使得交易更加公平、透明。二是透明性与安全性。所有交易信息都记录在区块链上，任何人都可以查看，确保交易的公开性和真实性。同时，区块链使用密码学技术，确保交易的安全性和防篡改能力。三是应用场景。区块链技术可以应用于跨境支付和汇款、供应链金融、资产证券化、金融交易和结算、信用评估和征信系统以及数字货币等领域。这些应用不仅提高了金融交易的效率，还降低了交易成本，推动了金融行业的创新和变革。

其二，关于物联网技术。一是物联网与金融的结合。物联网技术可以通过传感器等设备收集大量数据，这些数据可以被金融科技企业用于风险评估、客户画像、反欺诈等领域，从而提高金融服务的精准度和效率。二是智能合约。物联网技术与区块链技术的结合可以催生出智能合约的应用，这种合约可以自动执行交易条款，无须人工干预，进一步降低了交易成本和风险。

2. 推动绿色金融科技的跨界合作与创新

其一，绿色金融的重要性。随着全球对环境保护意识的提高，绿色金融已经成为金融行业的重要发展方向。通过金融科技手段推动绿色金融的发展，不仅可以促进环保产业的繁荣，还可以引导社会资本流向绿色领域，实现经济和环境的双赢。

其二，跨界合作与创新。一是金融科技企业与环保企业的合作。金融科技企业可以与环保企业合作，共同开发绿色金融产品和服务，如绿色债券、绿色基金等。这些产品可以帮助环保企业获得融资支持，同时引导投资者关注绿色产业。二是技术创新与绿色金融产品创新。利用大数据、人工智能等技术手段，金融科技企业可以开发更加精准、高效的绿色金融产品和服务。例如，通过数据分析识别出具有潜力的绿色项目，为这些项目提供融资支持；或者通过智能合约等技术手段降低绿色金融产品的风险和成本。

其三，政策支持与监管。政府和相关监管机构应加大对绿色金融科技的支持力度，出台相关政策引导社会资本流向绿色金融领域。同时，加强监管力度，确保绿色金融产品的合规性和风险可控性。

综上所述，金融科技企业在技术创新与突破方面应加大区块链与物联网技术的研发投入，推动绿色金融科技的跨界合作与创新。这些举措不仅有助于提升金融科技企业的竞争力，还能推动金融行业的整体进步和可持续发展。

五、结论

（一）金融科技创新在绿色生态发展中的主要应用与挑战

在金融科技创新推动绿色生态发展的过程中，我们见证了诸多创新应用，同时也面临了一些挑战。主要应用包括：其一，绿色金融产品设计。通过金融科技手段，设计出更符合绿色生态需求的金融产品，如绿色债券、绿色基金等，为绿色项目提供资金支持。其二，环境风险评估与管理。利用大数据、人工智能等技术，对绿色项目的环境风险进行精准评估，确保资金投向低风险、高回报的绿色领域。其三，碳足迹追踪与减排。通过区块链等技术，实现碳足迹的精准追踪，为减排提供数据支持，同时推动碳交易市场的健康发展。其四，绿色支付与消费。借助移动支付、数字货币等金融科技手段，推广绿色支付与消费，引导公众形成绿色消费习惯。

然而，金融科技创新在绿色生态发展中也面临一些挑战：其一，技术成熟度与安全性。部分金融科技技术尚不成熟，存在安全隐患，需要进一步完善和验证。其二，数据共享与隐私保护。在环境风险评估、碳足迹追踪等过程中，需要跨机构、跨部门的数据共享，但数据隐私保护成为一大难题。其三，政策与监管滞后。绿色金融领域的政策与监管体系尚不完善，需要加快制定和完善相关法律法规。

（二）金融科技在推动绿色生态发展中的关键作用

金融科技在推动绿色生态发展中扮演着至关重要的角色。它不仅为绿色项目提供了更加便捷、高效的融资渠道，还通过技术创新降低了绿色项目的运营成本和环境风险。同时，金融科技还促进了绿色消费和碳交易的普及，推动了绿色经济的发展。因此，金融科技是推动绿色生态发展的重要力量，对于实现可持续发展目标具有重要意义。

（三）对未来金融科技创新在绿色生态发展中的建议与展望

针对未来金融科技创新在绿色生态发展中的发展，本文提出以下建议与展望：其一，加强技术研发与创新。鼓励金融机构和科技企业加大在金融科技领域的研发投入，推动技术创新和成果转化，为绿色生态发展提供更加先进的技术支持。其二，完善政策与监管体系。加快制定和完善绿色金融领域的政策与监管体系，明确金融科技在绿色生态发展中的定位和作用，为金融科技的创新应用提供有力的政策保障。其三，推动数据共享与隐私保护。建立跨机构、跨部门的数据共享机制，同时加强数据隐私保护，确保数据的安全性和合规性。其四，加强国际合作与交流。加强与国际金融机构和科技企业的合作与交流，共同推动金融科技在绿色生态发展中的应用和创新，为全球可持续发展贡献力量。

展望未来，随着金融科技的不断发展和创新，有理由相信，金融科技将在绿色生态发展中发挥更加重要的作用。通过技术创新和政策引导，我们将能够推动绿色经济的持续健康发展，为实现可持续发展目标贡献更多的智慧和力量。

参 考 文 献

［1］中国人民银行海南省分行课题组，吴崇攀. 金融科技对绿色技术创新的作用机制研究［J］. 海南金融，2023（11）：39.

［2］段可仪. 金融发展支持省域绿色科技创新效率研究［J］. 生态经济，2023，39（8）：77.

［3］许嘉扬，郭福春. 绿色发展视角下中国科技金融政策的创新支持效果研究［J］. 浙江社会科学，2023（4）：21.

［4］向璇. 金融科技能促进企业绿色技术创新［D］. 上海：上海财经大学，2023.

［5］张驰. 金融科技对城市绿色创新的影响研究［D］. 武汉：中南民

族大学，2022.

　　[6] 施发玉. 科技创新与绿色金融对黄河流域经济增长影响的空间效应研究 [D]. 蚌埠：安徽财经大学，2022.

　　[7] 张伍涛. 数字金融对绿色经济发展的影响研究 [D]. 兰州：兰州大学，2022.

　　[8] 陈琦. 金融科技对绿色全要素生产率的影响分析 [D]. 济南：山东大学，2021.

黄河流域生态保护中的府际联动与民间参与协作机制及治理结构动态优化研究

王秀燕[*]

摘　要： 黄河，中国北方的重要河流与历史文化象征，面临着因长期过度开发和资源利用不当导致的严重生态环境问题，本文聚焦黄河流域生态保护，深入探讨府际联动、民间参与协作机制与治理结构动态优化问题。剖析现状揭示生态困境，挖掘府际联动实践问题、民间参与障碍，综合运用多方法提出针对性优化策略，包含构建信息共享、完善补偿协商等府际优化，拓宽参与、设立专项资金等民间协作强化，以及基于生态监测动态调整治理结构。经实证分析得出协同效应显著，为黄河流域生态保护提供理论与实践支撑。

关键词： 黄河流域　生态保护　治理结构

　　黄河流域作为我国重要的生态屏障与经济发展带，其生态保护状况直接关乎国家生态安全、粮食安全以及区域协调发展大局。然而当前黄河流域所面临的复杂且严峻的生态问题，使得构建协作机制与优化治理结构成为当务之急[1]。

---

　　* 王秀燕，齐鲁工业大学（山东省科学院）马克思主义学院研究生，研究方向为中国近现代社会与马克思主义中国化研究。

一、黄河流域生态保护中协作机制及治理结构动态优化的必要性

从生态系统本身的特性来看，黄河流域生态系统具有高度的整体性与关联性。流域内的水资源循环、土壤保持、生物多样性维护等各个生态环节紧密相连，上下游、左右岸相互依存[2]。上游地区的水土流失不仅影响当地土壤肥力与生态景观，还会导致中下游河道淤积，增加洪水隐患，影响河道行洪能力，进而威胁沿岸城市与农田安全。这种生态关联性决定了单一地区、单一部门的单打独斗无法实现有效保护，必须依靠跨区域的府际联动协作。各地政府需统一目标，在水资源分配、污染治理、生态修复等方面协同行动，形成合力，才能保障流域生态系统的稳定运行。黄河流域生态问题的成因具有多元性，涵盖自然因素与人为因素。自然因素方面，黄河流域降水时空分布不均，黄土高原土质疏松，极易引发水土流失；人为因素更为突出，长期以来，粗放型的经济发展模式在流域内广泛存在，高耗能、高污染产业大量布局，水资源过度开发用于农业灌溉与工业生产，同时污水处理设施不完善，大量未经处理或未达标处理的污水排入黄河，加剧了水污染与水资源短缺困境。面对如此错综复杂的问题根源，仅靠环保部门一己之力远远不够，需要涉及经济、产业、水利、农业等多部门的深度协作，从产业结构调整、水资源综合管理到污染源头防控等多方面共同发力。

民间力量在黄河流域生态保护中的潜力巨大，但当前尚未得到充分挖掘。一方面，民众环保意识逐渐觉醒，众多民间环保组织拥有专业知识、热情与创新活力，能够在生态宣传、监督举报污染行为、推动社区环保行动等方面发挥独特作用；另一方面，企业作为经济活动的主体，在技术、资金、人力等方面具备雄厚实力，若引导其参与生态保护产业投资、绿色技术研发，将为流域生态改善提供强大助力[3]。然而，目前民间参与面临诸多障碍，如参与渠道不畅，民众不知如何有效参与；激励机制缺失，企业参与生态保护的积极性受挫。构建民间参与协作机制，能够打通这些堵点，整合民间资源，壮大生态保护队伍。随着黄河流域生态环境的动态变化以及社会经济发展的新需求，传统静态、僵化的治理结构越发暴露出弊端。旧有的治理架构往往部门分割严重，信息流通受阻，决策过程冗长，难以对突发生态问题做出快速响应，也无法适应流域生态保护长期、复杂的任务要求。通过治理结构的动态优化，依据实时生态监测数据灵活调整治理策略、优化部门

协同流程、强化监督问责机制，方能确保治理措施精准适配生态保护实际需求，提升治理效能。黄河流域生态保护中协作机制的构建与治理结构的动态优化势在必行，这是破解当下生态困境、实现黄河流域可持续发展的关键路径。

二、构建黄河流域区域协作机制与治理结构动态优化的需要解决的问题

新中国成立至今，我国在黄河流域的治理迈入新征程，取得巨大成就，进入新时期，黄河流域仍存在黄河洪水泛滥、水资源短缺、经济发展滞后等突出问题，党的十八大以来，习近平总书记的多项指示为推动黄河流域生态保护和高质量发展提供了根本遵循，催生了《中华人民共和国黄河保护法（草案）》的出台，在生态保护、水资源利用、污染防治、违法责任等规定方面作出了有价值的探索。《中华人民共和国黄河保护法（草案）》的出台，标志着我国在黄河流域治理上迈出了更加坚实的一步。该草案不仅明确了生态保护和水资源利用的基本原则，还针对污染防治和违法责任等方面作出了详细规定，为黄河流域的可持续发展提供了有力的法律保障。未来，我们需要继续深化黄河流域的治理，加强生态保护，合理利用水资源，推动经济转型升级，确保黄河流域的生态环境和经济发展实现良性循环，为中华民族的永续发展贡献力量[4]。

（一）府际联动层面

利益协调困境。黄河流域涵盖多个行政区域，各地经济发展水平、产业结构存在差异，在生态保护与经济发展的权衡中，利益诉求不尽相同。上游地区为维护生态付出高昂成本，在限制工业开发保障水源涵养方面面临财政减收；下游地区享受优质水资源等生态福利，却在生态补偿分担上存在分歧。如何建立公平合理、动态调整的生态补偿机制，平衡上下游、左右岸地区间的利益，是府际联动的关键难题[5]。例如，部分地区因生态补偿资金不足、分配规则模糊，导致生态保护积极性受挫，流域整体协同治理受阻。

信息共享障碍。各地方政府部门间信息系统相对独立，数据标准、格式不统一，致使生态环境监测数据、水资源调配信息、产业布局动态等关键资讯难以及时共享。这不仅造成重复监测、资源浪费，还使联合决策缺乏精准

数据支撑，延误污染应急处置、生态修复项目的推进时机。如在跨区域水污染突发事件中，因信息沟通迟滞，上下游无法同步行动，导致污染范围扩大，治理难度剧增。

决策执行协同难题。府际协作决策过程涉及多层级、多部门，审批流程烦琐，责任界定不明。在执行生态保护联合政策时，常出现推诿扯皮现象，使得诸如统一的水资源保护规划、联合执法行动难以落地。而且，区域间缺乏常态化沟通协调平台，临时组建的协调小组解散后，后续跟进乏力，无法保障决策执行的连贯性与长效性。

（二）民间参与层面

参与渠道梗阻。当前民间组织、企业和公众参与黄河流域生态保护的正规途径有限且分散。民间环保组织申请参与官方生态项目时，面临手续烦琐、对接部门不明确等问题；企业寻求绿色投资方向，难以及时获取流域生态需求信息与政策引导；公众参与植树造林、垃圾清理等志愿活动，多依赖零散社区组织，缺乏统一组织调度平台，导致参与热情难以转化为有效行动力。

专业能力短板。民间参与者虽热情高涨，但普遍缺乏生态保护专业知识与技能。民间环保组织成员多为兼职志愿者，在生态监测技术、污染治理方案制订等方面力不从心；企业投身生态产业转型，面临技术研发瓶颈、人才储备不足困境；公众对垃圾分类、节水护水等日常环保行为，因缺乏科学指导，效果大打折扣，难以深度融入生态保护实践[6]。

激励机制匮乏。在政策层面，对民间力量参与生态保护的扶持政策零散、力度不足，税收优惠、财政补贴落实困难，荣誉表彰缺乏影响力；在市场层面，生态产品与服务的价值转化渠道不畅，企业参与生态修复、绿色产业开发难以获取合理经济回报，民间投入积极性受抑制，可持续参与动力不足。

（三）治理结构优化层面

部门职能碎片化。黄河流域生态保护涉及环保、水利、农业、自然资源等多部门，现行体制下各部门职能交叉重叠与空白并存。例如在湿地保护中，水利部门侧重水资源调配，其主要工作围绕着如何合理安排湿地的水量补给、水位控制等，确保湿地的水源稳定；环保部门关注水质污染防治，着重监测湿地水体中的污染物指标,对超标排放等污染行为进行监管;农业部门管理周边农业面源污染,像控制农药化肥的使用量、规范农业废弃物的处理等,避免其对湿地生态造成不良影响。然而,上述部门缺乏统一协调主体,各部门往往各自为政,在湿地生态系统综合保护方面难以形成合力,出现碎片化的情况,使得治理效能低下,无法全面、系统地对湿地生态进行有效保护,进而影响整个黄河流域生态系统的完整性和稳定性[7]。

动态适应性滞后。流域生态环境瞬息万变,新污染问题、生态风险不断涌现,而现有治理结构更新缓慢。传统层级式决策机制在面对突发环境事件时,往往难以快速响应。比如新型工业污染物泄漏这样的突发状况,需要多部门紧急联动处置,涉及环保部门迅速开展环境监测评估污染范围及危害程度、应急管理部门调配应急物资、消防部门进行现场救援及污染物控制等诸多环节。但现有流程由于层级较多、信息传递不畅等原因,无法迅速调配资源、下达精准指令,难以及时化解危机,保障流域生态安全[8]。这就导致在面对不断变化的生态挑战时,治理结构总是处于被动应对的状态,难以主动适应生态环境变化的节奏,对黄河流域生态的可持续发展造成了阻碍。

监督考核软化。对黄河流域生态保护治理成效的监督多依赖内部自查,外部第三方监督力量薄弱,公众监督渠道不畅。考核指标侧重短期任务完成量,比如某一阶段内植树造林的面积、污水处理设施的建设数量等,却忽视长期生态效益提升,如生态系统的稳定性、生物多样性的恢复情况等。这种考核导向使得部分地区为政绩数据搞“面子工程”,只注重表面上能看到的数据成果,而在生态保护的实质工作上投入不足,未能从根本上改善流域生态质量。例如有的地方只追求短期内河道垃圾清理的数量,却没有建立长效机制去控制垃圾产生源头,也没有对河道生态环境的整体修复情况进行持续跟踪评估,导致生态保护流于形式,难以真正实现黄河流域生态环境的高质量改善。

三、建立黄河流域府际联动与民间参与协作机制及治理结构动态优化的策略

“黄河的治理,其核心在于保护,而其关键则在于实现有效的管理。”为了推动黄河流域生态保护和高质量发展,我们必须采取双管齐下的策略[9]。一方面,我们需要具备长远的眼光,进行精心且周全的规划;另一方面,我

们必须紧密结合当前的实际情况，确保规划的实施能够持续且稳定，旨在让黄河真正成为民众幸福生活的源泉。在这个过程中，首要且紧迫的任务是加速构建一个科学合理的顶层设计框架，这个框架需要能够强化各方力量的协同与参与。同时，我们还必须以问题为导向，精准识别并应对各种挑战，不断完善黄河流域高质量发展的战略蓝图和支撑体系[10]。

（一）府际联动层面

构建多元生态补偿协商机制。组建涵盖流域各地政府代表、专家学者以及第三方评估机构的生态补偿协商委员会。该委员会将借助生态系统服务价值评估模型，精准量化上游地区在水源涵养、水土保持等方面所发挥的重要生态功能价值，进而为补偿额度的确定筑牢科学依据，确保上游地区为生态保护所付出的诸多努力都能得到与之匹配的合理补偿。设立专门的生态补偿专项基金，拓宽其资金来源渠道，使其囊括中央财政转移支付、流域上下游地区财政共同出资以及从受益行业提取相应税费等多种方式。通过多元化的资金筹集模式，为上游地区的生态保护投入提供稳定且充足的资金支持，有效缓解因致力于生态保护而给当地财政带来的压力，从而保障生态保护工作能够持续、稳定地开展下去[11]。着力打造生态补偿动态调整机制，紧密贴合黄河流域生态环境的变化情况以及不同地区经济发展的差异现状，每隔 3~5 年对生态补偿的标准与方式进行一次系统且科学的调整优化。如此一来，生态补偿便能时刻契合实际需求，持续有效地激发流域内各个地区参与生态保护工作的积极性，促进全流域形成齐心协力共护生态的良好局面。

打造一体化信息共享平台。由国家相关部委牵头，联合黄河流域各省区，共同投入专项资金用于打造统一的流域生态信息共享平台。在建设过程中，着重统一数据标准与格式，使其全面涵盖生态环境监测、水资源管理、产业发展等各类关键数据，并保证这些数据能够实时更新且高效共享。例如，借助云计算、大数据等先进技术手段，将分散于各地各部门的水质监测站数据进行有效汇聚与整合，为整个黄河流域的生态评估以及相关决策提供精准、可靠的数据支持，助力府际之间做出更为科学合理的生态保护决策[12]。同步构建完善的信息安全保障体系，运用加密技术、严格的访问权限控制等多重手段，全方位确保敏感信息的安全性，打消地方政府对于数据共享可能存在的顾虑。与此同时，配套制定详尽且切实可行的信息共享管理办法，清晰明确地界定数据提供方、使用方等各方主体所享有的权利以及应履行的义务，从而对信息在平台内的流通流程予以规范，保障信息共享工作能够有条不紊地顺利开展。充分利用这一信息平台搭建线上联合办公模块，在模块中开设远程视频会议、电子文件审批等一系列实用功能，借此打破地域限制，大幅提升府际协作过程中的决策效率，实现针对跨区域生态保护问题能够即时沟通、快速处置，切实增强应对生态突发状况的能力。

健全长效决策执行协同体系。对府际协作的决策流程予以优化完善，大刀阔斧地简化其中存在的多层级审批环节，积极推行"联合决策、分头执行、统一监督"这一高效协作模式。针对重大生态保护项目，专门成立由流域内省级领导牵头负责的联合决策小组，小组成员涵盖各相关部门负责人，通过集体审议、现场拍板的方式，清晰明确各部门的责任分工以及各阶段的时间节点，确保决策能够高效且顺利地落地实施，有效避免因流程烦琐而导致决策执行拖沓、延误的情况发生[13]。建立常态化的区域协调联络机制，在现有流域管理机构基础上，增设区域协调专员岗位，安排专人负责日常的联络沟通工作、及时收集并反馈各类问题以及严格监督决策执行情况。同时，定期组织召开流域府际联席会议，在会议上系统总结过往的工作经验，妥善协调处理出现的矛盾冲突，并对后续工作进行科学合理的部署安排，以此保障府际协作的连贯性与稳定性，确保生态保护工作能够持续稳步推进。精心构建府际协同绩效评估机制，科学制定一系列量化考核指标，如联合执法的次数、生态项目的推进进度以及区域环境质量的改善幅度等，按照既定周期对各地政府在协作过程中所取得的成效进行全面且客观的评估[14]。并且，将考核结果与财政转移支付、项目审批等重要事项紧密挂钩，借此强化决策执行的刚性，促使各地政府切实重视并积极履行生态保护协作责任。

（二）民间参与层面

拓宽多元参与渠道。政府部门设民间参与对接窗口，具一站式受理功能，还应借助互联网搭建"黄河流域生态保护民间参与平台"，整合发布信息，实现精准对接，调动参与积极性。鼓励地方政府与民间环保组织合作，购买服务，支持其开展活动，如委托监测黄河支流污染，提供数据参考。推动企业与生态保护项目融合，构建"企业＋项目"模式，如引导能源企业在黄河沿岸荒滩建光伏电站的同时恢复植被，从而实现双赢[15]。

强化专业能力提升举措。黄河流域管理机构联合高校等，依不同主体特点需求，定制培训计划，如为民间组织志愿者设计短期培训课程，为企业员工提供长期进修项目，为公众开展科普讲座等，提升全民生态素养。建立民间生态保护人才库，吸纳专业人员入库，遇突发或重大项目时调配资源，提升应急处置能力和参与水平。鼓励民间组织与科研机构合作研发推广生态保护技术，如研发水污染治理生物制剂并试点推广，增强民间自主创新能力。

完善激励保障机制。政策激励方面，国家及地方政府出台扶持政策，加大税收优惠，设立专项奖励资金，简化补贴申请流程，激发民间力量参与热情。市场激励方面，探索建立生态产品与服务交易市场机制，推动确权认证，搭建交易平台，如开展黄河湿地碳汇交易试点，拓宽资金投入渠道。

（三）治理结构优化层面

推进综合管理体制改革。着手组建黄河流域生态保护综合管理部门，通过整合环保、水利、农业、自然资源等多个部门在流域生态保护方面的相关职能，实现对黄河流域生态保护工作进行统一规划、统一监管以及统一执法的目标。在湿地保护工作中，将原本分散在各个部门的水资源调配、污染防治、生态修复等相关职能进行集中整合，由新组建的综合管理部门统筹负责实施湿地生态系统整体的保护与修复项目，有效解决职能碎片化问题，避免出现多头管理或管理空白的情况，提升生态保护工作的整体效能。明确各部门在黄河流域生态保护工作中的具体职责边界，精心制定详细且清晰的"权力清单"与"责任清单"，通过立法的形式将其固定下来，确保各个部门都能清楚知晓自身的职责所在，进而各司其职、协同高效地开展生态保护工作。比如，明确规定环保部门负责污染排放标准的制定与监督执行工作，水利部门承担水资源宏观调配以及水利工程的管理工作，农业部门则专注于农业面源污染的防控工作，通过这样明确的分工，形成各部门齐抓共管、协同推进生态保护的良好格局。

建立健全部门间的协调联动机制，在黄河流域生态保护综合管理部门的主导下，定期组织召开多部门联席会议，针对流域内出现的各类生态问题，共同进行深入研讨、联合作出决策，并协同开展相应的行动。同时，设立跨部门工作小组，专门负责推进重点生态项目，打破部门之间存在的壁垒，加强部门间的沟通协作，切实提升生态保护治理工作的实际效能，确保各项生态保护措施能够落地见效。构建动态适应性治理模式。紧紧依托现代信息技术，全力打造黄河流域生态智能监测预警系统，在整个流域范围内进行全面布点，实时采集水质、土壤、气象、生物多样性等多维度的生态数据，然后运用大数据分析、人工智能算法等先进技术手段，对黄河流域生态的变化趋势以及潜在风险进行精准预测。通过将卫星遥感技术与地面监测相结合的方式，能够提前发现黄河三角洲湿地面积的细微变化以及植被退化的早期迹象，为及时采取有效的干预措施提供可靠依据，从而增强应对生态风险的主动性与时效性。对现有的决策机制进行优化调整，积极引入"敏捷决策"理念，当监测到突发环境事件或者发现生态状况急剧变化时，及时授权流域管理机构启动应急决策程序，打破常规的层级审批限制，快速调配各种资源、下达相应的指令，确保能够在最短时间内对突发情况做出有效应对。同时，在事件处理完毕后，要及时进行复盘总结，深入分析决策过程中存在的问题与不足，进而完善应急预案以及决策流程，不断提升应对突发生态事件的能力和水平。大力加强科技研发与应用工作，积极鼓励科研团队围绕黄河流域生态保护过程中面临的各类难题开展针对性的技术攻关，并且注重将研发出来的新技术、新工艺、新材料等及时推广应用到实际的生态保护工作当中[16]。例如，研发新型的水污染快速检测设备、高效的生态修复技术等，通过提升治理手段的科学性与及时性，更好地适应黄河流域生态动态变化的现实需求，为生态保护工作提供强有力的技术保障[17]。

四、结语

我们必须坚定不移地加强黄河生态保护治理，保障黄河安澜，从过度干预、过度利用向自然恢复、增强生态产品供给能力转变。只有这样才能确保黄河永远造福中华民族，实现中华民族的永续发展。我们才能够更好地保护黄河这一中华民族的母亲河，为子孙后代留下一个天蓝、地绿、水清的美好家园。

参 考 文 献

[1] 中共中央文献研究室，习近平关于社会主义生态文明建设论述摘编[M]. 北京：中央文献出版社，2017：6.

[2] 赵志强. 黄河流域生态保护和高质量发展协同机制及对策思考[J]. 理论研究，2021（5）：73–80.

［3］周谷平．杜立民．中国西部大开发发展报告：2014［M］．北京：中国人民大学出版社，2015：37．

［4］习近平．之江新语［M］．杭州：浙江人民出版社，2007：30．

［5］张震，石逸群．新时代黄河流域生态保护和高质量发展之生态法治保障三论［J］．重庆大学学报（社会科学版），2020，26（5）：167－176．

［6］黄万林，罗序斌，欠发达地区经济与生态协调发展的制约因子研究［J］．江西社会科学，2016，38（2）：68－73．

［7］杜尚泽．保持加强生态文明建设的战略定力［N］．人民日报（海外版），2020－05－23（02）．

［8］习近平谈治国理政：第四卷［M］．北京：外文出版社，2022：364．

［9］李轩，陈佳佳，赵昊骧，黄河流域经济高质量发展与生态保护耦合研究［J］．中国农业文摘：农业工程，2024，36（3）：9－13．

［10］梁海燕．黄河流域甘肃段生态保护和高质量发展的现实问题与推进路径［J］．开发研究，2023（5）：61－71．

［11］覃琼霞，常润星，江涛．生态保护与经济高质量发展：来自黄河流域的证据［J］．中国西部，2023（2）：9－23．

［12］吕德胜，王珏，程振．黄河流域数字经济、生态保护与高质量发展时空耦合及其驱动因素［J］．经济问题探索，2022（8）：135－148．

［13］赵彦伍．山西黄河流域生态保护高质量发展林草专项规划实施路径［J］．山西林业，2022（6）：12－13．

［14］晋婵娟，袁继芳，石倩，等．中国式现代化背景下加快体育强国建设新认识、新问题、新举措研究——基于二十大报告解读［J］．佳木斯大学社会科学学报，2024，42（5）：15－17．

［15］孙修廷，万安丽，刘志强．深化国防教育 凝聚强国力量［N］．襄阳日报，2024－10－08（04）．

［16］张红霞．初中历史教学中学生爱国主义情感的培养路径探究［J］．中国教育学刊，2024（S2）：136－138．

黄河流域文化旅游带绿色生态机制建构

——以山东为例

贾宏达　刘　强[*]

摘　要：黄河流域生态保护和高质量发展已上升为国家战略，山东在此战略中责任重大。本文聚焦山东黄河文化旅游带绿色生态机制建构展开研究。山东黄河流域文化旅游带资源丰富，经济基础雄厚，在国家战略推动等多重机遇下前景广阔。然而，其发展面临诸多挑战，在机制体制上，联盟协作、管理协同与区域融合存在障碍；文化挖掘开发不足，资源优势未充分转化，品牌影响力弱；产业发展质效不高，产业关联度低、业态单一、市场主体竞争力不足；生态保护与开发矛盾突出，水资源、湿地及土地利用问题制约着文旅项目。山东通过黄河口国家公园建设等实践探索绿色发展路径，取得一定成效。未来，应持续解决现存问题，践行绿色生态理念，以推动黄河文化旅游带高质量发展，为流域发展贡献力量。

关键词：黄河流域　绿色生态机制　协同发展机制　湿地生态修复

一、引言

（一）研究背景与意义

黄河，作为中华民族的母亲河，孕育了灿烂的华夏文明，其流域生态保

---

* 贾宏达，齐鲁工业大学（山东省科学院）经济与管理学部管理科学工程系在读本科生，研究方向：文化产业数字保护与信息化传播；刘强，齐鲁工业大学（山东省科学院）副教授、硕士研究生导师、北京大学访问学者，研究方向：生态文旅和乡村振兴。

护和高质量发展自上升为国家战略以来，受到了社会各界的广泛关注。这一战略的实施，不仅关乎黄河流域自身的生态安全、经济繁荣与社会稳定，更对全国的可持续发展具有深远影响。在此战略背景下，黄河文化旅游带的建设成为推动流域经济发展、传承黄河文化的重要举措。习近平总书记在黄河流域生态保护和高质量发展座谈会上的讲话①，为黄河流域文化旅游产业的发展指明了方向，赋予了黄河文化旅游带建设重大的历史使命和发展机遇。

山东省地处黄河下游，黄河在这里奔腾入海，独特的地理位置使其在黄河流域生态保护和高质量发展中肩负着特殊的责任与使命。山东不仅是黄河文化的重要承载地，拥有丰富的历史文化资源，还是黄河流域唯一的沿海经济大省，具备良好的经济基础和产业发展条件。黄河入鲁后，流经 9 市 25 县（市、区），长达 628 千米，② 这一段黄河沿线拥有世界文化遗产、丰富的非物质文化遗产以及独特的自然景观，如黄河入海口的河海交汇胜景、黄河三角洲广阔而完整的湿地生态系统等，这些资源都具有极高的开发价值和独特性。打造黄河文化旅游带，山东有责任也有能力充分发挥自身优势，探索出一条绿色生态发展的新路径，在推动区域经济发展的同时，保护好黄河流域的生态环境，传承和弘扬黄河文化，为黄河流域生态保护和高质量发展贡献山东智慧与力量。

研究山东省黄河文化旅游带绿色生态机制建构，对于推动黄河流域生态保护和高质量发展具有重要的理论和实践意义。从理论层面来看，有助于丰富和完善区域文化旅游发展与生态保护协同的理论体系，深入探讨在国家战略背景下，如何实现文化、旅游与生态的有机融合，为其他流域文化旅游发展提供理论借鉴。从实践层面出发，能够为山东省黄河文化旅游带的建设提供具体的策略和方法，解决当前发展中面临的实际问题，提升山东省黄河文化旅游带的发展质量和国际影响力，推动山东沿黄 9 市实现生态效益、经济效益和社会效益的统一，进而为黄河流域其他省份文化旅游带的绿色生态发展提供可复制、可推广的经验模式。

（二）研究目的

本文聚焦山东省黄河文化旅游带发展，旨在深入剖析其发展现状、面临

---

① 习近平. 在黄河流域生态保护和高质量发展座谈会上的讲话 ［J］. 求是，2019（20）.
② 和勇. "豫" 见黄河 "东" 流入海 ［N］. 民族画报，2020 – 12 – 11.

的问题与挑战，通过全面且细致的调研，探寻切实可行的发展路径与策略。具体而言，一是梳理山东省黄河文化旅游带的资源优势，明确其在全国乃至国际旅游市场中的独特定位；二是精准识别制约其发展的关键因素，涵盖推进机制、文化挖掘、产业发展、要素支撑、影响力等多个层面；三是基于问题提出针对性强、具有可操作性的建议，为推动山东省黄河文化旅游带实现高质量发展提供决策依据与智力支持，助力其在黄河流域生态保护和高质量发展战略中发挥关键作用，打造具有国际影响力的黄河文化旅游带。

二、山东省黄河文化旅游带发展的现有优势与机遇剖析

（一）资源丰富独特，奠定坚实发展根基

历史文化资源丰富：山东省黄河流域历史悠久，文化底蕴深厚，拥有世界文化遗产4处，如泰山、曲阜孔庙、孔林、孔府，它们承载着丰富的历史信息，见证了华夏文明的发展历程。拥有"人类非物质文化遗产代表作名录"3项，像吕剧、剪纸等①，展现了山东独特的民俗风情与艺术魅力。拥有国家历史文化名城6座，不可移动文物近1.7万处、全国重点文保单位141处②，这些历史文化资源犹如璀璨明珠，镶嵌在黄河之畔，吸引着无数游客前来探寻历史的踪迹。

垄断性与生态特色资源：黄河入海口造就的河海交汇胜景和独特的黄河口地理特征、景观特色，是世界唯一的垄断性资源。站在黄河入海口，一边是奔腾的黄河水，另一边是浩瀚的大海，这种壮丽的景观令人叹为观止。而5400平方千米的黄河三角洲，是世界上暖温带最广阔、最完整、最年轻的湿地生态系统③，现有野生鸟类368种，其中38种数量超过全球1%④，是全球候鸟迁徙的重要栖息地。每年候鸟迁徙季节，大量候鸟在此栖息、觅食，形成了一道独特的生态景观。

---

① 山东省文化和旅游厅. 山东省文化和旅游厅关于全省国家级非遗传承人2022年度传承活动评估结果的公示 [R]. 山东省文化和旅游厅, 2023 – 06 – 15, http：//whhly. shandong. gov. cn/art/2023/6/16/art_100579_10323690. html.

② 边锋. 山东发布10条黄河文化旅游线路 [N]. 中国旅游报, 2022 – 11 – 24.

③ 李泓冰, 徐锦庚. 治理黄河, 重在保护, 要在治理 [N]. 人民日报, 2020 – 01 – 14.

④ 刘家义. 地处黄河下游 工作力争上游 [N]. 求是, 2019 – 11 – 01.

"黄河从这里入海"的独特价值："黄河从这里入海"赋予了山东特殊的地理意义和文化价值。它不仅是黄河漫长旅程的终点,更是文化汇聚的节点。这里融合了黄河文化、海洋文化,形成了独具特色的地域文化。这种独特的文化标识,成为山东发展黄河文化旅游的核心吸引力,为打造具有国际影响力的黄河文化旅游带提供了独一无二的资源支撑。

(二)经济助力文旅产业发展

沿海经济大省的综合实力:山东作为黄河流域唯一的沿海经济大省,经济总量庞大,产业体系完备。2020年,山东省经济总量、城乡居民人均可支配收入均在全流域位居榜首,雄厚的经济实力为黄河文化旅游带的发展提供了坚实的资金保障。在交通、基础设施建设、旅游配套设施完善等方面,山东能够投入大量资源,提升旅游服务质量,吸引更多游客。

沿黄9市文旅产业发展成效显著:沿黄9市文化旅游产业规模日趋壮大,体系日益完善,业态产品日臻丰富。截至2020年底,共有5A级景区4处、4A级景区96处①、省级旅游度假区13处②。全国首家在黄河险工区打造的景区——黄河安澜湾,成为了当地文旅发展的新亮点。这些景区的建设和发展,提升了沿黄地区的旅游吸引力,促进了文旅产业的繁荣。

在黄河流域旅游发展指数中的优势地位:在华夏风物产业研究院发布的《2020年华夏风物影响力(黄河旅游)指数报告》中,基于旅游资源、旅游管理、旅游产品、传播影响力等核心指标,山东省位居第3位(见图1)。这一成绩体现了山东在黄河流域旅游发展中的优势地位,也反映出山东黄河文化旅游带发展具备良好的基础和潜力。

(三)多重机遇注入强大发展动力

国家战略带来的机遇:黄河流域生态保护和高质量发展上升为重大国家战略,为山东省黄河文化旅游带发展带来了前所未有的机遇。国家在政策、资金、项目等方面的支持,将加速山东黄河文化旅游带的建设。如在生态保护方面,国家的投入将改善黄河流域的生态环境,为文旅产业的可持续发展

---

① 山东省:2020年A级旅游景区名录,山东省文化和旅游厅,2021-03-30,http://whhly.shandong.gov.cn/art/2021/3/30/art_100554_10288546.html?xxgkhide=1.
② 山东省文化和旅游厅关于对省政协十二届三次会议第12030739号提案的答复,山东省文化和旅游厅,2020-11-08,http://sdgb.shandong.gov.cn/art/2020/11/8/art_123000_7646.html.

提供保障；在文化保护和传承方面，国家的政策引导将推动黄河文化的深入挖掘和开发。

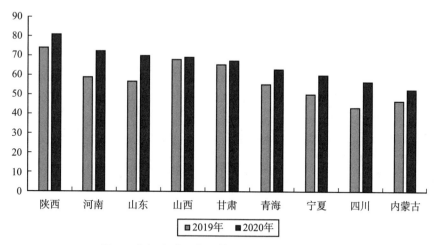

图1 黄河流域9省区黄河旅游发展指数榜单

文旅产业对经济的拉动作用：文化旅游业是典型的消费产业，具有"一业兴、百业旺"的乘数效应。每投资1元，可带动相关行业投资5元；每消费1元，可带动3~4元经济增长；每增加1个就业岗位，可带动全社会增加5~8个。推进黄河文化旅游带发展，将成为山东省扩内需、促消费的重要举措，推动经济增长。

随着人们对健康、生态旅游的需求增加，山东省黄河文化旅游带拥有丰富的生态资源，能够满足游客对亲近自然、放松身心的需求。同时，线上旅游、智慧旅游的兴起，也为山东黄河文化旅游带的发展提供了新的思路和模式，借助科技手段提升旅游体验，吸引更多游客。

三、山东省黄河文化旅游带绿色生态发展的现存困境

（一）机制体制不完善，阻碍协同发展进程

尽管2020年沿黄9市文化旅游主管部门成立了山东黄河流域城市文化旅游联盟，开启了协同发展的进程，但该联盟机制仍存在诸多不健全之处。一方面，联盟缺乏对产业带发展的整体统筹规划，未能从宏观层面制定全

面、系统的发展战略。各城市在合作过程中缺乏明确的方向指引，导致合作项目分散，难以形成合力。另一方面，联盟在资源整合方面存在不足，未能充分发挥各城市的特色优势，实现资源的优化配置。例如，在旅游线路设计上，没有充分考虑各城市景点的互补性，使得旅游线路缺乏吸引力。

推进山东省黄河文化旅游带发展涉及多个部门，如文化、旅游、生态环境、水利等，这种条块分割、多头管理的模式导致管理职责不清。不同部门之间往往从自身利益出发，制定的政策和规划缺乏协调性，使得文旅项目在推进过程中困难重重。在黄河生态保护与旅游开发项目中，生态环境部门注重生态保护指标，旅游部门则更关注旅游经济效益，两者之间容易产生矛盾，导致项目推进缓慢。

目前，沿黄 9 市之间还存在着一定程度的区域壁垒，这严重制约了黄河文化旅游带的协同发展。在市场准入方面，各地存在不同的标准和规则，限制了文旅企业的跨区域经营。一些外地文旅企业进入本地市场时，面临烦琐的审批程序和不合理的限制条件。在交通互联互通方面，部分地区之间的交通衔接不畅，旅游标识不统一，给游客的跨区域旅游带来不便。这种区域壁垒阻碍了资源、资金、人才等要素的自由流动，不利于形成统一的旅游市场。

（二）文化挖掘开发不足且产业转化效果欠佳

山东省黄河流域拥有得天独厚的黄河文化资源，但目前这些资源优势尚未充分转化为产业发展优势。一方面，对黄河文化的研究和宣传力度不够，导致外界对黄河文化的认知度不高。许多具有深厚文化内涵的历史遗迹和民俗文化，由于缺乏有效的宣传推广，鲜为人知。另一方面，在文化旅游产业开发中，缺乏创新意识和品牌塑造能力。大多数文旅产品仍停留在传统的观光层面，缺乏深度体验和文化创意，难以吸引游客的长期关注和消费。

农耕文化、祖源文化、水利文化等是黄河文化的重要组成部分，但在山东省黄河文化旅游带的发展中，这些文化的开发利用程度较低。农耕文化方面，许多传统农耕技艺和民俗活动逐渐失传，相关的旅游开发也仅仅停留在简单的农家乐形式，未能深入挖掘农耕文化的内涵和价值。祖源文化方面，虽然菏泽等地是中华民族的发祥地之一，但祖源文化的开发缺乏系统性和整体性，没有形成具有影响力的文化旅游品牌。水利文化方面，黄河流域众多的水利工程，如古代的运河、堤坝等，在旅游开发中没有得到充分重视，未能将水利文化与旅游活动有机结合。

从省内十大文化旅游目的地品牌看，"黄河入海"品牌资源整合能力不强，市场影响力不足，在《2019年度山东省旅游大数据报告》中，山东省文化和旅游大数据研究中心和济南大学旅游文化创意研究院根据关注度、环境设施、客流、交通、服务五个评测维度，对十大文化旅游目的地品牌进行了评价，"黄河入海"品牌位居第6位（见图2）。从黄河全流域文化旅游影响力看，在《2020年华夏风物影响力（黄河旅游）指数报告》中，对黄河流域城市、县域、主要景区文化旅游影响力指数进行了全面评价，山东省济南、东营两市分别位居城市榜单第3、第5位，其他7市未上榜（见图3）；25个沿黄县（市、区）中，仅有高青入围县域榜单，且位居第9名，名次靠后（见图4）；只有东营黄河入海口入围主要景区榜单，位居第6名（见图5）。

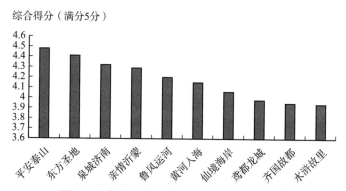

图2 山东省十大文化旅游目的地品牌榜单

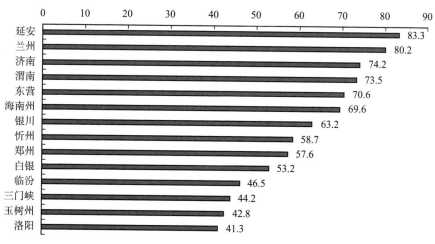

图3 黄河流域城市文化旅游影响力指数榜单

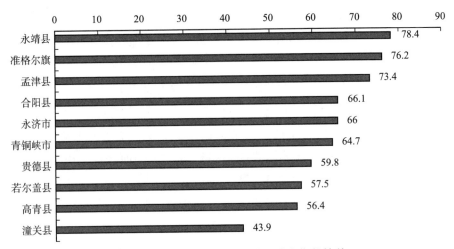

图 4 黄河流域县域文化旅游影响力指数榜单

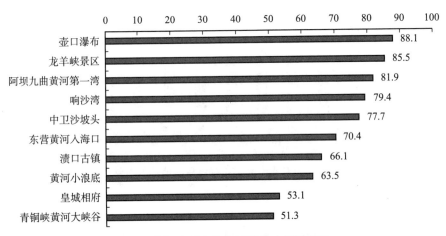

图 5 黄河流域主要景区影响力指数榜单

即使一些黄河文化资源被开发成旅游项目产品，也普遍存在文化内涵挖掘不深、彰显不足的问题。许多文化旅游项目只是简单地将文化元素进行堆砌，缺乏对文化内涵的深入解读和呈现。在一些以黄河文化为主题的景区中，只是设置了一些文化雕像和展板，没有通过生动有趣的方式向游客讲述背后的故事和文化内涵，导致游客难以产生共鸣，旅游体验不佳。

（三）产业发展质量难以满足市场需求

山东省黄河流域文化旅游产业目前多呈点状分布，各个景点之间缺乏有效的线路串联，未能形成完整的旅游产业链。许多游客在游览时，只能选择单个景点进行参观，难以一次性领略黄河文化旅游带的整体魅力。不同城市之间的景点也缺乏协同合作，没有形成相互呼应、相互促进的发展格局。这种点状分布的模式，不仅限制了游客的旅游体验，也制约了文化旅游产业的整体发展规模和效益。

尽管山东省黄河文化旅游带的业态较为丰富，但"非遗＋旅游""演艺＋旅游"等"＋文旅"，以及"文旅＋工业""文旅＋体育"等"文旅＋"业态发育不够充分。在演艺项目方面，与国内一些知名的演艺项目相比，山东省的演艺项目挖掘不够深、打磨不够精、看点不够足，立得住、叫得响的，特别是以黄河为主题的演艺项目不多。在产品方面，传统观光游仍占主导地位，资源依赖性明显，体验式、浸入式、主题式项目少，新业态、高科技、独有产品少，难以满足多样化、个性化的旅游消费需求。

在市场主体方面，山东省文旅企业与国内文旅头部企业相比，在资产规模、融资能力、营收能力，以及创意策划、运营管理、宣传推介等方面都存在不小差距。2020年中国旅游集团20强（28家企业）榜单上，山东省只有国欣文旅1家企业上榜。这种差距导致山东省在黄河文化旅游带的开发和运营中，缺乏强大的市场主体来整合资源、推动创新和提升竞争力。许多文旅项目在开发过程中，由于资金不足、创意缺乏、运营不善等原因，难以达到预期的效果。

（四）生态保护与开发矛盾突出进而制约项目建设

黄河水资源总量不足长江的7%，人均占有量仅为全国平均水平的27%，水资源短缺问题严重制约了沿黄地区的生态补水需求。以东营为例，黄委给东营的年度生态用水指标为4.48亿立方米①，但远不能满足实际需求。目前东营1/3以上的湿地面临萎缩、退化，黄河故道刁口河最严重的地方蚀退达11千米、近115平方千米，且以年均200多米的速度蚀退②。湿地的萎缩和退化，不仅影响了当地的生态平衡，也威胁到了新生湿地和野生鸟类等旅游资源的生存和发展。

---

① 中央第二生态环境保护督察组向山东省反馈督察情况［R］. 中华人民共和国生态环境部，2021－12－14，https：//www. mee. gov. cn/ywgz/zysthjbhdc/dcjl/202112/t20211214_964043. shtml.

② 刘颖婕，邢曼华. 山东政协委员杜小垒：统筹谋划黄河文化旅游产业高质量发展 推动沿黄城市百花齐放［N］. 人民网－山东频道，2022－01－26.

黄河湿地萎缩、退化威胁，除了水资源短缺导致的湿地萎缩、退化外，人类活动的干扰也是一个重要因素。随着黄河流域经济的发展，围垦、污染等问题日益严重，对黄河湿地的生态环境造成了极大的破坏。一些地方为了发展农业和工业，过度围垦湿地，导致湿地面积不断减少。工业废水和生活污水的排放，也使得湿地水质恶化，影响了湿地生物的生存。黄河湿地的萎缩和退化，直接威胁到了黄河文化旅游带的生态景观和生物多样性，降低了旅游吸引力。

行洪区和基本农田对文旅项目建设的限制，临黄大堤以内属于行洪区，对各种设施建设有着严格限制，这使得在黄河沿线进行文旅项目建设时面临诸多困难。为了确保行洪安全，一些潜在的文旅项目无法实施，或者在建设过程中需要投入大量资金进行防洪设施建设，增加了项目成本。临黄大堤以外多属于基本农田，建设文旅项目受到制约。根据国家土地保护政策，基本农田受到严格保护，不得随意改变用途。这就限制了文旅项目的用地规模和开发范围，阻碍了黄河文化旅游带的建设和发展。

四、绿色生态理念下山东省黄河文化旅游项目的实践探索

（一）黄河口国家公园：生态与旅游协同发展典范

黄河口国家公园在建设过程中，始终将生态保护置于首位。通过实施湿地生态修复工程，对受损湿地进行恢复和重建。利用黄河调水调沙的契机，科学调控水量，为湿地生态补水，改善湿地水文条件，促进湿地植被的生长和恢复。在鸟类栖息地保护方面，划定了严格的保护区域，限制人类活动干扰，为368种野生鸟类提供了安全的栖息和繁衍环境。建立了完善的生态监测系统，对湿地的水质、土壤、生物多样性等指标进行实时监测，及时掌握生态变化情况，为科学保护提供数据支撑。

生态旅游开发模式创新，在生态保护的基础上，黄河口国家公园创新生态旅游开发模式。采用分区管控的方式，将公园划分为核心保护区、生态保育区和游憩展示区。核心保护区禁止游客进入，以确保生态系统的原始性和完整性；生态保育区限制游客活动范围和强度，开展适度的生态教育活动；游憩展示区则为游客提供观赏黄河入海口景观、体验湿地生态的场所。开发了多条生态旅游线路，如湿地科普游、观鸟游等，让游客在欣赏美景的同

时，深入了解黄河口的生态价值和保护意义。利用现代科技手段，打造了线上虚拟游览平台，让无法亲临现场的游客也能领略黄河口的魅力。黄河口国家公园的建设实现了经济与生态效益的协调发展。生态环境的改善吸引了更多游客前来观光旅游，带动了周边地区旅游业的发展，增加了当地居民的收入。创建带动效应，优化提升黄河入海、湿地观鸟、红毯迎宾等线路，加快推进黄河口科普研学基地等重点文旅项目，办好特色文旅活动，让文旅流量变消费增量①。通过发展生态旅游，提高了人们对生态保护的认识和参与度，形成了保护生态环境的良好社会氛围，进一步促进了生态系统的保护和修复，实现了经济发展与生态保护的良性循环。

（二）黄河文化传承创新示范，让黄河文化焕发新活力

山东省积极开展黄河文化遗产的保护与活化利用工作。对黄河流域的古建筑、古遗迹、古村落等进行全面普查和修缮，制订科学的保护方案，确保文化遗产的真实性和完整性。在保护的基础上，通过开发文化旅游项目，让文化遗产"活"起来。将一些古村落打造成民俗文化旅游村，让游客体验传统的黄河民俗生活；对古建筑进行改造，设立黄河文化博物馆、民俗馆等，展示黄河文化的丰富内涵。

为传承和弘扬黄河非物质文化遗产，山东省举办了各类黄河非遗展演活动。组织黄河号子、吕剧、剪纸、黑陶制作等非遗项目的传承人进行现场表演和展示，让游客近距离感受非物质文化遗产的魅力。创新文化体验形式，开发了非遗手工制作体验课程，游客可以亲手参与剪纸、制作黑陶等活动，深入了解非遗技艺。利用数字化技术，打造了黄河非遗数字博物馆，通过虚拟现实、增强现实等手段，让游客沉浸式体验黄河非物质文化遗产的历史变迁。

山东省深入挖掘黄河故事，将其转化为文创产品。以大禹治水、黄河大徙等故事为灵感，开发了一系列文化创意产品，如动漫、绘本、手工艺品等。这些文创产品不仅具有较高的艺术价值，还传播了黄河文化。通过举办文创产品设计大赛等活动，激发了社会各界参与黄河文化创意的热情，推动了黄河文化的创新发展。文创产品的开发也为当地带来了一定的经济效益，促进了文化产业的繁荣。

---

① 陈必昌. 政府工作报告——2025 年 1 月 16 日在东营市第九届人民代表大会第四次会议上 [N]. 东营日报，2025 - 01 - 26.

（三）绿色生态旅游新业态培育：探索可持续发展路径

山东省积极开发低碳环保型旅游产品。在黄河沿线推广绿色出行方式，建设了多条自行车道和徒步步道，鼓励游客采用低碳出行方式游览景区。开发了生态农业旅游产品，游客可以参与有机农场的种植和采摘活动，品尝绿色有机食品，体验低碳环保的乡村生活。在景区内推广使用清洁能源，如太阳能路灯、电动游览车等，减少碳排放。同时借助现代信息技术，山东省建设了智慧旅游与生态监测体系。通过大数据、云计算等技术，实现了对景区游客流量、资源利用情况的实时监测和分析，为景区管理提供科学依据。利用智能导览系统，为游客提供个性化的游览路线规划和讲解服务。建立了生态监测体系，对黄河流域的生态环境进行全方位监测，及时发现和解决生态问题，保障旅游活动的可持续发展。

山东省鼓励社区居民参与黄河生态保护和旅游发展。通过培训，提高社区居民的生态保护意识和旅游服务技能，让他们参与景区的管理和服务工作中。社区居民可以开办农家乐、民宿等旅游经营项目，增加收入。成立了社区生态保护志愿者队伍，参与景区的环境卫生维护、生态监测等工作，实现了社区与景区的共同发展，形成了生态保护与旅游发展的共赢模式。

五、结语

山东省黄河文化旅游带发展机遇与挑战并存。从资源禀赋看，丰富的历史文化遗产、独特的自然景观，尤其是黄河入海口和黄河三角洲湿地，构成了无可比拟的发展基础；经济上作为黄河流域唯一沿海经济大省，沿黄9市文旅产业已有一定规模，为后续发展提供了有力支撑；国家战略的推动以及文化旅游业在经济发展中的重要作用，更为其创造了绝佳发展契机。然而，当前发展也面临诸多难题。机制体制上，城市文旅联盟合作尚浅、管理分散、区域壁垒存在；文化挖掘开发程度低，大量资源未有效转化为产业优势；产业发展质效有待提升，业态、产品、市场主体均存在不足；生态保护与开发矛盾突出，水资源、湿地、土地利用等问题制约文旅项目推进。但山东省在绿色生态理念下的实践成果令人欣喜，黄河口国家公园、黄河文化传承创新示范项目，以及新业态培育等都取得了阶段性成效。未来，持续解决现存问题，深入践行绿色生态发展理念，山东省定能打造出世界水准、独具魅力的黄河文化旅游带，在黄河流域生态保护和高质量发展中发挥示范引领作用。

参 考 文 献

［1］左其亭．黄河流域生态保护和高质量发展研究框架［J］．人民黄河，2019，41（11）：1-6，16．

［2］黄河流域高质量发展的战略研究［M］．北京：中国经济出版社，2020年．

［3］陈磊，陈士勇．黄河流域旅游文化的时代价值及传承探索——评《黄河流域旅游文化及其历史变迁》［J］．人民黄河，2023，45（12）：164．

［4］昝林森．黄河流域生态保护修复探索与实践［M］．西安：陕西科学技术出版社，2023．

［5］金凤君．黄河流域生态保护与高质量发展的协调推进策略［J］．改革，2019（11）：33-39．

［6］刘琳轲，梁流涛，高攀，等．黄河流域生态保护与高质量发展的耦合关系及交互响应［J］．自然资源学报，2021，36（1）：176-195．

［7］许玲然．山东黄河沿线生态旅游向"新"发展［N］．联合日报，2022-09-09（03）．

文化篇

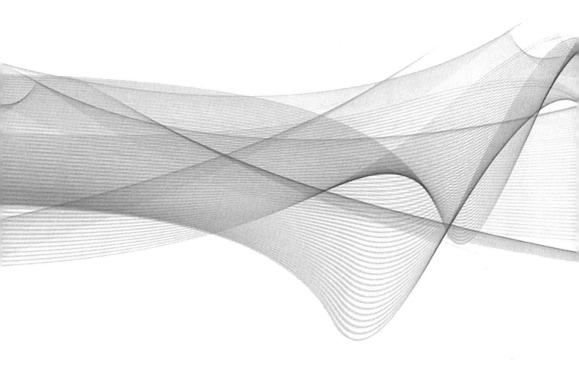

深入挖掘黄河文化育人元素

滕培圣[*]

摘　要：黄河流域是中华民族和中华文明的重要发祥地。黄河流域特殊的自然地理环境、生产生活方式孕育了黄河文化、赋予了黄河文化鲜明的特征。黄河文化是中华民族的根和魂，内蕴宝贵的精神财富和丰富的育人元素。讲好新时代"黄河故事"，保护传承弘扬好黄河文化就必须挖掘利用好黄河文化的育人元素，使其代代相传、历久弥新。

关键词：黄河文化　鲜明特征　育人元素

文化的本质意蕴是自然的人化，是人通过有目的的实践活动将原始的自然改造加工为属人的自然的过程与结果，是人与其他动物的本质区别之一。文化通常有广义和狭义之分，广义的文化是指人类的社会实践活动及其产物，即人类在物质、精神和制度等方面的创造性活动及其结果，包括人们在实践中创造的物质文明、政治文明和精神文明等。狭义的文化是指人类的精神生产活动及其结果，是与经济、政治相对应的观念形态的文化，是对社会经济、政治的反映。

一、黄河文化的内涵与底蕴

由于人类所处的自然地理环境不同，人类改造利用自然以维持自身生存的方式也有所差异，由此便形成了不同类型、不同地域的文化，黄河文化便

＊ 滕培圣，齐鲁工业大学马克思主义学院副教授，研究方向为黄河文化、思想政治理论教育。

是其中之一。顾名思义，黄河文化是因黄河而产生的文化，也有广义和狭义之分。

（一）黄河文化的内涵

黄河是地域概念，是指它的流域所涉及的广阔地带。黄河从它的源头算起，流经青海、四川、甘肃、宁夏、内蒙古、陕西、山西、河南、山东等省区（自治区），注入渤海，其中也包括它的支流。但是黄河文化的地域空间，还不能笼统地这样界定，因为黄河尤其是下游历史上曾多次改道，其流域分布的面积，必须根据具体情况分析。李学勤认为，"就整个历史时期而言，黄河流域还应包括25万平方千米的黄淮海平原的绝大部分，面积大约为100万平方千米"[①] 同时，我们还要看到，黄河文化在黄河区域内并不是按一个模式形成发展，上游文化、中游文化、下游文化各有特色，其中比较突出的是黄河中下游。

鉴于黄河文化的概念过于笼统，我国文化学者从不同的角度相继提出了"黄河文化核心"的概念。一是"黄河文化符号"说，认为黄河文化符号是黄河文化的精华和核心内容。二是"农耕文化或者是农业文化"说，认为黄河文化的核心是农耕文化或者是农业文化。三是"关中文化、中原文化和齐鲁文化"或"中原文化"说。四是"黄河治理文化"说，认为黄河文化是流域劳动人民以及广大治河工作者在长期的治河实践中所形成的全部物质财富与精神财富的总和。五是将黄河文化归于"精神财富综合"说，主张在精神领域界定黄河文化概念的内涵外延，如此等等。[②]

我们认为，黄河文化是黄河流域（包括历史上的干流和支流）人民群众在长期的社会实践中创造的物质财富和精神财富的总和。在物质层面，包括历史文物、考古遗址、古建筑群等；在精神层面，包括黄河历史凝练的民族精神、价值理念、思维方式等。

（二）黄河文化的底蕴

经济基础决定上层建筑。从经济特征看，黄河文化是一种典型的农耕文化，农耕文化是黄河文化的深厚底蕴。农业，养育了中华民族；农耕文化，

---

① 李学勤，徐吉军. 黄河文化史（上）[M]. 南昌：江西教育出版社，2003.
② 朱海风. 论黄河文化的概念界定与核心内容 [EB/OL]. 学习强国—洛阳学习平台，2020 - 09 - 24.

孕育了中华文明。正是有了农耕文化这个本体和基座，才筑就了中华文明的大厦。

由于自然地理环境、气候等自然禀赋的差异，农业的起源在不同的地域也呈现出不同的特点。根据农业考古研究发现，西辽河流域地区（赤峰地区）和西北地区属于典型的古代中国北方旱作农业传统，即以种植粟和黍这两种小米为主的农业生产特点。长江下游地区（环太湖区域）和长江中游地区（江汉平原）是典型的古代中国南方稻作农业传统，即以种植水稻为主的农业生产特点。黄河下游地区（海岱地区）在龙山时代表现为稻旱混作农业生产特点，即水稻与粟、黍这两种小米都是当地农作物布局中的主体农作物。黄河中游地区（中原地区）的农业生产呈现出逐渐由单品种农作物种植制度向多品种农作物种植制度转变的特点，包括粟、黍、水稻、小麦和大豆五个不同的农作物品种。①

与其他农业起源地区相比，黄河流域尤其是黄河中下游的农业起源具有两个明显的特点：

一是进入以农业生产为主导经济的社会发展阶段早。据农业考古研究证明"到距今6000年前后的仰韶文化中期，通过采集野生植物获取食物资源的必要性已经微不足道了，以种植粟和黍两种小米为代表的旱作农业生产，终于取代采集狩猎活动成为仰韶文化的经济主体，从此，以仰韶文化为代表的中国北方地区正式进入了以农业生产为主导经济的社会发展阶段。"②"距今6000年前后，北方旱作农业率先完成了由采集狩猎经济向农耕经济的转变过程。迟至距今5000年前后，长江中下游地区才相继完成了向稻作农业的转变。"③ 也就是说，黄河流域比长江中下游地区要提早1000年进入以农业生产为主导经济的社会发展阶段，黄河流域的生业经济率先由攫取经济进入生产经济，这为黄河流域孕育更为先进的文化奠定了基础。

二是黄河域的农业生产种类多样，更具可持续性。在中华文明形成时期，除了黄河中下游地区以外，其余的地区都是单品种农作物种植模式，而黄河中下游地区的农业经济表现出了一种特殊的发展模式，即逐步地由单品种农作物种植制度向多品种农作物种植制度转变。具体地讲，在公元前3000年至公元前1500年，黄河中下游的农业经济由前期的单纯依赖小米逐

① 赵志军. 中华文明形成时期的农业经济发展特点［J］. 考古学研究，2011（1）.
②③ 赵志军. 中国农业起源概述［J］. 遗产与保护研究，2019, 4（1）.

步演变成为后期的"五谷丰登"式的农耕特点。特别是在距今4000年前后，起源于西亚的小麦传入到了中国，凭借其优良的高产的品质，外来的小麦对本土的粟和黍两种小米产生了冲击，并逐步取代小米成为北方旱作农业的主体农作物。相比较单品种农作物种植制度，多品种农作物种植制度可以提高一定区域的农业生产总值；可以减轻各种自然灾害对农业经济的影响；也为引进新农作物品种提供先决条件。

社会存在决定社会意识。黄河中下游地区农业经济的发展模式深刻影响了黄河文化以及中华文明的形成过程。中华早期文明基本上是以黄河中下游地区的农耕文化为基础而形成的，它确立了中华文明的主体特征与基本内涵，是中华优秀传统文化的主干成分，也是构建中华民族核心价值观的重要精神文化资源。因此，农耕文化是黄河文化的深厚底蕴。

几千年来，中国的农耕文化影响着中国的历史进程，影响着世界文明的发展。农耕生活的平实性与和谐性，使中华民族爱好和平，并且重视和合。中国的农耕文化连绵不断，是宝贵的精神财富。它铸就了中华民族自强不息的精神，使中华民族历经磨难而不倒；铸就了形式多样的民俗文化，使人民的生活丰富多彩；特别是铸就了中华民族以和为贵的理念，孕育了中华民族天人合一的思想，追求着人与自然和谐、人与社会和谐、人与人和谐的思想。和谐理念塑造了中华民族的价值取向、行为规范，支撑中华民族不断走向可持续发展的道路。"应时、取宜、守则、和谐"是农耕文化的核心理念。本质就是在天、地、人之间建立一种和谐共生的关系。时至今日，农耕文化仍是黄河文化的深厚精神底蕴。

二、黄河文化的鲜明特征

黄河文化是中华文明的重要组成部分，是中华民族的根和魂。这是对黄河文化在中华文明产生和发展中的科学定位。"顾名思义，所谓根，就是说中华文明起源于黄河文化；所谓魂，就是说中华文明的基本内核、价值观念和黄河文化一脉相承。"[①] 一方水土养一方人，一方水土和一方人也会创造一方独特的文化。黄河文化作为一种基于黄河而产生的文化，与其他地域文化相比，具有以下鲜明特征。

---

① 田学斌. 黄河文化：中华民族的根和魂 [N]. 学习时报，2021-02-05.

（一） 黄河文化的根源性与连续性

黄河文化具有根源性的特征。尽管现代考古研究成果表明，中华文明的起源和发展是多元的，如满天星斗，黄河流域并非中华古代文明的唯一摇篮，但在中国古代文明的多元发展中，黄河文化的主体地位和主导作用却是不可否认的。"在这里孕育和不断升华的黄河文化，在中华文明体系形成发展过程中，始终是一条主干主轴主线，演化为中华民族的根和魂。"① 从距今有 115 万年到 70 万年陕西蓝田人到距今约 70 万年北京猿人再到距今 10 万到 3 万年的山西丁村人、陕西大荔人最后到距今 18000 年山顶洞人。这些遗址分布面广、内容丰富、持续时间长且有连续性。"在黄河流域以外，除了云南元谋人以外，其他的都晚于蓝田人和北京人，数量和延续性方面还不能与黄河流域相比。"② 除了人类起源时间的先后外，就中华文明的实质内蕴而言，日后成为中华民族文化基因的几个重要组成部分如文字的诞生、"大一统"观念的形成、礼乐文明与理性人文基因的养成等均孕育、形成于黄河流域。"中原农耕文明最早一个孕育了成熟的文字和政治制度，最早建立了天下秩序，最早构建了天道民本的政治理念，最早形成了连续不断的历史叙事，最早开创了兼收并蓄的多族群共同体。"③ 特别是诞生于黄河流域的炎黄二帝，对华夏民族的形成、文化印记的构成、文化记忆的塑造起到关键作用，是中国文化的标志性人物，是中华民族的祖先。可见，中华民族发源于此、中华文明发祥于此。

黄河文化具有连续性的特征。习近平总书记在《在文化传承发展座谈会上的讲话》中指出"中华文明具有突出的连续性。中华文明是世界上唯一绵延不断且以国家形态发展至今的伟大文明。"④ 连续性也就是绵延不断，这是中华文明有别于世界其他古老文明最突出的特征。"世界上的其他古代原生文化因各种原因，大都相继夭折，而中国文化则是罕见的古今绵延的文化类型"⑤ 埃及文明、两河流域文明、印度河流域文明以及玛雅文明、印加文明，虽然都盛极一时，但这些古老文明最终都没能摆脱夭折的命运。在中华

① 侯全亮.黄河塑造中华民族根与魂［J］.瞭望，2023（36）.
② 葛剑雄.黄河与中华文明［M］.北京：中华书局，2020：96.
③ 本书编写组.中华民族共同体概论［M］.北京：高等教育出版社，2023：22.
④ 习近平.在文化传承发展座谈会上的讲话［J］.求是，2023（17）.
⑤ 冯天瑜，杨华，任放编著.中国文化史［M］.北京：高等教育出版社，2005：23.

大地上，文明的发祥地也如满天星斗，但就连续性而言，黄河文化是独一无二的。王巍指出："距今 4300～4100 年，气候发生较大变化，气温异常，降雨不均，洪水频发，各地区文明的进程受到较大影响。这一时期长江中下游地区文明衰落，黄河中游地区文明进程加速发展。距今 4300 年前，黄河中游的势力集团在与周围其他集团的力量对比中逐渐占据优势。"① 从此，黄河流域特别是中原地区的主体地位得到进一步巩固，中华文明在黄河流域绵延发展。在这个漫长发展过程中，裴李岗文化、仰韶文化；北辛文化、大汶口文化、龙山文化一脉相承；都城、文字、青铜器、农业、畜牧养殖、宫室、宗庙等文明要素熠熠生辉；夏商周三代文明礼仪承袭不曾断绝。

（二）黄河文化的开放性与包容性

黄河文化具有开放性的特征。古代中国作为一个巨大的地理单元，东部的大海、西北部的沙漠、西部和西南部的高山等自然屏障使得与外部世界处于一种相对隔离和半隔离的状态，而黄河流域恰恰位于这个地理单元的中间地带，介于北方草原和南方的长江流域之间。这种特殊的地理位置决定了黄河文化的开放性，使得沿黄地区特别是黄河中游地区自古就是多民族和多文化的交流交融之地。如距今 4300～4100 年，山西襄汾陶寺等黄河中游地区积极吸收周围地区先进的文化因素，包括南方的稻作、黄河下游地区大汶口文化的木质棺椁制度和陶制酒器、长江下游良渚文化的玉琮和玉璧、长江中游特色玉饰……中原地区如此大量地吸收各地文化因素的现象生动反映了其文化开放性。与此同时，这种特殊的自然地理环境也使得黄河流域成为当时的对外交流的中心。如从西亚地区经中亚地区和中国的西北地区吸收了小麦的栽培技术；在家畜饲养方面，从西亚、中亚地区引进了黄牛、绵羊等。

黄河文化具有包容性的特征。"中华文化认同超越地域乡土、血缘世系、宗教信仰等，把内部差异极大的广土巨族整合成多元一体的中华民族。"② 黄河文化作为中国古代主体文化，其本身就是综合周边各种文化而形成的。如新石器时代的龙山文化，就是综合大汶口文化和仰韶文化的产物，而大汶口文化又是综合了青莲岗文化和东夷土著文化；仰韶文化则是河南裴李岗文化、河北磁山文化和陕甘大地湾文化结合的结果。进入文明时代，经过夏、

---

① 王巍. 中华文明探源研究主要成果及启示 [J]. 求是，2022（14）.
② 习近平. 在文化传承发展座谈会上的讲话 [J]. 求是，2023（17）.

商、周三代的因革损益，最终形成了以周文化为核心，以黄河流域为根据地的华夏文化。春秋战国的政治割据，为黄河流域各地域性文化的发展提供了契机，秦文化、三晋文化、齐文化、鲁文化各放异彩，其结果是齐鲁文化取得了主导地位，而齐鲁文化本身也是周文化与当地东夷文化相融合的产物。至秦汉，综合各地域性文化的黄河主体文化，既有秦晋文化务实际、重法制的特点，又保持了齐鲁文化富理想、重伦理的特征。在以后漫长的岁月里，黄河文化又不断吸收了主要来自西方和北方的少数民族文化，如羌、匈奴、羯、氐、鲜卑、乌桓、柔然、高车、突厥、回纥、契丹、女真、蒙古等。又南下与江南的百越、巴蜀、楚文化相结合。这种博大精深的包容性，使之成为中华古代文化当之无愧的代表。①

（三）黄河文化的典型性与正统性

黄河文化具有典型性的特征。中华文明作为以农耕文明为底蕴的文明复合体，发达的农业经济是黄河流域始终处于中心地位的重要支撑。② 农业的出现标志着人类的生业经济模式从攫取经济迈向生产经济，是人类不再简单依附于自然从而开启人类文明的开端。农业的出现使人们有了稳定的食物来源，过上了定居生活，进而促进社会分工，手工业技术也不断进步，人们的精神生活日益丰富，人类才发展文化孕育文明。"中国是世界上的农业起源中心之一，长期以来形成了独具特色的农业传统并影响着人类文化的前进与发展。""黄河流域和长江中下游是中国史前农业相当发达的两个地区。这里发现的农耕文化遗存，至少可以上溯到公元前五、六千年，并且相当丰富，而农业的起源可追溯得更早。"③ 通过确凿的考古证据可以证明，黄河流域和长江中下游是中国农耕文化的两个最重要的源头，而且二者分别开启了稻作农业和旱作农业的不同类型。但随着气候变化而带来长江中下游文明的衰落，黄河流域的农耕文化便成了中国农耕文化进而传统文化的典型代表。

黄河文化具有一种正统性的特征。依托先进的生产力，黄河流域长期以来一直是我国经济、政治、文化的中心。黄河文化也是代表当时中国最先进物质文化水平和精神文化水平的文明成就。"从黄帝开始，直至北宋，沿黄

---

① 安作璋，王克奇. 黄河文化与中华文明［J］. 文史哲，1992（4）.
② 张冬宁. 黄河文化的核心特征与时代价值［J］. 中国民族博览，2022（11）.
③ 安志敏. 中国的史前农业［J］. 考古学报，1988（4）.

地区的经济、文化发展一直走在中华民族的前列,华夏文明的政治、经济、文化中心也一直在沿黄地区。"① "龙山时代,华夏大地上满天星斗般的文明曙光汇集到黄河中下游"② "中原正统观是中国历史上一个传统观念。中原正统观始自夏王朝,历经夏商周三代而奠定根基。通过历史地理考据可知,无论是夏朝还是商朝乃至周朝,其王都均在黄河中游地区。"③ 无论是考古发现可能是黄帝之都的双槐树遗址、尧都的临汾陶寺遗址、大禹之都的登封王城岗遗址,还是二里头夏都遗址、偃师商城、郑州商城、安阳殷墟、丰镐、洛邑,都在说明自传说时代到夏商周都居于黄河中下游的相关流域,证实了黄河文化长时间占据中华文明的发展正统地位。

(四) 黄河文化的创新性与象征性

黄河文化具有创新性的特征。黄河文化在数千年绵延发展的过程中注重不断吸收各地的先进文化和生产经验并加以转化、创新。以科技进步为例,不同历史阶段在黄河流域产生的农业科技、天文历法、传统医药等均代表着当时世界科学技术的最高成就,特别是火药、造纸术、印刷术、指南针这些影响世界的四大发明均产生在此,出现了《考工记》《禹贡》《水经注》《齐民要术》《梦溪笔谈》等反映了我国工、农及地理学等方面技术成就,展现出极强的创新创造精神。而反映在古代遗址方面,无论是襄汾陶寺古城的古观象台,还是登封王城岗、新密古城寨的城壕布局和版筑技术,以及之后偃师二里头的"井"字型道路布局、都城规划、绿松石龙形器和青铜冶炼技术,这些重要考古发现都力证黄河文化是在不断创新中赓续着中华文明的旺盛生命力。④

黄河文化具有象征性的特征。黄河文化作为中华文明的主体,代表着中华文明的第一印象。以文字的发明发展为例,早在裴李岗文化时期的舞阳贾湖遗址就出土发现了最早的契刻符号,之后商代的甲骨文已经是非常成熟的文字体系,具备了象形、指事、会意、形声等造字方法,随着商周金文到大篆再到秦始皇时期小篆的出现,以及世界首部字典许慎的《说文解字》的横空出世和宋代活字印刷术的发明,可以说汉字文明每一个最具象征意义的历

① 田学斌. 黄河文化:中华民族的根和魂 [N]. 学习时报, 2021 - 02 - 05.
② 王志民. 黄河文化通览》(上) [M]. 北京:中华书局, 2022:53.
③ 王震中. 黄河文化内涵与中国历史根脉 [J]. 中国社会科学报, 2021 (2101).
④ 张冬宁. 黄河文化的核心特征与时代价值 [J]. 中国民族博览, 2022 (11).

史节点都产生于黄河流域，孕育自伟大的黄河文化。可见，黄河文化不仅是不断吸收外部优秀文化融合创新的产物，也是不断更新自我、求新图变的具象表征。

黄河文化是中华民族的根与魂，事关中华文脉的绵延赓续，是坚定中国特色社会主义道路自信、理论自信、制度自信、文化自信的坚实基础。加强对黄河文化的保护、弘扬与传承，不但是实现中华优秀传统文化创造性转化和创新性发展的重要举措，其所蕴含的巨大价值更是中华民族增强文化自信心和民族自豪感、彰显中华文明、增进民族团结的时代需要。

三、深入挖掘黄河文化的育人元素

作为中华民族的根和魂，黄河文化蕴含宝贵的精神财富和丰富的育人元素，深入挖掘黄河文化的育人元素，让宝贵精神和文化遗产代代传承、历久弥新，是我们必须肩负起的神圣使命。新时代新征程上，坚定文化自信，讲好新时代"黄河故事"，就要不断激活黄河文化的育人元素，激扬自强不息、百折不挠的奋斗精神，为全面推动黄河流域生态保护和高质量发展提供有力支撑，为实现强国建设、民族复兴伟业凝聚磅礴力量。

（一）家国天下的爱国情怀

黄河流域源远流长的农业自然经济和农业宗法制是家国情怀产生的经济、社会基础。黄河流域早在距今 8000 年前后的裴李岗时代就已经形成了"家庭—家族—氏族—部落"的多层结构的社会组织体系，后期介于家庭和氏族之间的家族日益重要最终瓦解了氏族，进入"家庭—家族—宗族—姓族的阶段"，氏族社会向宗族社会的转变确立了以父权为基础的宗族制度，成为中国新石器时代晚期和夏商时期的社会基础。西周时期，统治者以宗法制管理家族，又把宗法制和分封制结合起来治理国家，从此确立了家国同构、家国一体的社会秩序，人们对故土的情感与对国家的情感融为一体。基于黄河文化所孕育形成的家国情怀，蕴含了"大道之行，天下为公""胸怀天下"等丰富的精神价值，并以"家国天下"为纽带，将个人、家族与国家、民族紧密相连，将个人利益与国家利益、民族利益紧密地融合在一起，使家国情怀成为积淀在中国人心灵深处的精神基因。当民族和国家处于危难之时，无数仁人志士便怀着强烈的家国情怀毅然奋起保家卫国，实现了保卫自己家园、维护国家稳定、延续中华民族血脉的目标。

（二）大一统的历史传统

大一统观念是中华民族精神的核心内容，中华民族共同体在数千年的历史演进中不断发展壮大，根源就在于大一统观念及其制度实践。中华民族大一统的历史实践起源于黄河流域的中原地区。史前时期黄帝打败蚩尤、炎帝，平定各部落战乱，初步实现了中原统一。大禹治水划定九州确立了一个统一大中国的地理版图。秦朝建立了中国历史上首个中央集权大一统的政治王朝，西汉时期把儒家思想确立为官方主导的意识形态，进一步夯实了大一统的思想文化基础。"大一统观念从此成为中华大地各区域性政权的共同政治追求和古代中华民族的集体共识。"① 习近平总书记指出，"中华文明的统一性，从根本上决定了中华民族各民族文化融为一体、即使遭遇重大挫折也牢固凝聚，决定了国土不可分、国家不可乱、民族不可散、文明不可断的共同信念，决定了国家统一永远是中国核心利益的核心，决定了一个坚强统一的国家是各族人民的命运所系。"② 大一统观念由此成为各民族和平时期和平共处的凝聚力，也是国家山河破碎时国人收复疆土、完成民族统一大业的最大精神动力。

（三）敬天保民的人本主义

农耕文化是黄河文化的深厚底蕴。农业生产依赖于对天时的精准把握，是一种根据节气、物候、气象等条件而进行的具有强烈季节性特征的劳作活动。因此，顺天应时是几千年来人们恪守的准则。长期生活在黄河流域的人们，在与自然相处的过程中，通过观象授时总结出春种夏耘秋收冬藏的自然变化规律，产生了敬天、祀天的理念。由此，黄河流域农耕社会的人们依照时令进行农业生产，追求天、地、人三者合一。到了周代，又将敬天与敬德保民联系在一起，主张天人合一，以人为本。这种"天人合一"观，承认天道与人事、自然界与人类社会存在密切的联系，注意调节人类社会与自然界的关系。同时，农业生产的正常进行、社会的正常运转又依赖于以农民为主体的民众的安居乐业，民为邦本的人本主义随之产生。秦汉以后，天人合

---

① 本书编写组．中华民族共同体概论 ［M］．北京：高等教育出版社，2023：12.
② 习近平．在文化传承发展座谈会上的讲话 ［J］．求是，2023（17）.

一，既敬天又保民，重在人事的传统一直绵延传承。这是黄河文化的一大优秀传统。

（四）崇德尚义的伦理旨趣

黄河流域较早地以农业生产为主的生业经济形态意味着更早的稳定的定居生活。农业自然经济的物质生产方式和宗法—家族式的社会组织形式需要与之相适应的管理方式和思想观念，这就使中国一向高度重视伦常规范和道德教化，从而形成以"求善重德"为旨趣的伦理型文化。诞生于黄河下游的儒家思想是中华传统文化的主干，也典型地代表了黄河文化的这一旨趣追求。而伦理型文化不讲或少讲脱离伦常的智慧，齐家、治国、平天下皆以"修身为本"，崇德尚义成为出发点和落脚点。儒家以仁和礼为核心、以仁释礼，仁、义、礼、智、信、温、良、恭、俭、让、忠、勇、孝、悌、廉等道德理念深入人心，尚仁重德、知礼好学、宽厚大度、豁达坦诚的情操品格格外鲜明。孔子"君子义以为上""道之以德，齐之以礼""不义而富且贵，于我如浮云""曾子杀彘""鸡黍之约""管鲍之交"等动人事迹，无不体现崇德尚义的伦理旨趣。

（五）自强不息的斗争精神

"黄河宁，天下平"，只有黄河治理好了，老百姓才能够安居乐业，天下太平。黄河具有善淤、善决、善徙的复杂特性，这也导致了华夏先民们无法一劳永逸，要始终做好与黄河水患抗争的准备。中国历朝历代的统治者都将治理黄河作为安邦定国的重大政治任务。面对频发的黄河水灾，沿黄人民百折不挠、愈挫愈勇，从最初的"择丘陵而处之"到"疏通为主、围堵为辅"，再到"束水攻沙"，充分体现了中华民族在与黄河水患进行抗争时得到的宝贵经验，也孕育了黄河文化中坚韧不拔、自强不息的品格内涵。后羿射日、愚公移山、精卫填海等神话故事也都产生于黄河流域，皆体现了中华先民自强不息的精神。"天行健，君子以自强不息。"历史上，中华民族数次面临亡国灭种的危险，但是每到危急关头都会涌现出无数仁人志士自强不息、发愤图强，自觉寻求救国救民的道路，也正是在这种精神引领下，中华民族得以在经历近代以来的磨难后重新走向伟大复兴。

（六）勤劳节俭的朴实作风

中国是世界两大自然灾害带——北半球中纬度自然灾害带和环太平洋自然灾害带的交汇点。作为这两大灾害带交汇点的中国特别是黄河流域，是世界上自然灾害发生频率最高、受灾最严重的地区。我们的祖先几千年来，不断地被训练着如何面对复杂多变的自然灾害并生存下来。同时，作为农耕文明最早的发源地之一的黄河中游地区，其农耕方式为旱作农业，在缺少人力灌溉的条件下只能靠天吃饭，且农业生产水平较低，加之缺少森林、河湖等自然条件以提供更多采集、渔猎之选择。这就导致黄河流域的先人始终生活在一种相对匮乏的生活环境之中，养成了中华民族勤劳节俭的朴实作风。在中华民族5000多年文明史中，"勤劳节俭"有着极其重要的地位，是中华文明的智慧结晶和精华所在。勤劳节俭也是我们党的优良传统。一百多年来，一代又一代中国共产党人发扬勤劳节俭的精神，带领中国人民书写了国家和民族发展的壮丽史诗。

（七）兼收并蓄的包容精神

习近平总书记指出，"中华文明的包容性，从根本上决定了中华民族交往交流交融的历史取向，决定了中国各宗教信仰多元并存的和谐格局，决定了中华文化对世界文明兼收并蓄的开放胸怀。"① 黄河流域是农耕文明与游牧文明、中原文化与草原文化融汇交流的地方，不同族群和生产方式的反复交流碰撞融合，使黄河文化逐渐形成了兼收并蓄、开放包容的特质。在悠久的历史长河中，黄河文化的兴旺发展，不仅在于其源远流长的文化渊源，更在于它积极与相邻民族及地区的文化交流与借鉴。黄河文化以其开放包容的姿态，吸收着不同地区、不同民族的文化精华，在相互交流融合中形成了博大精深的黄河文化。春秋战国时代，黄河文化与中华大地上出现的游牧文化、吴越文化、荆楚文化等交流交融。唐代，黄河文化在对印度、中亚、南亚等地区的多种文化进行兼容并蓄中获得发展的强大动力。可以说，黄河文化在其发展中，自始至终以博大的胸襟包容万有，在兼收并蓄中历久弥新。②

---

① 习近平. 在文化传承发展座谈会上的讲话［J］. 求是，2023（17）.
② 袁红英. 黄河文化的精髓与传承路径［N］. 光明日报，2023 - 03 - 30（06）.

红色金融文化遗产的挖掘、保护和传承研究

侯宝霞[*]

摘　要： 红色金融文化遗产作为中国共产党领导下的经济治理智慧结晶，承载着革命时期金融创新实践与制度经验，对传承红色基因、服务当代金融治理具有双重价值。本文通过实证分析揭示其保护传承面临物质遗产因资金匮乏与人才断层而加速损毁，开发利用存在同质化与商业异化倾向，政策执行受制于部门壁垒与监管缺位三重困境。针对上述问题，论文构建"活态传承—数字重构—协同治理"的创新路径，只有将历史资源与现代技术、制度创新深度融合，才能激活红色金融文化遗产在资政育人、经济振兴中的当代价值，为构建中国特色的文化遗产保护范式提供理论参照与实践方案。

关键词： 红色金融文化　传承　保护

一、红色金融文化遗产的挖掘、保护和传承的必要性

红色金融文化遗产是中国共产党在革命与建设实践中形成的独特经济治理智慧与制度成果，其核心涵盖革命时期货币发行、金融政策创新及根据地银行体系等历史实践。它不仅是新民主主义革命胜利的物质保障，更承载着"金融为民"的政治理念、经济斗争策略与廉洁自律的革命伦理。作为马克

---

* 侯宝霞，齐鲁工业大学（山东省科学院）继续教育学院实验师，研究方向：红色金融、红色金融史；文化产业传承与传播。

思主义中国化在金融领域的早期探索，红色金融文化通过制度创新打破经济封锁、维护群众利益，为当代金融治理提供了历史镜鉴，也是传承红色基因、弘扬社会主义核心价值观的重要载体。

（一）保存革命记忆，传承红色基因

红色金融文化遗产是中国共产党在革命时期经济斗争的重要见证。例如，1932 年中华苏维埃共和国成立后，为应对国民党的经济封锁，中央苏区发行了第一批红色货币——"工"字银圆。这些货币不仅是经济工具，更是"自力更生、艰苦奋斗"精神的象征。据史料记载，1941 年陕甘宁边区银行发行的边币，在五年间累计供应了边区 80% 以上的军需物资，直接支持了抗日战争。当前，许多红色金融文物因年代久远面临损毁风险。① 例如，山东抗日根据地的北海银行账簿，记录了当时 60% 的财政支出用于购买枪支弹药和粮食，但部分账簿因纸张酸化严重，已无法公开展示。此外，亲历者的口述历史亟待抢救。据统计，曾参与"马背银行"工作的老同志仅剩 17 人，平均年龄 92 岁，他们的记忆是还原历史的关键线索。红色金融对当代青年教育意义重大。以冀南银行为例，它在 1942 年推出"贫农低息贷款"，年利率仅 3%，而同期国统区的高利贷年利率高达 50%。这种对比让年轻人直观感受到中国共产党"金融为民"的理念。调查显示，大学生参观红色金融展览后，对"党领导经济能力"的认同度从 38% 提升至79%。通过实物和故事，红色金融帮助年轻人对抗历史虚无主义，增强历史责任感。②

（二）服务当代需求，加强金融教育

红色金融的实践经验对今天仍有借鉴意义。例如，1943 年陕甘宁边区为遏制通货膨胀，创新实施"以小米为担保"的货币制度，将物价涨幅从300% 压降到 8%，这种"实物锚定"思路对当前稳定数字货币价值具有启发。再如北海银行建立的"群众监督＋党内审查"双重监管机制，1947 年查处的票据造假案件仅占流通量的 0.03%，远低于国统区的 2.1%，为现代金融反腐提供了参考。在金融教育方面，红色文化资源被转化为生动的教学

---

① 中共中央党史研究室. 中国共产党简史 ［M］. 北京：人民出版社，2021.
② 《中国革命根据地货币史》编写组. 中国革命根据地货币史 ［M］. 北京：中国金融出版社，2005.

工具。江西瑞金打造的"扁担银行"VR 体验项目，通过模拟 1932 年红军运输银圆的场景，让学生身临其境理解货币流通的重要性。参与该项目的学生中，85% 表示"对金融知识更感兴趣"。山东临沂则组织中学生修复北海银行旧股票，将金融史学习融入实践。调查显示，参与修复的学生对"货币发行原理"的掌握率从 31% 提升至 67%。廉政教育同样受益于红色金融案例。例如，1948 年华北银行破获的"黄金走私案"，通过建立跨区域资金追踪制度，三个月内将黑市黄金交易量减少 78%。这些案例被纳入党员干部培训教材，中央纪委数据显示，学习过红色金融反腐案例的干部，在廉政考试中的平均得分提高 22%。①

（三）服务当代需求，加强金融教育

红色金融遗产为革命老区带来经济发展新机遇。江西瑞金的中央造币厂遗址经改造后，2022 年吸引游客超 50 万人次，带动周边餐饮、民宿收入增长 27%，当地村民人均年收入增加 1.2 万元。福建龙岩开发的红色金融文创产品，如印有苏维埃银圆图案的笔记本和巧克力，年销售额突破 1200 万元，部分利润用于修缮 42 处革命遗址，形成良性循环。文旅融合模式不断创新。山东莒南将 12 处北海银行地下印钞所串联成"红色金融研学路线"，游客可体验用粮票兑换物资、模拟战时经济决策等活动。数据显示，游客平均停留时间从 1 小时延长至 4.5 小时，二次消费占比达 38%。浙江余姚推出的"抗币数字藏品"，通过手机小程序发行限量版电子货币，上线首日即被抢购一空，35% 的购买者为"90 后"，推动了红色文化的年轻化传播。在乡村振兴中，红色金融文化助力产业升级。湖南浏阳修复"红军造币厂"遗址后，培训当地银匠 132 人，开发出"红星银饰"系列产品，年销售额达 800 万元，带动就业 200 余人。这种"文化保护＋技能培训＋产业振兴"的模式，为老区发展探索出一条可持续路径。②

二、红色金融文化遗产的挖掘、保护和传承的困境

红色金融文化遗产作为中国共产党在革命时期经济探索的重要见证，承

---

① 陕甘宁边区经济史编写组. 陕甘宁边区经济史研究［M］. 西安：陕西人民出版社，1993.
② 福建省文化和旅游厅. 龙岩红色文创产品市场调研报告［R］. 福州：福建省文旅厅，2023.

载着独特的政治智慧与历史记忆，是研究我国金融发展史和红色文化传承的关键载体。然而，随着时间的推移与社会变迁，其挖掘、保护与传承面临系统性困境，本文从物质与非物质遗产双重维度切入，结合实证案例与政策分析，系统探讨当前红色金融文化遗产传承的深层障碍，以期为构建可持续的保护路径提供理论参照。

（一）资源保护"缺钱少人"，历史痕迹加速流失

文物修复力不从心，地方财力捉襟见肘。红色金融文物普遍面临"抢救难"的困境。例如，中央苏区 1932 年发行的"红军临时借谷证"，现存完整品不足 10 张，大部分因纸张酸化严重，轻轻一碰就碎成纸屑。福建龙岩博物馆的专家算过一笔账：修复一张借谷证需要配制专用药水、定制修复工具，单张成本超过 5000 元，而当地每年用于红色文物修复的专项资金仅有 15 万元，仅够修复 30 张。许多露天遗址的情况更糟，江西瑞金红军造币厂的夯土墙因雨水侵蚀，近三年坍塌了 12 米，但申请到的维护资金只够修补 3 米，工人们只能用木桩暂时支撑。人才断代与技术失传的双重危机。[1] 掌握传统修复技艺的老师傅越来越少，年轻人不愿入行。全国能系统性修复红色金融纸质文物的技师不足 30 人，其中 60 岁以上占比超过七成。浙江一位 68 岁的修复师坦言："现在年轻人觉得这行又脏又累，去年带的两个徒弟，干了半年就辞职去送外卖了。"更严重的是口述历史断层，陕甘宁边区银行最后三位在世的老员工中，两人已丧失语言能力，剩下一人的记忆也模糊不清。2022 年某研究团队采访他时，连"边区货币防伪暗记"这样的核心问题都无法准确回答，导致这段历史细节永远成谜。[2]

（二）开发利用"形式化"，文化价值难以转化

同质化开发陷入恶性循环。很多地方把红色金融文化简单等同于"建馆展览"。某省某县花费 800 万元打造的"红色金融纪念馆"，展出的 200 多件文物中，九成是照片和复制品。游客用手机扫码就能看完全部内容，平均停留时间只有 18 分钟，场馆冷清到需要靠学校组织参观来充人数。文创产

---

① 福建省文物局. 龙岩博物馆纸质文物修复成本核算（2019～2022）[R]. 福州：福建省财政厅，2023.

② 央视新闻. 最后的边区货币守护者：九旬老人记忆中的防伪暗记 [N]. 光明日报，2022-11-05（07）.

品也缺乏新意，六个革命老区不约而同推出"银圆造型 U 盘"，连外包装用的都是同一家义乌厂商的模板。一位游客吐槽："在井冈山买了'红色金融邮票册'，到延安发现连册子颜色都没变，只是加了个 LOGO。"过度商业化引发文化失真。部分景区为追求经济效益，不惜扭曲历史原貌。湖南某地将抗战时期的秘密金库改造成"金融主题密室逃脱"，玩家要扮演特务破解保险箱密码，完全背离了红色金融"服务军民"的初衷。更离谱的是，江苏某古镇把边区银行的石库门建筑出租给奶茶店，招牌上写着"苏维埃特供芝士奶盖"，引发老红军家属联名抗议。调查显示，这类商业化改造的景区，游客对红色金融的认知度反而下降——参观过"网红打卡点"的群体中，能准确说出一种红色货币名称的不足 40%。

（三）政策落地"打折扣"，多方协作难成合力

专项资金"跑冒滴漏"现象普遍。尽管中央设有红色文化遗产保护专项经费，但到基层常被挪作他用。2021 年某省拨付的 1200 万元红色文化遗产保护资金中，实际用于文物修缮的不足 400 万元，其余款项被用来翻新办公楼、购买公务车。有的地方搞"面子工程"，比如某市花 500 万元修建气派的红色金融文化广场，却舍不得花 10 万元给展厅安装恒温恒湿设备，导致展出的真品纸币半年就褪色卷边。部门推诿形成责任真空。红色金融遗产保护涉及文旅、文物、财政等多个部门，经常出现"三个和尚没水喝"的局面。某市发现一批战时金融档案时，文旅局推给档案馆，档案馆推给财政局，拖了两年才立项整理，其间已有 30% 的文件遭虫蛀损坏。跨区域协作更是困难重重，例如川陕革命根据地的红色金融遗址分布在两省三市，各方在旅游线路规划、收益分配上争执不休，导致一条规划了五年的"红色金融研学走廊"至今未贯通。

三、红色金融文化遗产的挖掘、保护和传承的路径研究

红色金融文化遗产承载着中国共产党领导下的金融制度探索与"金融为民"实践智慧，其传承创新是赓续红色基因、赋能当代金融治理的关键命题。面对史料散佚、实践语境变迁等挑战，需构建"活态传承—数字重构—价值转化"的创新路径：依托区块链技术建立红色货币数字档案库，运用情境化展演还原革命金融场景，并通过政策工具转化"抗通货膨胀货币体系"

"民生信贷模式"等历史经验。此举既实现文化遗产的动态存续，更为防范金融风险、完善普惠金融提供历史范式参照。

（一）构建多元化保护体系，破解"缺钱少人"困局

红色金融文化遗产保护长期面临资金短缺问题，单纯依赖政府财政拨款难以覆盖修缮、研究、宣传等全链条需求。近年来各地积极探索"政府主导、社会参与、市场补充"的多元化筹资机制，形成了多层次、多渠道的资金保障体系。以江西瑞金为例，当地政府于 2021 年设立全国首个红色金融保护专项基金，通过税收减免、荣誉表彰等政策激励，吸引本地矿产、农业龙头企业定向捐赠。截至 2023 年底，该基金累计募集资金超过 1200 万元，其中 60% 用于中央造币厂遗址群的主体建筑加固，30% 投入文物数字化保护工程，剩余 10% 设立应急储备金。这种模式不仅缓解了财政压力，更通过捐赠企业名录公示、文物修复进度可视化查询等方式，增强了资金使用的透明度和公信力。① 福建龙岩的创新实践则体现了市场化运作的潜力。当地将修缮完毕的闽西工农银行旧址展厅经营权外包给文旅集团，合同明确要求经营者每年将门票收入的 20% 返还文物保护基金，同时承担日常维护费用。② 这种"以商养文"模式实施三年来，展厅年均创收 380 万元，反哺文物保护资金 76 万元，展厅参观量增长 210%，形成了经济收益与文化保护的良性互动。

培育专业人才，激活基层保护动能。专业技术人才断层与基层保护力量薄弱，是制约红色金融遗产可持续发展的核心难题。对此，湖南、陕西等革命老区创新职业教育模式，与省内高职院校联合开设红色金融文物修复定向培养班。以湖南艺术职业学院为例，其三年制文物修复专业设置"边区货币脱盐处理""纸质档案防霉技术"等特色课程，学生在校期间即参与湘鄂赣省工农银行账本修复实战项目，近三年毕业生对口就业率达 92%，有效填补了基层文保单位的技术岗位空缺。针对老少边穷地区专业技术力量不足的问题，国家文物局自 2020 年启动"候鸟工程师"计划，建立省级专家库并实施动态轮换制。2022 年贵州省习水县通过该计划引入纸币脱酸技术专家团队，在三个月驻点期间不仅完成 127 张苏维埃纸币的抢救性修复，更通过

---

① 社会力量参与文物保护激励政策实施评估 [R]. 北京：国家文物局，2023.
② 全国首支红色金融保护基金的"透明账本"[N]. 经济日报，2024 - 01 - 15 （05）.

"理论授课 + 现场实操"方式培养出 6 名掌握核心技术的本地人才，使该县成为黔北地区首个具备独立开展纸币修复能力的县域单位。民间力量的挖掘与整合同样至关重要。① 安徽金寨县发动 38 名退休教师、老干部组成"红色金融口述史抢救小组"，采用"定点采集 + 流动记录"相结合的方式，两年间走访 17 个乡镇、访谈 63 位历史见证者，整理形成 17 万字的口述史料汇编，其中关于鄂豫皖苏维埃经济政策的对话记录，为解读现存金融文物的历史语境提供了关键佐证。② 这种"专业指导 + 乡土智慧"的协同机制，在广东梅州得到进一步深化——当地文保部门联合客家文化研究会，组织方言专家对 1927 年东江革命根据地金融政策原始录音进行语音转译，成功破译了因方言差异导致的 23 处档案记录歧义，使尘封的金融斗争史实得以完整呈现。通过构建"院校培养—专家下沉—民间参与"三位一体的人才供给体系，红色金融文化遗产保护正从"输血式援助"向"造血式发展"转型。

（二）创新活化利用模式，打破同质化开发瓶颈

深挖在地特色，打造差异化文化 IP。红色金融文化遗产的活化利用需突破"展柜 + 解说"的传统模式，关键在于挖掘地域独特性，构建具有辨识度的文化符号。山东沂蒙山区依托"北海银行"历史资源，系统梳理 1941 ~ 1945 年的货币发行档案，精准复原北海币石印作坊的生产场景。游客不仅可触摸 1943 年使用的花岗岩石版、松烟油墨等工具，还能在工作人员指导下完成制版、调墨、拓印全流程操作，印制带有个人姓名的"纪念币"。这一沉浸式体验项目使场馆日均游客停留时长从 40 分钟提升至 2 小时，衍生开发的"北海币"文创笔记本、金属书签等产品年销售额突破 200 万元。③ 更具创新性的是四川巴中打造的"金融暗战"实景剧场，利用红军造币厂遗址的天然溶洞地貌，结合声光电技术还原 1933 年反假币斗争场景。参与者通过破译密电码、转移金库物资、鉴别伪造苏区货币等任务，在 2 小时的剧情推进中深度理解红色金融工作的战略价值。该项目运营半年即吸引 12 万人次参与，带动周边民宿入住率提升 45%，成功将冷僻的工业遗址转化为

---

① 贵州省文物保护中心. 县域文物修复能力建设评估——以习水县纸币脱酸技术为例 [J]. 文物保护与考古科学，2023，35（3）：45 – 53.

② 金寨 38 名退休教师抢救红色金融记忆 [N]. 安徽商报，2024 – 01 – 09（B03）.

③ 山东省文化和旅游厅. 沂蒙革命老区红色金融文化遗产活化利用实施方案（2021 ~ 2025）[Z]. 济南：山东省人民政府，2021.

川东文旅融合示范点。①此类实践表明，差异化开发需遵循"历史真实性＋体验独特性"双原则。浙江丽水在此基础上更进一步，通过数字建模技术重建1935年浙西南游击区"竹制印钞版"制作工艺，邀请非遗传承人驻场演示从毛竹采伐、阴干处理到雕刻纹样的全过程。该项目入选2023年全国文化遗产旅游百强案例，相关技艺被列入省级非物质文化遗产名录，实现了红色基因与传统文化基因的双重激活。这些案例印证，只有将红色金融遗产与地方自然环境、民俗技艺深度融合，才能形成不可复制的核心竞争力。

嫁接现代技术，创造沉浸式传播体验。数字技术为破解红色金融文化"传播半径有限、受众代际断层"难题提供了新路径。延安革命纪念馆运用AR增强现实技术，对馆藏的1941年"延安流通券"进行数字化解析。游客扫描纸币图案即可触发三维动画，直观展示隐蔽在花卉纹样中的"抗""战"微缩文字防伪技术，以及通过纸张厚度差异实现的面值识别机制。这种"可交互的知识图谱"使观众理解货币防伪原理的效率提升3倍，相关技术模块已被国内12家红色场馆引进。广东的实践则更具前瞻性，某科技公司将东江纵队1942年建立的"香港—游击区秘密汇兑链"历史事件，改编成区块链策略游戏《金融烽火》。玩家通过完成建立地下钱庄、突破经济封锁等任务积累数字勋章，勋章可兑换实体化纪念品或线下展览门票。游戏上线三个月注册用户达53万人，35%为25岁以下青年群体，成功打破红色文化传播的年龄壁垒。技术赋能不仅限于展示形式创新，更推动着研究保护的范式变革。2023年启动的"中央苏区金融文物数字孪生工程"，利用高精度三维扫描和材料分析技术，对江西瑞金造币厂留存的286件工具进行数字化建档。通过比对不同时期模具的金属成分数据，研究人员首次发现1932年红军银圆含银量从90%降至78%的历史曲线，为还原反"围剿"时期经济困境提供了实物证据链。这种"技术介入—数据生成—史实重构"的研究模式，使红色金融文化遗产真正成为可深度开发利用的数据资产。②当前，北京某高校团队正尝试将AI大模型应用于鄂豫皖苏区经济政策文献的智能标引，通过机器学习识别1927～1934年200余份金融文件的关联网络，辅助研究者快速定位关键决策的形成脉络。这些探索表明，技术创新正在重塑红

---

① 四川省文物局．川陕苏区革命遗址活化利用三年行动计划（2021～2023）［Z］．成都：四川省人民政府，2021.

② 延安革命纪念馆．基于AR技术的红色货币防伪原理交互展示系统研发报告［R］．延安：陕西省文物局，2022，项目编号：YAJNG－AR－2022－006.

色金融文化遗产从保护到传播的价值链。

（三）完善协同治理机制，打通政策落地"最后一公里"

建立跨部门协作平台，打破行政壁垒。红色金融文化遗产保护涉及文旅、文物、财政、规划等多部门职责交叉，传统"条块分割"管理模式易导致资源分散、责任虚化。湖北黄冈的实践为破解这一难题提供了范本。2022年，该市成立由常务副市长牵头的"红色金融遗产保护联席会议"，成员单位涵盖 13 个部门及 3 个县区，建立"季度例会+专项督办"机制。针对鄂豫皖苏维埃银行档案分散保存问题，联席会议通过档案数字化共享平台，将散落在红安、麻城、罗田三县的 237 件原始票据、账册统一归集，并委托武汉大学团队完成高精度扫描和语义标注，形成可跨部门调用的数据库。这一举措不仅解决了长达十年的档案归属争议，还催生出《鄂豫皖苏区货币政策演变研究》等 4 项省级课题成果。跨区域协作机制建设亦取得实质性突破。2023 年江西、福建、广东三省签署《中央苏区红色金融遗产协同保护协议》，创新性设立"三统一三共享"制度框架：统一修缮技术标准、统一文物定级指标、统一应急响应流程；共享专家库、共享监测数据、共享研究成果。协议实施首年，货币类文物鉴定周期从平均 45 天缩短至 18 天，跨省联合申报的"中央苏区金融创新实践"成功入选首批国家工业遗产名单。这种"行政边界做减法、服务效能做加法"的治理思路，为跨域文化遗产保护提供了新范式。

健全监督考核体系，倒逼责任落实。政策效能转化需要刚性制度保障。2022 年财政部将红色金融遗产保护纳入地方政府专项债券绩效评价体系，设置"资金使用合规率""项目验收达标率"等 6 项核心指标。某地级市因挪用 200 万元保护资金修建市民广场，在专项债绩效考核中被扣减 30% 文旅项目拨款，相关责任人受到党纪处分。这一案例经国家审计署通报后，推动全国 23 个省份建立保护资金穿透式监管系统，实现从预算编制到末端支付的全流程追溯。社会监督机制创新同样成效显著，甘肃 2023 年上线的"红色文物扫码督办"平台，通过 GPS 定位和 AI 图像识别技术，使普通民众发现陇东边区银行旧址墙体裂缝后，扫码上传即可自动生成包含位置坐标、损坏程度的电子工单，系统 48 小时内分派至责任单位并公示处理进度。该平台运行一年间，累计受理有效线索 327 条，平均处置时效从 15 天压缩至 5.8天。考核评价体系的创新导向更从根本上重塑保护动力。浙江在文明城市评选中增设"红色金融教育覆盖率"指标，要求县级行政区内每10万人口至少拥有1个专题教育基地。在此导向下，宁波市将中国红色金融史纳入中学历史校本课程，联合人民银行开发"货币里的烽火岁月"VR教学模块；温州市改造闲置文化礼堂建成42个"金融记忆馆"，展出浙南游击纵队发行的"金库流通券"仿真件。更具突破性的是广东佛山的"保护成效积分制"，将红色金融遗址周边商户参与解说培训、文创开发等行为转化为信用积分，积分达标者可享受税收减免、贷款贴息等政策优惠，推动市场主体从旁观者转变为共建者。① 通过"督查问责—技术赋能—激励相容"的系统化制度设计，政策执行正在从"文件落实"转向"实质落地"。

四、结语

本文系统剖析了红色金融文化遗产在挖掘、保护与传承中面临的现实挑战。物质遗产因资金短缺与人才断层加速流失，同质化开发模式导致文化价值稀释，政策执行中的部门壁垒与监管漏洞进一步加剧保护困境。针对这些问题，研究提出创新保护路径：通过整合社会资源与市场力量构建可持续的资金保障体系，依托差异化开发策略推动文旅深度融合，建立跨区域协同机制提升治理效能。实践表明，红色金融文化遗产的活化利用需坚守历史真实性原则，在技术赋能过程中需警惕区域发展差异带来的技术应用失衡风险。未来研究应着重探索适应不同地域条件的保护方案，平衡文化遗产保护与当代价值转化之间的关系，为红色金融遗产的活态传承提供更具包容性和可操作性的实践指引。

参 考 文 献

[1] 蔡晓楠，史镜宏. 沈阳红色文化遗产的保护与传承 [C]//中共沈阳市委，沈阳市人民政府. 第二十一届沈阳科学学术年会论文集——社会科学类三等奖. 辽宁中医药大学，2024：4.

[2] 韩姗姗，韩正坤. 河北省红色文化遗产挖掘保护与传承 [J]. 中国

---

① 国家审计署. 关于文物保护资金违规使用典型案例的通报（2023年第9号）[Z]. 北京：审计署办公厅，2023.

军转民，2024（16）：119-121.

[3] 张建华等.山东红色金融概论［M］.北京：经济科学出版社，2024.

[4] 贾晓伟.河北省红色文化遗产挖掘保护与传承研究［J］.大陆桥视野，2023（6）：81-83.

[5] 董巧玲.河北省红色文化遗产资源挖掘保护与传承存在的问题及对策研究［J］.河北旅游职业学院学报，2023，28（1）：8-15.

[6] 韩佳佳.河南红色文化遗产保护与传承研究［J］.河南博物院院刊，2022（2）：105-115.

[7] 田萌.南京地区红色文化遗产调查保护与传承新探［J］.文物鉴定与鉴赏，2022（21）：170-173.

[8] 孙茜.冀东红色文化遗产的传承、保护和利用研究［J］.文物鉴定与鉴赏，2022（3）：175-177.

[9] 张志慧，苏站站.渭南市红色文化遗产资源保护传承路径思考［J］.城市建筑，2021，18（35）：95-97.

[10] 张玺语，霍阔阔，侯旭婷，等.非物质文化遗产中红色革命文化基因的保护与传承——以陕北说书文化保护传承为例［J］.新西部，2019（29）：52-54.

[11] 闫奇峰，张莉平.红色文化遗产的保护、传承和利用研究——以甘肃省为例［J］.建筑设计管理，2019，36（9）：92-96.

[12] 赵静，陈晓翠.安徽红色文化遗产保护与传承研究［J］.产业与科技论坛，2019，18（9）：109-110.

[13] 潘明霞，王光启.国家级非物质文化遗产"大别山民歌"中红色革命歌曲的保护、传承与创新——以歌曲《八月桂花遍地开》为例［J］.北方音乐，2017，37（8）：43-44.

黄河文化融入高校课程思政的时代价值剖析与实践路径探索

刘 畅[*]

摘 要：黄河文化作为中华文明的重要源头，蕴含着丰富的历史积淀、人文精神和价值理念。将黄河文化融入高校思政教育，不仅是对中华优秀传统文化的传承与弘扬，更是对青年学生进行爱国主义教育、增强文化自信、培养社会主义核心价值观的重要途径。本文探讨了黄河文化融入高校课程思政的时代价值与实践路径，其中着重分析了黄河文化的深刻内涵，包括精神文化与制度文化等方面，并阐述了其在立德树人、文化创新与文化自信方面的时代价值。另外在实践路径方面，文章提出了构建"PCEPI"融合教育模式、加强教学顶层设计、提升教师黄河文化素养、实现"思政+"跨界融合、注重实践育人以及数字赋能黄河文化传播等策略，为培养具有深厚文化底蕴与强烈社会责任感的新时代青年提供了有力支撑。

关键词：黄河文化 高校课程思政 时代价值 实践路径

2024年9月12日，习近平总书记在全面推动黄河流域生态保护和高质量发展座谈会上的讲话中强调，"深入挖掘黄河文化的时代价值，充分展示中华民族自强不息、坚忍不拔的民族品格和奋斗精神"[1]。这一重要论述不仅彰显了黄河文化在中华民族历史长河中的重要地位，更为新时代背景下高校思政教育提供了新的理论指引和实践导向。黄河文化，作为中华文明的重要源头和瑰宝，蕴含着丰富的历史积淀、人文精神和价值理念，是中华民族

* 刘畅，山东交通学院辅导员，工学硕士，研究领域为思想政治教育等。

独特的精神标识和文化基因。在新时代背景下，将黄河文化融入高校思政教育，不仅是对中华优秀传统文化的传承与弘扬，更是对青年学生进行爱国主义教育、增强文化自信、培养社会主义核心价值观的重要途径。

一、黄河文化的深刻内涵

黄河文化，是中华文明的重要组成部分，是中华民族的根和魂。黄河文化，作为中华文明的重要组成部分，不仅承载着中华民族的历史记忆和文化传承，更蕴含着丰富的精神内涵和价值意蕴[2]。

（一）黄河之魂：精神文化璀璨夺目

在浩瀚的黄河文化长河中，精神文化如同璀璨星辰，照亮了中华民族的心灵天空，也为当代大学生思政教育注入了不竭的灵感与力量。回望上古，那些口口相传的神话传说——盘古开天地，以一己之力开辟混沌，象征着人类对未知世界的勇敢探索；女娲补天，以不屈不挠的精神修复天地，寓意着面对困难时的坚韧与智慧；夸父逐日，不懈追求光明与理想，激励着无数青年学子勇往直前，不断超越自我。这些古老而动人的故事，如同一股股清泉，滋养着中华民族的精神土壤，也深深触动着每一位大学生的心弦。中国古代中儒家之仁爱、道家之自然、法家之秩序，这些思想体系如同黄河之水，滋养着中华民族的智慧之林。它们不仅塑造了中华民族独特的道德观念与行为准则，更为当代大学生提供了宝贵的精神指引。在思政课堂上，儒家的仁爱之心教会我们关爱他人、和谐共处；道家的顺应自然引导我们学会尊重规律、顺应时代；法家的法治精神则提醒我们要遵守规则、维护正义。这些思想精髓，如同灯塔，照亮着大学生前行的道路。而在文学艺术领域，诗经的淳朴真挚、楚辞的浪漫瑰丽、汉赋的磅礴大气，共同绘就了一幅幅绚丽多彩的文化画卷。它们不仅展现了中华民族的艺术才华与审美情趣，更为后世的文化创新提供了丰富的思想资源与灵感源泉。在思政教育的滋养下，大学生们得以在这些经典作品中汲取营养，感悟人生真谛，激发创新思维，为新时代的文化建设贡献自己的力量。

黄河文化中的精神文化元素，如同一颗颗璀璨的明珠，镶嵌在中华民族的历史长河中，熠熠生辉。它们不仅塑造了中华民族的精神面貌和道德品质，更为当代大学生思政教育注入了鲜活的力量与深刻的内涵。在这片精神的沃土上，大学生们将苗壮成长，成为有理想、有道德、有文化、有纪律的新时代青年，为实现中华民族伟大复兴的中国梦贡献青春力量。

（二）黄河之基：制度文化构筑文明基石

在黄河文化的深厚底蕴中，制度文化如同一座座坚实的桥梁，连接着历史的彼岸与现代的此岸，更在大学生思政教育的广阔舞台上，绽放出独特的光芒与魅力。从夏商周三代的古朴制度，到后世繁复而精细的政治、经济、社会制度，黄河文化中的制度文化如同一部生动的历史教科书，记录着中华民族在政治、经济、社会等领域的智慧与创新。这些制度，不仅是冰冷的规则与条文，更是中华民族在漫长历史长河中，不断探索、不断实践、不断完善的智慧结晶。

在大学生思政课堂上，当我们深入剖析这些制度背后的历史背景、文化内涵与社会影响时，仿佛能够穿越时空，与古人进行一场跨越千年的对话。我们仿佛能看到，夏商周三代的先民们，如何在简陋的条件下，建立起一套套基本的社会秩序，为后世的文明发展奠定了坚实的基础；我们仿佛能听到，秦汉唐宋的先贤们，如何在政治舞台上运筹帷幄，制定出一套套精妙的政治制度，确保了国家的长治久安；我们仿佛能感受到，明清乃至近现代，中华民族如何在经济、社会领域不断革新，推动着中华文明的持续演进与繁荣。黄河的制度文化，不仅是历史的见证，更是中华民族精神的体现。它们教会我们，制度是社会发展的基石，是文明进步的保障。在大学生思政教育的熏陶下，我们学会了尊重制度、遵守规则，更学会了在制度框架内发挥创新精神，为社会的进步贡献自己的力量。黄河文化中的制度文化，如同一股股清泉，滋养着中华民族的精神家园，也激励着当代大学生在思政教育的引领下，不断前行、不断探索、不断超越。让我们在黄河文化的滋养下，共同书写新时代的华章，为中华民族的伟大复兴贡献青春与智慧。

黄河文化作为中华民族的重要文化遗产，其深刻内涵不仅体现在物质文化、精神文化和制度文化等多个层面，更蕴含着丰富的历史价值、文化价值和社会价值。将黄河文化融入高校课程思政，不仅可以丰富课程思政的教学内容和教学资源，更可以帮助学生深入了解中华民族的历史和文化，增强文化自信和民族自豪感，为培养具有社会责任感、创新精神和实践能力的时代新人提供重要的思想支撑和文化滋养。

二、黄河文化融入高校课程思政的时代价值

黄河文化源远流长，将其融入高校课程思政具有深远的时代价值，不仅有助于落实立德树人根本任务、推进中华优秀传统文化的创造性转化与创新性发展、增强大学生的文化认同与文化自信，还有助于培养具有时代担当的高素质人才[3]。

（一）立德树人新境界：黄河文化引领教育根本

高校作为立德树人根本任务的核心阵地，其重要性不言而喻。黄河文化，这一蕴含深厚价值观念、人文精神、审美情趣与道德规范的瑰宝，与社会主义核心价值观不谋而合，共同构筑着中华民族的精神家园。将黄河文化融入高校课程思政之中，不仅极大地丰富了课程思政的内涵与外延，更在深度与广度上拓展了教育内容，有力推动了立德树人根本任务的高效落实。具体而言，黄河文化中的"大一统"思想，彰显了中华民族追求团结统一的历史传统；其蕴含的"报国为民"崇高理想，激励着无数青年学子心怀家国，矢志不渝；而"天人合一"的生态智慧，则引导我们尊重自然，和谐共生，这些宝贵的精神财富为黄河文化融入思政教育提供了鲜明的价值导向。

黄河文化为立德树人提供了丰富的教育资源，通过课堂教学、文化体验、研学旅行等多种方式，学生可以全方位地了解并感受黄河文化的魅力。例如，将黄河的历史、地理、文学、艺术等知识融合到相关学科教学中，可以让学生在学习中感受到黄河文化的博大精深，从而培养他们的文化素养和审美能力；将黄河文化融入立德树人，有助于培养具有坚定文化自信、坚强意志品质、创新进取精神的时代新人。通过学习和传承黄河文化，学生可以深入了解中华民族的历史和文化传统，增强对中华文化的认同感和归属感；此外，黄河文化所蕴含的崇高道德理念与价值导向，对引导学生形成正确的世界观、人生观及价值观，以及培养他们的社会责任感与公民意识具有积极作用。黄河文化作为中华文明的重要象征，承载着中华民族共同的记忆与情感。将黄河文化融入道德教育及人格培养，能够有效提升学生的文化自信。通过系统学习黄河文化的历史根源、内涵精髓及基本特征，学生能够更加深刻地认识到中华文化的独特魅力与深远价值，从而更加坚定地树立对中华文化的自信与自豪。

通过深入挖掘黄河文化的教育意义，我们得以在高校播撒下高尚道德的种子，滋养着大学生们的心灵，培育出具有深厚文化底蕴与时代责任感的新时代青年。

（二）文化创新新篇章：黄河智慧激发传统活力

在全球化不断推进的当下，传统文化正面临着一系列前所未有的挑战与发展契机。文化创新成为推动传统文化焕发新活力、实现可持续发展的重要途径。通过文化创新，可以将传统文化的精髓与现代社会的需求相结合，创造出具有时代特色、符合人民群众审美需求的文化产品和服务。黄河文化，历史悠久、博大精深，堪称中华优秀传统文化中最为璀璨夺目、影响深远的主体文化。将这一文化瑰宝融入高校课程思政之中，不仅能够引领学生深入探索中华文化的悠久历史、精髓要义与鲜明特征，使之在知识的海洋中遨游，领略中华文化的博大精深；更能够唤醒学生内心深处对中华优秀传统文化的深厚情感与认同，激发他们成为这一文化宝库的坚定传承者与积极传播者。

在传承的基础上，学生们将勇于探索，敢于创新，以黄河文化为灵感源泉，推动中华优秀传统文化实现创造性转化与创新性发展，让古老的文化智慧在新时代焕发出勃勃生机。将黄河文化融入思政教育，有助于推动文化的传承与创新，通过学习和了解黄河文化，学生可以更加深入地了解中华民族的历史和文化传统，增强对中华文化的认同感和归属感。同时，他们也可以将黄河文化中的优秀元素与现代社会的需求相结合，创造出具有时代特色的新文化产品和服务。

（三）文化自信新高度：黄河之魂铸就青年担当

黄河文化，作为中华民族共同记忆的宝贵载体，深植于民族精神的沃土之中，是力量之源与灵魂之根。将这一文化融入思政教育不仅极大地增强了学生对于中华民族"万姓同根、万宗同源"的深刻认同，更在心灵深处播撒下对民族文化强烈的归属感和自豪感，构筑起坚不可摧的文化自信。学生们得以更加清晰地认识到自身文化血脉的源远流长，从而在面对历史虚无主义、文化虚无主义等错误思潮时，能够坚守立场，捍卫真理，成为中华民族共同体意识的坚定捍卫者与传播者。

黄河文化的融入，不仅是对大学生文化认同与自信的深度滋养，更是对中华民族共同体建设的有力推动，让每一位青年学子都能在文化的海洋中汲取力量，共同书写中华民族伟大复兴的壮丽篇章。另外黄河作为中华民族的母亲河，不仅滋养了广袤的土地和无数生命，更孕育了深厚而独特的黄河文化。黄河文化以其悠久的历史、丰富的内涵和强大的生命力，成为中华民族文化自信的重要源泉。它包含坚韧不拔的奋斗精神、自强不息的进取意识、和谐共生的生态理念等，这些价值观念和精神特质，对于青年一代的成长和发展具有深远的影响，更加铸就了青年一代的担当之情[4]。

三、黄河文化融入高校课程思政的实践路径

黄河文化融入高校课程思政的实践路径可以从多个方面入手，包括加强教学顶层设计、创新教学方法、加强师资队伍建设、打造全方位多渠道的黄河文化传播平台以及构建"思政＋"育人模式等。通过这些实践路径的探索与实施，可以推动黄河文化与高校课程思政的深度融合与发展，培育符合社会发展需要的时代新人。

（一）"PCEPI"融合模式探索，助力高校黄河文化思政教育

在探索黄河文化融入高校思政教育的实践路径中，我们致力于构建一个全方位、深层次的 PCEPI 教育模式，包括融渗（permeate）、育魂（cultivate）、启智（enlighten）、践行（practice）、传承（inherit）。

第一，通过"融渗"策略，将黄河文化的精髓逐渐、深入地渗透到思政教育的各个环节，使学生在潜移默化中感受到黄河文化的独特魅力与深厚底蕴。在这一过程中，我们注重将黄河文化中的优秀传统、革命精神与时代价值融入思政课程的教学目标、内容及评价体系，形成具有鲜明特色的教育氛围。

第二，"育魂"即通过黄河文化培育学生的精神灵魂，塑造其正确的世界观、人生观与价值观。通过深入挖掘黄河文化中的精神内涵，我们引导学生领悟其中的道理、学理与哲理，培养其文化自信与民族自豪感，为成为德智体美劳全面发展的社会主义建设者和接班人奠定坚实基础。

第三，在"启智"方面，我们充分利用黄河文化的智慧资源，启迪学生的创新思维与实践能力。通过组织黄河文化主题讲座、研讨会、实地考察等活动，拓宽学生的知识视野，激发其探索未知、勇于创新的热情。

第四，"践行"即鼓励学生将黄河文化的精神内涵转化为实际行动。通过参与黄河文化保护与传承的志愿服务、社会实践等活动，学生不仅能够加深对黄河文化的理解与认同，还能在实践中锻炼自己的社会责任感与公民意识。

第五，"传承"则是让黄河文化在高校思政教育中生生不息、代代相传。通过构建黄河文化教育体系、培养黄河文化传承人才等方式，我们致力于将黄河文化的宝贵财富传承给下一代，为中华民族的伟大复兴贡献智慧与力量。

通过"融渗、育魂、启智、践行、传承"这一教育模式，我们成功地将黄河文化融入高校思政教育的实践路径中，为培养具有深厚文化底蕴与强烈社会责任感的新时代青年提供了有力支撑。

（二）顶层规划引领，拓展黄河文化思政内容多元

为实现黄河文化有效融入高校思政教育，必须加强教学顶层设计，丰富拓展教学内容。这包括将黄河文化融入思政课程的教学目标、教学内容和教学评价体系中，建立起多层次、多元化的黄河文化教育体系。教师应根据不同专业、不同年级学生的认知规律和对黄河文化的把握程度，科学合理地设计教学方案，确保黄河文化的精髓能够得到有效传递。在教学内容的设计上，可以深入探究黄河文化中蕴含的中华优秀传统文化精髓、革命文化内核以及社会主义先进文化的时代价值，形成具有鲜明特色的教育资源体系。例如，通过梳理历史文献、整理经典案例等方式，阐释黄河文化资源背后的中华民族精神价值，帮助学生明晰黄河文化素材中的道理、学理和哲理[5]。

思政内容的多样性对学生能否主动学习具有重要作用，因此做好顶层规划设计，可以拓展黄河文化思政内容的多元性，推动黄河文化的传承与发展，同时可以让黄河文化与思政教育更好地融合，提高思政课堂的教学效果。要紧紧围绕立德树人根本任务，遵循思想政治工作规律、教书育人规律、学生成长规律，以此为基础来设计思政教学内容，精心甄选与高校思政课相关的黄河文化教育内容，春风化雨般地实现黄河文化与高校思政课的深度融合，达到以文化人、以文育人的价值目标。

（三）师者先行，赋能高校思政师资队伍建设

教师是高校思政教育的主导者，是将黄河文化与思政教育相结合的关键

一环，其黄河文化素养水平的高低直接关系到黄河文化融入高校思政课的育人效果。因此，提升教师的黄河文化素养，加强师资队伍建设至关重要。高校应定期组织教师参加黄河文化相关的培训和学术交流活动，加深教师对黄河文化的认识和理解，使其能够更加灵活地将黄河文化的历史典故、优秀人物、道德典范等思政元素有效地融入思政课教学当中，引领学生开阔视野，在黄河文化的浸润中更好地赓续历史文脉和民族根脉。同时，可以邀请从事黄河文化研究的学者进行特色讲座，提升教师的专业素养和教学能力，多措并举开展教师培训以补齐短板、提升能力，便于教师在思政课教学中以通俗易懂、鲜活生动的叙事话语和共情的叙事技巧将黄河文化讲好、讲深、讲透，使大学生深刻感受到"黄河故事"背后所反映的理想信念和人格力量，形成全面而精深的认识。此外，高校还应建立相应的考核激励机制，从课前准备、课中实施、课后效能等方面科学设置评价指标，鼓励教师主动学习和运用黄河文化知识，提高其在思政教育中的融入度和实效性。

师者，所以传道授业解惑也，在学生的思政教育中发挥着必不可少的作用，通过加强教师黄河文化教育、提升教师教学能力、创新思政教学模式和加强师德师风建设等举措，可以有助于提升思政师资队伍的素质和能力，为培养具有黄河文化精神和时代担当的人才提供有力保障。

（四）"思政+"跨界融合，推动黄河文化引领学科新生态

构建"思政+"育人模式，是实现黄河文化融入高校思政教育的重要途径。通过将黄河文化与专业课相结合，形成协同育人的新模式[6]。例如，在相关专业课程中融入黄河文化元素，通过案例分析、实践教学等方式，加深学生对黄河文化的理解和认知。同时，可以开设与黄河文化相关的通识课程或选修课程，拓宽学生的知识面和视野。此外，高校还应加强与其他学科的交流与合作，共同探索黄河文化与思政教育相结合的新路径。例如，可以与历史学、文学、艺术学等学科合作，协同推进黄河文化的研究与教学项目，形成跨学科、跨领域的育人合力。

在"思政+"跨界融合的推动下，黄河文化成为引领学科新生态的重要力量。一方面，黄河文化为学科教学提供了丰富的素材和案例，使教学内容更加生动、有趣；另一方面，黄河文化中的价值观念和精神追求也为学科教学提供了价值导向和精神支撑。通过"思政+"育人模式，能够让学生在各学科学习中渗入黄河思政文化内容，更加利于课程思政的发展。

（五）知行合一，打造黄河文化实践育人新路径

实践是检验真理的唯一标准，知行合一，即将理论知识与实践活动紧密结合，是教育领域中的重要原则。在黄河文化的教育实践中，知行合一理念强调的不仅是学生在课堂上掌握黄河文化理论知识的必要性，更强调通过亲身实践去感知、体验并领悟黄河文化的深层精髓。此教育模式旨在提升学生的实践能力与创新思维，为其将来适应社会发展奠定坚实基础。将黄河文化融入高等教育思想政治教育时，应着重强调实践教育的重要性，力求理论与实践的深度融合。例如，通过组织黄河文化保护与传承的志愿服务项目，可以有效培养学生的社会责任感与历史使命感。此外，高校还可以结合实际情况，开展黄河文化主题的实践活动，如黄河文化调研、黄河文化创意设计等。这些实践活动不仅可以加深学生对黄河文化的理解和认知，还能培养他们的创新精神和实践能力。

通过构建黄河文化课程体系、开展实践活动、建立育人平台等措施，拓宽实践育人路径，通过实践与理论的结合，深入挖掘黄河文化的内涵，可以帮助我们有效地将黄河文化融入教育教学中，培养出既有理论知识又有实践能力的新时代人才。

（六）数字赋能，构建黄河文化传播新纪元

随着数字技术的不断发展，高校可以依托数字技术创新黄河文化的传播路径。例如，可以建立黄河文化资源数据库，整合各地黄河文化资源，形成系统化的资源体系。同时，可以利用数字技术开展线上教学活动，如在线课程、虚拟展览等，让学生随时随地都能学习和了解黄河文化[7]。此外，高校还可以利用社交媒体、短视频等新媒体平台，宣传和推广黄河文化。通过制作黄河文化相关的短视频、图文等内容，吸引更多年轻人的关注和参与。这些新媒体平台不仅可以扩大黄河文化的传播范围，还能提高其在年轻人中的影响力和认同感。

数字技术如大数据、云计算、物联网等，能够极大地提升黄河文化资源的存储、处理和传播效率，使黄河文化以更快的速度、更广的范围传播开来。通过数字技术，可以将黄河文化以图像、视频、音频、虚拟现实等多种形式进行呈现，使受众能够更加直观、生动地感受黄河文化的魅力。数字技术使受众能够参与到黄河文化的传播过程中来，通过互动体验、数字叙事等

方式，与黄河文化产生更加紧密的联系。通过数字技术的应用和实践路径的探索，我们可以推动黄河文化的传播和发展进入一个新的阶段，为中华民族的伟大复兴和社会主义文化强国建设贡献更多的智慧和力量。

四、结语

黄河文化作为中华民族的精神瑰宝，其深厚底蕴与独特魅力为高校课程思政提供了丰富的教育资源与价值导向。在新时代背景下，将黄河文化融入高等教育的思想政治教育体系，既是对中华优秀传统文化的一种承继与发扬，也是培育兼具深厚文化根基与高度社会责任感的新时代青年人才的关键路径。通过构建 PCEPI 融合教育模式、加强教学顶层设计、提升教师黄河文化素养、实现"思政＋"跨界融合、注重实践育人以及数字赋能黄河文化传播等策略，我们为黄河文化融入高校课程思政提供了切实可行的实践路径。未来，我们将继续深化黄河文化在思政教育中的融合与创新，为培养担当民族复兴大任的时代新人贡献力量。

参 考 文 献

［1］习近平．把思想政治工作贯穿教育教学全过程 开创我国高等教育事业发展新局面［N］．人民日报，2016－12－09（01）．

［2］张瑾．黄河文化的新时代价值及弘扬路径［J］．天水行政学院学报，2024，25（3）：50－55．

［3］韩明娟．黄河文化融入高校课程思政的创新路径研究［J］．文化创新比较研究，2024，8（28）：149－154．

［4］张征．黄河文化融入高校美育的路径探究——评《黄河三角洲文化概要》［J］．人民黄河，2024，46（12）：170．

［5］卜颖辉．黄河生态文化融入环境设计课程思政教学改革研究：以山东工艺美术学院为例［J］．山东开放大学学报，2023（3）：32－36．

［6］孙梦青．以黄河文化为抓手的高校美育课程思政建设［J］．黄河水利水电大学学报（社会科学版），2022（4）：89－92．

［7］张大良．课程思政：新时期立德树人的根本遵循［J］．中国高教研究，2021（1）：5－9．

黄河文化中的爱国主义教育资源挖掘及其在高校思政课中的运用

刘　璐*

摘　要： 黄河，作为中华民族的母亲河，孕育了丰富而深厚的黄河文化。黄河文化不仅是中华文明的重要组成部分，更是爱国主义教育的重要资源。本文旨在挖掘黄河文化中的爱国主义教育资源，并探讨其在高校思政课中的运用。通过深入分析和实践探索，本文提出了一系列将黄河文化融入高校思政课的策略和方法，将黄河文化精神融入高校思想政治教育，能够丰富高校思想政治教育的育人内容，健全高校思想政治教育的工作体系，推动高校思想政治教育工作创新发展，以期增强大学生的爱国情感，培养担当民族复兴大任的时代新人。

关键词： 黄河文化　爱国主义教育资源　高校思政课

一、黄河文化的内涵及其爱国主义教育资源

习近平总书记在黄河流域生态保护和高质量发展座谈会上提出："要深入挖掘黄河文化蕴含的时代价值，讲好'黄河故事'，延续历史文脉，坚定文化自信，为实现中华民族伟大复兴的中国梦凝聚精神力量。① 黄河文化是中华民族传统文化的重要组成部分，其内涵丰富而深远，同时蕴含着丰富的

---

* 刘璐，山东劳动职业技术学院思政课教师，法学硕士，研究领域为思想政治教育等。

① 习近平：在黄河流域生态保护和高质量发展座谈会上的讲话［N］. 人民日报，2024 – 09 –
13（01）.

爱国主义教育资源。这些资源不仅有助于培养大学生的爱国情怀，还能激发他们的民族自豪感和文化自信心，爱国主义教育资源在思政课堂上也具有重要的作用，因此挖掘黄河文化中的爱国主义教育资源对于更好地发挥思政课堂的教学效果具有深远的意义。

（一）黄河文化内涵

黄河文化是中华民族传统文化的重要组成部分，它以黄河这条中国的母亲河为核心，涵盖了历史、地理、民俗、艺术、哲学等多个方面。黄河流域是中国古代文明的发源地，拥有悠久的历史和丰富的文化遗产。黄河文化的形成与发展与黄河的自然特征密切相关。黄河流域的地理环境多样，从青藏高原的冰川到黄淮海平原的河流冲积扇，这种巨大的地理差异为各种文化形态的产生和发展提供了条件。在历史方面，黄河流域是中华文明的摇篮，许多古代文明的兴起都与黄河的泛滥和治理有关。比如，大禹治水的故事就是黄河文化的经典传说之一。地理上，黄河的泛滥塑造了黄淮海平原，对中国的农业文明产生了深远的影响。民俗文化方面，黄河流域的民间艺术、节日习俗和传统手工艺等都是黄河文化的重要组成部分。例如，陕西的剪纸、河南的豫剧、山东的快书等都是黄河流域的特色文化表现形式。艺术方面，黄河文化影响了中国的绘画、音乐、建筑等多个艺术领域。黄河壶口瀑布、三门峡大坝等自然景观和水利工程也是黄河文化的重要象征。哲学思想方面，黄河文化中的儒家文化、道家文化等对中国哲学思想的发展产生了深远的影响。总之，黄河文化是中华民族传统文化的宝贵财富，它不仅包含了丰富的历史信息和文化遗产，也体现了中华民族的智慧和精神。保护和传承黄河文化，对于弘扬中华优秀传统文化、增强民族自信心和自豪感具有重要意义。

（二）黄河文化中的爱国主义教育资源

黄河文化中的爱国主义教育资源丰富多样，这些资源不仅见证了中华民族的历史变迁，更蕴含着深厚的爱国情感和民族精神。黄河流域的革命历史遗址和纪念设施是爱国主义教育的重要载体。这些场所记录了中国共产党领导人民进行革命斗争的光辉历程，如革命根据地、战役遗址、烈士陵园等。通过参观这些遗址和设施，人们可以深入了解革命先烈的英勇事迹，感受他们为国家和民族作出的巨大牺牲，从而激发爱国热情和民族自豪感。黄河文化中的红色故事和革命精神是爱国主义教育的宝贵财富。这些故事包括革命战争年代黄河流域共产党的故事、革命的故事、根据地的故事以及英雄和烈士的故事等。这些故事孕育了长征精神、延安精神等一系列宝贵的精神财富，这些精神财富跨越时空、历久弥新，激励着人们为实现中华民族伟大复兴的中国梦而努力奋斗。通过讲述这些红色故事，可以传承革命精神，弘扬爱国主义精神。黄河作为中华民族的母亲河，孕育了灿烂的中华文明和民族精神。黄河文化中的治水文化、农耕文化等体现了中华民族勤劳勇敢、自强不息的精神品质。这些文化资源不仅丰富了爱国主义教育的内涵，也为培养青少年的民族自豪感和责任感提供了重要素材。通过学习和了解黄河文化，青年们可以更加深刻地认识到中华民族的历史渊源和文化传承，从而增强对祖国的热爱和忠诚。

二、黄河文化中爱国主义教育资源的挖掘与运用现状及问题

黄河文化中蕴含着丰富的爱国主义教育资源，这些资源的挖掘与运用对于加强爱国主义教育具有重要意义。然而，在实际操作中，这一过程的现状及存在的问题不容忽视。

（一）黄河文化中爱国主义教育资源的挖掘现状

第一，在历史人物方面，黄河流域涌现出许多著名历史人物，如大禹、曹操、岳飞等。他们的生平事迹、品格品质以及所创作的诗词，都蕴含着丰富的爱国主义教育资源。当前，各地政府和文化机构通过修建纪念馆、博物馆、雕塑等方式，对这些重要历史人物进行纪念和宣传，让公众更加深入地了解他们的历史贡献和精神风貌。在革命时期，黄河沿岸地区是中国共产党进行革命斗争的重要区域，涌现出了一大批革命历史人物。这些革命历史人物的事迹和精神被深入挖掘和传承，成为爱国主义教育的重要内容。例如，通过举办展览、演讲、演出等活动，向公众展示他们的革命历程和英勇事迹，激发人们的爱国情感和民族自豪感。黄河文化中的历史人物故事具有丰富的内涵和深刻的教育意义。这些故事通过书籍、影视、网络等多种渠道进行传播，成为爱国主义教育的重要资源。通过讲述这些故事，人们可以更加直观地了解历史人物的事迹和精神，从而受到启发和鼓舞，增强对祖国的热爱和忠诚。

第二，在历史事件方面，黄河治理、抗日战争等历史事件，体现了中华民族的抗争精神、团结协作精神等，是高校思政课的重要教学内容。黄河文化中的红色故事，包括革命战争年代黄河流域党的故事、革命的故事、根据地的故事、英雄和烈士的故事等，得到了深入的挖掘和广泛的传播。这些故事孕育了长征精神、延安精神、西路军精神等一系列宝贵的精神财富，激励着人们为实现中华民族伟大复兴的中国梦而努力奋斗。

第三，在地点与建筑方面，黄河流域有许多具有爱国主义教育意义的地点与建筑，如黄河壶口瀑布、三门峡大坝等。这些地点与建筑见证了中华民族的历史变迁，体现了中华民族的智慧和力量。黄河流域的革命遗址、纪念馆、党史馆、烈士陵园等红色基因库得到了有效的保护和利用。这些场所成为了进行爱国主义教育的重要基地。例如，黄河博物馆作为我国最早成立的以黄河为专题的自然科学类博物馆，展示了黄河的自然地理、气候水文、生态环境等方面的知识，以及黄河流域的文明发展、治水历史和治黄成就，成为了传承和弘扬黄河文化、进行爱国主义教育的重要平台。

（二）黄河文化中爱国主义教育资源的运用现状

目前，越来越多的高校将黄河文化中的爱国主义教育资源融入高校思政课课堂教学，如讲述黄河治理、抗日战争等历史事件，分析黄河文化中的爱国主义元素等。同时，更多的高校开展相关的实践活动，如组织学生参观黄河流域的爱国主义教育基地，如黄河壶口瀑布、三门峡大坝等，让学生亲身感受黄河文化的魅力，培养爱国主义情怀。还有部分高校举办讲座与研讨会，邀请专家学者、历史人物后代等，举办关于黄河文化与爱国主义的讲座与研讨会，提高学生的认知水平。同时，黄河沿岸的革命历史遗址和纪念地，如革命根据地、战役遗址、烈士陵园等，被广泛用作爱国主义教育基地。这些场所通过举办展览、讲解、纪念活动等形式，向公众传递革命历史和革命精神。各地依托黄河文化资源，建设了多个主题公园和博物馆，如黄河文化公园、黄河博物馆等。这些场所通过展示黄河文化的历史变迁、民俗风情、治水文化等，增强了公众对黄河文化的认识和了解，从而激发了公众的爱国情感。随着数字化技术的发展，黄河文化中的爱国主义教育资源也被进行了数字化，如数字化展览、在线课程、虚拟导览等形式。这些数字化资源使得公众可以更加便捷地获取和学习黄河文化中的爱国主义教育内容。

中小学校通过组织参观革命历史遗址、举办主题班会、开展黄河文化主题作文比赛等活动，将黄河文化中的爱国主义教育内容融入日常教学中。政府部门、文化机构和社会组织等通过举办黄河文化旅游节、黄河文化论坛、爱国主义教育讲座等活动，向公众普及黄河文化中的爱国主义教育内容。越来越多的学校和组织开展了研学旅行和项目式学习，通过实地考察、亲身体验等方式，深入了解黄河文化中的爱国主义教育内容。电视、广播、报纸等传统媒体以及互联网、社交媒体等新媒体平台广泛宣传黄河文化中的爱国主义教育内容，提高了公众的知晓度和参与度。各地通过推广黄河文化旅游线路和产品，将黄河文化中的爱国主义教育内容与旅游相结合，吸引了大量游客前来参观学习。

（三）黄河文化中爱国主义教育资源挖掘与运用存在的问题

黄河文化经过几千年的沉淀，积累了诸多思想政治教育的元素，如农耕文化、手工文化等，涉及的范围非常广泛①，但是大部分高校存在资源挖掘不够深入的问题，当前对黄河文化中的爱国主义教育资源的挖掘还较为表面，缺乏系统性和深入的研究，无法充分发挥其教育作用。另外，部分高校存在资源利用不充分的短板，在高校思政课中，对黄河文化中的爱国主义教育资源的运用还不够充分，部分教师对黄河文化的了解和认知不足，导致教育资源浪费。教育方式单一也是目前部分高校的通病，当前的爱国主义教育方式主要以课堂教学和参观实践为主，缺乏创新性和多样性，难以激发学生的学习兴趣和爱国情怀，黄河文化中的爱国主义教育资源与其他教育资源缺乏有效整合，无法形成协同效应，降低了教育效果。在一些地区，对黄河文化中的爱国主义教育资源的宣传力度不够，导致公众对这些资源的认知度不高。同时，一些教育活动缺乏针对性和实效性，难以达到预期的教育效果。在保护和利用黄河文化中的爱国主义教育资源方面仍存在一定的矛盾。一些革命历史遗址和纪念地在保护方面做得很好，但在利用方面却存在不足。如何在保护的前提下合理利用这些资源，是一个需要解决的问题。

三、黄河文化在高校思政课中的运用策略

当今时代，高校思政课作为培养学生思想政治素质、树立正确世界观、

---

① 张璇. 黄河文化（临夏段）融入思政课的路径研究 [J]. 考试周刊, 2021 (78).

人生观和价值观的重要阵地，其教学内容和方法的创新显得尤为重要。黄河文化，作为中华民族悠久历史和灿烂文明的缩影，蕴含着丰富的精神内涵和育人资源。将黄河文化融入高校思政课中，不仅是对传统优秀文化的传承和弘扬，更是对新时代青年学生进行爱国主义教育和文化自信培养的重要途径。因此，我们积极探索将黄河文化融入高校思政课的有效路径和方法，旨在通过多样化的教学手段和丰富的教学内容，激发学生的学习兴趣和爱国情感，培养他们的文化自信和民族自豪感。

（一）加强顶层设计，丰富拓展教学内容

高校应根据不同专业、不同年级学生的认知规律和兴趣特点，制订科学合理的教学计划。将黄河文化中的爱国主义教育资源有机融入思政课程中，形成具有地方特色的思政课程体系。高校应深入挖掘整理黄河文化中的爱国主义教育资源，形成丰富多样的教学素材库。这些素材可以包括历史文献、经典案例、英雄人物事迹等，为思政课教学提供有力支撑。将黄河文化中的爱国主义教育资源融入思政课堂，旨在培养学生的爱国情怀、民族自豪感和文化自信。因此，在顶层设计阶段，应明确这一教学目标，确保教学内容的针对性和实效性。政府和学校应加强对黄河文化中爱国主义教育资源的整合，建立统一的教学资源库。这包括收集、整理和分类相关历史文献、经典案例、影像资料等，为思政课教学提供丰富素材。根据思政课程的教学大纲和学生的实际需求，制订详细的教学计划。将黄河文化中的爱国主义教育资源按照时间顺序、地域分布或主题分类等方式进行编排，确保教学内容的连贯性和系统性。鼓励不同学科之间的交叉融合，将黄河文化中的爱国主义教育资源融入其他专业课程中。例如，在历史、地理、文学等课程中穿插讲解黄河文化的相关知识，形成协同育人的良好氛围。

（二）创新教学方法，提升教学效果

采用案例教学的方法，通过引入黄河文化中的具体案例，如革命历史事件、英雄人物事迹等，使学生在学习中能够身临其境，深刻感受爱国主义的伟大力量。开展实践教学，组织学生参观黄河文化博物馆、革命纪念馆等红色文化遗址，开展实地考察和研学活动。通过实践活动，使学生更加直观地了解黄河文化的历史渊源和内涵底蕴，增强爱国情感。教师可以设计一些与黄河文化相关的情境，如黄河治理、抗洪抢险等，让学生在模拟的情境中体

验和学习。这种教学方法能够增强学生的代入感和参与感，使他们更加深入地理解黄河文化中的爱国主义情怀。同时，鼓励学生扮演黄河文化中的历史人物或现代英雄，通过他们的视角和经历来讲述黄河故事。这种方法能够激发学生的学习兴趣，让他们从人物故事中汲取爱国主义精神。组织学生进行小组讨论或全班讨论，围绕黄河文化中的爱国主义主题展开交流。教师可以引导学生思考黄河文化对现代社会的意义，以及如何在日常生活中践行爱国主义精神。

同时运用新媒体技术，充分利用微信、微博、抖音等新媒体平台，传播黄河文化中的爱国主义教育资源。通过制作短视频、开展线上互动等方式，拓宽教学渠道，提高教学效果。采用案例式、讨论式、情境式等多样化的教学方式方法，激发学生的学习兴趣和主动性。利用多媒体、虚拟现实等现代科技手段，将黄河文化中的爱国主义教育资源以更加直观、生动的方式呈现给学生。例如，通过虚拟现实技术让学生身临其境地体验黄河沿岸的历史事件和自然景观，增强他们的历史认同感和文化自信。通过引导学生自主思考、合作探究等方式，培养他们的批判性思维和创新能力。

（三）构建协同育人机制，形成育人合力

黄河文化中的爱国主义教育资源在思政课堂中的运用，构建协同育人机制并形成育人合力，是提升思政教育效果、培养学生爱国情怀的重要途径。我们需要明确协同育人的目标，即通过整合各方资源，形成教育合力，共同培养学生的爱国主义情怀和民族精神。这一目标应贯穿思政课堂的始终，成为指导教学实践的根本遵循。

课程思政建设事关高校教育教学改革方向，需要学校各部门形成共识，多方配合、统筹联动，确保课程思政顶层设计的系统性和可操作性。①

深入挖掘黄河文化中的爱国主义教育资源，如历史故事、英雄事迹、文化遗产等，将其融入思政课堂，丰富教学内容。整合各方教学资源，如专家讲座、课程资料、实践基地等，为学生提供多样化的学习方式和途径。习近平总书记曾提出"办好思想政治理论课，关键在教师"② 高校应加强师资队

---

① 刘娟，刘鑫. 地方高校黄河文化课程开发策略［J］. 中国石油大学胜利学院学报，2021（2）：54 - 56.

② 习近平. 习近平主持召开学校思想政治理论课教师座谈会强调 用新时代中国特色社会主义思想铸魂育人 贯彻党的教育方针落实立德树人根本任务［N］. 人民日报，2019 - 03 - 19（01）.

伍建设，加强对思政教师的培训和管理，提高他们的专业素养和教学能力。同时，邀请从事黄河文化研究的专家学者进行讲座和交流，提升教师的黄河文化素养。将黄河文化中的爱国主义教育资源与文学、历史、艺术等多学科交叉融合，构建"思政＋"育人模式。通过多学科协同育人，拓宽学生的知识视野，培养他们的综合素质。高校应加强与地方政府、企事业单位等的合作，共同开展黄河文化保护和传承工作。通过校内外合作，形成育人合力，推动黄河文化在思政课中的深入运用。

（四）注重文化传承与创新，增强文化自信

党的十八大以来，习近平总书记多次强调："要坚定文化自信，推动中华优秀传统文化创造性转化、创新性发展"①

在思政课中注重传承黄河文化中的精髓和优秀传统，如团结协作、自强不息的民族精神等。通过传承这些精神，培养学生的高尚品质和道德情操。充分利用大数据、人工智能等现代技术手段，创新黄河文化的传播方式。通过数字化展示、虚拟现实体验等方式，使黄河文化更加生动形象地呈现在学生面前，增强他们的文化认同感和自信心。鼓励学生在学习和传承黄河文化的基础上，进行创造性转化和创新性发展。通过组织创意大赛、文艺创作等活动，激发学生的创新思维和实践能力，推动黄河文化在现代社会中的传承和发展。在传承黄河文化的同时，注重与其他文化的交流与融合，如引入其他地域文化、民族文化等，丰富思政课堂的教学内容。通过对比不同文化的异同，引导学生深入思考黄河文化的独特性和价值，培养他们的跨文化交际能力。

在思政课堂中鼓励学生提出新问题、新观点，培养他们的批判性思维和创新能力。引导学生将黄河文化中的爱国主义教育资源与现实生活相结合，进行文学创作、艺术创作等实践活动，激发他们的创作热情和创新能力。通过思政课堂的教育和引导，强化学生对黄河文化的认同感和归属感。让学生认识到黄河文化是中华民族的重要组成部分，是中华文明的瑰宝，值得他们自豪和传承。思政课堂应注重提升学生的文化素养，让他们了解黄河文化的历史渊源、基本特征和重要价值。通过学习和了解黄河文化，学生可以更加

---

① 习近平. 把文化建设摆在更加突出位置［M］. 习近平谈治国理政：第四卷. 北京：外文出版社，2022：309－311.

深入地认识中华民族的精神特质和文化底蕴，从而增强文化自信。

思政课堂应积极弘扬黄河文化中的优秀精神品质，如团结协作、自强不息、勇于担当等。通过弘扬这些精神品质，可以激发学生的爱国情感和民族自豪感，进一步推动社会风气的正向发展。

四、黄河文化中爱国主义资源在高校思政课中的具体运用案例

习近平总书记明确指出，黄河文化是中华民族的"根"和"魂"①。黄河文化以其独特的魅力，见证了中华民族从苦难走向辉煌的历程，承载着无数先贤的智慧和勇气。通过深入挖掘黄河文化中的价值观念、人文精神、道德规范和审美情趣，我们可以将其转化为生动的教学案例和鲜活的教学素材，让学生在了解黄河文化的同时，深刻感受到中华民族的伟大精神和深厚底蕴。我们相信，通过为思政课堂注入活力，不仅能够提升思政课的吸引力和感染力，更能够为学生们的全面发展奠定坚实的基础，为中华民族的伟大复兴贡献智慧和力量。

（一）延安精神在思政课中的运用

延安精神是中国共产党在延安时期形成的一种宝贵精神财富，它体现了坚定信念、艰苦奋斗、实事求是、敢闯新路、依靠群众、勇于胜利等精神品质。在思政课中，可以通过讲述延安时期的历史背景和具体事例，如毛泽东同志在延安的革命实践、抗大精神等，使学生深刻领会延安精神的内涵和价值。同时，可以组织学生参观延安革命纪念馆、枣园革命旧址等红色文化遗址，通过实地考察和研学活动，加深对延安精神的理解和感悟。

（二）红旗渠精神在思政课中的运用

红旗渠精神是林州人民在修建红旗渠过程中形成的一种宝贵精神财富，它体现了自力更生、艰苦创业、团结协作、无私奉献的精神品质。在思政课中，可以通过讲述红旗渠修建的历史背景和具体过程，如林县人民在恶劣自然条件下克服重重困难修建红旗渠的壮举等，使学生深刻领会红旗渠精神的

---

① 习近平．习近平谈治国理政（第三卷）［M］．北京：外文出版社，2020：327－332．

内涵和价值。同时，可以组织学生参观红旗渠纪念馆、实地考察红旗渠工程等，通过实践活动加深对红旗渠精神的理解和感悟。

（三）黄河文化中的英雄人物事迹在思政课中的运用

黄河文化中涌现出许多英雄人物，他们的事迹激励着后人不断前行。在思政课中，可以通过讲述这些英雄人物的事迹和贡献，如抗日英雄杨靖宇、治黄英雄焦裕禄等，使学生深刻感受到他们高尚的爱国情操和民族大义。同时，可以组织学生开展向英雄人物学习的主题活动，如演讲比赛、征文比赛等，通过活动形式加深对英雄人物事迹的理解和感悟。

五、结语

黄河文化，作为中华民族悠久历史和灿烂文明的瑰宝，不仅承载着丰富的历史信息和文化遗产，更蕴含着深厚的爱国主义精神和民族情感。通过深入挖掘黄河文化中的爱国主义教育资源，并将其有效地融入高校思政课中，我们不仅能够传承和弘扬中华优秀传统文化，还能激发大学生的爱国情感，培养他们的民族自豪感和文化自信。本文系统探讨了黄河文化的内涵、爱国主义教育资源的挖掘及其在高校思政课中的运用，提出了一系列将黄河文化融入思政课的策略和方法。从加强顶层设计、丰富拓展教学内容，到创新教学方法、提升教学效果，再到构建协同育人机制、形成育人合力，每一步都旨在让黄河文化中的爱国主义教育资源在思政课堂上发挥最大的教育价值。同时，本文也列举了延安精神、红旗渠精神以及黄河文化中的英雄人物事迹等具体案例，展示了这些资源在高校思政课中的实际应用和深远影响。这些案例不仅丰富了思政课堂的教学内容，更让大学生在学习和体验中深刻感受到了黄河文化的魅力和爱国主义精神的伟大。

展望未来，我们应继续深入挖掘黄河文化中的爱国主义教育资源，不断创新教学方法和手段，将黄河文化融入思政课的每一个环节，让大学生在学习和生活中都能感受到爱国主义精神的熏陶和感染。同时，我们还应加强与其他学科的交叉融合，构建协同育人的良好氛围，共同培养出更多具有爱国情怀、民族自豪感和文化自信的新时代青年，为实现中华民族伟大复兴的中国梦贡献智慧和力量。

参 考 文 献

[1] 习近平：在黄河流域生态保护和高质量发展座谈会上的讲话 [N].人民日报，2024-09-13（01）.

[2] 张璇. 黄河文化（临夏段）融入思政课的路径研究 [J]. 考试周刊，2021（78）.

[3] 刘娟，刘鑫. 地方高校黄河文化课程开发策略 [J]. 中国石油大学胜利学院学报，2021（2）：54-56.

[4] 习近平. 习近平主持召开学校思想政治理论课教师座谈会强调　用新时代中国特色社会主义思想铸魂育人　贯彻党的教育方针落实立德树人根本任务 [N]. 人民日报，2019-03-19（01）.

[5] 习近平在教育文化卫生体育领域专家代表座谈会上的讲话 [N].人民日报，2020-09-23（02）.

[6] 习近平. 习近平谈治国理政（第三卷）[M]. 北京：外文出版社，2020：327-332.

黄河文化传承传播助力
城乡融合发展研究

牛佳滢*

摘　要： 在党的二十大报告中，习近平总书记明确提出要推动黄河流域生态保护和高质量发展。这一战略不仅着眼于黄河流域的生态保护，更致力于通过文化传承与创新，推动城乡融合发展。本文深入剖析城乡发展差距现状，揭示黄河文化在城乡融合发展中的独特作用与潜力，探讨当前黄河文化传承传播面临的现实瓶颈，并提出基于黄河文化的城乡融合发展新策略。通过充分发挥黄河文化的独特价值，旨在化解城乡结构性矛盾，推动城乡走向融合共生的可持续发展道路。

关键词： 黄河文化　城乡融合　文化传承　文化创新　区域发展

一、引言

黄河，作为中华民族的母亲河，孕育了源远流长、博大精深的黄河文化。从远古时期的治水神话到现代的生态文明，黄河文化贯穿了华夏历史的长河，承载着民族的记忆与精神内核。在当代社会发展进程中，城乡融合已成为国家战略布局的关键环节。然而，城乡二元结构所衍生的诸多问题依然制约着整体发展的步伐。深入挖掘黄河文化的时代价值，探寻其助力城乡融合发展的有效路径，具有极其重要的理论与现实意义。

＊ 牛佳滢，齐鲁工业大学（山东省科学院）马克思主义学院硕士研究生，研究方向为马克思主义中国化研究。

一方面，黄河文化凭借其深厚底蕴能够为城乡融合注入灵魂，提供源源不断的精神动力与产业支撑。黄河文化的丰富内涵，如坚韧不拔、团结协作、勇于创新等精神，能够激发城乡居民的奋斗精神与创造力，推动经济社会全面发展。另一方面，城乡融合发展又为黄河文化的传承传播开辟广阔天地。城乡融合不仅意味着经济社会的协调发展，更代表着文化的交流与融合。通过城乡融合，黄河文化得以在城市与农村之间自由流动，实现资源共享与优势互补。

二、黄河文化助力城乡融合发展的紧迫性

（一）城乡发展差距现状剖析

1. 经济发展失衡

城乡产业落差凸显。在经济发展层面，城乡之间仿若存在一条难以逾越的鸿沟。城市地区以其多元化的产业布局，带动 GDP 持续高速增长。沿海一线城市凭借科技创新优势，吸引大量资本与人才汇聚，新兴产业集群不断涌现，创造出惊人的经济附加值。对比城市以高新技术、现代服务业为主导的多元产业格局，乡村产业多集中于传统农业，附加值低、抗风险能力弱。黄河文化蕴含的丰富资源如民俗手工艺、特色农耕文化体验等，尚未充分转化为乡村特色产业，错失大量经济增长机会，急需挖掘利用以缩小城乡产业差距。以山东某些沿黄乡村为例，拥有古老的黄河渡口传说、传统酿酒技艺等，却因开发不足，村民只能守着微薄的种地收入，与临近城市居民收入差距逐年拉大，凸显了黄河文化赋能乡村经济的紧迫性。

乡村发展资金短缺。广大农村地区产业结构单一，多以传统农业为主。种植养殖模式粗放，农产品附加值低，难以抵御市场波动风险。加之农村基础设施落后，交通不便，物流成本高昂，导致农产品销售困难，农民收入难以提高。这严重制约了农村地区的发展活力与居民生活质量的提升。当前金融机构对城乡投资的偏向，城市因基础设施完善、产业集聚效应等因素吸引大量资金流入，乡村则面临融资难、资金匮乏困境。若无资金启动，乡村难以凭借文化优势实现突破，城乡资金鸿沟将持续扩大。

2. 人口流动困境

乡村人才流失严重。指出由于乡村就业机会少、公共服务落后，年轻劳

动力纷纷流向城市，导致乡村空心化，传承黄河文化的主体缺失。像一些黄河沿岸古村落，掌握传统黄河夯土建筑技艺的匠人越来越少，年轻人不愿回乡学习传承，使得技艺濒临失传，若不借助黄河文化发展机遇吸引人才回流，乡村发展将后继乏力。人才流失引发乡村创新活力不足，难以适应新时代对黄河文化创造性转化、创新性的发展要求，无法将古老文化与现代需求结合，进一步阻碍城乡融合的进程。

城市人口承载压力过大。城市人口过度集聚带来的住房紧张、交通拥堵、资源分配紧张等"大城市病"，而乡村相对闲置的土地、房屋资源因缺乏吸引力未能有效疏解城市人口压力。如何通过挖掘黄河文化特色，打造宜居宜游乡村，吸引城市居民到乡村旅游、定居、创业，实现城乡人口合理双向流动，缓解当前不合理人口分布格局十分具有紧迫性。

3. 基础设施与公共服务差距

乡村基建滞后。乡村道路、水电、网络通信等基础设施与城市的巨大差距，导致黄河文化资源开发受限。如部分偏远沿黄乡村道路崎岖，游客难以进入观赏黄河沿岸自然风光、民俗村落，阻碍乡村文旅融合发展；网络不畅使黄河文化产品线上推广、销售艰难，无法对接广阔市场，急需改善以跟上城乡融合步伐。

教育资源分配不均。城市学校师资力量雄厚，不仅教师学历层次高、教学经验丰富，还能频繁参与国内外学术交流与培训活动，不断更新教育理念与方法。校园设施完备，多媒体教室、实验室、图书馆等一应俱全，为学生提供优质学习环境。反观农村地区，教师流失现象严重，师资队伍青黄不接，教学方法相对陈旧，教育设施简陋。很多孩子在破旧的校舍中学习，缺乏必要的教学器材与课外读物，难以享受到公平而优质的教育机会。如乡村孩子因缺乏艺术教育师资，难以深入学习黄河剪纸、戏曲等民间艺术，城乡文化素养差距进一步拉大，不利于以文化凝聚城乡发展合力。

医疗保障方面。城市大型综合性医院云集，医疗技术精湛，高端医疗设备齐全，能够精准诊断与治疗各类疑难病症。城市居民就医便利，医疗保障水平高。而农村卫生室普遍存在药品短缺、医护人员专业技能有限的困境。村民患病往往需长途跋涉前往城市就医，耽误最佳治疗时机。因病致贫、因病返贫现象时有发生，严重影响了农村居民的健康水平与生活质量。

在文化设施建设上。城市博物馆、剧院、文化馆等星罗棋布，各类文艺演出、展览、讲座丰富多彩，滋养市民精神世界。而农村文化礼堂、农家书屋虽有一定覆盖，但内容更新缓慢，活动组织乏力，难以满足村民日益增长的文化需求。城乡文化设施的不均衡分布，进一步加剧了城乡文化差距，影响了城乡居民的文化素养与精神面貌。

4. 文化传承与生态保护协同需求

文化传承断代危机。随着现代化冲击，黄河沿岸许多古老民俗活动、传统技艺传承面临无人问津的困境，传承谱系濒临断裂。像黄河号子，因劳动方式改变，年轻一代知晓者寥寥，若不加快利用城乡融合契机，整合城市文化研究、教育力量与乡村传承土壤，这些珍贵文化遗产将迅速消逝。

生态保护存在资金缺口。黄河流域生态保护任务艰巨，乡村作为生态保护前沿阵地，却因资金匮乏难以有效治理水土流失、保护湿地等生态资源。黄河文化与生态紧密相连，如依赖湿地生态的黄河渔家文化，生态恶化将使文化失去依存根基，急需城乡统筹资金、技术等要素投入，实现文化传承与生态保护共赢，推动城乡融合可持续发展。

（二）黄河文化蕴含的城乡协同发展动力

1. 促进产业协同发展

黄河文化源远流长，其中蕴藏的产业联动潜能不可小觑。黄河流域广袤土地孕育出众多特色农产品，如宁夏枸杞、陕西苹果、河南大枣等。这些农产品品质优良，但由于品牌打造与销售渠道拓展难题，往往难以走出地方，实现规模化经营。依托黄河文化的地域标识，借助城市的电商平台、营销网络与设计理念，将农村特色农业与城市消费市场紧密相连，实现农产品深加工与品牌化运营，不仅能提升农产品附加值，还可带动农村就业与经济增长。例如，山东的黄河口大闸蟹，通过与城市电商平台合作，采用精美的包装设计，打造了特色品牌，借助互联网的营销推广，使得销量大增，不仅提高了产品附加值，还带动了当地养殖户的收入增长，同时促进了物流、包装等相关产业的发展。

同时，黄河流域传统手工艺丰富多彩，剪纸、皮影戏、唐三彩烧制等承载着先辈智慧。若将乡村手工作坊与城市文创产业精准对接，挖掘黄河文化符号，引入城市设计、资金与营销力量，开发具有时尚元素的文创产品，既能传承古老技艺，又能开拓城市消费市场，形成城乡产业协同发展新路径。以济南趵突泉、大明湖等城市地标文化结合黄河文化底蕴，设计出融合泉水元素与黄河风情的文具、饰品，在城市商场、景区售卖，同时乡村作为手工制作基地，提供原汁原味的民俗工艺部分，如手工编织黄河蒲草饰品。这样一来，城市提供市场、创意，乡村保障工艺传承、生产，从而实现产业协同升级，带动城乡就业。

2. 增强文化认同感与凝聚力

黄河文化所承载的坚韧、团结等精神内涵是城乡融合发展的精神黏合剂。在漫长历史进程中，黄河流域人民历经洪水泛滥、战乱饥荒等磨难，却始终顽强抗争、团结一心。这种精神力量深深融入民族血脉，成为推动城乡融合发展的重要精神动力。

在城乡融合发展方面，城市居民与农村居民因生活环境、工作方式不同，难免存在心理隔阂与认知差异。弘扬黄河文化精神，能促使城乡居民在共同文化溯源中找寻认同感与归属感，携手应对发展中的困难与挑战。当面对乡村振兴项目建设、生态环境保护等共同任务时，以黄河文化精神为指引，凝聚各方力量，打破城乡界限，构建城乡命运共同体，向着融合发展目标奋勇前行。

通过举办黄河文化节、黄河文化论坛等活动，搭建城乡文化交流平台，增进城乡居民之间的相互了解与信任。同时，通过黄河文化的传承与传播，培养城乡居民的共同体意识，鼓励城市文艺创作者与乡村文艺爱好者合作。例如，可以让音乐团队采集黄河号子元素创作激昂乐章。通过这些作品在城乡的广泛传播，引发居民情感共鸣，唤醒民众对黄河文化的热爱，让城乡居民在哼唱中铭记文化根脉。

三、黄河文化传承传播面临的现实瓶颈

（一）文化传承主体困境

1. 农村传承主体断档

农村作为黄河文化的重要发源地与传承地，如今却深陷传承断档的危机。随着城市化浪潮汹涌澎湃，大量农村青壮年劳动力背井离乡，奔赴城市寻求更好的发展机会。导致农村常住人口锐减，老龄化问题日益加剧。留守的老一辈虽熟悉传统黄河技艺、民俗风情，然而受限于体力、精力以及知识更新能力，难以肩负起传承重任。年轻一代成长于信息爆炸时代，受现代都市文化、外来文化冲击，对乡土文化的亲近感与认同感逐渐缺失。加之传统

黄河技艺传承往往耗时费力，经济效益在短期内难以显现，使得年轻人传承意愿极度低迷。比如在山西的一些农村，曾经盛行的黄河面花制作技艺，老一辈艺人虽然掌握精湛的制作手法，但随着年龄增长，体力和精力有限，难以将复杂的技艺完整传授给下一代。年轻一代受现代文化冲击，对乡土文化认同感缺失，且传统技艺传承费力、效益低，导致传承意愿低，许多珍贵技艺濒临失传，乡村文化传承根基动摇。

2. 城市传承力量薄弱

城市虽拥有丰富人才、技术与信息资源，在黄河文化传承上却同样乏力。城市居民每日忙碌于快节奏的工作与生活，对身边的黄河文化缺乏深度关注。大多将参观黄河文化展览、游览黄河沿岸景点视为观光消遣，仅停留在表面认知阶段，鲜少有人愿意静下心来深入研习传统技艺，投身传承实践。即便有部分文化爱好者有心参与，也因缺乏专业指导和系统学习平台，难以转化为有效的传承力量。城市潜在的文化传承活力未能得到充分激发。同时，城市中的黄河文化传承活动往往缺乏系统性与持续性，难以形成规模效应与品牌效应。

（二）传播渠道障碍

1. 传统媒介没落

传统媒介曾在黄河文化传播史上发挥过巨大作用，然而随着时代变迁，传统媒介在传播黄河文化等方面正面临挑战。报刊发行量持续下滑，订阅群体日益老龄化，难以覆盖年轻受众群体。广播收听率随着汽车音响、移动音频 App 的普及而大幅萎缩，传统宣传黄河文化的节目时段受限、形式单一，难以吸引听众注意力。这些传统媒介受众大量流失，传播覆盖面不断收窄，传播效果大打折扣，已无法满足信息时代黄河文化广泛传播的需求。

2. 新媒体传播短板

步入新媒体时代，虽为黄河文化传播带来新契机，但也暴露出诸多短板。一方面，文化机构、非遗传承人等黄河文化传播主体虽意识到新媒体的巨大潜力，却因缺乏专业的新媒体运营知识与技能，陷入困境。线上发布的黄河文化内容零散琐碎，多为简单的图片、文字介绍，缺乏深度挖掘与系统整合，难以形成有影响力的品牌传播效应。另一方面，新媒体平台算法推荐机制导致信息碎片化、同质化严重，优质黄河文化内容易被海量娱乐信息淹没，难以精准触达目标受众，无法在网络空间掀起广泛传播热潮。同时，新媒体传播中还存在版权保护不力、虚假信息泛滥等问题,严重影响了黄河文化的传播效果与公信力。

(三)资源整合难题

城市中的博物馆、剧院等文化地标建筑不仅珍藏了海量的文物和艺术品,还具备高端演出和展览功能,承载着深厚的城市文化底蕴。然而,由于这些设施大多位于城市中心区域,且往往缺乏与农村的互动交流机制,导致这些优质资源主要服务于城市居民,未能充分发挥其辐射带动作用。此外,部分城市文化设施在运营过程中存在内容更新滞后、管理不善等问题,使得资源利用效率不高,甚至出现了闲置现象。

相比城市,农村地区的文化设施建设相对滞后。虽然近年来国家加大了对农村文化设施的投入力度,建设了一批文化礼堂、农家书屋等设施,但这些设施往往因资金短缺、内容更新滞后、管理不善等原因而难以发挥应有的作用。许多文化礼堂和农家书屋常年门可罗雀,资源闲置浪费现象严重。这不仅影响了农民群众的精神文化生活,也制约了黄河文化在农村地区的传承与发展。

四、基于黄河文化的城乡融合发展新策略

(一)以黄河文化为纽带,促进城乡产业融合

沿黄各县(市)应深度挖掘自身独特的黄河文化底蕴、自然资源与发展条件,沿黄地区应聚焦 1~2 项独具特色且优势显著的产业,集中精力、精准施策,全力以赴打造以"黄河"命名的地标性产业集群。切实拓宽城乡居民的就业渠道,为缓解就业压力、吸纳劳动力提供有力支撑。例如,对于有着悠久黄河农耕历史的县(市),围绕特色农产品种植、深加工构建产业体系,将传统农耕文化融入产品品牌塑造,讲述从古老黄河水灌溉到现代绿色种植的故事,提升产品附加值。

探索设立沿黄县(市)产业发展专项基金,重点扶持依托黄河文化资源的制造业、服务业等产业项目。鼓励企业运用大数据、人工智能等前沿技术,对传统产业进行全方位改造升级,积极开展"黄河文化 + 互联网""黄河文化 + 标准化""黄河文化 + 数字化"等创新实践,推动产业向智能化、绿色化、高端化转型升级,实现沿黄城乡产业协同发展。

沿黄县（市）坐拥得天独厚的"黄河红"（即底蕴深厚的红色文化）、"黄河绿"（秀美的生态景观）、"黄河特"（别具一格的特色民俗与丰富物产）资源富矿，要立足这一优势，深挖"黄河土特产"潜力。让黄河文化在蓬勃兴起的产业浪潮中，化作一条坚韧且紧密的纽带，将城乡紧密相连，协同共进。同时吸引外部先进技术、人才为我所用，推进沿黄城乡产业链协同研发、协同制造、协同发展，让黄河文化赋能产业创新，成为驱动城乡融合发展的新引擎。

（二）以黄河文化为磁石，吸引城乡要素合理汇聚

沿黄区域各地需进一步强化财政支持举措，积极发挥财政资金的导向作用，促使各级财政资源精准流向依托黄河文化推动城乡融合发展的各类项目、创新平台以及关键载体建设领域，为其提供坚实的资金保障。在风险可控的情况下，支持地方政府发行专项债券，精准投向如黄河文化主题公园、乡村民俗博物馆等城乡融合公益性工程。

为了汇聚各方人才力量，赋能沿黄城乡融合发展，应当谋划并出台一套全方位、多维度的激励政策体系。吸引不同背景、不同专长的人才携手共创沿黄城乡融合发展的崭新局面。重点鼓励原籍高校、职业院校毕业生以及外出务工、经商人员回乡，依托黄河文化资源，挖掘乡村文旅、特色手工艺等创业机遇。推进"大学生村官"与选调生制度衔接优化，吸引更多高校毕业生到沿黄乡村任职，夯实基层人才队伍，使其在黄河文化传承、乡村产业振兴等领域发光发热。

（三）以黄河文化为脉络，铺就城乡公共服务共享之路

将黄河文化教育融入城乡教育发展大局，优先助力农村教育事业腾飞。构建以城带乡、协同共进、城乡一体且彰显黄河文化特色的义务教育发展模式，引导教师资源沿着黄河文化传承脉络向乡村流淌。通过切实提高待遇、给予专项补贴、提供专业发展机会等举措，增强乡村教师岗位的吸引力，让更多教育人才扎根乡村，为黄河文化在乡村的传承播撒知识火种。同时推广城乡教育联合体模式，以城市优质教育资源带动乡村，共享诸如黄河文化校本课程开发、民俗技艺进校园等教育成果，让城乡学子在黄河文化的滋养下共同成长。

依托黄河文化凝聚的向心力，改善乡镇卫生院和村卫生室条件，通过对

硬件设施进行更新换代以及对软件环境加以优化完善，多维度、全方位地提升基层医务人员岗位的吸引力，进而吸引大批医疗人才踊跃投身于乡村医疗卫生事业，为筑牢乡村健康防线提供坚实的人力保障和专业支持。鼓励县医院与乡镇卫生院以黄河文化传承为纽带建立紧密的县域医共体，共享医疗技术、人才培训资源，协同守护沿黄居民健康。

统筹城乡公共文化设施布局、服务供给与人才队伍建设，遵循黄河文化流向，让文化资源重点向乡村倾斜。支持乡村民间文化团体深挖黄河文化底蕴，开展具有浓郁乡土气息与黄河风情的文化活动，如黄河号子传唱大赛、黄河民俗故事展演等，激发乡村文化活力。精准划定乡村建设的历史文化保护线，守护好黄河沿岸的农业遗迹、文物古迹、民族村寨、传统村落、传统建筑和灌溉工程遗产，通过建立民俗博物馆、非遗传承工坊等形式，推动非物质文化遗产在城乡间活态传承，让黄河文化这条无形的脉络，串联起城乡公共服务共享的美好未来。

（四）以黄河文化为基石，筑牢城乡协同发展保障根基

深度把握黄河文化所蕴含的包容、融合精神内涵，基于黄河流域城乡居民实际需求，合理满足进城农民工参加社会保险需求，鼓励新进城农户依托黄河沿岸城镇发展机遇购房置业，安居乐业。依法保障进城落户农民在黄河文化滋养下长期积累的土地承包权、宅基地使用权、集体收益分配权，尊重农民意愿，积极支持有条件的县（市）探索符合黄河流域乡村特色的农民有偿退出农村权益模式，让农民安心融入城镇新生活，推动城乡人口合理流动，为城乡融合发展注入活力。

黄河文化传承千年，凝聚着先辈们的创新智慧。依此建立健全农业科研成果产权制度，赋予科研人员对源于黄河农耕、生态等领域科研成果的所有权，充分调动其创新积极性。发挥政府在黄河文化传承与城乡融合进程中的引导推动作用，设立专项激励资金、搭建成果转化平台，建立有利于涉农科研成果在黄河流域乡村转化推广的激励机制与利益分享机制，让科技成果惠及城乡。

大力弘扬黄河文化所承载的团结协作、坚韧不拔精神，强化农村基层党组织领导核心作用，确保党组织引领乡村发展沿着黄河文化传承、城乡融合方向前进。加强农村各类组织的党建工作，引导其秉持黄河文化中为民服务的理念，扎根乡村、服务农村。对于乡村自治组织而言，规范化与制度化建

设更是不可或缺的基石。健全村级议事协商制度，充分发扬民主，凝聚村民智慧共商黄河乡村发展大事。打造融合黄河文化元素、一门式办理、一站式服务、线上线下结合的村级综合服务平台，完善网格化管理体系和乡村便民服务体系，提升乡村治理效能，为城乡融合发展营造和谐有序的乡村环境，以黄河文化凝聚城乡发展合力。

（五）以黄河文化为生态指引，绘就城乡融合绿色新画卷

黄河文化源远流长，其中蕴含着先辈们顺应自然、与天地共生的古老生态智慧。深入挖掘这些智慧结晶，在城乡生态融合发展进程中，将黄河流域生态系统视为一个有机整体，统筹城市与乡村的生态空间规划。城市规划注重引入黄河湿地景观元素，乡村规划依循黄河故道走向、河汊分布，布局生态农业、特色林果种植区，既减少水土流失，又为城市提供生态屏障与优质农产品。

黄河文化倡导的"天人合一"理念，为城乡生态产业融合照亮前路。城市凭借资金、技术、人才优势，大力发展节能环保产业、生态科技研发，将科研成果应用于乡村生态产业升级。如研发针对黄河滩区盐碱地改良的生物技术，助力乡村发展耐盐碱特色农业，种植枸杞、碱蓬等经济作物，城市企业负责深加工与市场推广，形成产业链闭环。乡村依托丰富自然资源，发展生态旅游、民俗文化体验等绿色产业，吸引城市游客。实现城乡生态与经济协同共赢，产业联动发展。

黄河文化中坚韧不拔守护家园的精神，激励着城乡居民携手共建生态保护体系。城市发挥环保教育、科研监测优势，向乡村普及环保知识，派遣专业团队监测黄河支流水质、土壤生态。乡村则利用地缘优势，组织村民成立巡河队、护林队，守护黄河沿岸生态资源。建立城乡生态补偿机制，城市对乡村生态保护给予资金、技术支持，促进资源合理分配。以黄河文化凝聚生态保护力量，筑牢城乡生态融合根基。

五、结语

黄河文化作为中华民族的瑰宝，承载着厚重历史与精神寄托，在城乡融合发展的时代征程中具有不可估量的价值。尽管当前面临诸多现实瓶颈，但通过一系列针对性策略，有望充分释放黄河文化潜能，化解城乡结构性矛

盾，推动城乡走向融合共生的可持续发展道路。未来，需政府、社会、企业、民众各方携手共进，持续深耕黄河文化，让黄河文化在城乡大地绽放光芒，为实现中华民族伟大复兴的中国梦筑牢城乡融合发展根基。

参 考 文 献

［1］韩小玲．黄河文化在高校传承与弘扬的时代价值［J］．时代报告（奔流），2023（5）：65－67.

［2］娄兆锋．乡村文化传承与黄河文明发展的思考［J］．山东农业工程学院学报，2023，40（3）：92－96.

［3］贺莹．黄河文化的精神内涵与传承路径研究［J］．黄河·黄土·黄种人，2023（12）：33－35.

［4］赵素欣．新媒体时代黄河文化传承与传播路径探究［J］．文化创新比较研究，2022，6（29）：77－80.

［5］张庆．黄河生态文明的展览展示与文化内涵研究——黄河文化时代精神传播途径研究［J］．商展经济，2020（5）：111－113.

［6］黄臻．黄河文化的传统特性与融合发展［J］．文化创新比较研究，2024，8（26）：72－75.

［7］冯燕，马龙．新时代背景下黄河文化传承研究［J］．黄河·黄土·黄种人，2023（4）：30－32.

［8］李琰霞．黄河文化的传承与弘扬［J］．黄河·黄土·黄种人，2023（12）：42－44.

［9］薛超男，李成敏，宋振源．黄河文化的传承与弘扬——以郑州市为例［J］．黄河·黄土·黄种人，2023（14）：29－31.

［10］翟崇歌，刘超，闫凯，等．黄河文化的理论创新与传承研究——以山东省菏泽艺术学校为例［J］．黄河·黄土·黄种人，2024（14）：55－59.

［11］刘丽丽，张娇，李梅．黄河文化融入地方特色阅读推广策略研究［J］．黄河·黄土·黄种人，2024（14）：78－80.

［12］刘东皓．新时代黄河文化传承创新的问题与策略［J］．文化创新比较研究，2024，8（2）：87－92.

黄河文化与金融文化的互动机制及其在黄河流域生态保护和高质量发展中的应用研究

陈　晋[*]

摘　要： 在我国，黄河文化深植于几千年悠久历史的沃土中，其精神内涵不仅影响了黄河流域的民众，也深刻影响了中国社会的价值体系。金融文化作为现代经济活动的重要组成部分，涉及经济、政治、社会等多重维度，其理念的形成与社会发展密切相关。两种文化虽然源于不同的历史时期和文化背景，但在相互交织与互动中蕴含着相辅相成的内在联系。本文通过对两种文化融合与互鉴的研究，旨在探寻黄河文化对金融文化创新的启示，并进一步研究两种文化在黄河流域生态保护和高质量发展中的应用。

关键词： 黄河文化　金融文化　黄河流域　绿色金融

一、黄河文化与金融文化的内在联系与碰撞

黄河文化与金融文化作为中国传统文化与现代化经济体系的重要组成部分，具有深厚的历史背景和独特的精神特质。黄河文化是指黄河流域人民在长期的生活劳动和生产实践过程中创造的物质财富和精神财富的总和。[1]它

---

*　陈晋，法学硕士，中共东营市委党校统战理论教研室主任、讲师，研究方向为统一战线理论、中华文化。

深植于中国历史的沃土中，其精神内涵不仅影响了黄河流域的民众，也深刻影响了中国社会的价值体系。金融文化指的是在金融领域所形成的精神活动和外在行为和实践，它是现代经济活动的重要组成部分，涉及经济、政治、社会等多重维度。黄河文化与金融文化虽然源于不同的文化背景，但在相互交织与互动中形成了紧密的内在联系与价值碰撞。

（一）黄河文化与金融文化的内在联系

黄河文化和金融文化虽然源于不同的历史时期和文化背景，但在相互交织与互动中蕴含着相辅相成的内在联系。一方面，黄河文化和金融文化都体现出"坚韧不拔"的精神品质。黄河文化具有鲜明的精神特质，其核心价值在于坚韧、包容与传承。黄河流域生态环境脆弱，历史上黄河多沙悬河、决溢泛滥的险恶局面时有发生，历代人民在与黄河水患的斗争中既积累了宝贵的经验，更锻造形成了不惧艰险、坚韧不拔的民族精神。在金融文化的形成过程中，类似的坚韧精神也得到了体现，尤其是在金融危机、市场波动等风险挑战面前，金融行业对稳定性、抗风险能力和长远可持续发展价值的强调正是对"坚韧"精神的现代回应。另一方面，黄河文化的"包容多元"特质与金融文化中的创新理念也具有契合性。从古至今，黄河以其博大的胸怀孕育了各民族文化，形成了开放包容的良好局势，在各民族融合过程中，造就了丰富的物质文化遗产和非物质文化遗产。[2]这种多元化的精神为黄河文化注入了无限的创新潜力。多元文化在黄河流域碰撞交融，形成了兼收并蓄、包容开放的文化品格，极大地丰富了黄河文化的内涵。[3]在当代金融文化的背景下，创新理念的核心在于对多元文化的接纳与整合。这里的"多元"意味着现代金融活动不应仅仅依赖于银行的间接融资，还应积极利用证券交易所、证券公司、公募基金等各类金融机构的资源，构建一个多元化的金融渠道体系。而"包容"则强调为更多的中小微企业提供融资机会，无论是通过直接融资还是间接融资的方式，以使更广泛的市场主体能够充分分享金融政策所带来的利益。

（二）黄河文化与金融文化的融合路径与互补机制

黄河文化与金融文化的融合是多维度、多层次的。首先，黄河文化中的坚韧精神为金融行业提供了抗风险能力的文化支撑。在金融市场中，尤其是在高风险投资、资本流动及金融危机等特殊情境下，金融文化往往需要从历史中汲取力量，构建起有效的风险管理机制，避免短视行为带来的灾难性后果。黄河文化中的坚韧、顽强的生命力为金融文化中的风险管理理念提供了精神支撑。其次，黄河文化的包容性为金融文化的创新发展提供了广阔空间。黄河流域从西向东跨越了青藏高原、内蒙古高原、黄土高原和黄淮海平原，是不同民族交流融合、多元文化相互碰撞和融合的典型区域，这些因素共同塑造了黄河文化所具有的包容性和适应性。现代金融文化对创新和适应全球市场需求的精神高度契合。金融文化通过对科技创新、产品设计和市场服务等领域的不断创新，推动了金融行业的多元化发展，这一过程借鉴了黄河文化中包容多元的精神。最后，黄河文化的传承精神启示着金融文化在现代化进程中的延续与创新。在历史上，黄河流域在很长一段时间都是中国的政治和经济中心，积淀传承下来丰富的治国理政经验。与黄河文化一样，金融文化作为一种动态演变的文化形式，其核心价值观——如诚信、稳健、责任——并非一蹴而就，而是在历史的积淀中不断得到升华与完善的，这是建构稳定和可持续发展的金融体系的根本前提和基础。

（三）黄河文化与金融文化碰撞中的创新与变革

黄河文化与金融文化的碰撞，往往伴随着创新与变革。两种文化的碰撞并不只是理念的交流，更是多维度、多层次的文化融合过程。黄河文化中的坚韧与包容精神为金融文化注入了新的活力，同时，现代金融文化的创新性也推动了黄河文化的现代化转型。尤其是在金融科技飞速发展的今天，金融文化的创新不仅体现在金融工具和产品上，也体现在对传统文化的创新性解读与应用上。例如，如何将黄河文化中的可持续发展理念融入绿色金融产品设计中，如何通过金融科技实现生态保护项目的融资，都是两种文化碰撞后产生的创新性思考。在这一过程中，文化的创新性不仅是表现在金融产品与服务的层面，更在于文化观念的深度变革。金融行业的创新性不仅推动了行业的科技化与数字化，也促使金融文化逐步朝着更为包容、更加重视社会责任和生态可持续的方向发展。这种转型过程是黄河文化和金融文化碰撞中的一次深刻变革。

二、黄河流域的历史变迁与金融文化的协同发展

黄河流域是中国历史和文化的重要发源地，塑造了黄河文化和经济活动

的有效对接。可以说，无论是农业社会中的传统金融活动，还是工业化进程中的金融支持，黄河文化始终在其中扮演着至关重要的角色。探寻黄河流域的历史文化变迁并从中发掘出丰富的金融因素，是实现黄河文化和金融文化有机互动的关键一步。

（一）传统经济金融活动中的黄河文化因素

自古以来，黄河流域的传统经济活动就以农业为基础，形成了以农耕文明为核心的社会结构。在这一社会结构中，金融活动往往与土地、农田、劳动力等资源密切相关。在古代，黄河流域的农民往往通过土地租赁、抵押贷款、银钱借贷等传统金融方式来满足生产和生活的需求。这些金融活动并非单纯的个人经济行为，而是深受传统文化和社会习俗的影响。其中，乡村社会的互助合作精神是传统金融活动的文化基础，农民之间常通过互助资金、创办合作社等形式进行资金周转。乡村的集体主义文化和农民的信用制度，促使了这种自发性的金融活动的蓬勃发展。以"家族"为单位的资金支持和以"邻里"为基础的信用背书，使得这些金融活动具有强烈的文化特色。这种传统的金融文化不仅具有实用性，而且表现出深厚的文化传承特质，反映了黄河流域社会对集体主义、诚信与责任的高度重视。随着交通运输事业的发展，黄河流域不同地区间的贸易与商业活动日益密集，有力推动了地方金融的发展。在古代丝绸之路的背景下，黄河流域的商贸往来促使了货币流通和商业信贷的发展。这一时期的金融活动不仅是为解决日常生产和生活问题，更是为了促进区域内外的经济互动与资源配置。文化上的"开放"与"包容"特质在这一过程中得到了体现，黄河流域的商业和金融活动成为文化融合与创新的重要载体。

（二）黄河流域工业化进程中的金融支持与文化支撑

近代以来，黄河流域地区经历了工业化的过程。工业化带来了新的经济模式，并以系统化和复杂的金融体系支持大规模的工业投资和基础设施建设。在这一过程中，黄河流域的金融体系不断得到扩展与完善，传统的农业金融逐渐转向服务工业经济的现代金融体系。一方面，传统的"家族式""个人化"的资金支持模式逐步被"现代化""商业化"的银行体系所取代。这一转型并非简单的经济结构变化，还涉及金融文化的转型。黄河流域在工业化过程中，尽管面临着市场经济制度的变革，但在金融体系的建立上，依然保持着许多地方性文化的特色。例如，地方政府和金融机构在资金配置和支持产业发展的过程中，往往受到当地社会文化和价值观的影响。这种文化背景不仅影响了地方政府对资金的使用决策，也在一定程度上推动了金融产品和服务的本土化发展。另一方面，工业化进程中的金融体系支持，也体现了黄河流域文化中的"责任"和"长远规划"思想。黄河流域的传统文化强调人与自然、人与社会的和谐发展，这种文化精神为工业化时代的可持续发展提供了文化动力。在金融领域，这种文化精神转化为对长期投资的关注和对生态、环境影响的重视，推动了绿色金融和社会责任金融的逐步发展。

（三）黄河文化与金融文化的未来发展

从古至今，黄河流域地区的文化与金融互动模式经历了从传统到现代、从单一到多元的转变。如今，随着金融市场的全球化与数字化发展，黄河流域的金融体系面临着更加复杂的挑战和机遇。历史经验表明，文化始终是推动金融创新和金融可持续发展的核心力量。未来，黄河流域可以通过将传统文化与现代金融体系相结合，形成更具地方特色的金融生态系统。沿黄流域各省市可以探索构建未来产业的合作与交流平台，促进各方主体主动融入全球未来产业的分工体系和合作网络。同时，要积极吸纳外部的优质资源，推动未来产业项目的孵化和实施，加快培养一批专业化、精细化、特色化和创新能力强的中小企业、高新技术企业以及行业领军企业。通过文化与金融的协同发展，黄河流域不仅能够实现经济的高质量发展，还能够在全球化背景下展现独特的文化魅力和竞争力。

三、绿色金融：黄河流域生态保护和高质量发展的金融创新

绿色金融是近年来的新兴概念。2024 年 10 月，中国人民银行等四部门联合印发《关于发挥绿色金融作用、服务美丽中国建设的意见》，明确指出将绿色金融服务美丽中国建设纳入构建中国特色现代金融体系、推动金融高质量发展总体安排，同时部署加大重点领域支持力度、提升绿色金融专业服务能力、丰富绿色金融产品和服务等明确任务，这与黄河流域生态保护和高质量发展的需求高度契合，金融机构可以围绕黄河流域的绿色建筑项目提供绿色信贷、绿色供应链融资等金融产品，支持黄河流域城乡建设的绿色发

展。可见，绿色金融在国家层面已成为实施绿色发展战略的重要政策工具，有利于提升黄河流域绿色发展能力，促进黄河流域经济、生态、社会和谐共生发展，最终实现到 21 世纪中叶，黄河流域物质文明、政治文明、精神文明、社会文明、生态文明水平大幅提升的战略目标。[4]

（一）黄河流域绿色金融理念的理论逻辑

绿色金融是支持环境改善、应对气候变化和资源节约高效利用的经济活动，即对环保、节能、清洁能源、绿色交通、绿色建筑等领域的项目融资、项目运营、风险管理等所提供的金融服务。[5]这一新兴金融形式，通过资本的绿色转型来实现生态环境保护和实体经济的有机结合。这一理念不仅强调金融机构在资金配置中的环境责任，还通过创新的金融产品和服务来促进绿色产业的发展。当前，黄河流域的生态环境整体比较脆弱，许多地区长期面临水资源短缺、大气污染严重等突出问题，亟须传统产业升级和新兴产业发展。绿色金融的出现为解决这些问题提供了选择。通过积极投入金融资源聚焦新产业、新模式、新动能，助力全社会科技创新、绿色发展与产业升级，加强绿色战略性新兴产业和未来产业布局，为新质生产力加速赋能。[6]绿色金融能够进一步催生黄河流域新质生产力，促进黄河流域绿色增长增质，实现绿色财富积累，加强绿色福利提升。

（二）黄河流域生态保护和高质量发展与绿色金融的契合

在黄河流域，绿色金融与生态保护和高质量发展的契合点，首先体现在如何通过绿色金融手段引导资金流入。黄河流域各地区可以通过绿色信贷、绿色债券、环境资产证券化等金融工具，为生态修复和环境保护项目提供必要的资金支持。此外，绿色金融的风险评估模型也可以针对生态保护项目的独特性质进行优化，使金融机构能够更好地评估投资风险，帮助那些可持续发展的优质项目获得更多的政策倾斜和资金支持。除了资金支持，生态保护和高质量发展与金融创新还体现在金融科技的应用领域。在黄河流域生态保护和高质量发展中，绿色金融企业可以借助大数据、云计算和人工智能等技术手段实时监测生态环境变化，评估生态修复效果，进而优化资金的使用和配置。但就目前情况来看，推行绿色金融仍存在一定程度的制约，比如在市场接受度方面，部分企业和投资者对绿色金融产品缺乏足够的认识和信任，导致绿色金融产品的需求不足。例如，2024 年发布的《绿色金融政策快报》显示，目前黄河流域企业对绿色金融产品的认知度仅为40%，远低于全国平均水平的60%；另一项针对黄河流域企业的调查显示，仅有35%的企业表示愿意投资绿色金融产品，主要原因是缺乏相关知识和对产品收益的不确定性。在政策支持方面，绿色金融相关的税收优惠政策覆盖面较窄，导致金融机构和企业在开展绿色金融业务时面临较大的成本压力。

（三）完善绿色金融发展的支撑保障体系

一是优化绿色金融的发展体系和机制。构建集中统一的信息平台，强化对绿色企业环境信息的监管与披露，有效降低投资者的信息搜集成本。探索建立由发改、生态环保、工信、市场监管等多部门联合的工作协同机制，制定体现地方特色、能落地的绿色金融政策，探索新型绿色金融产品，完善绿色金融发展的体制机制。

二是完善绿色金融发展的文化引领与价值塑造。绿色金融的发展不仅是金融领域的技术创新，更是金融文化理念的深刻变革。黄河文化中的"天人合一"思想和可持续发展理念，为绿色金融提供了丰富的文化内涵和价值指引。金融机构在发展绿色金融过程中，应努力将黄河文化中的生态智慧和人文关怀融入企业文化建设，塑造以绿色发展为核心的企业价值观，引导员工树立正确的环境伦理观和社会责任感，从而在业务决策和产品设计中更加注重生态保护和社会效益，切实推动绿色金融的可持续发展。

三是强化绿色金融发展的技术支撑体系。首先，建立并完善科技创新的支持制度，重点针对科技创新的研发投入和应用，特别是金融科技的应用，着力解决技术研发资金不足的问题；其次，汇聚沿黄各省市力量，加强区域间合作，在研发资金投入方面形成合力，推动科技创新取得重大进展；最后，加强重大科技创新平台建设，充分发挥沿黄地区各高校和科研机构的智库作用，培养一批绿色金融领域的领军人才，为绿色金融的创新发展提供强有力的智力支持。

四是完善发展绿色金融的教育普及。充分利用抖音、微信公众号、小红书等自媒体平台开展系统性、普惠性的绿色金融知识传播，有效改变公众对绿色金融市场了解程度不深、接受程度不高的现状，打通"企业—金融机构——投资者"的信息链条。通过举办绿色金融知识讲座、黄河文化展览、绿色金融文化节等活动，向公众传播绿色金融的重要性和黄河文化的独特魅力，在全社会引领绿色消费观念和黄河文化自信。加强对金融机构从业人员的绿色金融和黄河文化的培训，提升其专业素养和文化素养，为绿色金融的发展提供人才支持。

五是完善绿色金融发展的区域协同。探索建立黄河流域地区绿色金融发展交流平台，促进各地区金融机构之间的文化交流与合作。借助平台分享绿色金融产品创新、风险管理、文化融合等方面的经验和做法，形成区域绿色金融发展的合力。沿黄各省市文旅、生态环保、地方金融等相关部门应加强合作，共同出台一系列旨在推动地区间黄河文化的保护传承和绿色金融的创新发展的政策措施，推动绿色金融的区域协同发展。

六是提升绿色金融人才队伍建设质量。当前，黄河流域的绿色金融人才存在数量少、学历层次不高、专业素养不高等突出问题。加大对相关人才的关注度，提出针对人才发展的针对性措施，是化解这些突出问题的关键。一方面，应针对黄河流域生态保护和高质量发展的战略需求，结合实际情况制定相应的人才政策和制度，培养更多具有高专业素养、强创新能力、扎实工作作风的绿色金融人才；另一方面，建立优化人才激励制度体系。构建人才扎根黄河流域绿色金融发展的长效机制，着力营造尊重知识、尊重人才、尊重创造的社会氛围，提升人才的存在感、成就感，以便更好地服务于实现黄河流域生态保护和高质量发展。[7]

四、跨区域合作与国际交流中的黄河文化与金融文化融合

在全球化背景下，跨区域合作与国际交流已成为推动地区经济与文化发展的重要动力。黄河流域作为中国重要的经济文化带，承载着深厚的历史文化积淀，在推进中国式现代化进程中发挥着举足轻重的作用。将黄河流域发展融入跨区域合作和国际交流视野，有利于吸收借鉴世界大江大河流域地区的典型经验做法，提升黄河流域地区在亚洲乃至世界的影响力。在这一过程中，中国的黄河文化和金融文化的有机融合势必发挥着重要作用。

（一）国内跨区域合作模式与黄河文化的融合

随着中国经济的快速发展，地区之间的合作正在不断加强，特别是在金融创新的推广和应用方面，各个地区都在发挥着各自的经验优势。黄河流域作为中国的重要区域之一，沿河城市的经济定位和转型面临诸多挑战和机

遇。借鉴国内其他区域的金融创新模式，不仅有助于推动黄河流域的经济定位和转型，也能促进黄河文化价值观与金融理念的深度融合。例如，我国长三角和珠三角地区的金融创新一直处于全国前列，在绿色金融、金融科技和跨境资本流动等方面已经形成了独特的模式和经验，可以为黄河流域提供宝贵的借鉴。一方面，黄河流域地域辽阔、自然资源丰富，适合开发符合生态保护和文化传承的金融产品。绿色金融产品可以结合黄河流域的生态修复和环境保护项目，推出面向社会公众和企业的绿色信贷、绿色债券等金融工具。另一方面，黄河文化深厚的历史底蕴和文化价值，可以为金融产品的品牌塑造提供独特的文化支撑。金融机构可以在产品推广中融入黄河文化元素，通过创新的品牌传播方式，提升公众对金融产品的认同感。在跨区域合作过程中，黄河流域应该将传统文化中"包容多元""天人合一"的理念发扬光大，同时借助长三角、珠三角等地区在金融科技和绿色金融领域的技术优势，推动黄河流域绿色金融产品的创新和市场化推广，推动更加适应黄河流域特色的绿色金融服务的推出。

（二）国际化视野中的黄河文化与金融科技合作

1. 国际金融市场中的黄河文化传播

在全球金融市场中，文化的交流与传播已成为国家间、地区间合作交流的核心内容之一。黄河文化的独特魅力，特别是其在生态文明建设、经济与自然和谐共生方面的思想，正在为中国的国际金融传播注入新的文化元素。在国际金融市场中，黄河文化可以作为中国金融文化的重要代表，通过"一带一路"倡议和国际金融合作平台，向全球展示中国文化的独特价值。在这一过程中，黄河文化中的生态保护理念、可持续发展思想和社会责任感等内容，能够为全球金融市场的绿色金融发展提供文化支持，贡献中国力量。例如，中国的金融机构可以通过组织或参加文化交流活动，全方位展示黄河文化与绿色金融的结合点，吸引国际资本广泛参与黄河流域的绿色金融项目，为黄河流域经济发展提供技术和资金支持。

2. 跨境资本流动与技术合作推动黄河流域绿色金融发展

跨境资本流动是指资本在不同国家或地区间的转移。这一资本流动形式，有效地促进了资源在全球范围的优化配置，提高了投资效率和质量，推动了技术和知识的传播，增强了全球经济的抗冲击能力和发展潜力。在当前国际化的背景下，跨境资本流动与技术合作成为了推动黄河流域绿色金融发展的重要途径。随着全球绿色经济的发展，国际社会对绿色金融的需求不断增加，跨境资本流动为黄河流域的绿色项目提供了资金支持。同时，国际金融科技的先进技术和理念也可以为黄河流域的绿色金融创新提供技术保障。跨境资本合作通过灵活运用绿色债券、绿色基金等方式，为黄河流域的生态保护项目提供资金支持。这些资金不仅能够帮助改善生态环境，还能推动当地经济结构的绿色转型。此外，跨境资本合作可以将国内外先进理念进行有机结合，体现在绿色金融产品的创新设计和研发中。借助国际金融科技的力量，黄河流域可以更好地推动绿色金融产品的创新，提升金融科技在绿色金融领域的应用，促进生态环境保护与经济发展的协同发展。

3. "一带一路"与黄河文化在国际金融中的作用

"一带一路"倡议不仅是中国推动全球经济合作的重大战略部署，也是促进世界各国文化交流的重要平台。在这一框架下，黄河文化作为中国文化的重要组成部分，可以在国际金融中发挥重要作用。通过"一带一路"倡议，黄河文化可以在全球范围内进行推广和传播，并与其他国家的金融文化进行深度融合。黄河文化强调的"天人合一"思想、生态保护理念以及经济与社会责任感，恰好契合了全球对可持续发展和绿色金融的需求。在"一带一路"倡议的推动下，黄河文化可以成为推动国际绿色金融合作的重要力量，帮助共建国家理解并采纳中国在绿色金融方面的成功经验和理念。同时，黄河文化也能为国际金融市场提供一种新的发展理念，提升中国在全球金融事务中的文化影响力。

参 考 文 献

［1］种效博.基于黄河国家战略的黄河文化内涵阐释与传承弘扬［J］.中共济南市委党校学报，2024（4）：88.

［2］刘阿敏.保护、传承、弘扬黄河文化的意义及路径研究［J］.水资源开发与管理，2020（10）：53－56.

［3］张亚君，陈利利.黄河文化传播的文化社会学阐释：评《寻根与传承：黄河文化传播前沿报告》［J］.人民黄河，2024（9）：164.

［4］何向育.绿色金融支持黄河流域生态保护和高质量发展：理论、问题及策略［J］.经济与管理研究，2024（10）：115.

［5］中国人民银行.中国人民银行等七部委关于构建绿色金融体系的指

导意见 [EB/OL]. (2016 – 08 – 31). http：//www. pbc. gov. cn/goutongjiaoliu/ 113456/113469/3131687/index. html.

[6] 王遥. 绿色金融为新质生产力加速赋能 [J]. 经济，2024 (4)：24 – 26.

[7] 于法稳，方兰. 黄河流域生态保护和高质量发展的若干问题 [J]. 中国软科学，2020 (6)：85 – 95.

我国三十年黄河文化
保护与传承研究

——基于 VOSviewer 可视化分析

邢红静[*]

摘　要： 在数字化时代，黄河文化保护与传承的研究借助数字技术的发展，进入了快速增长阶段。文章系统梳理了我国黄河文化保护与传承热点主题、演进脉络与研究趋势，归纳总结了我国三十年来研究黄河文化保护与传承的情况，并借助 VOSviewer 可视化分析软件，以 1993～2024 年的 448 篇 CSSCI 与核心期刊文献为样本，对作者共现、研究机构、高频关键词、研究主题聚类等内容进行研究分析。结果表明：（1）从发文时间看，国内黄河文化保护与传承的相关研究主要起步于 1993 年，按照文献的分布时间来划分，主要可分为起步与探索阶段（1993～2010 年）、缓慢增长阶段（2011～2018 年）、快速增长阶段（2019～2024 年）。（2）从研究机构与研究地域来看，我国三十年来黄河文化保护与传承研究领域高产研究者数量较少，但是研究者之间有一定程度的合作，已经形成了 13 个相互合作的群体。而且，跨院校、跨省、跨流域的合作已经形成规模，形成了 20 个黄河文化保护传承的跨机构合作团队。河南省、陕西省、青海省、北京市拥有最多的核心作者，西北大学、郑州大学、河南大学、中国科学院、山西大学、中国社会科学院发文处于断层领先地位。（3）从研究主题来看，我国三十年黄河文化保护与传承研究形成了 13 个主题，如

---

* 邢红静，博士，系主任，研究方向为黄河文化、近现代报刊史料整理创新、数字人文。

黄河文化传承与国家战略、黄河治理与法律保护、黄河生态与城市发展、黄河文化传播与生态保护等。研究认为，在黄河文化保护与传承研究的深化发展、跨区域合作与协同创新的强化、数字化转型与科技融合的推进、政策支持与社会参与的扩大等应是乡村旅游研究未来关注的重点话题。

关键词： 黄河文化保护与传承　VOSviewer　研究力量　研究热点　研究展望

一、引言

在信息技术高速发展的今天，社会的数字化转型已经成为发展的强大内驱力。CNNIC 发布的第 50 次《中国互联网络发展状况统计报告》显示，截至 2022 年 6 月，我国网民规模为 10.51 亿人，互联网普及率达 74.4%。但与此同时，"横向数字鸿沟"（不同群体或区域之间的数字裂痕）和"纵向数字鸿沟"（公民与公共权力机关、企业之间的数字级差）不断扩大，逐渐成为各界关注的焦点。因此，以数字包容弥合数字鸿沟对于数字时代的社会治理至关重要，从而通过"数字包容"促进"社会包容"。黄河文化作为中华文明的重要组成部分，承载着中华民族的历史记忆和精神价值，加强黄河文化的传承与弘扬，不仅是对文化自信的坚定，也是对民族复兴的有力支持。黄河文化的保护与传承，需要借助数字技术的翅膀，实现更广泛的传播和更有效的保护。

本文旨在通过 VOSviewer 软件，对 2007~2024 年 CNKI 数据库中的相关中文核心期刊文献进行可视化分析，梳理黄河文化保护与传承的研究演进、热点与趋势。本文将采用文献计量学的方法，结合跨学科的视角，对黄河文化保护与传承的研究成果进行系统梳理和深入分析，以期揭示研究的全貌，把握研究主线与动向。

解决黄河文化保护与传承的问题，预期达到的目的和意义在于：一是为黄河文化的数字化保护提供理论支持和实践指导；二是促进跨学科合作，整合不同领域的研究成果，为黄河文化的保护与传承提供更全面的视野；三是响应国家文化发展战略，增强公众对黄河文化价值的认识，提升文化自信。通过本文研究，希望能够为黄河文化保护与传承研究的相关理论提供参考，推动其不断向前发展。

二、研究工具、数据来源

（一）研究工具

科学知识图谱，全称是 Mapping knowledge domains，MKD，是近年来信息计量学等领域经常使用的研究方法，通过引文、共现、可视化等多种分析技术，能够非常直观地展现出知识之间的相互关系。随着信息技术的快速发展，利用可视化技术构建科学知识图谱分析学科知识结构、发现研究热点及演化路径、探索研究前沿已经得到广泛应用。在科学知识图谱所使用的工具中，VOSviewer 与 CiteSpace 尤为出色。

（二）数据来源与处理

本文数据选取自中国知网数据库，数据来源为北大核心期刊及 CSSCI 文献，未限定时间。通过使用高级检索功能，以"主题"为"黄河"并含"文化"，并且"篇关摘"为"保护"或含"传承"进行检索，共得到文献 2338篇，因数据量太大，为保证研究的权威性，故选择其中的北大核心期刊和CSSCI 期刊的 482 篇论文作为研究对象，经过人工进行文献筛选，剔除简报、编者按、邀请函、会议纪要、活动纪实、文化资讯、法律法规、新闻报道、图文快递、征稿通知与启事等与研究主题完全无关的文献，最终获得有效文献448 篇。先建立 input 与 output 文件夹，再通过中国知网"文献导出"选项中的 Refworks 格式，将文献导出至 input 文件夹中，再使用 CiteSpace 软件，通过软件内置的主题词遴选、合并等功能，对相近意思的主题词合并处理，再由data 将 CNKI 数据转换为可读取的 WOS 文件格式，经过 output 导入 VOSvewer软件，从而生成核心作者、研究机构聚类、研究主题聚类、研究关键词等可视化知识图谱，从中管窥黄河文化保护传承 30 年来的发展。

三、结果分析

（一）年发文量分析

发文数量是衡量一个研究领域活跃度和关注度的重要指标。它不仅反映了该领域研究成果的产出数量，也与研究热度、知识积累和发展趋势密切相关。通过分析特定研究领域的年发文量趋势，我们可以洞察该领域的研究进展和学术关注度的变迁。对于"我国三十来年黄河文化保护与传承研究进展"这一选题，年发文量的分析将揭示黄河文化保护与传承研究的学术关注度和对政策导向的影响，从而预判未来的研究前景和可能的发展方向。将年度发文数据导入 Excel 软件，并生成 1993～2024 年"黄河文化保护传承"期刊论文发表数量折线图。由图 1 可见，该时间段内"黄河文化保护传承"主题的期刊论文发表数量总体上呈现出持续上升的趋势，具体可分为以下三个阶段。

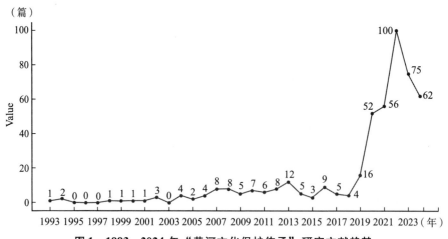

图 1　1993～2024 年"黄河文化保护传承"研究文献趋势

1. 起步与探索阶段（1993～2010 年）

1993～2004 年，黄河文化保护与传承的年发文量相对较低，其中 1995 年、1996 年、1997 年和 2003 年则发文量为零，1993 年、1998 年、1999 年、2000 年、2001 年各有 1 篇，而从 2004 年开始，年发文量有所增加，但增长速度缓慢，2005 年和 2006 年分别发表了 2 篇和 4 篇论文，2007 年和 2008 年保持在 8 篇左右，2009 年和 2010 年则又跌回 5 篇和 7 篇。这一阶段的特征是研究刚刚起步，学术界对黄河文化的保护与传承尚未给予足够的重视。此时期，中国正处于改革开放初期，国家的重点更多集中在经济建设上，文化保护与传承尚未成为政策和学术研究的重点。

2. 缓慢增长阶段（2011～2018 年）

2011 年，《中华人民共和国非物质文化遗产法》颁布实施，表明国家对文化遗产保护意识的逐渐增强，黄河文化保护与传承开始受到更多的关注。2013 年，随着"一带一路"倡议的推进和黄河流域生态保护和高质量发展国家战略的实施，黄河文化保护与传承的研究得到了前所未有的关注，2011～2013 年，发文量持续增加，2013 年更是发文 12 篇，达到 20 年来相关研究的发文最高点。然而，由于缺乏系统的政策支持和资金投入，2013 年之后，研究成果的产出持续跌落，到 2018 年，相关研究成果只有 4 篇。

3. 快速增长阶段（2019～2024 年）

这一阶段研究成果的快速增长与国家的多项政策和事件密切相关。2019 年，习近平总书记在黄河流域生态保护和高质量发展座谈会上强调了黄河文化的重要性，推动了相关研究的增长，同时，数字化技术的发展，为黄河文化的保护与传承提供了新的研究手段和方法，进一步推动了研究的深入。2019 年的发文量与前期相比显著增加，达到了历史性的 16 篇。2021 年，中共中央、国务院印发了《黄河流域生态保护和高质量发展规划纲要》，明确提出了黄河文化保护与传承的重要性和发展方向。2022 年，《黄河文化保护传承弘扬规划》的出台进一步推动了相关研究的高涨。此外，2024 年黄河文化保护传承弘扬工作推进会的召开，也标志着该领域研究进入了一个新的高潮。于是，2020～2024 年（截至 2024 年 11 月 29 日），年发文量呈现"井喷式"增长的趋势，分别为 52 篇、56 篇、100 篇、75 篇、62 篇。

由此可见，在黄河文化保护与传承的相关研究中，发文量趋势反映了该领域从起步到快速发展的过程，这一过程与国家政策导向、社会背景和学术研究的深化密切相关。通过分析这一趋势，可以预判黄河文化保护与传承研究将继续作为学术界的热点，并在国家文化战略中发挥重要作用。

（二）研究力量

1. 作者合作网络分析

通过作者共现分析，能够比较清晰地展现出领域内的高产出作者及其合作关系，从而呈现出相关研究领域的关键力量。30 年间，"黄河文化保护传承"研究的 448 篇文献共涉及 878 名作者，根据普赖斯定律，核心作者是指发文量在 $0.749 \times \sqrt{N_{max}}$ 以上的作者，从统计可知，$N_{max} = 7$（苗长虹，7篇），可计算出核心作者发文量为 1.98 篇，取整数为 2 篇，将发文量在 2 篇及以上的作者视为核心作者，经软件计算分析后共筛选出 68 位核心作者，再经人工筛查，去除重名的作者，有效作者为 65 位（见图 2），占全部作者数（878 人）的 7.4%。这 65 位核心作者共发文 148 篇（见图 3），占总发文量的 33.04%。该比例与普赖斯定律 50% 的理论值略有差距，由此推断当前该领域研究学者已经初步形成了较为稳定的核心作者群，在一些研究主题和研究方向上达成了某种程度的共识，但是整体研究仍然在不断发展中。图 2 展示了部分核心作者及其合作网络，其中，某位作者所在的圆点越大，则意味着其作品越多，其核心作用也越强，而圆点与圆点之间连接的线条则代表作者之间相互合作关系，合作越密切，则线条越多。

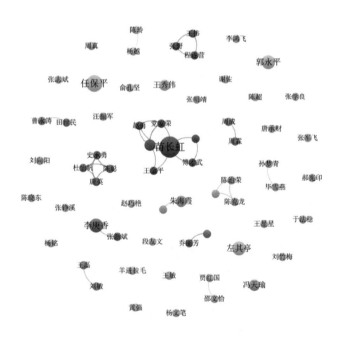

图 2　1993 ~ 2024 年我国黄河文化保护

与传承研究核心作者及其合作

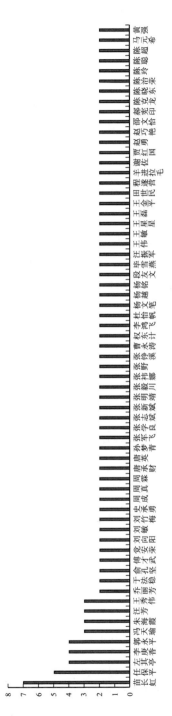

图3　1993~2024年我国黄河文化保护与传承研究核心作者及发文量

由图 2 与图 3 可知，"黄河文化保护与传承"研究领域的核心作者数量较少，比较突出的作者为苗长虹（7 篇），任保平（5 篇），左其亭（4 篇），李庚香（4 篇），郭永平（4 篇），冯天瑜（3 篇），朱海霞（3 篇），汪芳（3 篇），王秀伟（3 篇），同时，65 位核心作者中，苗长虹与傅才武、党安荣、张祎娜、汪芳、王浩、王金平、赵勇，史承勇与唐英、杜怡帆、陈聪，张野与王伟、程遂营，陈克龙与陈治荣、马元希，乔丽芳与张毅川，周成与周霖，孙梦青与毕雪燕，朱海霞与权东计，张新斌与李庚香，杨越与陈玲，刘敏与王磊，曹永涛与田世民，贾红国与邵文恰，共 36 位作者，他们构成了 13 个密切合作的群体，而其余 29 位作者均不存在合作关系。

值得一提的是，除了以上这些专家，在核心作者表中排名第 27 的张新斌与排名第 19 的周成，虽然在本主题研究中只发表了 2 篇成果，但是多年来他们分别发表了 14 篇与 9 篇以"黄河"为主题的学术论文，而且，张新斌带领的西北师范大学科研团队与周成带领的山西财经大学科研团队，在"黄河文化"的研究方面取得了极为丰硕的成果。

2. 机构合作网络分析

根据 VOSviewer 生成的图表显示，全国对"黄河文化保护与传承"这个主题进行的研究，共有 582 个机构发文，经 VOSviewer 统计，发文量在 2 篇以上的机构有 100 个，详情见图 4。

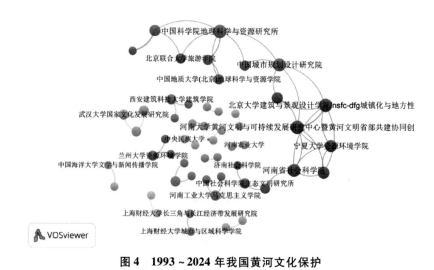

**图 4　1993～2024 年我国黄河文化保护
与传承研究核心发文机构**

而这 100 个科研机构，已经形成了 20 个黄河文化保护传承的跨机构合作团队，具体情况如图 5 所示。

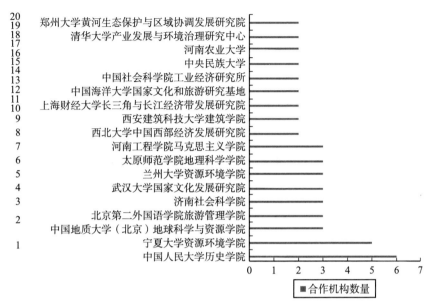

图 5　1993～2024 年黄河文化保护与传承研究跨机构合作情况

在这些跨机构合作机构中，最为突出的是排序第 1 和第 2 的团队，他们共由 11 个机构组成，占跨机构合作团队总量的 11%。

第一个团队包括中国人民大学历史学院（北京）、内蒙古师范大学地理科学学院（内蒙古）、北京大学建筑与景观设计学院城镇化与地方性合作小组（北京）、宁夏大学资源环境学院（宁夏）、河南大学黄河文明与可持续发展研究中心（河南）、河南省社会科学院（河南）组成，共 6 个机构。这个团队涵盖了从历史研究到地理科学、城市规划、资源环境等多个领域，所属地域涵盖了黄河的上中下游区域，从上游的内蒙古到中下游的河南，显示了跨专业、跨机构、跨流域的深度合作。

第二个团队由中国地质大学（北京）地球科学与资源学院、中国城市规划设计研究院、中国科学院地理科学与资源研究所、北京第二外国语学院旅游管理学院、武汉大学历史学院组成，共 5 个机构。这个团队结合了地质、城市规划、地理科学、旅游管理和历史学等多个学科，反映了在黄河文化保护与传承研究中对多领域专业知识的需求。这个团队主要集中于黄河的中下游地区，尤其是北京和湖北，体现了中下游区域间的合作。

由于 VOSviewer 会将研究机构下属的各个学院都视为独立个体，因此，需要将这 100 个机构在 excel 中列表，再人工逐一甄别，并合并为一个大机构，所以 100 个机构变为 69 个，而发文总量在 3 篇及以上的机构有 31 个，详情见图 6。

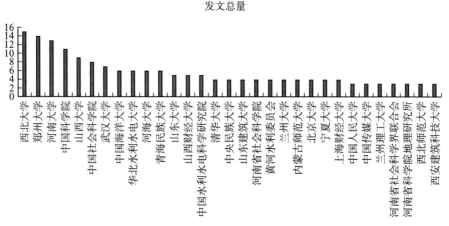

图 6　1993～2024 年黄河文化保护与传承研究机构发文总量

由发文机构统计表可知，西北大学、郑州大学、河南大学、中国科学院、山西大学、中国社会科学院处于断层领先地位，发文都在 10 篇以上，西北大学发文甚至高达 15 篇；武汉大学、中国海洋大学、华北水电水电大学、河海大学、青海民族大学、山东大学、山西财经大学、中国水利水电科学研究院处于第二梯次，发文量在 5～9 篇；从排名第 15 的清华大学到排名第 69 的西藏大学，属于第三梯次，发文量在 3～4 篇。

再将这些发文机构按照所在区域进行归类，则得到图 7。

结合以上统计结果，可以得出如下结论。

从研究分布的地域特征来讲，河南省在黄河文化保护与传承研究方面的发文总量最高，这可能表明河南省在黄河文化研究领域具有较高的活跃度和影响力。这与其地理位置密切相关，因为黄河在河南省境内流经多个城市，对该省的文化、经济和社会发展具有深远影响。而陕西省、山西省和甘肃省紧随其后，这些省份同样位于黄河流域，说明黄河流域的省份在黄河文化保护与传承方面具有较高的研究积极性。

从研究机构的集中度来说，西北大学、郑州大学、河南大学、山西大学等机构发文量较高，而北京市的 8 个研究机构，发文总量也非常高，表明这

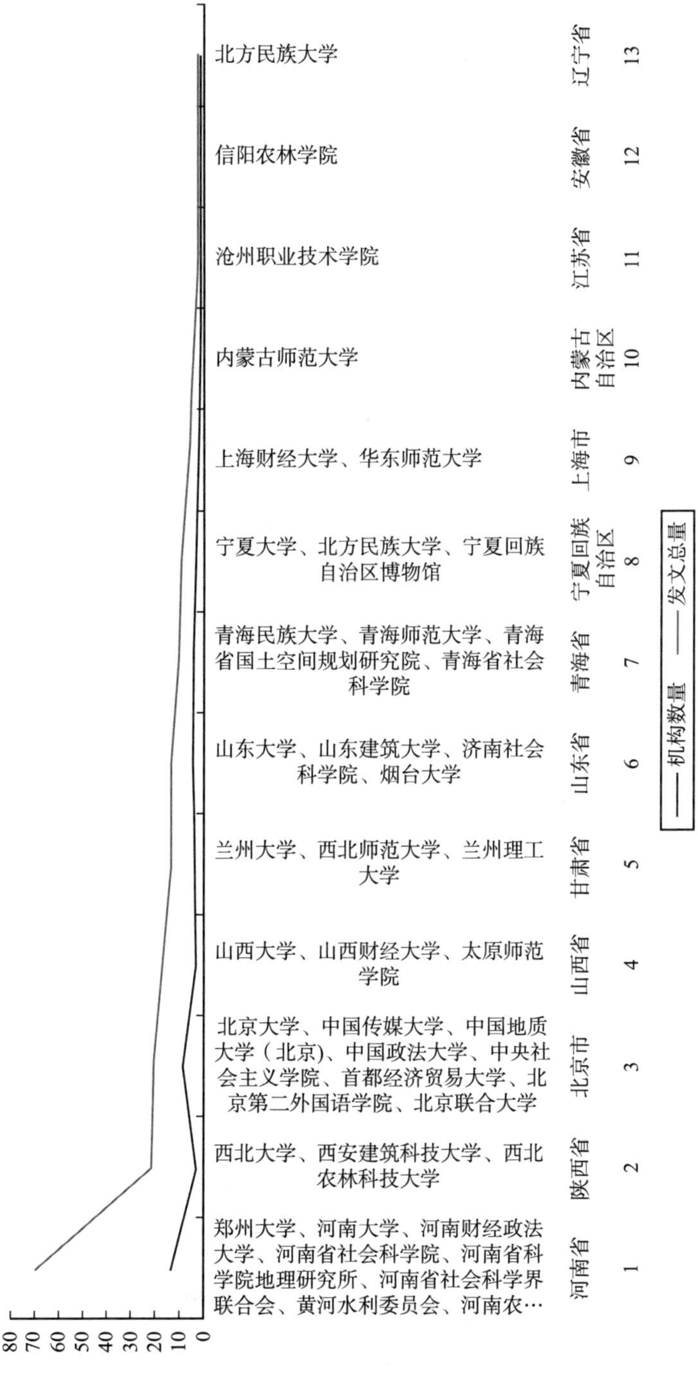

	机构数量		发文总量

机构	序号	省份	
北方民族大学	13	辽宁省	
信阳农林学院	12	安徽省	
沧州职业技术学院	11	江苏省	
内蒙古师范大学	10	内蒙古自治区	
上海财经大学、华东师范大学	9	上海市	
宁夏大学、北方民族大学、宁夏回族自治区博物馆	8	宁夏回族自治区	
青海民族大学、青海师范大学、青海省国土空间规划研究院、青海省社会科学院	7	青海省	
山东大学、山东建筑大学、济南社会科学院、烟台大学	6	山东省	
兰州大学、西北师范大学、兰州理工大学	5	甘肃省	
山西大学、山西财经大学、太原师范学院	4	山西省	
北京大学、中国传媒大学、中国地质大学（北京）、中国政法大学、中央社会主义学院、首都经济贸易大学、北京第二外国语学院、北京联合大学	3	北京市	
西北大学、西安建筑科技大学、西北农林科技大学	2	陕西省	
郑州大学、河南大学、河南财经政法大学、河南省社会科学院、河南省科学院地理研究所、河南省社会科学界联合会、黄河水利委员会、河南农…	1	河南省	

图7 1993—2024年全国各省研究"黄河文化保护与传承"的机构数量与发文总量统计

些研究机构是黄河文化研究的核心力量，拥有较强的研究团队和资源，而这些核心机构在推动黄河文化保护与传承的政策制定、学术研究和实践应用方面发挥着重要作用。这意味着这些机构在学术研究领域具有引领作用，它们的研究成果能够为黄河文化保护与传承提供理论支持和学术指导，推动相关研究的深入发展。

四、研究热点分析

（一）关键词分析

关键词反映了文章的主题，是整篇文章的核心，因此，对关键词的分析，有助于了解该领域的研究热点。在选中的 416 篇关于黄河文化保护与传承的文献中，共提取出了 1008 个关键词，以各关键词出现频次 2 次为最低阈值，筛选获得 159 个热点关键词，再将关键词中除去"黄河""黄河流域""文化""传承""保护""传承保护"等与研究主题高度相关的词语，并将相似关键词进行合并，得到 155 个关键词，形成了 13 个聚类，如图 8、图 9 所示。在图 8 视图中，圆点面积越大、越居中，代表该关键词的热度与重要程度越高。

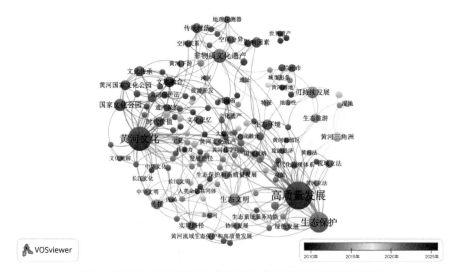

图 8　我国 30 多年黄河文化保护与传承研究关键词聚类图

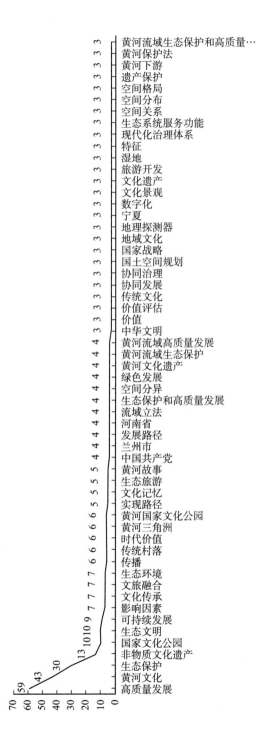

图9 1993~2024年我国黄河文化保护与传承研究高频关键词及频次

从图 9 可以看出，三十年来，我国关于黄河文化保护与传承的研究涉及范围较广，主要集中在"高质量发展""黄河文化""非物质文化遗产""生态文明""可持续发展""国家文化公园"等研究。从时间上来看，2018 年之前，学术界的研究主题主要集中在"高质量发展""黄河文化""可持续发展""文旅融合""生态环境"等方面；2019 年之后，研究主题朝着"生态保护""非物质文化遗产""国家文化公园""生态文明""文化传承"等方向转化。出现次数排在第一位的是"高质量发展"，一共出现了 59 次，其次是"黄河文化""生态保护""非物质文化遗产""国家文化公园""生态文明"，分别出现了 43 次、30 次、13 次、10 次、10 次。

（二）研究主题分析

在关键词共现聚类图中，每个颜色的关键词代表一个聚类，同样颜色的关键词聚在一起，则代表了研究的同一个主题。由图 8 可知，我国三十多年黄河文化保护与传承研究所形成的 13 个主题分别是：黄河文化传承与国家战略、黄河治理与法律保护、黄河生态与城市发展、黄河文化传播与生态保护、黄河文化遗产与地理研究、黄河生态与产业融合、黄河文化与中华文明、黄河文化记忆与产业融合、黄河生态保护与国土规划、黄河下游生态与治理、黄河下游文化遗产、大运河与黄河文化、黄河文化变迁。为对现有研究成果作更深入解析，本文对排名前 6 的研究主题进行分析。

1. 研究主题一：黄河文化传承与国家战略

这个主题包含了 32 个关键词。黄河作为中华民族的母亲河，承载着丰富的文化遗产和民族精神，这一聚类关注黄河文化的传承与保护，以及如何通过国家战略和区域合作来实现文化的创造性转化和时代价值的体现，对于理解黄河文化在国家战略中的地位、推动黄河流域的生态保护和文化传承具有重要的理论和实践价值。

2. 研究主题二：黄河治理与法律保护

这个主题包含了 24 个关键词。这一主题的研究聚焦于黄河的治理和法律保护，探讨如何通过立法和政策实施来实现黄河流域生态保护和高质量发展，为黄河流域的综合治理提供了全面的法律视角，对于强化黄河流域的法治建设、提升治理效能、保护生态环境具有重要的理论和实践指导意义。

3. 研究主题三：黄河生态与城市发展

这个主题包含了 19 个关键词。这一主题的研究探讨了如何实现黄河生态保护与城市可持续发展的平衡，包括城市形象的塑造、生态旅游的开发，以及城市群的协同发展，对于协调黄河流域的生态保护与城市发展、实现区域可持续发展具有重要的理论和实践指导价值。

4. 研究主题四：黄河文化传播与生态保护

这个主题包含了 15 个关键词。该主题的研究对于推动黄河文化的传承与发展、提升黄河流域的生态保护意识、构建生态文化传播的新路径具有重要的理论和实践价值。

5. 研究主题五：黄河文化遗产与地理研究

这个主题包含了 15 个关键词。该主题研究关注黄河文化遗产的地理分布和空间特征，研究涉及仰韶文化、传统村落等文化遗产的空间分布特征，以及非物质文化遗产的保护和传承，对于揭示黄河流域文化遗产的地理分布特征、保护和传承文化遗产、推动区域文化旅游发展具有重要的理论和实践价值。

6. 黄河生态与产业融合

这个主题包含了 13 个关键词。该主题的研究对于理解黄河流域生态保护与产业发展的互动关系、推动区域绿色转型和高质量发展具有重要的理论和实践指导意义。

五、研究结论与展望

（一）研究结论

本文使用 VOSviewer，对我国三十年（1993～2024 年）来在核心期刊、CSSCI 期刊上发表的 448 篇关于黄河文化保护与传承的论文进行了量化统计和可视化分析，可以看出。

1. 研究趋势

目前，黄河文化保护与传承的相关研究处于快速增长阶段，这一过程与国家政策导向、社会背景和学术研究的深化密切相关。从 2024 年最新研究成果我们可以看出，不同学科背景的研究人员纷纷加入对黄河文化保护与传承的研究，研究热点包括"生态保护""非物质文化遗产""国家文化公园""生态文明""文化传承"，涉及文学、经济、传播学、艺术、历史学、旅游等多个学科。

2. 研究作者

从核心作者共现图谱可以知道，黄河文化保护与传承研究领域的核心作者数量较少，比较突出的作者为河南大学苗长虹，南京大学任保平，郑州大学左其亭，郑州大学李庚香，山西大学郭永平，武汉大学冯天瑜，西北大学朱海霞，北京大学汪芳，中国海洋大学王秀伟。

3. 研究机构

从研究机构共现图谱可以看出，西北大学、郑州大学、河南大学、中国科学院、山西大学、中国社会科学院、武汉大学等是国内黄河文化保护与传承研究的主要机构，以苗长虹、任保平、左其亭、李庚香、郭永平领衔的黄河文化保护与传承研究团队取得了一系列突出研究成果，团队之间跨专业、跨机构、跨流域合作已经形成规模。从所属的区域来说，处于黄河中游与上游地区的河南省、青海省、陕西省、山西省，以及北京市的核心作者和研究机构在黄河文化保护与传承研究中处于领先优势，是该领域研究的重要力量。

4. 关键词

从关键词共现图谱可以看出，目前黄河文化保护与传承研究从早期的"高质量发展""黄河文化""非物质文化遗产""生态文明""可持续发展"，到2019年后的"生态保护""非物质文化遗产""国家文化公园""生态文明""文化传承"。

5. 研究主题

从研究主题可以看出，国内黄河文化保护与传承的研究主要集中在黄河文化传承与国家战略、黄河治理与法律保护、黄河生态与城市发展、黄河文化传播与生态保护、黄河文化遗产与地理研究、黄河生态与产业融合、黄河文化与中华文明等13个主题上。

（二）研究展望

1. 黄河文化保护与传承研究的深化发展

随着我国对文化遗产保护传承的重视程度日益加深，黄河文化作为中华民族的重要文化根脉，其保护与传承研究的重要性不言而喻。未来研究应进一步深化对黄河文化内涵的挖掘，探索其在现代社会的传承路径。这不仅需要对现有研究成果进行系统梳理，更需要结合最新的政策导向和社会发展趋势，创新研究方法和视角。例如，可以借鉴国际上文化遗产保护的成功经验，结合我国实际，提出切实可行的保护策略。同时，应加强跨学科、跨领域的合作，如将生态学、经济学、社会学等学科理论与黄河文化保护研究相结合，以期达到更全面、深入的研究效果。总之，未来的研究应更加注重理论与实践的结合，为黄河文化的保护与传承提供更为坚实的学术支撑。

2. 跨区域合作与协同创新的强化

黄河文化保护与传承研究的跨区域合作已初具规模，但未来的研究需要进一步强化这一趋势。通过构建更为紧密的跨区域合作网络，可以促进不同地区间在黄河文化保护与传承方面的信息共享、资源整合和策略协同。这不仅有助于提升研究效率，还能为解决黄河文化保护中的区域性问题提供更多元的视角和方案。例如，可以依托现有的跨机构合作团队，建立更为完善的合作机制，推动黄河文化保护与传承的协同创新。此外，应鼓励和支持地方高校、研究机构与政府部门之间的合作，形成政策引导、学术支持、社会参与的良性互动模式。通过这种多方合作，可以更好地实现黄河文化的区域性保护与整体性传承。

3. 数字化转型与科技融合的推进

在数字化时代背景下，黄河文化保护与传承研究亟须加强数字化转型与科技融合。利用现代信息技术，如大数据、云计算、人工智能等，为黄河文化的研究、保护和传承提供新的工具和平台。例如，通过数字化手段对黄河文化遗产进行记录、存储和分析，可以更有效地保护和利用这些珍贵资源。同时，数字化平台的建设也有助于提升公众对黄河文化的了解和参与度，从而促进文化的传播和普及。未来的研究应积极探索如何将现代科技与黄河文化保护传承相结合，推动黄河文化的数字化保护和智能化传承。这不仅能够提高研究的科技含量，还能为黄河文化的保护与传承开辟新的道路。

4. 政策支持与社会参与的扩大

政策支持和社会参与是黄河文化保护与传承研究得以持续发展的重要保障。政府应加大对该领域研究的资金投入和政策扶持，为研究提供良好的外部环境。同时，应鼓励社会各界参与到黄河文化的保护与传承中来，形成政府引导、学术推动、社会参与的多元治理格局。例如，可以通过举办黄河文化节、展览、研讨会等活动，提高公众对黄河文化的认知和保护意识。此外，还应加强与国际组织的合作，推动黄河文化走向世界，提升其国际影响力。未来的研究应进一步探讨如何更好地发挥政策和社会的双重作用，为黄河文化的保护与传承提供更为有力的支持。

参 考 文 献

［1］杨巧云，梁诗露，杨丹．数字包容：发达国家的实践探索与经验借鉴［J］．情报理论与实践，2022，45（3）．

［2］相关研究．数字包容：弥合数字鸿沟在行动［EB/OL］．（2022 - 12 - 15）［2024 - 11 - 26］．https：//www.sohu.com/a/617601838_121124777.

［3］石培华，王莉琴．黄河文化旅游研究进展与理论框架构建——基于国际河流文化旅游对比研究［J］．地理与地理信息科学，2023，39（2）：107 - 116.

［4］石培华，王莉琴．黄河文化旅游研究进展与理论框架构建——基于国际河流文化旅游对比研究［J］．地理与地理信息科学，2023，39（2）：107 - 116.

［5］刘书明，张青青．绿色税收促进区域绿色经济增长的理论机制与实证检验——以黄河流域为例［J］．宏观经济研究，2024（8）：15 - 30，78.

［6］徐雪，王永瑜．基于双重逻辑视角的黄河流域城乡融合发展评价及空间差异分析［J］．中国沙漠，2024（6）．

红色文化影像中的人物
形象塑造研究
——基于皮尔斯符号学视域

刘宇琴[*]

摘　要：红色文化影像作为传承革命精神与价值观念的重要载体，其人物形象塑造不仅是艺术创作的核心，也是意识形态传播的关键。本文以皮尔斯符号学理论为框架，从符号本体—符号对象—符号解释的三元互动关系出发，结合纪实类和故事类红色文化影像中的典型符号，探讨人物形象的符号化表达，为红色文化的艺术创作与传播提供了理论支持与实践启示。

关键词：皮尔斯符号学　红色文化影像　人物形象塑造　符号三元关系

一、红色文化影像的概念及分类

红色文化影像是在真实的史实框架内，艺术化地呈现中国共产党领导人民在革命、建设和改革进程中，所涌现的历史事件、英雄人物事迹、革命精神传承等内容，具有鲜明的政治导向性和强烈的精神感染力，旨在铭记历史、传承红色基因的视听作品，以史实为根基、艺术为媒介、精神传承为内核，构建起跨越时空的红色记忆场域。

红色文化影像作品形式多样、内容丰富。从纪实性角度来说，主要包含纪录片及党建类电视节目中的人物短片，前者通过对档案、影像、图片等资

---

* 刘宇琴，山东广播电视台共产党员编辑部编辑，主要研究方向为纪实类红色文化影像作品创作。

料的整理和解读，真实地再现历史事件和人物，后者以真实的故事、具体的数据和生动的细节来突出人物的优秀品质，树立道德榜样。从故事性角度来说，主要包括戏剧化的影视剧作品，通过跌宕起伏的情节驱动，生动饱满的人物形象塑造，在真实的历史背景之下，来展现革命先辈们的英勇事迹与崇高精神。

二、皮尔斯符号学理论概述

在人类的认知发展的历史长河中，符号系统始终作为基础性架构支撑着人类的文明演进。从最初的甲骨文符号到现在的二进制代码，从原始的图腾符号，到现代的抽象艺术，文字、图像、数字无一不是符号的具体体现。皮尔斯认为符号是人类认知世界和进行思想交流的至关重要的工具。符号之所以能被纳入人类的认知系统，是因为每个符号都不是孤立存在的，它们与生活中的某些概念、情感或行为相关联，人们根据自己的认知系统，通过对符号的解读和理解，分享彼此的思想、情感和经验，从而实现信息的传递和文化的传承。皮尔斯符号论的核心观点就是将符号分为三个关联维度，这三个维度相互作用，共同构建符号的完整意义体系。皮尔斯认为，任何事物只要位于三元动态关系中，都可以被视为符号。

（一）符号的三元关系

皮尔斯认为，一个完整的符号由符号本体、符号对象和符号解释构成，他把"符号"置身于"符号本体——符号对象——符号解释"的三元关系之中，并且强调"符号"只有在这样的关系中，才能视为"符号"；反过来看，只要是处于这样的三元关系之中的"东西"，都可能被认定为"符号"。

1. 符号本体

符号本体是符号的外在呈现形式，是能被人们感知的媒介，像文字、图像、声音等。在纪录片《长征》中，用特写镜头呈现红军战士遗物中破旧的草鞋、军装，这些东西，原本只是简单的生活用品，但在长征的历史背景下，它们成为一种极具象征意义的符号本体，将那段历史生动地呈现在观众面前，让人们能够更加直观地感受到长征的艰难困苦和伟大意义。

2. 符号对象

符号对象所指代的具体事物或抽象概念，它是符号意义的源头。符号解释则是符号在解释者心中所引发的思想、概念或情感，它是符号意义的最终实现。草鞋和军装，它们所明确指向的长征这一伟大革命历程，无疑就是符号对象。它们伴随着红军战士们跨雪山越草地，经历了无数次枪林弹雨的洗礼，见证了战场上的血雨腥风。所以草鞋军装不仅是战士们的蔽体之物，更是他们精神的外在体现，包含革命的坚定信念、牺牲精神、艰苦奋斗等深层内涵。

3. 符号解释

符号解释的产生受到受众的个人经历、文化背景、价值观等多种因素的影响，它使符号的意义在传播过程中具有了多样性和丰富性。因此一个符号的意义并非固定的，而是不断在解释项的建构中动态生成，从而实现红色文化的有效传播。前文中的草鞋和军装，在不同受众心中形成的符号解释也是不同的。从历史记忆层面，唤起了人们对长征时期艰苦卓绝斗争岁月的记忆；从精神内涵层面，蕴含着伟大的长征精神；从文化传承层面，承载着革命文化的传承意义；从价值认同层面，增强民族凝聚力和向心力，促进社会的和谐发展。

符号本体是符号的基础，符号对象是连接符号本体和符号解释的桥梁，而符号解释则是符号意义的落脚点。三者相互作用、缺一不可，共同构成了符号的意义生成与传播机制。在红色文化影像作品中，通过精心选择和运用符号本体，能够准确地传达符号对象的内涵，激发受众产生多重符号解释。

（二）符号的分类

皮尔斯分别从上述三元素中对符号进行了分类，根据符号与本体之间的关系，将符号分为像似符号（Icon）、指示符号（Index）和规约符号（Symbol）三类。因为在红色文化影像作品中，视听两种表现元素都与符号本体密切相关，所以本文对人物形象的塑造研究，主要基于符号本体的分类角度。

1. 像似符号

像似符号是通过符号本体与所指对象在某些方面的相似性来指代本体的符号。这种相似性可以是外形、结构、功能等方面的相似。在红色文化影像作品中，像似符号也被广泛运用。在纪实类的作品中，一些已经发生过的事件，为了真实性会进行还原式重现，在纪录片《走过世纪》中，走访了傅莱故居，用试管显微镜的特写镜头等符号，来还原在延安医科大学的窑洞里自制青霉素的情节。在一些故事性的影视剧中，在表现伟人英雄人物时，通常通过人物的发型、服饰等造型手段来重现革命先辈的外貌、神态，在真实度上力求逼真。

2. 指示符号

指示符号与符号本体之间存在着一种直接的、因果或时空上的联系，它通过这种联系来指示对象的存在或特征。在纪录片和党建类电视节目中，也经常用奖杯或工作成果等作为指示符号，这些工作成就跟他们的工作过程形成因果关系，将抽象的党建工作和党员干部的奉献精神以具体、直观的形式呈现出来，让观众能够更加深刻地理解党建工作的重要性和党员干部的付出。在党建节目《共产党员》中，为了突出马怀龙警官的群众基础，就用46把钥匙来作为符号，钥匙是家人和归属感的代名词，群众信任他才交给他家中的钥匙，钥匙不仅是打开的是百姓的家门更是群众的心门。以钥匙为指示符号，来突出他努力工作的态度和无私奉献的精神，让受众更直观地感受到党员的先锋模范作用。

3. 规约符号

规约符号是基于社会约定俗成的规则或文化传统而建立起来的，与符号本体之间没有必然的相似性，也没有前后的因果关系，其意义的赋予，往往受到受众的文化和地域背景的影响。在红色文化影视作品中，许多象征物都属于规约符号。例如，五星红旗是新中国的象征，它代表着我们国家的尊严和荣誉；冲锋号声象征着战士们为了胜利浴血奋战、勇往直前的战斗精神。这种象征意义是基于社会的文化共识而形成的。自古以来"家书抵万金"，家书将游子与家人紧密联系起来，在电影《长津湖》中，抗美援朝的战士们，咬破手指书写的家书，就将战士们舍小家顾大家，通过"血浓于水"的文化规约，强调了战士们的家国情怀。

三、皮尔斯符号学视域下红色文化影像作品中人物形象塑造策略

红色文化影像作品是近代中国革命历史与精神的重要文化载体，无论是纪实性作品还是故事性作品，人物形象的塑造尤其重要，它不仅是艺术表达的产物，更是文化符号与价值传递的媒介，是意识形态传播的具象化桥梁，真实立体的人物形象更能激发观众的情感共鸣与价值认同。

（一）通过像似符号直观呈现人物形象

像似符号就是通过人物形象在外形、动作、神态等方面，在相似度方面，来呈现要表现的人物形象。红色文化影像作品中的人物形象，都是置于真实的历史背景下来塑造的，所以在衣着、外貌、语言等方面都有历史依据可查，是实现人物形象直观呈现的重要手段。在众多红色文化影像作品中，不同的服装和枪械都是像似符号的一种，通过相似性，可以使观众迅速识别出人物所处的历史时期、社会地位和身份特点。

人物的动作和姿态也是像似符号的重要体现。每一位革命领袖的形象都有自己的一些标志性动作和外貌特点，抓住这些相似性，能够更深刻地展现其领袖风范。在一些纪实类节目中，通过演员还原表演的方式，经常出现叉腰这个经典动作，这个动作和姿态与人们心目中毛泽东作为革命领袖高瞻远瞩、坚定自信的形象高度契合，成为毛泽东形象的一个重要像似符号。

除了真实存在的历史人物，影视剧作品中经常会有一些虚构的人物。在电视剧《风筝》中，厨师老李，身着打着补丁的粗布军装，胳膊上戴着套袖，腰间系着围裙，粗糙的面孔上长满了白花花的胡茬，操着一口地道的陕西方言，憨厚朴实。非常符合当时延安普通百姓追求解放、投身革命的时代背景，成为了那个时期延安地区普通党员形象的重要像似符号。

受众借助像似符号，根据自身的认知经验，能够迅速进入相应的历史背景之下，捕捉到红色影像作品中人物的性格特征和精神品质。因此，将人物形象直观、真实地呈现在受众面前，不仅增强了内容的真实感和可信度，也使受众对人物更容易产生情感共鸣。

（二）借助指示符号关联引导人物形象

指示符号在影像作品的叙事中具有重要作用，能够增强故事的逻辑性、连贯性和感染力，帮助观众更好地理解剧情和角色。在红色文化影视作品中，人物的行为和语言，能够准确地反映出人物的性格、价值观和精神品质。

在影像作品中，人物的塑造是通过其行为和语言来进行性格外化的，因此行为和语言既可以当作指示符号，又可以当作规约符号。经典的台词和口头禅能够强化人物形象的符号性。在电视剧《亮剑》中李云龙总是将"老子""你他娘的"挂在嘴上，虽然是脏话但依旧体现了他豪爽、率真的性格特点，成为他标志性语言符号，这种小缺陷并未能掩盖骁勇善战的领导人的本色。电影《英雄儿女》中王成在牺牲前高喊的"为了胜利向我开炮!"这些经典台词不仅在影视剧中广泛传播，也成为整个人物形象的代名词，在受众中广泛传播，进一步加深了人物形象的影响力。在纪实类红色影像作品中，通过对人物行为和语言的细致刻画，能够让观众更加深入地了解人物形象。在介绍华坪女中校长张桂梅的一期节目中，展示了她夜晚提着灯笼在校园内巡视的镜头，看似寻常的动作，却代表着张老师无数个日夜的坚守与付出，而这盏灯更像是大山里的女孩们的指路明灯，为大山里的女孩们铺就了一条通往未来的光明大道。"燃灯校长"也成了张桂梅老师的个人符号。

在红色文化影像作品中，经常将人物置于某个真实的历史阶段中，这就少不了受众耳熟能详的一些历史事件和地点，这也是在人物形象塑造中常用的指示符号。如开国大典象征着新中国成立，延安和井冈山象征革命圣地，它们都与人物的经历和成长紧密相连，在这些指示符号中将人物的行为和历史背景相关联，能够清晰地展现人物在特定历史背景下的行动和选择。

此外，一些道具也可以作为指示符号，如在电影《八佰》中，战士眼镜片上的血渍与裂痕指示战争带来的痕迹，将战事的残酷与战士的作战环境的艰苦关联起来。在一些作品中，战地医院中"沾满鲜血的纱布""变形的止血钳"等道具，也具有强烈的指示作用，将战士身体的创伤和战争的残酷性关联起来，也将战士的英勇无畏、不怕牺牲的精神关联起来。

借助指示符号的形象关联引导，能够使红色文化影像中的人物形象更加立体、丰满。通过历史事件、地点以及人物的行为和语言和道具等指示符号，都可以将人物形象与之关联起来，观众可以更好地理解人物的经历、性格和精神品质，增强对红色文化的认同感和传承意识。

（三）运用规约符号深层表意人物形象

在红色文化影像作品中，规约符号承载着丰富的社会文化内涵，通过社会约定俗成的方式，为人物形象赋予了深层的意义和价值观念。

中国人向来注重仪式感，在红色文化影像作品中在一些具有特殊意义的仪式中，包含了诸多规约符号。入党宣誓仪式是每个党员政治生命中的重要时刻，在很多作品中，党员在入党前，都整理着装，握紧拳头，宣誓的时候神情庄重，声音坚定，在这个过程中，党旗和入党誓词成为了重要的规约符号。党旗象征着中国共产党，代表着党的光辉历史和伟大事业；入党誓词则是党员对党的庄严承诺，体现了党员的理想信念和价值追求。党旗和入党誓词这两个规约符号，共同构建了新党员们坚定信仰、投身党的事业的形象，也让观众深刻理解了党员的使命和责任。在电影《建军大业》中，南昌起义之前，众将士的举枪仪式，将一个看似简单的动作，转化为革命意志的集体宣誓，其深层表意功能不言而喻。

人物的一些特定行为和动作也可以成为规约符号，传达人物的精神品质。在红色文化影像中，敬礼这一动作，常常被用来表达对革命英雄的敬意和缅怀之情。在敬礼的时候，身姿挺拔，五指并拢置于太阳穴旁，动作干脆利落，这一动作作为规约符号，承载着人们对革命先烈的敬仰和感激之情，体现了对革命精神的传承和弘扬。如在电影《董存瑞》中，董存瑞舍身炸碉堡时高举炸药包的动作，这一行为动作作为指示符号，直接指向他为了革命胜利不惜牺牲自我的英勇无畏精神，成为塑造英雄形象的关键。

人物语言中的一些特定词汇和口号，也是规约符号的重要体现。无论是纪实性作品还是故事性作品中，新中国成立时，毛泽东主席站在天安门上喊出的那句"中国人民从此站起来了"，这句话不仅代表了新中国的成立，更成为了象征中国人民摆脱压迫、走向独立自强的符号。深刻地体现了革命先辈们的伟大抱负和广大人民的共同心声，也强化了毛泽东作为伟大领袖的光辉形象。

规约符号的运用对于人物形象的深层表意起到了关键作用，通过规约符号的运用，能够使红色文化影像中的人物形象更加丰富、深刻，使观众能够更加深入地理解人物所代表的精神内涵和文化价值。

（四）基于符号三元关系的形象塑造策略

在红色文化影像作品中，从符号的三元关系角度来看，人物形象作为符号，其符号本体是演员的表演和形象塑造，符号对象是人物所代表的社会角色或性格特征，而符号解释是观众对人物形象的理解和感受。在这三元关系中，从符号本体的选择，到符号对象的编码，再到符号解释的意义传播形成一个完整闭环。

首先，符号本体的选择要依据人物形象与其具有的精神特质进行精准定位。在红色文化影像创作中，要深入挖掘人物原型的生平事迹、性格特点和精神品质，选择与之高度契合的符号。如在塑造雷锋形象时，选择雷锋日记、做好事的场景、朴素的军装等符号，这些符号紧密围绕雷锋无私奉献、助人为乐的精神特质，能够精准地传达人物的核心形象。另外，符号本体的选择还应结合时代内涵进行创新表达，在历史真实与艺术再现之间进行平衡。在电视剧《觉醒年代》中，鲁迅的出场，他表情冷漠孤傲，一手叉腰一手扶着一块木牌，上书"不干了"三个字，他叉腰的姿势作为身体符号，突破历史人物刻板印象，塑造了"敢与体制决裂"的青年鲁迅形象。

其次，符号对象要在本体和解释之间构建连贯表意的叙事链条。符号对象是连接本体和解释的桥梁，所以要将不同类型的符号按照一定的叙事逻辑和情感脉络进行组合。鲁迅的出场以及创作《狂人日记》的名场面使受众能够跟随叙事线索深入理解鲁迅作为一个有风骨的文人的思想境界。

最后，符号解释要引导受众多元解读，并进行意义再阐释。符号解释是利用符号本体的对比和隐喻手法，增强人物形象的塑造效果，突出具有视觉冲击力和情感感染力的符号元素，如精彩的战斗场景、感人的人物瞬间等，以吸引年轻受众的关注。同时，要考虑不同受众群体的文化背景和认知水平，采用通俗易懂的符号表达方式，确保符号能够被广泛理解和接受。前文中鲁迅踢馆的画面，可以理解为对旧制度的踢馆：以"不干了"直接否定权力合法性；可以理解为对麻木社会的踢馆：通过公共空间展示唤醒民众觉醒；也可以理解为对传统文人身份的踢馆：叉腰姿态重构知识分子"行动者"角色。与当代年轻人的职业焦虑产生共情的受众在看到这个画面时，纷纷在弹幕中引用了鲁迅文章中的一些句子，在分享自己对影像中人物形象符号的理解和感受的同时，也促进了符号意义的共创，形成了丰富多样的解释项，进一步拓展了人物形象的意义空间，增强了红色文化的传播效果。

在红色影像文化作品中，人物形象作为符号系统，其意义并非固定不变的，而是随着情境的变化和受众的解码机制共同构建起来的，其意义生成机制具有鲜明的动态性特征。因此，在通过符号本体塑造人物形象时，应注重符号的多元解读，在维系叙事的整体性的同时，又能激发受众在符号解码过程中完成个性化的意义再生产，最终实现红色影像文化作品传播效能的几何级增长。

四、结论

皮尔斯符号学作为极具影响力的理论体系，为红色文化影像中的人物形象塑造，提供了有力的理论支持和实践指导。图像符号勾勒真实立体的人物形象，指示符号外化人物精神品质，规约符号为不同层次不同阅历的受众带来不同的感受。在皮尔斯符号过程三元论的互动关系中，符号三元素的动态关联，能够塑造出更加生动、立体、富有感染力的人物形象，有效提升红色文化影像的传播效果，促进红色文化在当代社会的传承与发展。在未来的红色文化影像创作中，应进一步深入挖掘皮尔斯符号学的理论内涵，结合并紧随时代发展步伐，研究受众的审美需求和接受习惯，不断创新符号运用策略，创作出更多优秀的红色文化影像作品，让红色文化在新时代焕发出更加耀眼的光芒，持续发挥其独特的精神引领与文化传承作用。

参 考 文 献

［1］陈思宇. 皮尔斯符号学视域下湖南省革命纪念馆红色文化传播研究［D］. 南京：中南大学，2022：1－5.

［2］张绮航. 人物纪录片的人物塑造与叙事策略研究［J］. 西部广播电视，2024，45（9）：5－9.

［3］刘亚文. 符号学视域下人物纪录片的形象塑造研究［D］. 曲阜：曲阜师范大学，2024：5－16.

［4］陈星宇. 主旋律题材人物纪录片的人物形象塑造探析——基于纪录片《铁道岁月》的创作分析［D］. 西安：长安大学，2024：6－30.

［5］赵星植. 论皮尔斯的符用意义论［J］. 外国美学，2024，30（2）：217－232.

［6］王曼荔. 当代红色影视作品中平民化叙事表征分析［J］. 声屏世界，2024（7）：7－20.

［7］程樯. 现实题材剧集人物塑造的二重性与价值观导向［J］. 当代电视，2024（7）：52－59.

［8］卡尔·普兰廷加，刘宇清，黄娟. 纪录片中的人物塑造和角色参与［J］. 电影新作，2024（7）：74－81.

［9］杨翠娟. 革命历史题材影视作品的红色美学意蕴［J］. 豫章师范学院学报，2024，40（6）：12－31.

［10］袁杰雄. 皮尔斯符号学视角下的舞蹈语言符号探析［J］. 重庆文理学院学报（社会科学版），2015，34（6）：11－16.

基于乡村文化的新农人短视频的特点及在乡村振兴中的价值研究[*]

刘 青^{**}

摘 要： *新农人短视频借助独特的乡村资源禀赋，在叙事资源及情感方面与乡村文化高度融合，不但形成成熟的生产机制和变现模式，而且丰富了当代社会对于乡村的文化想象。在经济价值层面催生了"半农半网"的新业态、在生态价值层面构建了乡村和谐生态环境、在文化价值层面助推乡村文化焕发勃勃生机，为乡村振兴注入了新的时代要素。*

关键词： *乡村文化 新农人短视频 乡村振兴 半网半农*

党的十九大报告提出"乡村振兴，文化先行"。在新时代的乡村振兴进程中，一批新农人扎根乡村生活，以乡村作为生产场域和取材来源，借助高质量的短视频，深挖乡村文化，既重塑了乡村和农民形象、促进乡村经济发展、构建乡村和谐生态环境，又弘扬了乡村文化。新农人短视频在乡村文化的滋养下，已经成为新农人自主创业、发展农业生产、参与乡村社会治理的重要媒介或途径，对乡村的可持续发展作出了有益探索。因此对新农人短视频中乡村文化的研究具有理论和实践上的双重意义。

---

* 基金项目：山东省 2023 年度"传统文化与经济社会发展"专项课题"新农人短视频中的传统文化在乡村振兴中的价值研究"（项目编号：L2023C10190224）阶段性成果。

** 刘青，齐鲁工业大学（山东省科学院）网络信息中心高级实验师，主要研究方向为传统文与新媒体。

一、基于乡村文化的新农人短视频的特点——叙事资源及情感传递与乡村文化的高度融合

新农人的出现伴随着网络短视频的兴起，与以往的旧农人相比，新农人具有较高的文化素养和现代农业理念，思维活跃并且善于使用新媒体，具有敏锐的市场洞察力。在短视频的创作中，新农人不仅是一个独立的个体，例如：有的是家庭为单位，有的是团队合作，也有的是可以孵化优质新农人的MCN机构。新农人以开阔的视角、开放的格局、专业的技术，除了记录日常生活，还聚焦一些乡村社会公共问题，展现新农人短视频的宽广度和思想性端倪。新农人短视频在叙事资源与情感传递方面都与传统乡村文化深度契合，他们的短视频往往以新思维、新形象、新模式，呈现了真实、自然的乡村生活，摆脱了以往乡村短视频充斥着猎奇和土味的低级趣味，重塑了乡村形象，使乡村文化的传播呈现正向和多元化发展趋势。

自古以来，中国一直以农耕经济为主，因此在社会历史变迁中，乡村文化也扎根于土地，农耕生活与乡村文化结合构成新农人短视频的核心内容与文化基因。乡村文化内容丰富，既包含形而下的物质文化，也包含形而上的精神文化。新农人的短视频通过不同视角与乡村环境及生活劳作资源，乡村民俗及村规民约资源相结合，共同向外界呈现出了崭新的乡村形象。

（一）形而下的物质文化——乡村环境及生活劳作资源的融合

乡村被"可见性的展示"是社交媒体时代乡村出场的重要背景，即乡村这一物理空间经过转变之后提供的场景可供性是媒介展演的支撑要素。长久以来，乡村被置于城乡二元对立的维度下进行阐释。[1]乡村环境总被臆想为乡愁和桃花源的寄托，青砖红瓦、阡陌纵横、鸡鸣犬吠、炊烟袅袅。伴随着乡村振兴的历程，村落建设也与时俱进，庭院宽敞明亮，村落整洁有序。乡村的环境空间在数字媒介时代，正经历着从物理场域向文化符号的创造性转化。这种转化以"场景可供性"为技术支撑，通过镜头语言将青砖红瓦、阡陌交通等传统意象与现代化庭院景观有机融合。

"@半隐田园"的院子，虽然只是普通的胶东民房，但是院子被规划成了菜园，院里种满蔬菜，紫茄子、绿茼蒿、红番茄，高低错落、色彩斑斓，左手诗意右手生活。这一类的短视频刻意呈现这种悠然闲适的田园风光。

"@半隐田园"的院子通过蔬菜种植的垂直空间布局，构建出"可食地景"的生态美学，蔬菜色彩的碰撞既遵循农耕时序又暗合现代视觉审美。"@叁叔的春天"以"渐进式更新"理念完成院落再造，他的短视频从普通乡村小院的改造开始，修葺房屋，改造院落，开辟菜园、挖井造溪，一路记录院子的改造过程，一步一步呈现出理想中的乡村庭院。

地域性环境特征在短视频中形成差异化表达体系。我国幅员辽阔，自然风光不尽相同，如在新疆的"@疆域阿力木"的短视频可以看到群山、河流、草地、胡杨林，因为景色过于美丽甚至被网友质疑为"背景太假哥"。福建的"@乡愁"地处南方，在短视频中聚焦闽南红砖厝的燕尾脊与出砖入石工艺，经常展示闽南地区乡村小巷及民居，闽南地区依山傍海的区域环境，通过移动镜头展现山海地理格局与建筑形制的耦合关系，造就了与众不同的建筑风貌。乡村环境资源凭借其地域化的特点，在短视频中通过画面进行空间再生产，既保留农耕文明的集体记忆，又创造出现代化语境下的新型田园想象。

在物质生产层面，乡村劳作正从生存性活动升华为文化实践。乡村的生活劳作，除了春生夏长秋收冬藏的田园劳作，也包括日常饮食起居生活和非遗文化的传承。从最早的网红李子柒开始，就在短视频中自己动手做凉亭，砌炉子，秋天酿果酒、冬天腌腊肉，用葡萄皮染布裁衣服。在"@山白"的作品中，体现了新农人严谨的创作态度，他们团队每年年初制订一整年的计划，然后在非遗名录里选种类，接着查阅大量文献，甚至去知网查询论文或拜访非遗文化传承人。这种精益求精的态度，使得他的每一个短视频都充满了文化底蕴和独特匠心。他曾经历时近500天制作了徽墨，每一步都严格遵循古法制作，生动解释了为什么徽墨被称为"一两黄金一两墨"。这种精雕细琢的制作手法，使短视频影像逐渐成为唤醒、激活、复现非物质文化遗产价值与魅力的重要渠道。

中国人对土地有着天然的热爱，保境安邦的土地情结，既有土地又有在土地上赖以生存的劳作，这也是维持中华民族生生不息的精神基石，也是乡村文化最本质的文化内核。[2] 新农人短视频以乡村环境为核心区域，田野、庭院、夕阳、炊烟等符号承载了受众的田园想象的物质基础，通过短视频的画面剪辑、场景调度等技术进行场景构建，表达千百年来传承不息的田园文明诗意。此外，新农人短视频用田园劳作诠释劳动的价值与美，在无声中传递着"劳动让生活更美好"的精神信念。"晨兴理荒秽，带月荷锄归"，日出而作日落而息的乡村劳作唤起受众对田园耕作的文化记忆和审美想象。[3]

（二）形而上的精神文化——乡村民俗及村规民约资源的融合

中国传统文化植根于乡村，为短视频的制作提供了源源不断的素材。民俗文化是生活在同一乡土地区的人们在长期的生产生活实践中创造、发展并广泛传播的具有地方特色的民风民俗[4]。新农人短视频的乡村民俗主要围绕节日习俗、民俗表演、人生礼俗等方面来呈现，内容除了地域特色的婚丧嫁娶风俗礼仪，还有民间音乐、舞蹈、戏剧、杂技、游戏、民间歌谣、口头文学等，不但文化内涵丰富，而且具有较强的观赏性和娱乐性。"@安塞腰鼓三哥哥"专注于安塞腰鼓的各种表演，"@走起潮汕"的短视频以弘扬潮汕英歌文化为主要内容，此外还有福建游神、苗族花山对歌、贵州黔东南地区的斗牛等各种民俗表演。"@晚霞"的短视频内容则在一场场的婚礼中展现土家族的哭嫁婚俗，不同的哭嫁对象对应不同的哭嫁歌，土家族哭嫁歌也被誉为"中国式的咏叹调"。在她的短视频中，受众感受到与众不同的婚俗。

一直以来，中国乡村的村民"依礼而行、循俗而做"。村规民约产生于乡村社会的血缘关系、地缘关系和自然情感，并且是维系乡村社会和谐安定的重要基础，是土生土长的小地域的中华传统道德规范，也是乡村在法律之外用以规范乡邻的道德准则。[5]村规民约比较注重培育良好的家风、淳朴的民风和文明的乡风，往往以乡镇或者村落为单位，地域不同内容也有所区别，这类脱胎于血缘地缘关系的道德准则，既包含尊老爱亲、邻里互助等传统美德，也融入人居环境整治、移风易俗等现代治理要求。"@幸福一家人周甜丽"的短视频中家庭代际分工明确，老人负责田中农活，丈夫外出务工，博主居家做全家的后勤保障工作，视频中一家人和睦相处，在孝老爱亲方面堪称典范，尤其博主与婆婆的关系被誉为全网最融洽的婆媳关系。她用日常化场景诠释孝道伦理的现代实践，其婆媳互动模式突破传统叙事框架，构建了新型家庭关系范本；此外，在新农人短视频中，村规民约的传播方式有的通过歌曲、舞蹈等形式进行传唱，有的通过情景短剧的表演，使村规民约的内容更加深入人心。"@三蜂哥"则创新性地将村规条文改编为朗朗上口的民谣，使规范文本在音乐韵律中完成大众传播。这种"技术赋能+文化解码"的传播策略，既保留了村规民约的道德约束力，又通过艺术化表达增强其传播渗透性。

由于新农人短视频的场景化、生活化叙事，直接将乡村文化中的精粹部分，碎片化地传递给受众，这些形式多样的短视频激活了大家内心深处的文化情感，又在情感因素的作用下，将碎片化的乡村文化记忆拼凑在一起，无形中不仅强化了受众对乡村文化的认同感，也促进了乡村文化在传播中扩散、在扩散中共享、在共享中传承。

二、新农人短视频在乡村振兴中的价值

（一）经济价值：开辟乡村"半农半网"经济新业态

随着工业化进程，我国绝大多数农村地区都已经形成了"以代际分工为基础的半工半农"家计模式[6]，主要模式为农业生产经验丰富的老人居家耕种，主要作物为粮食，同时搞庭院经济以自给自足，相对年轻的劳动力进城务工，用以补充家庭农业收入的不足，一个家庭两代人分工不同。但是新农人区别于以往旧农人的最大特点，就是相对于农业生产他们的文化素质和专业技能更胜一筹，因此随着新农人短视频的崛起，短视频已然成为新农人进行乡村振兴的"新农具"，新农人通过短视频构建"生产—传播—销售"闭环链路，慢慢开辟了乡村"半农半网"经济新业态。

在新业态中"半农"业态不再仅限于粮食耕种，而是包括规模化养殖、传统手工业制作、特色经济作物种植等乡村产业，而这些乡村产业又为短视频制作提供素材，新农人短视频在积累一定粉丝后，又可以通过直播带货、广告推广、平台奖励、广告分成和粉丝打赏等方式获得收入，"半网"业态所产生的非农经济收入，也会高于以往的"半工"业态所带来的收入。"@牧民达西"的博主在大学毕业后回到呼伦贝尔草原，传承了祖辈的游牧文化，在短视频中分享制驼具、养骆驼、挤驼奶、熬奶茶等草原上简单的生活日常，随着短视频受众群体的增加，达西开始尝试帮助周边牧民和当地的农畜产品企业，售卖家乡特色农畜产品，直播销售额突破 1 亿元，带动了地方经济发展。

新农人从来不是单独的个体，他们凭借新思维，借助新农具，为传统农业提供了新的发展理念，优化了现有农业产业结构。"半网"业态又可以反哺"半农"业态，一些新农人通过直播平台以及短视频，为区域农特产品开拓销售渠道，缓解了农业高质量发展最基本的信息不对称问题，逐渐形成一条完整的产业链，既可以推动农业标准化生产，又可以带动包装、物流、加工、旅游等其他相关业态的发展，为当地农民提供更多就业机会，革新了农村劳动力结构，新业态创造"数字新职人"群体，包含内容创作、直播运

营、数据管理等新兴岗位，而且在某些乡村，在新农人带动下，"数字新职人"群体的占比也在逐步提高，逐渐形成"银发守艺 + 青年触网"的复合型人才结构。

（二）生态价值：构建乡村和谐生态环境

新时代和谐的乡村生态环境，既包含乡村自然生态环境，又包含乡村人文生态环境。

习近平总书记提出的"绿水青山就是金山银山"的理念，就是对理想的乡村自然生态环境的概括。无论出身于乡村还是城市，乡愁似乎是每个中国人内心始终割舍不掉的情愫。新农人短视频将山川河流、阡陌沃野等自然景观，通过镜头进行符号化的呈现，展示不同乡村地区的自然风貌，展现出了我国丰富多彩的乡村自然风光，体现了传统文化中天人合一、崇尚自然、守望田园的朴素生活理念，将乡愁化作鲜活的视听元素，唤起更多人对乡村自然环境的关爱。

乡村人文生态环境，除了历经时间积累和文化沉淀后呈现的人居环境，还包括家庭成员及乡民之间的人际环境。近些年，国家不断对农村人居环境进行提升改造，通过对生活污水、生活垃圾的处理以及"厕所革命"，有效地改善了乡村公共空间和庭院环境。和谐美好的人居环境也体现了农民生活水平的提高，并通过短视频将这份幸福不断分享并传递给受众。

以往的"半农半工"业态，往往会出现跨地域、季节性的农民工大规模流动，并引发了留守儿童与空巢老人等多重复杂的社会问题。而随着新业态的发展，农村直接或间接的就业机会逐渐增多，不断吸引更多人才回流，而这些新农人群体又不乏高知、白领、海归，既解决农村空心化问题，改善农村劳动力结构，又在一定程度上推动城乡融合，弥补农业高质量发展的短板。外出务工人员的返乡，使得家人团聚、幼有所依、老有所养，使农村家庭成员关系更为完整和谐。同时高素质人才的回流，也带动了农村整体文化素质的提升，他们把乡村视作干事创业实现自我价值的沃土，也通过短视频向外界塑造了崭新的新农人形象。

（三）文化价值：焕发乡村文化生机

由于地域、历史等原因，中国自古就有"百里不同风，十里不同俗"的说法，早已形成了风格迥异、内涵丰富的乡村多元文化。乡村振兴，文化先行，以农耕文化为主导的乡村文化有助于塑造人们的精神家园，然而在城镇化和市场化进程中，在多种文化冲击下，传统乡村文化却日渐式微。新农人短视频凭借自身优势，如同一道曙光，让乡土文化与时俱进，在乡村振兴战略实施进程中不断焕发新的生机。

"求木之长者，必固其根本"。近些年，国家非常重视传统文化的传承、发展与创新，在非物质文化遗产的传承过程中出现了两大危机，一是随着时代的发展一些技艺失去实用空间，缺少利益回馈，二是有些传承人不愿意开放、共享和创新。针对这种现象业内也曾提出过两种解决方案，一方面将某些技艺封存于博物馆，仅供参观、研究和纪念；另一方面进一步推陈出新，赋予新的时代内涵，保留非遗的"魂"，不断创新融合，满足社会的新需求。"@刘家人竹编"的博主刘霞冰就是将整个村庄的竹编制品推陈出新，刘霞冰所在的村庄原来靠竹编谋生，但是随着竹编制品的用途变小，竹编收入微薄，村里人大部分放弃竹编外出打工。刘霞冰大学毕业回村后在继续保持线下的传统竹器批发之外，开网店、做直播、改技术，围绕宠物用品，融合审美、时尚等元素不断改进创意，除了实用性，还开始将竹编制品往工艺品角度发展，大大提高了竹编制品的附加值。

在新农人的短视频中，乡村文化的传播方式也形式多样。有的通过生活纪实、经验分享等方式，客观地展现了乡村的生产生活场景，也有的通过创意和艺术化的表现手法，戏剧化地再现了乡村生活的诗意和美感。"@金蛋金玺"的短视频主打怀旧风，通过家庭成员表演的方式，在黑白泛黄的画面里，有的是已经消失的黑白电视、小霸王游戏机等老物件，有的是芝麻换香油、摔泥泡、推铁环等老事件，凭借优质的内容及表演，"@金蛋金玺"还获得了抖音短视频影像节的"最佳表演奖"。"@刘家人竹编"也专门拍摄了微电影《胡编乱造》来展现"拯救"竹编的决心，此外，刘霞冰还参与"非遗进校园"活动，她还到本地幼儿园、小学开展公益性竹编手工实践教学，真正让竹编手艺传承下去。新农人短视频，以互联网平台为载体，通过关注、评论、点赞、回复和转发等网络社交行为，拓宽了宣传渠道，有助于推动乡村文化在现代社会中焕发出勃勃生机。

三、结论

随着脱贫攻坚取得全面胜利，乡村发展也开始从"基本生存保障"向

"美好生活构建"全面转型。在这个转型过程中，新农人起到了中坚作用，他们借助"短视频"这一新农具，在创新和实践中推动着乡村振兴战略的深化实施。从基础设施的完善到公共服务的提升，从生态环境的保护到乡村文明的培育，新农人都积极参与其中，他们通过短视频发掘乡村文化，展现新时代乡村的新面貌，赋予乡村文化新的活力，又用乡村文化反哺乡村经济，赋能乡村经济的振兴，驱动新时代乡村建设全面推进，开启新农村、新农业高质量发展的新篇章。

参 考 文 献

［1］杨华，范岳，杜天欣．乡村文化的优势内核、发展困境与振兴策略［J］．西北农林科技大学学报（社会科学版），2022（4）：4－22.

［2］向斌．乡村图景再造：返乡青年短视频媒介空间呈现研究［D］．杭州：浙江传媒学院，2024：5－21.

［3］陈莉，杨馥榕．民俗文化赋能乡村振兴的实践路径研究［N］．山西科技报，2024－09－16.

［4］施媛媛，曾庆江．虚拟的田园：沈丹"乡愁"系列短视频中的场景建构与价值追寻［J］．东南传播，2023（12）：135－155.

［5］高艳芳，黄永林．论村规民约的德治功能及其当代价值［J］．社会主义研究，2019（4）：104－110.

［6］李竹筠．"半耕半网"经济形态与传统价值伦理复兴［J］．云南社会科学，2022（5）：153－160.

［7］徐兆寿，何田田．短视频与中国传统文化传播新路径［J］．中州学刊，2023（9）：167－173.

［8］王丹．基于生态美学视域下艺术介入乡村文化建设的研究［D］．大连：大连工业大学，2021：1－6.

［9］王姝．新时代乡村生态美的建构研究［D］．南宁：广西民族大学，2023：6－17.

［10］张海燕．中华优秀传统文化赋能乡村振兴的路径研究［D］．长春：吉林大学，2023：6－17.

文化 IP 的构建与传播策略

——以黄河文化为例

李佳欣[*]

摘　要：作为"母亲河"黄河文化在物质与精神层面有着极大的价值。在人工智能时代，挖掘与保护黄河文化与传承弘扬黄河文化有了新的样态。研究通过"以'水'为种——挖掘黄河文化""以'河'为根——连接扩散黄河文化"和"以'文化'为块茎——打造黄河宇宙"三个维度，提出了利用新兴科技挖掘构建黄河文化数据，将黄河文化与政治经济、生态、科技等方面结合，探索文化传播的新路径。不仅为黄河文化的高质量发展和传播提供了切实可行的对策，也为其他文化领域的创新发展提供了宝贵的参考。

关键词：黄河文化　文化产业　文旅融合　传播

千年奔流不息的"母亲河"黄河孕育了辉煌的文明。这条伟大的河流穿越了无数的山川和平原，滋养了一代又一代的华夏儿女，见证了中华文明的兴起与发展。从古至今，黄河以其丰沛的水资源和肥沃的土地，孕育了灿烂的农耕文明，催生了众多古老的城市和文明中心。

一、以"水"为种——挖掘黄河文化

（一）黄河文化的过去与现在

黄河文化是一个时空交织的多层次、多维度的文化共同体，承载着厚

＊ 李佳欣，北京大学艺术学院。

重的历史。时光如河,文化流变,现如今的黄河文化划分可分为:三秦文化区、中州文化区、齐鲁文化区、燕赵文化区、三晋文化区、河湟文化区[1]。

作为中华民族的文化符号,黄河不仅是自然的馈赠,更是文化的摇篮,承载着中华民族的精神血脉,传承着千年的智慧与辉煌。在它流经的区域,文化一次次碰撞,又一次次交融,连绵不绝,源远流长。

在黄河流域生态保护和高质量发展座谈会上的讲话中,习近平总书记提道:"黄河文化是中华文明的重要组成部分,是中华民族的根和魂。要推进黄河文化遗产的系统保护,守好老祖宗留给我们的宝贵遗产。要深入挖掘黄河文化蕴含的时代价值,讲好'黄河故事',延续历史文脉,坚定文化自信,为实现中华民族伟大复兴的中国梦凝聚精神力量。[2]"在这个文化生态①。极其丰富的地域,打造文化 IP,黄河流域有着天然的优势。

物质方面:黄河流域风景秀丽,生态多样,资源优渥。流经多个省份,处于四季分明的中纬度地带。"先后跨越了青藏高原、黄土高原、北部草原的河套地区、中下游平原和滨海地区,不同的自然环境和人文环境,必然使黄河文化在这种特殊空间条件下形成为一种内容极其丰富、同中有异的文化系统。②"

精神方面:黄河流域历经沧桑,见证了无数历史变迁。从新石器时代的上游马家窑文化、中游仰韶文化、下游大汶口文化,到后来的龙山文化,这些早期文明奠定了黄河文化的基石。进入奴隶制社会后,夏、商、周文化相继崛起,引领着黄河文化的发展。随后,经过秦汉的统一与繁荣,再到唐宋的鼎盛时期,以及元明清的延续与发展,黄河流域的文明被紧紧熔铸在一起,形成了丰富多彩、源远流长的文化体系。

(二) 黄河文化的未来

利用新质生产力挖掘黄河文化,可以通过技术创新、内容创新和传播创新等多种手段,将传统文化与现代科技相结合,提升黄河文化的传播力和影响力。例如,(1)通过数字化技术,对黄河文化的历史文献、文物古迹、非物质文化遗产进行数字化建档,建立全面的文化资源数据库;利用

---

① [美]朱利安·斯图尔德. 文化变迁的理论 [M]. 张恭启译. 台湾:远流出版事业股份有限公司,1989 (2):45-47.

② 安作璋,王克奇. 黄河文化与中华文明 [J]. 文史哲,1992 (4):3-13.

虚拟现实（VR）和增强现实（AR）技术，为用户提供沉浸式的文化体验，如虚拟参观历史遗址、互动体验传统艺术。（2）内容创新，可以将黄河文化的故事化，通过影视作品、动画、漫画等形式，以生动有趣的方式呈现给观众；开发互动性强的文化产品，如在线游戏、互动展览等，增强用户的参与感和体验感。（3）创意传播，利用社交媒体平台如微博、微信、抖音等发布黄河文化的相关内容，吸引年轻用户的关注和参与；通过直播平台举办线上文化讲座、非遗传承人访谈、文化活动直播等，增加用户的互动性和参与度。通过这些方法，可以充分利用新质生产力，深入挖掘和传播黄河文化，让这一宝贵的文化遗产在新时代焕发新的生机与活力。

正因为黄河文化包容着天地万物，其深厚的历史积淀和丰富的文化内涵为现代传播提供了无限可能。利用新媒介打造文化 IP，不仅能够更好地保护和传承黄河文化，还能促进其在新时代的广泛传播。通过数字化技术、社交媒体、短视频平台、虚拟现实等多种新媒介手段，例如，南充市八尔湖数字乡村建设项目、广元市剑门关"智游剑门"全域旅游平台数字化创新实践项目。文化与科技的结合可以将黄河文化的独特魅力以更加生动、直观的形式展现给广大受众。同时，需要把黄河文化的本土化表达转化为国际化表达，并且对传统的传播媒介进行升级换代，改变那种"用传统的方式传播传统文化"的陈旧模式，让这一古老的文化在新的时代焕发出新的生机与活力。

二、以"河"为根——连接扩散黄河文化

一条河，连接了地与地的情感。自古以来，从大禹治水到明代潘季驯"束水攻沙"，从汉武帝时期"瓠子堵口"到康熙帝时期把"河务、漕运"刻在宫廷的柱子上……"世界上任何一种文化，总是和它产生的地域相结合[5]"人们因为"黄河"连接在一起。黄河文化也因为奔腾不息的河流，紧密相连。

（一）连接——构建黄河文化数据库

黄河文化传播的前提，是除了有着前文所提到黄河文化浓厚的地域特色、引人注目的标识，还得有着成熟的体系，而黄河文化"兼容并蓄、博采

众长的特性[7]"恰好兼容这一点。作为"纽带",在连接构建黄河文化数据库时有着至关重要的作用。

1. 作为历史的纽带

从大禹治水开始,黄河就成为中华民族共同面对的挑战和奋斗的目标。历代帝王和无数治水专家为了治理黄河,付出了巨大的努力和智慧。这些历史事件不仅记录了人类与自然抗争的勇气和智慧,也展现了中华民族不屈不挠的精神。每一个治黄的故事,都是中华民族团结一心、共同奋斗的见证;

2. 作为文化的纽带

黄河文化丰富多彩,涵盖了历史、文学、艺术、民俗等多个方面。从《诗经》中的"河水洋洋"到《黄河大合唱》的激昂旋律,从古老的陶器到现代的艺术作品,黄河文化在各个时代都留下了深刻的印记。这些文化符号不仅展示了中华民族的创造力和智慧,也连接了不同地区、不同民族的情感和记忆。

3. 作为社会的纽带

黄河不仅是一条自然河流,更是一种社会联系的纽带。沿黄河流域的各个城市和乡村,因为黄河而紧密相连。无论是农业生产、交通运输,还是日常生活,黄河都扮演着不可或缺的角色。人们在共同的生活和工作中,形成了深厚的社会联系和文化认同。

4. 作为精神的纽带

黄河精神是中华民族的精神象征,代表着坚韧不拔、勇往直前的品质。无论是面对自然灾害,还是社会变迁,黄河精神激励着一代又一代的中国人不断前进。这种精神不仅体现在治黄工程中,也体现在各行各业的奋斗者身上,成为中华民族共同的精神财富。

人们因为"黄河"而紧密相连,黄河文化也因为奔腾不息的河流而生生不息,紧密相依。黄河不仅是自然界的伟大河流,更是中华民族的精神纽带,通过这条奔腾不息的河流,黄河文化得以传承和发展,成为中华民族共同的记忆和骄傲,把人们在历史、文化、社会和精神层面上紧密地连接在一起。

（二） 扩散与传播黄河文化

黄河文化的历程源远流长，有了黄河文化数据库，就可以利用多样化的平台将它传播扩散开。而扩散传播的起点，要从"注意力"说起。"注意力经济①"这一概念的最早提出者是迈克尔·H. 戈德哈伯（Michael H. Goidhaber）。注意力是不可复制的高度个人化的，同时在信息爆炸的时代也是稀缺；但"注意力"也有易从众的特点，所以"名人效应"在传播的起点被应用得很成熟；"注意力"并不能独立存在，需要有载体承接产生的价值，承接注意力的载体被概括为"标识"[10]。旧社会的旧标识，不足以承载中华优秀传统文化，尤其是黄河文化。所以需要打造更多的新标识去承载丰富多元的黄河文化。正如前面所提，改变传播模式：（1）旧媒体新元素，如传统纸媒改变装帧方式发挥新作用，胶片变成艺术产品等；（2）新媒体旧元素，如李子柒、九月等博主在新的平台去发布"旧"内容等；（3）新媒体新元素，如活化非遗，数字化文化，游戏等方式[9]。在实际应用时需要注重跨媒介传播，不局限单一的传播形式，实现跨媒介，跨平台整合。

值得注意的是，"标识"的投放策略丰富多样，其中大数据计算推送的新型传播方式尤为凸显了"注意力"这一要素的重要性。基于用户的日常观看习惯、点赞偏好等行为数据，系统能够评估某一"标识"是否能够在短时间内吸引用户的注意力，进而决定是否进行推送。因此，在设计标识时，需要精心整合各种吸引注意力的元素，确保其具有高度的针对性与聚焦性，避免过于泛化。

通过提供高质量的内容来吸引观众，并进一步将他们留住，这是至关重要的一步，正如图 1 所展示的，在"5A"理论中的这一步标志着从行动到拥护（act 至 advocate）的转变，此时用户转化为品牌的粉丝。无论是遵循CK 型（顾客即上帝）、CT 型（顾客为目标）还是 CF 型（顾客为朋友）理念的组织，其核心都是在内容沉淀之后集结用户或观者，如图 1 所示，形成一个社群。这样的社群给予用户身份认同感和归属感，从而扩大品牌或标识的价值，并为二次、多次乃至循环传播奠定基础。这样不仅增强了用户的忠诚度，也为品牌的持续发展提供了动力。

---

① 陆军. 中国传媒的注意力经济与影响力经济 [J]. 求索, 2006 (10)：184－186.

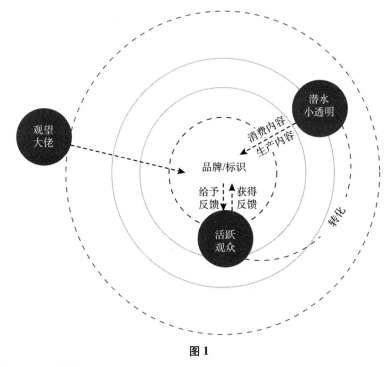

图1

资料来源：笔者自制。

三、以"文化"为块茎，打造黄河文化宇宙

　　一个社会群体怎样向另一个社会群体的传播，对于研究黄河文化创意传播的策略和路径是极其必要的。《资本主义与精神分裂（卷2）：千高原》一书中提出的"块茎①"（rhizome）的概念，用于描述一种非线性、多中心、不断生长和变化的文化传播模式。与传统的树状结构不同，块茎没有固定的起点和终点，而是由多个节点和连接组成的网络，每个节点都可以与其他节点相连，形成一个动态的、开放的系统[13]。

　　在人工智能时代，这样的"块茎"模式更加符合当下传播模式的描述。短视频流媒体平台，如抖音、快手等，便是典型的"块茎"模式的应用实例。在这些平台上，每个人既是观者也是创作者，用户可以自由地发布、分享和互动，形成了一个去中心化的、多节点的传播网络。这种模式极大地提

① ［法］吉尔·德勒兹（Gilles Deleuze），［法］费利克斯·加塔利（Félix Guattari）. 资本主义与精神分裂（卷2）：千高原［M］. 上海：上海人民出版社，2023.

高了信息传播的速度和广度，同时也激发了用户的创造力和参与感。游戏产业的持续热潮也进一步证明了这一点，大众对于自己成为主角、创造内容的需求日益增长。游戏不仅是娱乐工具，更是用户表达自我、展示创意的平台。

黄河文化的创意传播同样需要借鉴这种"块茎"模式。在传播过程中，需要与他者共鸣，以开放的心态观察和学习其他文化，同时寻找和展示自身的独特魅力。通过跨文化的交流与对话，中国传统文化可以更好地融入全球文化体系，获得更广泛的认知和认同。与此同时，避免"同质化"也非常重要。块茎社群是大小不一，通过根系链接在一起的。每个块茎都是一个独特的种子，可以发展出新的根系，形成丰富多样的文化生态，如图2所示。例如，创意性的融合短视频平台、社交媒体平台、游戏产业、网络社区和论坛、用户生成内容（UGC）平台等功能社群模块，形成如"元宇宙"的概念，构建"中国传统文化宇宙"。因此，中国传统文化的创意传播不仅要注重内容的创新和形式的多样，还要保持文化的独特性和多样性，确保在传播过程中不失其原有的文化内涵和价值。

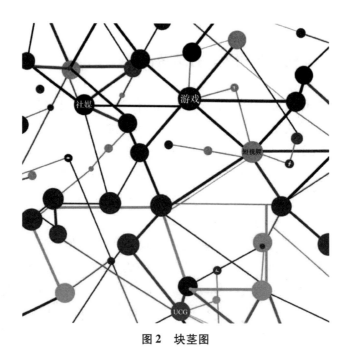

图2　块茎图

资料来源：笔者自制。

黄河文化的"块茎"与其他领域"块茎"的融合，不仅是文化生命力的体现，还是文化多样性的见证。它打破了传统的文化边界，创造了一个开放包容的文化生态体系，使人们能够在探索和体验黄河文化的过程中，不断发现自我，并增进对世界多元文化的认识与欣赏。这种基于"块茎"理论的文化融合实践，为我们提供了一种全新的视角来审视和理解文化发展的动态过程及其深远意义。

除了文化 IP 之间的相互连接与交融，文化的影响力还广泛渗透到了政治经济政策、生态治理以及新兴科技等多个领域。

（一）黄河文化的挖掘与生态保护相结合

黄河文化的挖掘与生态保护相结合，是实现可持续发展的重要路径。以下是一些具体的策略和方法：

（1）上文所提的构建数据库。推动文化与生态资源的普查与建档，对黄河沿岸的文化遗产和自然生态资源进行全面普查，包括历史遗址、非物质文化遗产、自然保护区等。记录每一项资源的基本信息、现状和保护需求，为后续的保护和开发提供科学依据。

（2）文化与生态的综合保护规划制定综合的保护规划，将文化保护与生态保护结合起来，确保两者相辅相成、协调发展。再根据不同区域的特点，制定分区保护措施，如重点保护历史遗址、恢复生态系统、保护生物多样性等。

（3）文化与生态的融合发展，开发文化黄河文化旅游项目，将文化景点与自然景观相结合，如壶口瀑布、黄河第一湾等，打造特色旅游线路；设立生态体验区，让游客在享受自然美景的同时，了解黄河的生态保护成果，增强环保意识。

（4）社区参与和教育，鼓励当地社区居民参与文化遗产和生态保护工作，如志愿者活动、社区环保项目等，增强社区的主人翁意识；在学校和社区开展黄河文化与生态保护的教育活动，提高公众的文化素养和环保意识；为社区居民提供培训，传授生态保护和文化传承的知识和技能，提升他们的参与能力和水平。

（5）定期评估：定期评估保护和开发的效果，包括文化遗产的保护状况、生态环境的变化、游客满意度等。建立反馈机制，及时收集各方的意见和建议，不断优化保护和开发措施。

（二）黄河文化与经济发展相结合

（1）文旅融合促经济发展，赋能乡村推动黄河文旅高质量发展。构建文化娱乐园区时，不忘给当地居民提供新的就业机会，例如浙江乌镇，北京环球影城在开发新的文化娱乐项目后，引入当地居民作为园区 NPC 等。

（2）结合当地的非物质文化遗产开展体验活动，让游客亲身体验和传承文化。如黄河文化传统戏剧的藏戏、皮影戏、眉户、二夹弦等；民间美术的土族盘绣、塔尔寺酥油花、热贡艺、灯彩、面人、面花、草编等传统手工、技艺等加牙藏族织毯技艺、琉璃烧制技艺、临清贡砖烧制技艺、钧瓷烧制技艺、唐三彩烧制技艺等；还有体育、游艺杂技与竞技的蒙古族象棋、沙力搏尔式摔跤、红拳、八极拳、螳螂拳等多种非遗项目。为当地非遗手艺人带来经济收益，更好地促进非物质文化遗产传承发展[14]。

（3）利用文化数据库，把文化产业产业链更新完善，打造更多独一无二的文化创意产品。例如，甘肃文旅的"食物"娃娃，故宫博物院的凤冠冰箱贴，江西景德镇陶瓷，北京和合雕漆局出品的"雕漆手机壳"，广西桂林的绣球，傩面挂件等[15]。

（4）因地制宜地制定合适的政策，观赏性强的表演民俗非遗项目，要给它们展示的空间时间，比如广西三月三的民俗节日会安排演出也能够产生经济收益；普世性强的手工艺项目可以设立研学点，或"非遗进校园"等方式，融入大众的生活等。

（三）黄河文化与新兴科技相结合

（1）跨界合作与创新：一方面是文化类目的跨界，利用数据库打造新的纹样进行产品设计，另一方面是与知名品牌合作，开发包含文化元素的产品，如服装、家居、配饰等。

（2）沉浸式体验：打造黄河 IP 文化故事[16]。结合新兴科技打造沉浸式观影体验项目，如环球哈利波特沉浸之旅，沉浸式餐厅 teamLab 开发的深圳"花舞印象"艺术感官餐厅，沉浸式演绎，广西桂林《印象刘三姐》、上海《麦克白》改编的 *Sleep No More*，沉浸式展览"神秘敦煌"等[17]。

黄河文化的"块茎"与其他领域"块茎"的融合，体现了一种跨学科、跨文化互动的新型文化现象。这些大小不一、形态各异的"块茎"，不仅为黄河文化的再生提供了丰富的土壤，同时还确保了其在与其他文化交流融合过程中不会被同质化。这种独特的文化交融方式，使得观者在接触和理解黄河文化时，能够从中发现与自身文化背景或个人经历相呼应的部分，从而形成一种深层次的文化共鸣。

四、结语

"推动黄河流域生态保护和高质量发展，非一日之功。既要谋划长远，又要干在当下，一张蓝图绘到底，一茬接着一茬干，让黄河造福人民。"① 黄河文化作为中华民族的重要组成部分，不仅承载着悠久的历史和丰富的文化内涵，还蕴含着巨大的发展潜力和无限的创新可能。本文通过"以'水'为种——挖掘黄河文化""以'河'为根——连接扩散黄河文化"和"以'文化'为块茎——打造黄河宇宙"三个维度，系统探讨了黄河文化 IP 构建与传播的策略。第一部分，回顾了黄河文化的过去与现在，展望了其未来的发展方向。通过对黄河文化的历史渊源、现状及未来趋势的深入分析，认识到挖掘和保护黄河文化的重要性，为后续的传播和创新奠定了坚实的基础。第二部分，提出了构建黄河文化数据库和扩散传播的具体措施。通过建立全面的文化资源数据库，不仅能够系统化地保存和管理黄河文化资源，还能够为后续的传播和创新提供数据支持。同时，利用现代传播手段，如社交媒体、短视频平台、虚拟现实等技术，能够有效扩大黄河文化的影响力，让更多人了解和喜爱黄河文化。第三部分，提出以"块茎"方式打造黄河文化宇宙，探讨了黄河文化与生态保护、经济发展、新兴科技相结合的路径。通过将黄河文化的挖掘与生态保护相结合，实现文化的可持续发展；将黄河文化与经济发展相结合，促进地方经济的繁荣；将黄河文化与新兴科技相结合，创新文化传播方式，提升传播效果。

尽管黄河文化与其他文化相互交织，但它依然保持着自身的独特性和多样性。这是因为每一种文化都有其内在的生命力和发展逻辑，在交流与碰撞中，不同文化之间的差异反而更加凸显出来。对于黄河文化而言，这种特性使其在全球化的背景下依旧能够保持鲜明的地方特色和民族风格。当来自不同文化背景的人们接触到黄河文化时，他们不仅能感受到其深厚的历史底蕴，还能在其中找到与自己文化相似或者相通之处，这有助于增强文化间的

---

① 习近平. 在黄河流域生态保护和高质量发展座谈会上的讲话［J］. 求是, 2019（20）.

理解和尊重，促进多元文化的和谐共存。打造黄河文化 IP，不仅是传承历史与地方特色，还通过与其他文化的交流融合展现出强大的生命力和适应性，使其在全球文化之林中独树一帜，成为连接过去与未来、本土与世界的桥梁。这一独特的文化现象，彰显了黄河文化在保持传统的同时不断进化的能力，为世界文化多样性的发展贡献了重要力量。

参 考 文 献

［1］徐吉军. 论黄河文化的概念与黄河文化区的划分［J］. 浙江学刊，1999（6）：134－139.

［2］习近平. 在黄河流域生态保护和高质量发展座谈会上的讲话［J］. 求是，2019（20）.

［3］［美］朱利安·斯图尔德. 文化变迁的理论［M］. 张恭启译. 台湾：远流出版事业股份有限公司，1989（2）：45－47.

［4］安作璋，王克奇. 黄河文化与中华文明［J］. 文史哲，1992（4）：3－13.

［5］于希贤，陈梧桐. 黄河文化——一个自强不息的强大生命［J］. 北京大学学报（哲学社会科学版），1994（6）：31.

［6］杨越，李瑶，陈玲. 讲好"黄河故事"：黄河文化保护的创新思路［J］. 中国人口·资源与环境，2020，30（12）：8－16.

［7］杨国龙. 黄河文化的时代价值及其实现路径［J］. 中共济南市委党校学报，2020（1）：102－107.

［8］陆军. 中国传媒的注意力经济与影响力经济［J］. 求索，2006（10）：184－186.

［9］向勇著，李向民总主编. 普通高等院校文化产业管理系列教材 创意管理学［M］. 北京：清华大学出版社，2022.

［10］贾磊磊. 全球化时代中国文化传播策略的当代转型［J］. 东岳论丛，2013，34（9）：82－87.

［11］史珂. 当前中国传统文化传播存在的问题与对策研究［D］. 济南：山东师范大学，2018.

［12］［美］菲利普·科特勒，［印度尼西亚］何麻温·卡塔加雅，［印度尼西亚］伊万·塞蒂亚万. 营销革命4.0从传统到数字［M］. 王赛译. 北

京：机械工业出版社，2018.

［13］［法］吉尔·德勒兹（Gilles Deleuze），［法］费利克斯·加塔利（Félix Guattari）．资本主义与精神分裂（卷 2）：千高原［M］．上海：上海人民出版社，2023.

［14］陈梦．新媒体环境下黄河流域中原地区非物质文化遗产传播研究［D］．郑州：郑州大学，2021.

［15］杨慧子．非物质文化遗产与文化创意产品设计［D］．北京：中国艺术研究院，2017.

［16］郑燕．黄河故事的 IP 化打造和产业化开发策略研究［J］．东岳论丛，2021，42（9）：77－84.

［17］花建，陈清荷．沉浸式体验：文化与科技融合的新业态［J］．上海财经大学学报，2019，21（5）：18－32.．

基于短视频的琅琊文化名城的
形象建构和传播策略研究*

肖长江**

摘　要： 本研究聚焦短视频在临沂城市形象建构与传播中的作用，通过剖析短视频时代城市形象传播特点，探讨其与临沂琅琊文化的融合路径、优势，以青岛为实证案例，指出临沂在利用短视频传播中存在的问题，并提出针对性传播策略，旨在借助短视频提升临沂的城市形象，传承与发展琅琊文化，增强临沂的文化软实力。

关键词： 短视频　琅琊文化　临沂　城市形象　传播策略

一、引言

城市形象是一座城市的文化和历史标签，也是城市对外传播的重要方式，城市形象的建立既是一种多方位的包装，也是一种多渠道的宣传。随着新媒体的迅速发展，短视频凭借其创作简单、传播迅速、交互性强、个性化足等特点，成为大众认识世界的重要窗口，也成为城市形象传播与建构的重要途径。[1] 短视频平台为中华优秀传统文化的传播赋能，使其影响力倍增。地方传统文化作为城市形象塑造的瑰宝，备受重视。深挖其内涵与特色，将之融入城市形象建构和传播，不仅能打造独特的名片，还能提升城市魅力。

* 基金项目：本文系山东省2023年度全省传统文化与经济社会发展专项课题"基于短视频的琅琊文化名城形象建构和传播策略研究"（项目号：L2023C10190158）阶段性成果。

** 肖长江，男，齐鲁工业大学（山东省科学院）网络信息中心，实验师，教育学博士，研究领域为现代教育技术。

琅琊文化应该说是齐鲁文化与吴越文化的融合，也是两种文化长期交融和相互影响而逐步形成的，具有鲜明的地方特色和深厚的底蕴。[2]临沂市通常以革命老区、沂蒙红嫂、临沂煎饼等传统形象被人所知，因此被贴上落后、保守的标签。然而，临沂市近年来发展迅猛，城市面貌已发生了翻天覆地的变化。为展现新的城市气质，临沂需要借助短视频等流行手段，重塑城市形象，宣传推广自己的城市文化。如何有效地传播临沂的城市形象，特别是融合和依托古老的琅琊文化的特征进行构建和传播，成为了一个亟待解决的课题。

二、琅琊文化的概况

（一）琅琊的历史

"琅琊"源于春秋时期齐国所置琅琊邑，即现在的青岛琅琊镇；秦朝时期将中国分为三十六郡，琅琊郡为其一，郡治琅琊县（今山东省青岛市琅琊镇）是当时秦帝国最大的港口。[3]西汉时郡治迁至东武县（今山东省诸城市境内）。东汉改琅琊郡为琅琊国，建都开阳县（今山东省临沂市市区），历经曹魏、晋朝、南北朝、隋朝、唐朝等定名沂州，1913年改沂州为临沂。现琅琊已成为山东省临沂市的别称。

（二）琅琊文化的定义

"琅琊文化"是指以山东省临沂市及其周边的青岛、诸城等地区为中心的地域文化，因春秋时期的古琅琊郡而得名。"琅琊文化"属地域文化，是齐鲁文化的重要组成部分。它源于古老东夷文明，承齐文化传统，经齐鲁、吴越文化熔铸，历经千年演变而成。当今山东省青岛、诸城、临沂等地尚拥有较多琅琊文化遗存遗迹，这三市也是琅琊文化的主要继承者和传播者。本文所论述的琅琊文化主要是临沂市的琅琊文化，琅琊文化名城是指临沂市。

三、短视频与琅琊文化融合的概述

短视频与琅琊文化的融合，通过动画、短剧、直播等形式，生动展现了琅琊文化的历史底蕴与民俗特色，如诸葛亮《空城计》、柳琴戏等。目前，短视频已成为传播琅琊文化的重要载体，尤其是市民通过拍摄日常生活与文化场景，积极参与文化传承，形成"市民即形象大使"的传播生态。这种融合不仅增强了文化的吸引力与感染力，还促进了全民参与，提升了市民对家乡文化的认同感与自豪感，对推动琅琊文化的传承与发展具有重要意义。

（一）琅琊文化中的临沂地区的特色内涵

临沂作为琅琊文化的核心区域，历史悠久，文化底蕴深厚。从春秋战国时期的琅琊邑，到秦汉时期的琅琊郡，再到魏晋时期的琅琊国，这片土地见证了无数的历史变迁。银雀山汉墓竹简、琅琊王陵古遗址等历史遗迹和文化遗产，是琅琊文化的重要见证。其中，银雀山汉墓竹简的出土震惊世界，为研究中国古代军事、哲学等领域提供了珍贵资料。

琅琊文化孕育了众多历史名人，如书圣王羲之、智圣诸葛亮、孝圣王祥等。他们的思想、成就和品德对中国文化发展产生了深远影响。王羲之的书法作品展现了超凡的艺术造诣和文化底蕴，被誉为"天下第一行书"；诸葛亮以其智慧与忠诚成为民间广为流传的传奇人物。

临沂的民俗文化丰富多彩，包括柳琴戏、琅琊剪纸、琅琊草编等。柳琴戏以其独特的唱腔和表演形式，成为国家级非物质文化遗产；琅琊剪纸以精湛技艺和独特风格，展现了临沂人民的智慧与创造力；琅琊草编则以精美工艺和实用价值，成为当地特色手工艺品。

（二）短视频与琅琊文化融合的现状

目前，短视频与琅琊文化的融合已取得一定成果。在各大短视频平台上，创作者通过打卡文化景区、讲解历史文化、展示民俗活动、推荐美食等方式传播琅琊文化。例如，夜游琅琊古城、参观琅琊王陵古遗址等内容吸引了大量观众。一些创作者以生动有趣的方式制作短视频演绎琅琊文化的历史故事和传说，增强了文化的吸引力；另一些创作者则专注于记录临沂的民俗活动，如春节庙会、元宵节花灯展等，让更多人了解临沂的传统文化。短视频已成为传播琅琊文化的重要载体，推动了琅琊文化的广泛传播与传承。

政府和文旅部门也积极利用短视频平台，发布城市宣传片和文化活动资讯，推动琅琊文化的传播。临沂市文旅局官方账号在抖音上发布了一系列介绍临沂旅游景点和文化特色的短视频，取得了良好的传播效果。临沂文旅部门构建的"1＋N"传播矩阵颇具代表性。以政务号"文旅临沂"为核心，联动 200 余家书法培训机构、红色教育基地等民间账号，形成文化传播集群。通过"话题共创"模式发起的"#我的琅琊故事#挑战赛"，吸引几十万用户参与，生成 UGC 内容超百万条。通过传播矩阵构建琅琊文化生态，传播临沂城市形象。

（三）短视频与琅琊文化融合的价值与意义

短视频与临沂的琅琊文化的融合，为文化传承提供了新的载体和方式。短视频能够生动展现琅琊文化，吸引年轻一代的关注，助推传统文化的传承发展。例如在红色文化传承方面，短视频开创了"沉浸式党史教育"新模式。沂蒙红嫂纪念馆制作的《穿越时空的对话》系列，通过 AI 换脸技术让观众与历史人物"同框"，使革命精神传递突破说教模式。参与体验的青少年中，大多数人表示加深了对沂蒙精神的理解。

短视频与琅琊文化的融合有助于提升临沂的城市文化形象，将临沂独特的文化魅力展示给世界，吸引更多游客前来体验，推动文化旅游产业的发展，为城市经济增长注入新动力。短视频流量有效转化为文化产业动能。"书法＋短视频"的产业模式更催生了新兴职业，全市注册短视频书法教学账号达 3800 余个，在形成规模化知识付费市场的同时，也让更多的人认识了王羲之书法，提升了临沂形象。

文旅融合呈现几何级增长。琅琊古城借助短视频营销，《国秀·琅琊》一票难求，"水韵琅琊"成为新 IP。《国秀·琅琊》带动 300 余万人到琅琊古城游玩、实现综合营收近 3 亿元，"水韵琅琊"带动沂州里商业街区入住率、客流量、销售额分别增长 45%、120%、135%，中心城区景区旅游人次同比增长 25.96%，其中"王羲之数字展馆"成为打卡热点。[4]周边民宿经营者通过短视频展示沂蒙特色民居，实现年平均入住率满员的行业奇迹，催生文化增值新业态。

四、短视频时代的城市形象传播的特征和意义

近年来，短视频因为创作门槛低、传播快、互动性强等特征，迅速在全球互联网上兴起。随着"5G＋AI"技术的发展和智能设备的不断升级，短视频平台如抖音、快手等吸引了大量用户，成为网民表达自我、获取信息和社交互动的重要渠道。短视频内容包罗万象，涵盖美食、教育和文旅等领

域，满足了人们的多元化兴趣。

（一）短视频背景下城市形象传播的新特征

在短视频背景下，城市形象传播呈现多元化、碎片化、互动性增强的特点。

传播主体从政府、传统媒体扩展至普通市民、自媒体创作者等，形成了多元传播格局。如北京"故宫二十四节气"系列短视频巧妙结合文化遗产与城市形象，播放量破亿；专业机构推出《这就是上海》等 VR 纪录片，构建全景体验空间。据估算，用户日均产出超 200 万条城市主题内容，形成了"自组织"的传播生态。

传播内容转向碎片化、场景化表达，通过特色元素展现城市魅力。15 秒的短视频使扬州修脚刀、淄博琉璃工艺等非遗技艺实现破圈传播，深圳华强北电子元件拆解视频吸引海外关注，凸显短视频与非遗展示的高度契合。

互动性显著增强，观众可以通过点赞、评论、分享等方式与短视频内容及创作者进行即时互动，这种互动不仅增加了观众的参与感，还能使城市形象在传播过程中不断优化和完善。[5]乌镇戏剧节、成都的茶馆文化都是通过网民的创作形成涟漪式扩散，其中茶艺表演的视频引发了互联网模仿热潮，将地域文化转化为可复制的行为模因。

（二）短视频对城市形象传播的重要意义

短视频为城市形象传播提供了新的机遇，能够突破地域和时间的限制，将城市的特色文化和魅力快速传播到世界各地，极大地提升了城市的知名度和美誉度。通过短视频展示城市的文化底蕴、自然风光和发展成就，可以吸引更多的游客、人才和投资，促进城市的经济发展和文化交流。短视频还可以激发市民对家乡的热爱和认同感，增强城市的凝聚力和向心力。

在数字化浪潮的推动下，短视频平台也已成为城市形象传播的新型基础设施。当西安大唐不夜城的"不倒翁小姐姐"在 30 秒内收获百万点赞，当重庆洪崖洞的夜景通过 15 秒短视频成为"8D 魔幻城市"的代名词，短视频正在重构城市形象传播的逻辑。作为技术赋能的传播媒介，短视频不仅改变了城市文化的表达方式，更在城市治理、文化传播、经济发展与社会认同等多个维度产生深远影响。

五、短视频对琅琊文化名城形象构建的优势

短视频以"秒级传播、裂变扩散"的特性，为琅琊文化名城的形象构建注入全新动能。从临沂王羲之故居的 AR 书法体验短视频创下单日 300 万播放量，到"沂蒙红嫂"故事系列短视频预计带动红色旅游人次增长将近两倍，短视频正以技术赋能的方式重塑临沂的城市形象。

（一）短视频提升琅琊文化传播效率

短视频平台的算法推荐机制，能够根据用户的兴趣、行为和偏好，精准推送与临沂琅琊文化相关的内容。这使琅琊文化能够快速触达目标受众，传播速度和覆盖面远超传统媒体。一条介绍王羲之书法艺术的短视频，可能在短时间内被数百万对书法感兴趣的用户浏览，大大提高了文化传播的效率。临沂市文旅局的官网数据显示，通过抖音发起的"#书圣故里#话题挑战赛"，72 小时内视频播放量突破 2 亿多次，相当于传统户外广告 3 年的触达量。这种即时传播效应使"琅琊文化"的认知半径从区域扩展至全球，海外用户占比较高，实现了"一城文化，全球共享"。

（二）短视频增强文化吸引力与感染力

短视频通过多样化的表现形式，如动画、短剧、直播等，生动呈现琅琊文化，增强其吸引力与感染力。例如，动画演绎《空城计》使历史故事更鲜活，直播展示柳琴戏让观众身临其境感受民俗文化魅力。

（三）短视频促进文化的全民参与传承

短视频的低门槛特性促进了全民参与文化传承。市民可拍摄身边的文化场景，如家庭剪纸、社区柳琴戏表演等，分享对琅琊文化的理解与感受，增强文化认同与自豪感。此外，短视频记录的城市生活场景，如沂河日出、糁汤制作等，通过细节叙事强化"琅琊记忆"，构建情感共鸣，提升市民对城市文化的归属感。这种自发性传播形成了"市民即形象大使"的传播生态，推动了琅琊文化的广泛传承与发展。

（四）塑造临沂多元立体的城市形象

短视频可以从多个角度、多个层面展示临沂的城市风貌，包括自然风

光、历史文化、现代建设等。通过一系列短视频的展示，观众可以全面了解临沂既有古老的文化底蕴，又充满现代活力的多元立体形象，提升城市的吸引力和美誉度。王羲之书法元素被解构为"国潮"设计符号，出现在手机壳、汉服等跨界产品中，相关短视频播放量超几亿次。沂蒙精神则通过"红色剧本杀"体验视频实现年轻化传播，吸引 20 多万青年参与线下活动，完成从地方记忆到国民精神的升华。

六、短视频对琅琊文化名城形象传播的实证研究——以青岛地区的琅琊文化传播为例

短视频平台通过技术赋能为文化名城形象传播注入新动能。本小节以青岛琅琊文化传播为研究对象，聚焦《秦始皇与徐福东渡》IP 打造、琅琊镇正月祭海节的传播等典型案例，揭示短视频重构传统文化传播的内在逻辑。

（一）青岛琅琊文化传播现状

青岛在利用短视频传播琅琊文化方面取得了显著成效。在短视频平台上，关于青岛琅琊文化的内容丰富多样，包括琅琊台的历史遗迹、徐福东渡的传说、海洋民俗文化等。短视频以精良的视效叠加专业解说与趣味叙事，引爆用户高互动流量池。

青岛文旅局推出的《秦始皇与徐福东渡》系列短视频通过三维动画与实景拍摄的融合，将《史记》文本转化为视听奇观。其中"徐福船队出海"场景运用动态粒子特效模拟海上风暴，使历史叙事从文献考证转向感官体验。这种转译策略引发用户二次创作热潮，绝大多数用户通过短视频首次建立徐福与青岛的文化关联。

琅琊镇正月祭海节借助多机位直播实现物理空间向数字空间的延伸。2024 年祭典期间，抖音"云端祭海"专题整合 86 个机位画面，其中海外观众占比很高。渔民王德顺（账号@老船长）以第一视角记录祭品制作过程，其"抬供斗"视频获几百万点赞，实现非遗传承从"文化持有"向"文化传播"的转型。但快手平台"祭海许愿"挑战赛将传统仪式简化为"扔虚拟供品"游戏，评论区 1/3 的用户质疑其文化本真性，由此折射出传统向现代转型的认同张力。

（二）青岛的成功经验分析

青岛在推广琅琊文化方面取得了显著成效，主要经验包括以下三点：

1. 专业团队创作优质内容

青岛邀请历史学者、专业摄影师和视频制作团队，深入研究琅琊文化，精心策划内容，从脚本撰写到后期制作都力求完美。例如，介绍琅琊台历史的短视频通过专业讲解和精美航拍，生动展现了其历史变迁与文化价值；《秦始皇与徐福东渡》视频结合电视剧《大秦赋》，讲述了秦始皇东巡琅琊台和崂山的故事，展现了徐福通过海路传播中国文化的历程。

2. 多平台联动推广，举办线上线下活动

青岛利用抖音、微博、B 站等平台，根据不同用户特点制定差异化策略。在 B 站以动画、鬼畜等形式吸引年轻用户；在微博通过话题讨论和大 V 转发扩大传播范围。同时，青岛举办了线上线下活动，如线上话题讨论、摄影比赛，线下文化讲座、旅游体验等。例如，"琅琊文化之旅"活动吸引众多游客参与，他们通过短视频分享体验，形成了良好的传播效应，增强了用户对琅琊文化的参与感和认同感。

3. 城市 IP 的算法化运营

青岛文旅大数据显示，"琅琊"相关视频传播峰值与情感标签高度相关。"琅琊台星空露营"视频因标注"浪漫"标签，平台算法推荐使播放量激增。MCN 机构孵化的 20 位"文化推荐官"，其内容呈现"3 秒高潮 + 金句字幕"的平台化特征，"@琅琊美食家"通过复原"祭海宴"古法烹饪，单条视频带货鲅鱼水饺 23 万件，体现文化价值向商业价值的转化。"数字琅琊台"元宇宙项目融合短视频引流与 VR 体验，用户扫码即可参与"徐福启航"互动剧，重构"观看—体验—消费"的传播闭环。

（三）青岛经验对临沂的启示

临沂可借鉴青岛经验，加强与专业机构和人才合作，组建专业团队，深入挖掘琅琊文化内涵，打造高质量、有吸引力的短视频。同时，拓展传播平台，实现多平台协同传播，根据各平台特点和用户需求，制定个性化策略。此外，积极举办线上线下活动，鼓励市民和游客参与，增强对琅琊文化的认同感和传播热情，形成全方位的文化传播格局。

七、短视频在琅琊文化名城临沂形象构建中存在的问题

短视频融合琅琊文化在构建临沂形象中发挥了重要作用，但也存在内容创作维度、传播策略缺陷和平台运营三方面的问题。

（一）内容创作维度

1. 符号化生产导致同质化

短视频选题过度集中于王羲之书法、诸葛亮智谋等符号化标签，缺乏对银雀山汉简兵学体系、琅琊古琴文化等多元内容的开发。例如，绝大多数的民俗类短视频仅展示草编成品，未呈现编织技艺的工序美学。

2. 技术奇观与文化深度的失衡

"数字王羲之"等 IP 过度依赖 AR 换脸、虚拟直播等技术手段，导致观众聚焦于视觉刺激而非书法艺术精髓。调查显示，将近半数的青少年误认《兰亭集序》为"古代网红爆款"。

3. 历史解构引发认知偏差

部分创作者为博取流量，将陈寿的《隆中对》简化为"职场升迁秘籍"，把《孙子兵法》包装成"成功学鸡汤"，导致文化符号的严肃性消解。某短视频将徐福东渡演绎为"跨国带货直播"，史实误差率较高。

（二）传播策略缺陷

1. 主体协作机制缺位

文旅局发布的《探秘琅琊》系列短视频点击量不足 10 万次，内容呈现"解说词＋空镜"的刻板模式，互动率低于平台均值。琅琊古城景区短视频集中于门票促销，其文化解说类内容占比不足，商业化导向明显。自媒体账号"临沂故事"因缺乏史料审核，误将东汉画像石解读为"先秦外星文明"，引发学术争议。

2. 传播渠道单一

临沂琅琊文化的短视频传播主要依赖抖音、快手等少数主流平台，对其他平台的利用不足。同时，在同一平台上，也没有充分发挥平台的各种功能，如直播、话题挑战、互动广告等，限制了传播范围和影响力。

3. 缺乏精准传播

没有对目标受众进行细分，短视频内容没有针对性地满足不同年龄、地域、文化背景受众的需求。无论是面向本地居民还是外地游客，内容都缺乏差异化，难以引起特定受众群体的兴趣，导致传播效果不佳。

（三）平台运营问题

1. 运营专业度欠缺

许多临沂琅琊文化短视频账号缺乏专业的运营团队，在账号定位、内容策划、粉丝互动等方面存在不足。账号发布的内容缺乏连贯性和系统性，没有明确的主题和风格，难以吸引和留住粉丝。在粉丝互动方面，缺乏积极有效的回应，导致粉丝的参与度和黏性较低。

2. 缺乏长期运营规划

部分账号只追求短期的流量和热度，没有制定长期的运营规划。在发布了几个热门视频后，就逐渐失去更新动力，无法持续吸引观众的关注。没有建立稳定的内容更新机制和粉丝维护机制，难以形成长效的传播效果。

3. 平台合作深度不够

短视频平台对优质琅琊文化内容的推荐和扶持力度不足，缺乏完善的激励机制，导致相关创作者的积极性不高，影响了琅琊文化的广泛传播。

八、短视频推动琅琊文化名城临沂形象的传播策略探析

短视频重构了琅琊文化名城的传播生态，但也引发了深层的文化危机。为化解这些危机，临沂可采取以下策略。

（一）短视频内容创新策略

1. 深度挖掘琅琊文化内涵

临沂市应组建由文化专家、民俗学家等组成的专业团队，深入研究并挖掘琅琊文化的内涵，结合现代社会的价值观，对琅琊文化进行重新解读和演绎，创作更加具有思想深度和文化内涵的短视频。例如，制作关于琅琊文化中的儒家思想对当代社会影响的系列短视频，通过生动的案例和深入浅出的讲解，让观众更好地理解琅琊文化的现代意义。

2. 创新短视频内容形式

运用多种创新形式制作短视频，如采用虚拟现实（VR）、增强现实（AR）技术，打造沉浸式的文化体验。文旅部门开发"穿越琅琊古城"的VR短视频，让观众身临其境地感受古代临沂的城市风貌和文化氛围；结合动画、微电影、脱口秀等形式，丰富短视频内容。制作以琅琊文化为背景的动画短片，讲述历史故事，以生动有趣的方式吸引观众。

3. 鼓励用户生成内容（UGC）

搭建用户创作平台，举办短视频创作大赛、话题挑战等活动，鼓励市民和游客参与琅琊文化短视频创作。设立丰厚的奖励机制，对优秀作品进行展示和推广，激发用户的创作热情，营造全民传播琅琊文化的氛围。

（二）短视频传播主体协同策略

1. 政府主导，统筹规划

政府应发挥主导作用，制定临沂城市形象短视频传播的整体规划和政策。设立专项基金，支持短视频创作和传播项目；加强对传播主体的引导和管理，建立健全沟通协调机制。定期组织政府部门、文旅企业、自媒体创作者等召开座谈会，共同商讨传播策略和内容规划，形成传播合力。如政府实施"非遗数字创变工程"，培训传承人掌握短视频创作技能。银雀山汉简修复技艺传承人张氏通过系列视频《简牍复活日志》，抖音粉丝突破50万人，带动技艺申请者数量同比大幅增长。

2. 多方合作，形成合力

政府、文旅企业、自媒体创作者、高校、科研机构等多方主体应加强合作。政府与文旅企业合作，推出旅游宣传短视频，将城市形象宣传与旅游产品推广相结合；自媒体创作者与高校、科研机构合作，提升短视频的文化内涵和专业性；高校和科研机构为短视频创作提供学术支持和创意灵感。各方共同参与短视频创作和传播活动，共同打造临沂琅琊文化的传播品牌。

3. 构建琅琊文化共同体，强化三地协同

临沂依托"琅琊古城"品牌及王羲之故居，青岛挖掘琅琊台遗址的海洋商贸和海防文化，诸城发挥"中国龙城·舜帝故里"特色，联合编制《琅琊文化通史》，梳理从秦汉至隋唐的文化脉络，形成差异化定位。

三地联合举办"琅琊文化节"，融合临沂"青年造物节"创意市集、青岛琅琊台历史情景剧、诸城恐龙文化体验，同步推出"琅琊七圣"数字藏品，实现线上线下联动。

设计"琅琊文化走廊"线路：临沂段串联琅琊古城沉浸式街区、沂蒙精神红色教育基地；青岛段融入琅琊台遗址与滨海文化；诸城段突出恐龙化石与舜帝故里，形成"书法＋红色＋生态＋古文明"复合体验。

以临沂琅琊古墨非遗技艺为核心，联合青岛贝雕工艺、诸城黑陶技艺，开发"琅琊文房四宝"等文创产品，通过青岛文旅达人直播基地与临沂"琅琊数藏"平台推广销售。

（三）短视频平台运营优化策略

1. 加强短视频专业运营团队的建设

组建专业短视频运营团队，负责账号规划、内容策划、制作、发布及粉丝互动。定期开展培训与考核，提升团队能力。邀请行业专家授课，学习最新运营技巧。文旅部门联合临沂大学设立"琅琊数字文化学院"，开设短视频编导、文化遗产数字化等专业，与字节跳动共建实训基地，开发特色课程。

2. 短视频长期运营规划制定

制定短视频账号长期运营规划，明确定位与发展目标。制订内容发布计划与推广策略，确保短视频的持续更新。建立琅琊文化内容储备库，提前策划优质视频，保证稳定输出。定期分析数据，优化运营策略。

3. 短视频平台合作与拓展

运营团队应当加强与各短视频平台的合作，争取更多的资源与流量支持。积极参与平台活动，提升临沂市的曝光度。创作短视频并拓展到微信视频号、小红书、B站等平台，实现多平台传播，扩大城市影响力。运营团队根据不同平台的特色，制定琅琊文化差异化的传播策略。

九、结语

短视频为临沂的城市形象建构和传播带来了新的机遇和挑战。本文通过分析短视频背景下城市形象传播的特征和意义，以及短视频与临沂琅琊文化的融合现状、优势和存在的问题，并借鉴青岛琅琊文化传播的经验，提出了一系列针对性临沂琅琊文化的传播策略。临沂市各界共同努力，充分发挥短视频的优势，提升城市文化形象，传承和弘扬琅琊文化，促进临沂市的文化繁荣和经济发展。

参 考 文 献

［1］章芹弟，邓玉蓉."助力""阻力"与"合力"：城市形象建构的短视频传播研究［J］.新闻世界，2025（1）：93－96.

［2］廖隽霓.文化中的沉浮［D］.武汉：华中师范大学，2014.

［3］冀琦.北魏《王普贤墓志》书法艺术研究［D］.西安：西安工业大学，2022.

［4］唐晓宁.红色旅游、赛事演艺出圈出彩［N］.大众日报，2025－01－14.

［5］短视频平台在文化传播中扮演的角色研究［EB/OL］.原创力文档，［2023－10－03］.https：//max.book118.com/html/2023/1001/6134050131005234.shtm.

［6］王琳.短视频对临沂城市品牌形象的构建与传播研究［J］.新媒体研究，2020，6（14）：35－36.

［7］胡天行.短视频背景下中华传统文化创新发展与传播研究［J］.广播电视信息，2024，31（12）：33－35.

［8］张悦，蔡海龙.新媒体环境下淄博传统文化在城市形象塑造中的运用研究［J］.新闻研究导刊，2022，13（12）：25－27.

［9］王谢君.短视频时代胶东历史文化名城的形象建构和传播策略［D］.济南：山东师范大学，2021.

［10］王景东.博大精深的琅琊文化［J］.海岸工程，1999（2）：139－142.

AIGC 在黄河流域地区设计行业的应用及影响

丁子涵[*]

摘　要: 本文旨在探究人工智能生成内容（AIGC）技术在黄河流域文化传承与创新设计中的作用，特别关注甘肃省、陕西省、河南省和山东省在建筑设计、工业设计、文化创意设计等领域内的应用状况。通过剖析四省的实践案例，本文揭示了 AIGC 技术在黄河文化元素数字化保护及非物质文化遗产传承领域中的独特应用特征及关键关注点。研究显示，AIGC 技术的大规模应用显著增强了黄河流域文化设计的效能与创意，促进了传统艺术与当代设计的整合。各省份依托地域特色，积极推进行业 AIGC 技术与文化创意的紧密结合，旨在强化生态保护并推动高质量发展。展望未来，伴随 AIGC 技术的日益精进及其广泛运用，黄河流域的文化设计领域将涌现更多创新契机，从而有力促进中华传统文化的创造性重塑与创新性演进。

关键词: AIGC　黄河流域　设计行业　文化创意设计

一、AIGC 概述

（一）定义与发展历程

随着科技的迅猛进步，人工智能（AI）的兴起正在全面革新各领域。依据国务院发布的《新一代人工智能发展规划》，人工智能的发展被确立为国

　＊　丁子涵，齐鲁工业大学艺术设计学院研究生，研究方向为工业设计。

家的战略重点，这不仅激发了数字经济的创新活力，带来了前所未有的发展机遇，同时也伴随着一系列挑战。这一战略性的布局为文化遗产的保护与传承提供了新的可能性与挑战，预示着在数字化时代下，如何平衡技术进步与文化价值的保护成为了一个亟待解决的问题。人工智能从提出到运用，其中涉及计算机技术、大数据技术、智能控制技术、态势感知技术等[1]。伴随人工智能技术的不断进步与广泛实践，AIGC 顺势崛起，俨然成为设计流程中不可或缺的辅助工具，为黄河流域文化的数字化传承、文化 IP 的创新开发以及非物质文化遗产的活态化设计注入了强劲动力。成为推动黄河文化创意设计的关键手段。借助于对黄河流域丰饶的历史文化资源的学习与创新性演绎，本文实现了文化要素的数字化重构、文化创意产品的构思、非物质文化遗产的三维数字建模等多元内容的创生。AIGC 的兴起打破了文化设计的传统边界，尤其是对于黄河文化这类历史深厚的文化形态，它开启了创新演绎的新篇章，赋予了文化表达更为宽广的前景。如何高效地利用 AIGC 技术促进黄河文化的创新性转化与创造性发展，已成为驱动文化产业进阶的关键议题。

AIGC 是一种新型内容生成方式，继专业生成内容（PGC）和用户生成内容（UGC）之后，利用人工智能技术进行内容创作。经过多次重要的技术变革，AIGC 在数字孪生、数字建模和艺术创作中的应用变得更加广泛。2022 年 11 月，OpenAI 发布了以生成式人工智能模型为核心并具有交互功能的 ChatGPT，仅用两个月就达到了 1 亿月活跃用户，迅速引起了各界对 AIGC 的广泛关注[2]（见图 1）。

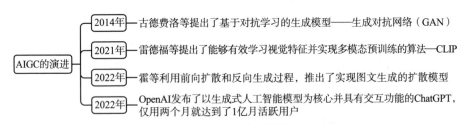

图 1　AIGC 发展历程

（二）在设计行业发展前景

在国际市场上，AIGC 的应用普遍而显著，包括 AI 绘图与 ChatGPT 在内的生成式 AI 工具的快速崛起，已引发广泛关注。科技巨头、教育领域、行政单位、商业机构以及个体均在应用 AIGC 技术以增强效能与优化其提供的产品及服务品质。例如，Midjourney 仅需提供关键词，便能在大约一分钟的时间内产出对应的图像。StableDiffusion 依据用户的说明创造出高品质的图像，其产出堪比专业画家的手笔。在三维建模领域，ChatGPT 与 UnityEditor 的集成创新地引入了利用自然语言编辑 3D 场景的功能，显著提升了设计人员的工作效能与创意表达水平。在中国境内，AIGC 亦激起广泛兴趣，众多互联网巨头积极布局人工智能技术。例如，百度发布了"文心一言"，阿里巴巴内部测试类似于 ChatGPT 的 AI 对话系统，腾讯研制了预训练模型 HumYuan – NLP – 1T，并将其应用于多场景中。然而，与 ChatGPT 相比，中国的 AI 大模型仍有一定差距，需要进一步的研究和探索[3]。伴随 AIGC 技术的持续演进及其应用领域的拓展，预期在未来，AIGC 将显著增强其在黄河文化设计领域的作用，加速文化遗产的数字化保育、文化 IP 的培育、非物质遗产技艺的传承以及旅游体验的革新，从而驱动黄河文化的创新性转化与创造性发展，进而支撑区域文化的兴盛与经济社会的高品质增长。

（三） 面临问题与挑战

AIGC 在设计行业的发展面临多重问题和挑战。首先，中国在 AIGC 领域的基础技术相较于国际水平存在显著差异，尤其是在底层技术层面。中国境内的 AI 写作与模块开发尚处于初级阶段，技术层面存在显著缺陷，特别是在基础算法、语义解析以及多模式生成等关键领域，亟须进一步优化与突破。在黄河流域文化的数字化保护与创新设计领域，AIGC 技术在复杂文化符号的解析及非物质文化遗产技艺的精细再现方面仍存在不足，其精确表达丰富深邃的文化内涵与地方特色的能力有限。此外，AIGC 的广泛应用降低了设计准入壁垒，使得设计软件变得更加亲民化，对中低层级的设计需求产生了显著影响，传统创意生产模式面临挑战[4]。设计师需顺应新型工作模式，需熟练操作 AIGC 工具，这将促使他们的工作任务与执行方法产生变革，因此持续提升专业技能以应对新科技成为必然需求。此外，AIGC 产品的创新交互模式可能减少了对传统图形用户界面的依存度，从而潜在地降低了对界面交互设计师的需求。尽管 AIGC 降低了文化创意产业的进入壁垒，推动了创业与创新的活跃度，但它也对传统的文化创意产业造成了竞争压力。尽管 AIGC 在设计领域应用显著增强了生产效率与创意产出，却也同步催生了技术鸿沟、商业模式转型及职业角色变迁等多重挑战[5]。对此，业界需携手合作，探索适应和应对之道。

二、黄河流域地区 AIGC 在设计行业应用情况

黄河流域的甘、陕、豫、鲁地区在 AIGC 在设计行业的应用情况各有特色，同时也反映了这些地区在推动黄河流域文化的数字化转型和创新方面的努力。

甘肃省目前正处于起步探索阶段，其中文化创意产业与旅游业被视为 AIGC 技术应用的核心领域。借助 AIGC 技术，甘肃的旅游景点开发了虚拟导游、旅游宣传短片以及文化创意产品的设计，显著增强了黄河文化旅游区的数字化服务效能。例如，位于甘肃的某些博物馆及文化遗产保护组织借助 AIGC 技术，开发出了高水准的文物数字化呈现与互动式体验，从而成功吸引了众多游客与文化兴趣者。在 AIGC 技术研究领域，甘肃省的高等教育机构展现出一定的投入力度。具体而言，兰州大学与兰州交通大学携手合作，致力于探索 AIGC 相关技术，并在设计领域开展了一些初步应用[6]。针对广告与媒体设计领域，甘肃省的设计行业已着手探索引入 AIGC 技术的应用，通过该技术自动生成广告素材，显著提升了设计工作的生产效率。这些措施彰显了甘肃在推进数字化转型与技术创新领域所展现出的积极尝试与实际行动。

陕西省在应用 AIGC 于黄河文化设计领域展现出较高的活跃度。特别是在文化遗产与文化产业领域。在西安及其关联区域，博物馆及文创产业借助于 AIGC 技术，创造出高标准的文物数字化展示与互动式体验，尤其在艺术创作与文化遗产维护方面，通过应用 AIGC 工具实现艺术作品的数字化与革新性创造，从而推动了黄河流域传统文脉与前沿科技的融合进程。此外，西安交通大学与西北工业大学在 AIGC 技术领域居于高校前列，两校均启动并推进了一系列针对 AIGC 的研究计划，旨在促进该技术在设计领域的实践应用，涵盖自然语言处理、图像创作及三维模型构建等多个方面。相关成果已成功应用于某些设计项目之中。西安市的高新技术开发区汇集了众多科技型企业，这些企业积极地将 AIGC 技术应用于设计领域。陕西省在 AIGC 技术的应用上展现出积极进取的态度，显著提升了该地区的文化创意产业的数字化进程，还为黄河流域的广告设计和影视制作带来了新的发展机遇和创新动力[7]。

河南省特别是省会城市郑州已展现出一定的发展态势，特别是在设计领域的应用，主要聚焦于媒体与出版行业。多家位于郑州的广告与设计企业已启动采用 AIGC 技术的战略，旨在增强创意产出的效能并削减开支，从而显著优化了对黄河文化的传播效果。此外，位于中国的河南省内教育机构正在探索 AIGC 在教育资源创造与数字化教科书制作的应用，旨在为学生提供更加丰富与多元的学习材料。以郑州大学和河南大学为代表的多所高等学府启动了若干针对 AIGC 的研究计划，并与当地企业携手合作，旨在促进 AIGC 技术在设计领域的实际应用。此外，AIGC 技术亦应用于广告创意与数字内容生成，旨在帮助企业增强设计的创新性与效能。位于河南省的科技企业积极采纳 AIGC 技术，以此生成高品质的广告与视觉素材，从而显著增强了创意产业的市场竞争力。这些措施彰显了河南省在推进 AIGC 技术应用与数字化进程中的积极尝试与实际操作，为黄河流域的设计领域注入了崭新的发展契机与创新活力。

山东省的经济发展水平较高，技术设施先进，这使得其在 AIGC 技术的应用方面处于领先地位。在设计领域，AIGC 技术的应用主要聚焦于工业设计与智能制造。青岛、在济南等地区，企业借助 AIGC 技术开展产品设计、模型创建与生产线的精细化调整，这一举措极大地提升了生产效率与产品质量。此外，这些企业在生产过程中采用了 AIGC 技术以优化流程，从而显著提升了总体生产效率与产品的均一性。在文化创意产业领域，山东省内的企业与机构亦积极引入并应用 AIGC 技术。借助创作高品质的创意产品设计与数字素材，这些公司增强了文化产品在市场上的竞争能力。AIGC 技术在广告创制与数字营销领域的运用，助力企业高效产出广告资源与市场推广材料，显著提升了创意设计的效能与成果。山东省在 AIGC 领域的积极探索，不仅显著提升了当地的工业化进程与文化创意产业的数字化程度，更为企业开辟了全新的发展契机与创新源泉。

甘肃省、陕西省、河南省、山东省等地在 AIGC 技术的应用上展现出的多样性，折射出其经济活动与科技资源分配的异质性。甘肃省目前尚处于起步探索阶段，陕西省凭借其雄厚的科教实力积极推进行动，河南省在核心城市的进展显著，相比之下，山东省在商业化应用与政府支持领域处于领先地位。这些区域借助各异的战略与资源分配，彰显了 AIGC 技术在设计领域内的多元应用与成长前景，为黄河流域文化的数字化保存、革新传播以及产业繁荣注入了强劲动力。

三、黄河流域地区 AIGC 在设计行业的影响

AIGC 对黄河流域的甘、陕、豫、鲁地区的设计行业因地域不同而产生不同的影响，以下从设计类别和政策分别分析四个地区的不同特点。

1. 在建筑设计行业的影响

甘肃省在建筑设计领域的传统模式较为保守，然而，通过融入 AIGC 技术，这一领域正经历着显著的革新与转型。借助 AIGC 技术，甘肃丰富多样的自然景观与深厚悠久的黄河流域文化内涵得以深度融合，为创意设计者提供了既精准又富于创新性的设计方案。在探讨敦煌莫高窟及其沿丝绸之路区域的古迹保护及再开发时，AIGC 技术能够拟真复原历史建筑的初始状态，并提供智能化的修复策略。此外，该技术还具备进行艰深地貌评估的能力，从而辅助做出科学的建筑布局与规划决策。

在陕西省，AIGC 技术的应用重点在于将该技术融入文化遗产的保护与创新设计中。于西安古城墙与兵马俑等古迹内，AIGC 技术生成虚拟复制品，复原历史情境并实现虚拟维护，且在现代建筑规划中融入传统设计特征，以呈现富有地方特色的创新方案，进而强化建筑的文化底蕴与识别度。此进程不仅保全了黄河流域的历史遗产，亦促进了现代建筑学的革新与进步。

河南省蕴藏丰富古建筑与文化遗产，AIGC 技术在此背景下展现出其潜力，既助力于历史建筑的保护与修复，又推动了现代建筑设计的创新进程。在洛阳龙门石窟与少林寺等历史性遗址的维护与开发过程中，AIGC 技术贡献了虚拟重构及智能化修复策略。在新兴区域的发展中，AIGC 借助智能算法与生成式技术，创新性地设计出兼具现代实用功能与传统美学特色的建筑蓝图，提升城市文化氛围和历史韵味[8]。

黄河流域各地区在建筑设计领域应用 AIGC 技术各有侧重，甘肃注重文化元素融合，陕西结合文化遗产保护与创新，河南融合历史与现代，山东强调现代化与传统结合。这些应用不仅提升了设计效率和质量，还推动了黄河流域建筑设计的创新与发展。

2. 工业设计行业的影响

甘肃省的工业设计活动主要分布于能源、矿业以及农业机械等产业。借助于大数据分析与生成功能，AIGC 技术为传统行业提供了更为精确的设计策略。例如，在能源设备设计领域，AIGC 能够基于特定的应用场景与需求，

自动生成高效的结构设计方案，进而增强设备的耐久性和性能效能；在农业设计层面，它提供了智能化的解决策略，显著促进了黄河流域内农业产业的转型与进步（见图 2）。

图 2　通过 AIGC 根据需求生成优化设计的解决方案

资料来源：由笔者整理。

陕西省在黄河流域展现出多维度且复杂的工业设计需求。AIGC 技术在陕西省的运用明显提高了高端制造与电子产品设计的水准。例如，在航空航天与电子设备的设计领域，AIGC 能够生成复杂的模型以优化产品的性能与可靠性；而在工业自动化设备的设计范畴内，它能提供智能化及模块化的方案，从而提升生产效率与产品质量。

河南省在工业设计方面涵盖了食品加工、机械制造以及轻工业等多元范畴。AIGC 技术在河南省的应用显著提升了设计的效率与创新性。举例而言，在食品加工设备的设计领域，AIGC 被用于创制优化的工艺流程，以增强设备的卫生规范与生产效能；而在机械制造范畴，旨在提升设备的功能性和稳定性。此外，借助 AIGC 技术，河南省的传统手工业成功开发出兼具现代风格与文化内涵的产品设计，进而促进了黄河流域传统工艺的革新与繁荣发展。

山东省的工业设计覆盖了汽车制造、家电产业以及船舶工业等多元领域。应用 AIGC 技术于山东地区显著增强了相关领域的设计水准与市场竞争力。例如，于汽车制造领域，AIGC 产出轻质且高能效的车身设计，以增强燃油经济性与安全性；在家电设计层面，提供智能及定制化的方案，以回应市场对智能家居与个性化商品的渴求；于船舶制造行业，旨在提升船舶的稳定性与航行效能，从而推动山东地区的海洋经济进步。

各区域在工业设计范畴内对 AIGC 技术的应用侧重点各异。甘肃注重优化能源、针对矿产与农业机械的设计领域，陕西省集中力量于高端制造与电子产品的设计研发，河南省则将重点放在食品加工、机械制造的整合优化上，而山东省则着重于在汽车制造、家电以及船舶工业中引入 AIGC 技术的应用，此举不仅显著提高了设计的效率与品质，还推动了工业设计的创新与发展[9]，进而加速了黄河流域经济结构的优化与升级。

3. 在广告设计行业的影响

甘肃省的广告设计主要聚焦于服务于旅游业、文化产业以及农业产品的宣传推广，这三个领域均与其所处黄河流域的特有文化背景及自然资源密切相关。借助于 AIGC 技术的数据分析与内容生成功能，提供了定制化及地域化的创新策略，以期显著增强广告的转化效能。例如，AIGC 在敦煌文化旅游及农产品营销领域中的运用，创造出富有地域文化特色的视觉素材与文案，有效呈现了黄河流域的历史文化遗产，进而增强了产品的市场竞争力（见图 3）。

图 3　通过 AIGC 根据需求生成敦煌文化视觉内容

资料来源：由笔者整理。

陕西省见证了 AIGC 技术在广告设计领域的创新应用，这一技术不仅激发了创意潜能，优化了传播效率，还能创造出栩栩如生的历史再现场景及互动式广告，有效地推介了历史文化遗产与现代科技产业，进而强化了教育领域的品牌宣传。例如，针对推广诸如西安兵马俑和华清池这类富含历史底蕴的旅游胜地，AIGC 有能力创造出鲜活的历史重现场景与互动广告素材，以此来激发游客的兴趣并提升其体验感（见图 4）。

图 4　通过 AIGC 根据需求生成兵马俑和华清池文化视觉内容

资料来源：由笔者整理。

在河南省，广告设计融合了传统文化、食品与饮料以及工业产品的元素。借助 AIGC 技术，广告创意与精准投放的效能显著提升。该技术通过生成兼具深厚文化内涵且契合消费者喜好的广告内容，有效增强了品牌知名度，并推动了市场份额的增长。例如，在少林寺与龙门石窟等文化旅游项目的宣传推广中，AIGC 有能力创作出富含深厚文化内涵的广告素材，以吸引国内外旅客的关注，进而显著提升黄河区域文化旅游的全球知名度（见图 5）。

图 5　通过 AIGC 根据需求生成少林寺和龙门石窟文化视觉内容

资料来源：由笔者整理。

山东省在啤酒、家电、海洋产业与文化旅游领域的广告设计中，AIGC

技术发挥了关键作用，显著提高了创意水平与广告效果，产出新颖且具互动性的内容，强化了品牌形象，扩大了市场影响力，进而促进了地方经济的繁荣发展。以青岛啤酒的广告营销为例，AIGC 有能力创造出新颖的广告创意及互动元素，从而提升品牌魅力、放大市场影响力，并促进黄河流域经济的蓬勃发展。

不同区域在广告设计中针对 AIGC 技术的应用呈现出特定的重点。甘肃注重旅游业、针对文化产业与农业产品的推广策略，陕西省聚焦于历史文化遗产与旅游景点的展示、高新技术产业的推动以及教育资源优势的利用；河南省则侧重于传统文化的传承、食品与饮料行业的创新以及工业产品的市场拓展；山东省则突出啤酒、家电制造业的影响力、海洋经济发展潜力以及丰富的文化旅游资源。这些应用不仅显著提高了黄河流域广告设计的效率与品质，还促进了广告创意的革新与进步。

四、结论与展望

AIGC 技术在甘肃省、在设计领域，陕西省、河南省和山东省均显示出显著的应用潜力，并受到广泛的政策支持。各省份基于黄河流域的文化资产与产业特色，出台了具有指向性的政策指导，旨在促进 AIGC 技术在多元设计范畴的应用，已展现出明显的成效。针对甘肃省的文化创意与生态设计，该省积极出台政策措施以促进黄河流域文化产业的数字化升级与生态建筑的绿色发展。陕西省聚焦于高技术设计与文化遗址的保护，凭借黄河流域丰富的历史资源，借助创新科技与文化产业发展策略，致力于将 AIGC 融入高科技产品设计与文化遗产保护领域。河南省致力于推动工业设计与传统文化设计的融合发展，借助工业转型升级与文化产业相关政策，旨在广泛推广 AIGC 在黄河区域传统工业产品及文化产品设计领域的应用。山东省在海洋经济设计、在现代农业设计与文化旅游设计领域已实现显著突破，借助相关政策扶持，有效增强了海洋经济、农业及文化旅游产业的创新能力与市场竞争力。AIGC 技术不仅增强了设计行业的生产效率与创新活力，还促进了传统行业的改造升级及新兴行业的兴起与发展。借助政府的政策扶持，各省份的设计业逐渐实现了数字化与智能化升级，显著提升了其市场竞争力，并促进了黄河流域的经济结构调整以及文化旅游产业的现代化进程。

未来，随着 AIGC 技术的不断发展和应用场景的进一步拓展，黄河流域的设计行业将迎来更多的创新和机遇。各省应继续加强对 AIGC 技术的支持力度，完善相关政策措施，推动技术研发和产业应用，培养高端人才，提升整体竞争力。鼓励企业和科研机构加大对 AIGC 技术的研发投入，推动技术创新和应用拓展，提升设计行业的技术水平和创新能力，促进黄河流域地区传统产业的深度融合，推动设计行业的数字化转型。通过持续的技术创新、人才培养、产业融合、国际合作和政策支持，AIGC 技术将在黄河流域设计行业发挥更大的作用，推动行业的高质量发展，助力地方经济和社会的全面进步[10]。

参 考 文 献

［1］王禹涵．培育千亿级人工智能产业创新集群 ［N］．科技日报，2024 – 04 – 08 （01）．

［2］许雪晨，田侃，李文军．新一代人工智能技术 （AIGC）：发展演进、产业机遇及前景展望 ［J］．产业经济评论，2023 （4）：5 – 22．

［3］徐畅，杜欣泽，于凯迪．AIGC 在设计行业应用中的挑战与策略 ［J］．人工智能，2023 （4）：51 – 60．

［4］程琳，王明治．AI 技术时代设计业者的机遇和挑战 ［J］．丝网印刷，2023 （12）：93 – 96．

［5］刘粮．AIGC 智能驱动下包装设计行业的挑战与机遇 ［J］．包装工程，2023，44 （S2）：236 – 240．

［6］李福荣．高质量发展背景下甘肃省数字经济发展路径研究 ［D］．兰州：西北民族大学，2023．

［7］徐家琪，毛蔚翎．AIGC 在 "一带一路" 中国传统文化设计中的创新性应用 ［J］．上海服饰，2024 （5）：156 – 158．

［8］帖伟芝．人工智能背景下博物馆文化传播的路径与变革——以河南省博物馆系统为例 ［J］．新闻爱好者，2024 （2）：55 – 57．

［9］冯玉泉．AIGC 在工业设计上的应用与思考 ［J］．包装工程，2024，45 （8）：337 – 345．

［10］陈禄梵，向安玲，沈阳．融合之路：AIGC 在中国艺术与设计领域中的机遇与挑战 ［J］．中国艺术，2023 （5）：36 – 44．

黄河流域民间美术与现代手工印染的融合创新研究

蒋　纯[*]

摘　要：本文系统研究了黄河流域剪纸、木版年画、刺绣等传统民间美术，对其特有的地域特色和文化内涵进行了系统分析，探讨其与现代手工印染的融合创新。通过探讨丰富的文化价值以及现代手工印染技术的发展现状，揭示了两者结合的必要性和可行性。本文还研究了如何利用现代工艺，对传统工艺进行改造升级，从而在黄河流域民间美术传承发展、现代手工印染产业创新、文化产业发展和文化传承等方面，都能有效促进两者的融合，有效推动中华优秀传统文化的创造性转化、创新性发展。

关键词：黄河流域　民间美术　现代手工印染　融合创新

一、引言

（一）研究背景

黄河，作为中华民族的母亲河，不仅孕育了华夏大地的璀璨文明，更流淌着数千年的文化血脉。九曲黄河，奔腾向前，以百折不挠的磅礴气势塑造了中华民族自强不息的民族品格，是中华民族坚定文化自信的重要根基。

---

　* 蒋纯，齐鲁工业大学副教授。2001年毕业于北京服装学院后执教于齐鲁工业大学，2008年上海戏剧学院进修《人物整体造型设计》专业，主要研究方向：服装与服饰设计、手工印染、人物整体造型设计等。主持和参与多项省市级重点课题，获得多项省部级奖励。

黄河流域的民间美术是黄河文化最鲜明、最生动的体现。它形式多样、内涵丰富，从质朴的剪纸、精巧的刺绣，到精美的木版年画，无一不凝聚着黄河儿女的智慧与情感，承载着独特的地域特色和坚韧的民族精神。同时，现代手工印染也是一种极具艺术性和实用性的传统艺术，在新时代具有独特生命力。将黄河流域民间美术与现代手工印染融合，可以为民间美术传承发展开辟新路，为现代手工印染增添文化底蕴，进一步推动黄河文化的创新性转化与创造性发展，使古老的黄河文化焕发新的生机与活力。探索黄河流域民间美术与现代手工印染的融合与创新，既有利于保护传承黄河流域的优秀传统文化，又可以为现代手工印染行业发展提供新的文化内涵与设计灵感，实现深度融合、创新发展。

（二）研究意义

在文化意义方面，黄河流域民间美术是中华民族文化的重要组成部分，通过与现代手工印染的融合，能够延续和弘扬其独特的文化基因，促进传统文化在当代社会的传承与创新，增强民族文化自信。

在经济意义方面，为现代手工印染行业提供新的设计思路与文化资源，推动产品差异化发展，提高行业竞争力，促进文化产业与相关经济的发展，为黄河流域地区的经济增长注入新动力。

在社会意义方面，满足现代消费者对于个性化且具有文化内涵的产品需求，丰富人们的精神文化生活，同时为传统手工印染提供更多的发展机会，促进产业发展与文化交流。

二、黄河流域民间美术特征

（一）地域文化背景

黄河流域地理环境独特，人文历史久远，使得这片辽阔的土地上融合了厚重的历史，形成了独特的地域文化，涵养了多样的民间艺术。从古老的农耕文化、多彩的民俗风情，到口口相传的神话传说、流传千古的历史典故，无不凝聚在民间美术中。走进黄河流域的农户，窗户上的剪纸、墙上的年画、炕头的刺绣，处处透露着农家的质朴生活，更是当地风土人情的独特展现。

比如，在陕西民间美术中，黄土高原地貌、生活场景元素无处不在。黄土高原的黄土塬、沟壑、老农、窑洞生活的热闹场景，处处弥漫着浓浓的西北风情。其民间美术风格粗犷豪放，作品直观映射出当地民众对自然和生活的态度——对自然敬畏、对生活坚韧，让人感受到黄土高原的雄浑壮观和厚重的西北地域风貌。

再如，河南部分地区得益于土地肥沃、农业发达，民间美术风格细腻大气，注重生活场景的描绘，对生活的态度比较积极乐观，向往富足。在黄河下游的齐鲁大地，海洋文化和农耕文化相结合，使得当地民间美术在质朴的基调上又多了几分灵动和开放。

（二）代表性艺术形式

1. 剪纸

陕西旬邑的剪纸，造型独具特色，底蕴深厚。抓髻娃娃，是旬邑剪纸中最具有代表性的形象之一，一般为正面直立，双手向上伸展，头上梳着两个发髻，朴拙鲜活。在当地习俗活动里，抓髻娃娃具有至关重要的作用，寓意着家族繁衍、辟邪迎福等诸多的美好祈愿。当地民间艺人，仅凭一把剪刀、几张彩纸，借助粗犷奔放、充满力度感的线条，刻画出了抓髻娃娃生动鲜活的神态，尽情地展示了黄土高原人民豪爽纯真的性格特点。

在河南灵宝，剪纸最出彩的当属以生肖为题材的系列作品。在创作这些生肖剪纸时，当地的民间艺人们对动物进行夸张变形处理，对动物最显著的特征捕捉得极为到位，可谓是游刃有余。就拿兔子形象来说，它们会着重放大兔子那长长的耳朵，突出它圆润的身形，利用简洁明快的线条，使兔子显得更加俏皮灵动。这些剪纸作品既是民间艺人对日常生活细致观察的成果，也反映了广大市民对生肖文化始终如一的热爱和传承。

2. 木版年画

朱仙镇年画是中国木版年画领域的重点代表，其历史传承悠久，艺术风格独特。例如"五谷丰登"题材作品，画面通常依托丰富的元素，构图极其饱满，将各种作物堆砌起来，好似巍巍群山，使得整个画面栩栩如生，热闹非凡。画中的农民手捧农具劳作，丰收带来的由衷喜悦，绽放在他们脸上。在色彩运用上，朱仙镇年画极为大胆，偏好使用大红、大黄、大绿等高纯度色彩，借助鲜明而强烈的色彩对比，全力营造出一派热闹非凡、喜庆祥和的氛围，淋漓尽致地展现了人们对农业丰收的热切祈愿，以及对美好生活的深切向往。在制作工艺层面，朱仙镇年画别具一格地采用了木版雕刻与手工套印相结合的方法，在木版雕刻时，线条走向粗犷有力，不同颜色相互叠加，在手工套印的过程中相互交融，赋予年画独特的艺术魅力，让年画复刻极具难度。

杨家埠木版年画也是我国民间年画领域的一块瑰宝，以浓郁的乡土气息和淳朴鲜明的艺术风格而驰名中外，其制作方法简便，工艺精湛，色彩鲜艳，内容丰富。例如"年年有余"题材作品，画面最核心的部分是憨态可掬的娃娃紧紧地抱着鲤鱼，四周边缘有莲花等吉祥寓意的元素，造型圆润可爱，生活气息浓厚。从色彩上看，杨家埠年画主要运用红、绿、黄等明亮艳丽的颜色，相互之间搭配得体，呈现出快乐喜庆的视觉效果。从工艺上看，杨家埠年画是在木版雕刻的基础上，尤其注重手绘填色。这一工艺不仅使得每幅杨家埠年画都各具特色、独树一帜，更彰显了民间艺人们的高超技艺和创造力。

3. 刺绣

甘肃庆阳香包的虎纹刺绣，以大胆的变形手法进行造型设计，把虎的身部简化成几何形态，重点刻画虎的圆睁双目、利牙獠齿，形成威风凛凛的视觉效果。在用色上，红、黄、黑等颜色对比强烈，红色象征吉祥喜庆、黄色寓意富贵安康、黑色则显威严庄重；在工艺技法上，运用平针绣、锁绣等针法，通过针脚处理使虎纹肌理呈现出清晰的层次变化和强烈的质感表现，充分彰显了当地民众对虎图腾的原始崇拜，以及独特的民族文化内涵。

陕北信天游图案刺绣，将民歌中的形象元素进行艺术转化，创作者通过舒展流畅的线条和富有韵律的造型设计，巧妙地将山川河流、飞鸟等自然物象融入刺绣创作中，实现自然山水与人文情感的有机融合。刺绣作品生动地表现黄土高原的地域风情，色彩运用以土黄、赭石等大地色调为主，并以大红、翠绿等鲜亮色彩加以点缀，形成既沉稳厚重又生动活泼的色彩，呈现出独特的厚重视觉特征。在针法运用上，通过长短针、打籽绣等技法的组合变化，使图案产生丰富的层次变化和立体效果，充分表达了陕北人民对家乡山河的眷恋和对生活的热忱。

（三）艺术造型分析

1. 从色彩象征性分析

黄河流域的民间美术色彩运用呈现双重特点，一方面遵循传统阴阳五行色彩学说的哲学内涵，另一方面形成鲜明的地域色彩偏好。五行色彩学说将色彩与观念联系起来，构建起青木、赤火、黄土、白金、黑水等色彩系统。

这种系统渗透于社会生活各个层面，形成色彩符号。以红色为例，它不仅源于视觉上的喜庆效果，更承载着文化心理投射，具有驱邪纳吉的寓意。红色在节日艺术中的大量运用，便是这种文化心理的投射。陕西剪纸采用朱红与藤黄的搭配，既遵循火红、土黄相生的逻辑，又通过明度对比形成明快的视觉效果。河南朱仙镇木版年画采用红、石绿、群青等矿物颜料，既暗含木金平衡的哲学内涵，又通过高饱和度色彩产生强烈的视觉张力。陇东香包采用朱砂底色与姜黄虎纹相结合，红色（火）化邪，具有辟邪作用；黄色（土）呼应中央方位，黑色轮廓（水）强调守护寓意，构筑火——土——水的五行平衡结构。这种色彩组合在遵循五行相生相克法则的基础上，融入地域审美偏好，在功能性和装饰性上实现有机统一，在色彩表现形式上实现了统一与协调。

这种色彩体系建构既是对宇宙运行规律进行的哲学性思考，也是民间艺人对自然生态进行的观察总结。通过色彩符号的象征编码，将抽象的五行观念具象化，形成具有一致性的审美符号，并在从关中平原到胶东半岛的广阔区域内建构起兼具统一性和地域性的民间美术色彩体系。

2. 从造型特征分析

黄河流域的民间美术造型体现了"以意造型"的审美取向，通过抽象、程序化的表现手法实现了艺术形式的表达。创作者在剪纸艺术中往往采用"以少胜多"的造型手法，如陕西剪纸将虎纹提炼为几何画线，通过月牙纹和锯齿纹的组合表现毛发质感，既保留了物象特征，又形成了别具一格的视觉符号。刀工技艺在木版年画艺术中塑造刚性造型，通过抽象的线条与色彩对比，营造出强烈的视觉冲击力，在构图中传达出古老文明质朴的吉祥寓意。在刺绣艺术中，以经纬交织的针法演绎灵动造型，借助虚实肌理与形象变形，将自然物象升华为平面装饰纹样，展现"以针代笔"的艺术创造。这些造型语言的形成与民间美术的实用功能密不可分。程式化造型便于批量生产和技艺传承，如山东杨家埠年画，将人物造型归纳为"立七坐五盘三半"等口诀，既保证了创作效率，又形成了统一的风格。

三、黄河流域民间美术与现代手工印染的融合发展路径

（一）在剪纸中的融合发展

剪纸艺术将其独有的镂空记忆与意义丰富的图案相结合，成为民间美术

的典型代表。在与现代手工印染融合的进程中，可借助数字图像技术对传统剪纸图案进行创新性转化。以"连年有余""龙凤呈祥"等经典祥瑞图案为例，运用专业图形软件对剪纸作品进行高清扫描、精确描摹，将其转化为矢量图形，再导入印染设计程序软件中，可以应用于织物的数码印花、丝网印花等工艺。如西安一支创新设计团队，从陕北剪纸中汲取灵感，将传统人物、动物造型简化为富有现代感的几何图形，运用到时尚服饰的印染设计中，既留存了剪纸艺术的原本韵味，又契合当下的审美趋势。这种转化方式极大地拓宽了其传播范畴与应用场景，打破了剪纸艺术仅局限于纸张媒介的传统模式，拓展至织物领域。

（二）在木版年画中的融合发展

木版年画以其浓烈的色彩、夸张的造型，形成了极具辨识度的视觉风格，其独特的人物造型、场景布局等符号元素，为现代手工艺展提供了丰富的创意源泉。一方面，可提取木版年画的色彩架构，像朱仙镇年画常用的红、黄、绿等高饱和度色彩组合，将其巧妙运用到现代手工印染的色彩规划中，赋予产品强烈的视觉冲击。另一方面，借助 3D 建模与扫描技术，把木版年画里的人物轮廓、线条细节转化为可用于数码印染的三维模型。如河南一家文创企业，以朱仙镇木版年画中的门神形象为基础，经艺术再加工与符号转译，开发出一系列印染家居饰品产品，凭借鲜明的文化特色，在市场上深受消费者喜爱。

（三）在刺绣中的融合发展

刺绣艺术以其精湛多样的针法和精美绝伦的图案为人称道。在与现代手工印染融合时，可将刺绣针法转化为印染图案的独特纹理。例如运用数码模拟技术，把刺绣中的平针、断针等针法效果复刻到印染图案中，营造出逼真的刺绣质感。同时，可以将刺绣中象征富贵的牡丹、爱情的鸳鸯等吉祥图案转化为印染设计元素，把传统刺绣图案转化为数码印染图案，应用于高端床上用品。这种转化方式在降低生产成本，实现规模化生产的同时，完整保留了刺绣艺术的文化精髓。

（四）技术革新注入融合创新活力

1. 数字化技术的深度应用

数字化技术在民间美术与现代手工印染的融合中起到核心推动作用。设计师可借助计算机辅助设计软件（CAD），可以对剪纸、木版年画、刺绣等图案进行多样化的创新设计和个性化的排版。数码印花技术可精确还原设计图案，呈现极高的清晰度和色彩还原度。以数码直喷技术为例，能完美展现剪纸图案的精细线条和微妙色彩层次。3D 打印技术则可用于制作造型独特的印染模具，为印染产品增添立体效果，创造出具有浮雕感的刺绣图案印染模具，使印染产品呈现出近似刺绣的立体视觉感官。

2. 新型材料与工艺的赋能

新型材料的研发为两者的融合开辟了广阔的空间。环保天然染料的研发既符合现代消费者对绿色产品的需求，又与民间美术崇尚自然的特质相呼应。在植物染色工艺中，通过优化染色工艺，使天然染料在各类织物上的染色牢度和色彩鲜艳度得到提升。新型合成纤维为印染提供了全新载体，其特殊的材质性能可以呈现出与传统织物迥异的印染效果。此外，纳米技术在印染中的应用，在不影响图案质量的前提下，可以增强面料的防水、防污性能，为功能性面料上应用曲艺图案创造有利条件。

四、结论

黄河流域的民间美术承载着深厚的文化内涵，包含着人们对美好生活的祈愿和对传统道德观念的宣扬。剪纸、木版年画、刺绣等传统民间美术的丰富文化内涵，在与现代手工印染的融合中得以传承。融合后的产品带有鲜明的地域文化标识，能够激发人们对本土文化的认同感。消费者在选购印有黄河流域民间美术图案的现代手工印染产品时，会油然而生一种对本土文化的归属感。在全球化浪潮下，这种文化认同感对于增强民族凝聚力和文化自信具有重要意义，一些国潮品牌将民间美术与现代手工印染相结合，推出了极具中国特色、深受国内外消费者青睐的时尚服饰系列，在提升品牌文化价值的同时，在国际舞台上传播了中华优秀传统文化。

参 考 文 献

[1] 王宁宁. 黄河流域民间美术生态研究 [M]. 北京：人民美术出版社，2022.

[2] 陕西省非物质文化遗产保护中心. 陕西民间美术资源图谱 [Z]. 西

安：三秦出版社，2021.

［3］山东工艺美术学院．齐鲁民间印染技艺研究［M］．济南：山东画报出版社，2020.

［4］期刊论文．装饰［J］.黄河流域非遗专题，2024（3）.